国家出版基金项目
NATIONAL PUBLICATION FOUNDATION

国际语言学前沿丛书
Trends in Contemporary Linguistics

胡建华 主编

The Whetstones from Other Mountains

他山之石
——语言学论文选译

石锋 张洪明 主编

上海教育出版社
SHANGHAI EDUCATIONAL
PUBLISHING HOUSE

图书在版编目（CIP）数据
他山之石：语言学论文选译 / 石锋，张洪明主编. 上海：上海教育出版社，2024.12. —（国际语言学前沿丛书）. — ISBN 978-7-5720-2816-8
Ⅰ. H0-53
中国国家版本馆CIP数据核字第20247KC567号

责任编辑 毛 浩
封面设计 周 吉

国际语言学前沿丛书
胡建华 主编
他山之石：语言学论文选译
石 锋 张洪明 主编

出版发行 上海教育出版社有限公司
官 网 www.seph.com.cn
地 址 上海市闵行区号景路159弄C座
邮 编 201101
印 刷 上海展强印刷有限公司
开 本 640×965 1/16 印张 26 插页 5
字 数 342 千字
版 次 2025年3月第1版
印 次 2025年3月第1次印刷
书 号 ISBN 978-7-5720-2816-8/H·0084
定 价 148.00 元

走“兼通世界学术”之路

——“国际语言学前沿丛书”总序

胡建华

现代语言学,自改革开放以来,在我国已有了很大的发展。今日中国的现代语言学研究,大多借助国际上流行的某一语言学理论、方法或通用术语系统而展开。但是,这并不意味着我国的语言学研究已经可以构成或代表国际语言学主流。我们现有的一些所谓与国际“接轨”的研究,为国际主流语言学理论做“注解”的多,而真正能从根本上挑战国际主流学术观点的少;能提出既可以涵盖汉语语言事实,又能解释其他语言现象,并为国际语言学界所关注,进而跟随其后做进一步研究的理论框架的,则更少,或者竟至于无。在这种情况下,国内语言学界就会时不时地出现一种声音:国际语言学现有的理论和方法都不适合用来研究汉语,我们应该发展有本土特色的语言学;由于汉语与印欧语等世界其他语言有很大的不同,所以在印欧语等其他语言基础上建立起来的语言学理论自然无法用来描写、分析汉语。实际上,这种声音以及与之相类似的观点,不仅在语言学界经常浮现,而且在其他的研究领域历来也都有一定的市场。比如,针对中国的社会研究,以前也曾有过这样一些声音,对此,郭沫若曾经发表过以下意见:

> 只要是一个人体,他的发展,无论是红黄黑白,大抵相同。
>
> 由人所组成的社会也正是一样。
>
> 中国人有一句口头禅,说是“我们的国情不同”。这种民族的偏见差不多各个民族都有。

然而中国人不是神,也不是猴子,中国人所组成的社会不应该有什么不同。

我们的要求就是要用人的观点来观察中国的社会,但这必要的条件是需要我们跳出一切成见的圈子。[①]

郭沫若的这番话同样适用于中国语言学。语言学的研究对象是人类语言,汉语是人类语言的一种,人类语言的本质特性在汉语中也一样会有所体现。因此,只要跳出一切成见的圈子,也一样可以使用探索人类语言本质特性的理论、思想和方法来观察、描写、分析中国的语言。

改革开放四十多年来,国内语言学界经常纠结于借鉴国外语言学理论与创建本土特色理论的矛盾之中,而争论到最后往往变成理论“标签”之争,而非理论本身的实质性问题之争,更与具体问题解决与否,以及解决方案是否合理、是否符合科学精神,没有太大关系。科学理论的建设,最重要的是要讲可证伪性(falsifiability)和理论的一致性(consistency)。这两个特性决定了任何一种科学理论对真相的探索和认知永远都在路上。科学探索的目标当然是揭示自然事物或现象的真相,但科学理论的这两个特性决定了科学理论只能不断逼近真相,但却无法穷尽对真相的全部认知。因此,科学对真相的探索从来都是尝试性的,对很多问题的认知也仅是初步的或阶段性的,更具体、更深入的探索只能留待科学理论的进一步发展和进步。科学从不也绝不妄称自己掌握了事物的全部真相,只有巫术才会狂妄地宣称自己可以把握真相的整体或全部。不以可证伪性和理论的一致性来衡量学术研究,而偏执于中西理论站位之争,实际上就是不知道何为学术研究。这一点,王国维在一百多年前就讲过:“学之义不明于天下久矣。今之言学者,有新

① 郭沫若,《自序》,载郭沫若著《中国古代社会研究》,商务印书馆,2011年,第3页。

旧之争，有中西之争，有有用之学与无用之学之争。余正告天下曰：学无新旧也，无中西也，无有用无用也。凡立此名者，均不学之徒，即学焉而未尝知学者也。”①

王国维认为，那些以为西学会妨碍中学或中学会妨碍西学的顾虑，都是“不根之说”。他认为“中国今日实无学之患，而非中学、西学偏重之患”。对于有用之学与无用之学之争，王国维的观点是：“凡学皆无用也，皆有用也。”他指出，“物理、化学高深普遍之部”似乎看不到有什么用，但“天下之事物，非由全不足以知曲，非致曲不足以知全。虽一物之解释，一事之决断，非深知宇宙、人生之真相者不能为也”。因此，“事物无大小、无远近，苟思之得其真，纪之得其实，极其会归，皆有裨于人类之生存福祉。己不竟其绪，他人当能竟之；今不获其用，后世当能用之。此非苟且玩愒之徒所与知也。学问之所以为古今中西所崇敬者，实由于此”。②

学术之争仅在是非真伪，不在其他。这一点，王国维早在1905年就已指出，他说：“学术之所争，只有是非、真伪之别耳。于是非、真伪之别外，而以国家、人种、宗教之见杂之，则以学术为一手段，而非以为一目的也。未有不视学术为一目的而能发达者。学术之发达，存于其独立而已。”③

对于新学旧学之争、中学西学之争、有用之学与无用之学之争，王国维在一百多年前，在当时国家各方面都非常落后的历史条件下，就具有如此清醒而到位的认识，令人钦佩！对于以上诸问题，实际上，及至今日仍有不少学者都远达不到王国维当年的认识水平。王国维在《国学丛刊序》一文结尾时说，他上面讲的这些道

① 王国维，《国学丛刊序》，原刊于《国学丛刊》，1911年2月；转引自谢维扬、房鑫亮主编《王国维全集》（第14卷），浙江教育出版社、广东教育出版社，2009年，第129页。

② 王国维，《国学丛刊序》，原刊于《国学丛刊》，1911年2月；转引自谢维扬、房鑫亮主编《王国维全集》（第14卷），浙江教育出版社、广东教育出版社，2009年，第131—132页。

③ 王国维，《论近年之学术界》，原刊于《教育世界》，1905年第93号；转引自谢维扬、房鑫亮主编《王国维全集》（第1卷），浙江教育出版社、广东教育出版社，2009年，第125页。

理，“其理至浅，其事至明。此在他国所不必言，而世之君子犹或疑之，不意至今日而犹使余为此哓哓也”①。一百多年过去了，王国维大概怎么也想不到，他所讲的这些至浅之理、至明之事，在现在这个人工智能正迅速发展的高科技时代，我们仍然需要继续“为此哓哓”。可见，消除固有的成见是一件多么不容易的事情。

在世人眼里，王国维是国学大师，也是“旧营垒”的学究，但实际上，他更是一位跨越古今中外、学术思想前进并具有科学精神的世界学者。郭沫若曾明白地指出，王国维的著作“外观虽然穿的是一件旧式的花衣补褂，然而所包含的却多是近代的科学内容”②。而梁启超则更是认为，王国维“在学问上的贡献，那是不为中国所有而是全世界的”③。

在中国近代学术史上，王国维所取得的学术成就、所做出的学术贡献少有人可比，正如郭沫若所盛赞的那样，“他遗留给我们的是他知识的产品”，就“好像一座崔巍的楼阁，在几千年来的旧学的城垒上，灿然放出了一段异样的光辉”④。

王国维之所以能取得这样巨大的成就，与他以海纳百川的胸怀主动“兼通世界学术”是分不开的。王国维年轻时曾说，“异日发明光大我国之学术者，必在兼通世界学术之人，而不在一孔之陋儒”⑤。王国维的这段话指向一条发明光大我国学术的道路，而这条道路也正是王国维所坚持的治学之道。王国维的这段话曾极大

---

① 王国维，《国学丛刊序》，原刊于《国学丛刊》，1911年2月；转引自谢维扬、房鑫亮主编《王国维全集》（第14卷），浙江教育出版社、广东教育出版社，2009年，第132—133页。

② 郭沫若，《自序》，载郭沫若著《中国古代社会研究》，商务印书馆，2011年，第4页。

③ 梁启超，《王静安先生墓前悼词》，原刊于《国学月报》1927年第2卷第8、9、10号合刊；转引自谢维扬、房鑫亮主编《王国维全集》（第20卷），浙江教育出版社、广东教育出版社，2009年，第200页。

④ 郭沫若，《自序》，载郭沫若著《中国古代社会研究》，商务印书馆，2011年，第4页。

⑤ 王国维，《奏定经学科大学文学科大学章程书后》，原刊于《教育世界》，1906年第118—119号；转引自谢维扬、房鑫亮主编《王国维全集》（第14卷），浙江教育出版社、广东教育出版社，2009年，第36页。

地影响了毕业于清华的夏鼐。他把这段话用毛笔抄录在他的自存本《考古学论文集》的扉页背面，作为自勉的座右铭①。夏鼐之所以能够成为荣膺中外七个院士称号的一代学术大师，与他能够“兼通世界学术”不无关系。夏鼐是学术视野十分开阔的考古学家和历史学家，他“善于把多方面学问紧密地结合起来”，“具备优越的外国语文的条件，在与国外著名学者保持广泛联系的同时，经常涉猎大量新出版的外国书刊，因而通晓国际学术界的各种研究成果和学术动态，善于从世界范围和多学科角度考虑中国考古学问题，既能追求现代的国际水平，又能发掘中国固有的学术传统”②。

王国维那个时代的学者，对世界学术的了解和把握，对国外先进理论的追求，远超出现在一般学人的想象。王国维不仅熟读康德、叔本华、尼采，广泛涉猎西方逻辑学、心理学、教育学、伦理学、美学、文艺学等领域，还翻译过心理学、教育学、伦理学、动物学、世界图书馆史、法学、欧洲大学史等学术著作或教科书。更让许多人想不到的是，他甚至还认真研读过与他的学术专攻似乎没有什么直接关系的《资本论》。据王国维的学生姜亮夫回忆，他在清华国学研究院求学期间，曾于某日晚七时半去他的老师王国维家，请老师为他修改他给云南会馆出的一刊物填的一首词③。王国维为姜亮夫改词改了近两个小时，在他改词时，姜亮夫“侧坐藤制书架侧榻上”，“顺手翻看两本书，其中一本是德文版《资本论》，只见书里面用好几色打了记号”。姜亮夫回忆道：“静安先生看了看我说：‘此书是十多年前读德国人作品时读的。’这事在我脑中印象很

---

① 姜波在《夏鼐先生的学术思想》(《华夏考古》2003 年第 1 期)一文中的注(第 112 页)中提到：“1998 年，王世民先生在整理夏鼐文稿时，在夏鼐《考古学论文集》扉页背面上，发现了夏鼐用毛笔书写的一段话，全文如下：‘王国维少年时曾说过：异日发明光大我国之学术者，必在兼通世界学术之人，而不在一孔之陋儒，固可决也。’”

② 王仲殊、王世民，《夏鼐先生的治学之路——纪念夏鼐先生诞生 90 周年》，刊于《考古》2000 年第 3 期，第 83 页。

③ 姜亮夫于 1926 年 10 月入清华国学研究院求学，王国维 1927 年 6 月 2 日于颐和园昆明湖自沉，因此姜亮夫很有可能是在 1927 年 6 月前的某天去的王国维家。

深，我当时感到先生不仅学问广博，而且思想也是非常前进。”①

王元化的《思辨录》中有一篇题目为《王国维读〈资本论〉》的文章，对王国维读《资本论》这件事发表了以下看法：

读傅杰为《集林》组来的姜亮夫文稿，发现姜20年代在清华读国学研究院时，有时在课后去王国维家，向王问学。他曾在王的书案上，见有德文本的《资本论》。陈寅恪在国外留学时也于20年代初读过《资本论》。这些被目为学究的老先生，其实读书面极广，并非如有些人所想象的那样。40年代我在北平汪公岩老先生家，就看到书架上有不少水沫书店刊印的马列主义文艺理论中译本，那时，他已近80岁了。光绪年间，汪先生以第一名考入广雅书院，是朱鼎甫的高足。晚清他从广雅书院毕业出来后，教授过自然科学，还做过溥仪的化学老师。那时的学人阅读面极广，反而是后来的学人，各有所专，阅读也就偏于一隅，知今者多不知古，知中者多不知外。于是由“通才”一变而为鲁迅所谓的“专家者多悖”了。②

据陆晓光考证，王国维读《资本论》的时间应该是在1901年至1907年他集中精力“读德国人作品”的那五六年间，与姜亮夫去清华园王国维家中请教的1926年或1927年相距并非是“十多年”，而是二十多年③。因此，王国维读《资本论》的时间不仅比1928年郭大力、王亚南翻译《资本论》早了至少二十年，也比李大钊在日本留学期间读日语翻译本《资本论》早了约十年④，甚至比陈寅恪

① 姜亮夫，《忆清华国学研究院》，载王元化主编《学术集林》（卷一），上海远东出版社，1994年，第242页。另，“静安”是王国维的字。

② 王元化，《王国维读〈资本论〉》（1994年），载王元化著《思辨录》，华东师范大学出版社，2017年，242页。

③ 陆晓光认为姜亮夫的叙述当有语误（陆晓光，《王国维读〈资本论〉年份辨》，原刊于2011年6月13日《文汇报·文汇学人》专版；转引自陆晓光著《王元化人文研思录》，华东师范大学出版社，2015年，第415页）。

④ 陆晓光，《王国维读〈资本论〉年份辨》，原刊于2011年6月13日《文汇报·文汇学人》专版；转引自陆晓光著《王元化人文研思录》，华东师范大学出版社，2015年，第415页。

在 1911 年读《资本论》还要早几年[①]。据此来看，王国维很可能是目前所知中国第一个读《资本论》的人。

王国维在马克思主义尚未在中国广泛传播之前就已经认真研读过德文版《资本论》这件事，值得我们反思。王国维、陈寅恪这些“被目为学究的老先生”，之所以“读书面极广”，归根结底是因为他们是具有终极关怀精神的学者。他们做学问不是为稻粱谋，而是为“深知宇宙人生之真相”。今日之中国，现代学术的发展和进步十分迅速，相关研究也取得了巨大的成果，这自然与学术研究的高度专门化不无关系。但另一方面，也正如王元化所言，过度专门化的后果就是，学者的阅读“偏于一隅，知今者多不知古，知中者多不知外”，从而使学术视野受到了一定程度的限制，因此也很难产生具有独立精神的自由之思想，无法形成中国学术的“思想市场”[②]。

要建立中国学术的“思想市场”，就需要有更多的学术研究者秉承终极关怀之精神，从而对“宇宙人生之真相”深入地感兴趣；而从事具体的学术研究，则需要从根本上破除狭隘的门户之见，不囿于学科限制，不被各种偏见所束缚，以开放的姿态批判性地吸收人类思想中一切有价值的东西。郭沫若曾指出，即便是国学，也一样需要放到更为广阔的范围内，以开放的学术视野进行研究，因为只有“跳出了‘国学’的范围，然后才能认清所谓国学的真相”[③]。他还指出，如果有一些研究，“外国学者已经替我们把路径开辟了，我们接手过来，正好是事半功倍”[④]。显然，这些道理同样适用于

---

① 陈寅恪在《对科学院的答复》（陈寅恪口述，汪篯记录，1953 年 12 月 1 日；载《陈寅恪集·讲义及杂稿》，生活·读书·新知三联书店，2009 年第 2 版，第 464 页）中提到，他“在宣统三年时就在瑞士读过《资本论》原文”。因此，陈寅恪读《资本论》的时间是 1911 年。

② “思想市场”（the market for ideas）是 1991 年诺贝尔经济学奖获得者罗纳德·哈里·科斯（Ronald H. Coase）使用的一个术语，参看罗纳德·哈里·科斯的论文“The market for goods and the market for ideas”，刊于 *American Economic Review*（Vol. 64, No. 2, 1974, pp. 384－391），以及罗纳德·哈里·科斯、王宁著，徐尧、李哲民译《变革中国：市场经济的中国之路》，中信出版社，2013 年。

③ 郭沫若，《自序》，载郭沫若著《中国古代社会研究》，商务印书馆，2011 年，第 5 页。

④ 郭沫若，《自序》，载郭沫若著《中国古代社会研究》，商务印书馆，2011 年，第 6 页。

中国语言学研究。研究汉语,也需要跳出汉语的范围,在世界语言的范围内,从人类语言的角度对相关问题做深入的思考。对于汉语研究中的具体问题,如果海外学者已经开辟了路径,我们同样没有理由置之不理,以闭门造车的态度和方式从头做起。

改革开放四十多年来,中国语言学不断走向世界,虽然取得了很大的成绩,但也不可避免地存在一些问题。这些问题的总体表现,就是"在学术命题、学术思想、学术观点、学术标准、学术话语上的能力和水平同我国综合国力和国际地位还不太相称"①。中国语言学要解决这些问题,就必须立足于中国语言学研究之实际,继续以开放的心态去审视、借鉴国际语言学前沿理论,坚持走"兼通世界学术"之路。若是以封闭的心态搞研究,关起门来"自娱自乐",则根本没有出路。

上海教育出版社策划出版"国际语言学前沿丛书",就是希望以"开窗放入大江来"的姿态,继续鼓励"兼通世界学术"之研究,通过出版国际语言学前沿论题探索、前沿研究综述以及前沿学术翻译等论著,为国内学者搭建一个探讨国际语言学前沿论题和理论的学术平台,以发展中国语言学的"思想市场",从而不断推动我国语言学科学研究的深入和发展。

王国维曾在《哲学辨惑》一文中写道:"异日昌大吾国固有之哲学者,必在深通西洋哲学之人无疑也。"②我们认为王国维的话同样适用于中国语言学。中国语言学的发明光大,一定离不开对国际语言学的深入了解;而异日发明光大我国之语言学者,一定是既能发扬我国学术传统,又能"兼通世界学术"并善于从人类语言的本质特性和多学科的角度深入探究中国语言学问题之人。

2021年6月21日于北京通州

---

① 习近平,《在哲学社会科学工作座谈会上的讲话》,人民出版社,2016年,第15页。

② 王国维,《哲学辨惑》,原刊于《教育世界》55号,1903年7月;转引自谢维扬、房鑫亮主编《王国维全集》(第14卷),浙江教育出版社、广东教育出版社,2009年,第9页。

目　录

专题研究

他山之石

评 介 文 章

专题研究

语言演变中的相变*

王士元　著　香港理工大学

张妍[1]　蔡雅菁[2]　译

[1]唐山学院　[2]香港理工大学

要想理解人之所以为人的基础何在，探索语言如何独一无二地在人类中出现是个核心议题。给这个议题取个像"语言器官"一类的名字，并含糊地把它归因于某种基因突变，是无济于事的做法。这个议题理应用演化论的观点加以检视。在此我主张，语言出现的轨迹，始于我们首次采取双脚直立的姿势，这比科学分类上我们"人属"(Homo) 的出现还要早。第二个相变出现在当我们的祖先制造各类石器工具展现象征行为时。促成语言出现的第三个相变，是在口语沟通从手势和韵律的模式转变为主要依靠元音、辅音构成音节串时，这种转变为人类提供了有效的信号空间。第四个相变则是文字的发明，这也产生了若干深远的影响。

---

* 这些评论曾以不同形式发表于韩国首尔(2012)和巴西贝洛奥里藏特(2013)的讲演。感谢韩国汉阳大学严翼相教授、巴西米纳吉拉斯联邦大学席尔瓦(Thaïs Cristofaro Silva)教授与叶海亚(Hani Camille Yehia)教授的热情邀请和接待，以及在讲演后的讨论者。感谢严教授把此文收入他所编辑的专刊，也谢谢美国印第安纳大学舍内曼(Tom Schoenemann)教授为拙文提供的诸多中肯建议，让笔者免于许多谬误。谨以此文祝贺石锋教授65岁华诞，致敬他数十年来为推进中国语言学所作的重要贡献。

"I think you should be more explicit here in step two."

质疑者指着黑板上演算的第二步"然后奇迹发生了"，对戴眼镜的教授说："我认为你在这第二步中，应该有更为明确的解释。"

数年前，当我在《纽约人》杂志上看到这幅漫画时，语言演化的问题便立即进入我的脑海。那时很多语言学家都执着地认为语言是一个内部整齐划一的体系，可以通过简单的像代数的规则那样去解释。然而，语言数据越多，规则就变得越复杂、抽象，甚至有时令人难以置信。于是，人们便使用"语言器官""语言本能""语言生物程序"等诸多术语，就像漫画中"步骤 2"描写的那样。

人们不去深入探究婴儿毫不费力就掌握语言的原因，反而推崇"语言习得机制"和"普遍语法"等术语。似乎给它一个华丽的辞藻就能解决问题。已故的罗杰·布朗(Roger Brown)率先倡导基于语料库的实验研究，探究儿童在幼儿期环境中如何从零散的语料中构建他们的语言。然而，他在哈佛大学的项目却被乔姆斯基(Noam Chomsky)粗鲁且不负责任地指责为"科学史上对时间的最大浪费”①。

心理学家科尔巴里斯(Michael C. Corballis)在最近出版的一本书中这样评价“语言器官”概念的困境:“语言出现在单一个体的单一阶段的观点是异乎寻常的,近乎不可思议。”(Corballis 2011: 24)几年前,神经科学家拉马钱德兰(Vilayanur S. Ramachandran)曾持同样的观点,他进一步注意到,促使达尔文(Charles Robert Darwin)和华莱士(Alfred Russell Wallace)两位进化论发现者分道扬镳的正是同样一个难题。正如拉马钱德兰(Ramachandran 2004)所言:

> 但是,像语言这样拥有如此众多的连锁构件而极其复杂的机制,怎么可能是通过随机无目标的运作——通过自然选择而进化的……华莱士认为这一机制太复杂,不可能通过自然选择获得。它一定是由于神的介入。……乔姆斯基讲话与此极为相似,虽然他并未求助于上帝。……他认为语言是一个奇迹。可惜,华莱士和乔姆斯基的理论都无法验证。

“语言器官”的观念所缺失的关键要素在于演化的时间维度。让我们回顾科尔巴里斯的观点,他最突出的观察结论就是,演化是渐进的,并需要宏观尺度上的时间。

> ……语言应该理解为是逐渐演化而来的,而不是突然出现在家族树上某个相对最近的个体身上,如普罗米修斯。(Corballis 2011: 34)

普罗米修斯只存在于希腊神话当中,可惜不能到这里来给我

① 所引乔姆斯基的用语见平克(Pinker 1998: 206)。对乔姆斯基论著的详细批评,见波斯塔(Postal 2004,2009)的研究及其参考文献。

们解释清楚漫画中的“步骤 2”。几十年前，语言学家霍凯特（Charles Francis Hockett）也曾把“语言器官”与希腊神话联系在一起。他以“寻找朱庇特（Jove）主神的额头”作为他 1978 年文章的题目，让人回想起罗马神话中密涅瓦（Minerva，智慧女神，对应于希腊神话中的雅典娜）突然从朱庇特身上出现的典故。几年后，按照霍凯特的思路，我在 1982 年提出跟这种密涅瓦理论相对立的马赛克理论：

[语言]的演化很像**马赛克**的镶嵌过程，语言的不同层面，例如语义、音系、词法、句法……它们出现的时间点都不同，甚至按不同的时间表……语言被看作是一些更加**基本的能力之间**的“接口”。这些能力原本是一些其他非语言过程的基础，并涉及了频率域和时间域的模式感知，把不同的事件和事物编码并储存在不同的记忆层次，建构并处理不同层级的认知结构。

1984 年，我特意把“语言器官”比喻为古希腊神话中的神，因为在古典希腊戏剧中，神可以突然凭空出现，解决各种难题困境。这种文学艺术上的装置，拉丁语叫作 *Deus ex machina*（从天而降的神器），指的是那种能够帮助神出现在舞台上来消灾解难的奇妙装置。尽管语言如何出现是一个非常难解的问题，然而诉诸各种奇迹或这种文学装置却毫无用处。相反，我们需要把所有跟最终解决问题相关的各种信息都聚集起来。据我看来，拉马钱德兰如下的观点与马赛克理论一致，并指明了正确的方向：

早期原始人类很会使用工具，尤其精于现在被称为组装的技术……这种作用跟在长句中嵌入名词短语在操作上高度相似。因此，可能最初跟使用工具的双手相联系的大脑区域，现在**扩展适应（exapted）**并同化为用于分层嵌入的句法方面的布洛卡区域。其中每一种影响效果都是一种微小的趋向，但是它们联合起来的作用就为出现复杂精妙的语言铺平了道路。这与史蒂芬·平克(Steven Pinker)的观点相去甚远。他认为语言是向着单独的交际目标逐步进化的一种特定的适应性变化。相反,我认为是最初为了其他目的进化而来的若干种机制偶然联合,一起协作,后来彼此同化,结合为我们所说的语言机制。

我在上文中把"**扩展适应**"一词加粗了,因为它对本文讨论的主题非常重要。这一新术语是生物学家古尔德(Stephen Jay Gould)和瑞巴(Elizabeth Vrba)于 1991 年引入的,用来指由旧结构提供的新功能。这是生命科学中常见的现象。这一概念完善了遗传学家雅各布(F. Jacob)1977 年的著名论文《演化与修补》(*Evolution and Tinkering*)中的主要观点。大自然几乎从不重新形成器官,而典型做法是利用旧的结构增设新的功能。正如雅各布所言:

生物体是历史性构造,不夸张地说就是历史的产物。它们代表的不是一种工程技术的完美产品,而是在机会出现的时间和空间中,各种碎片拼凑在一起的混杂物。

在语言学界中,扩展适应或修补的观念很早就已经出现了。萨丕尔(Spair 1921)在关于语言的辉煌论著中,使用了"叠加"(overlaid)一词来描述同样的现象:

生理学上讲,言语是一种**叠加**的功能,或者更确切地说,是一组叠加的功能。言语得到来自各种器官和功能、多种神经和肌肉的服务。这些器官早已形成且原有的功能跟言语本身完全不同。(第 9 页)

关于言语产生的情形是很容易观察的。如果没有人类基本的呼吸功能——向外呼出的气流,我们就不能说话。然而,我们应该注意到,在过去数千年间,已经有很多改进,更精确地控制呼出的气流,以便能够与言语中变化的短语和重音匹配。更为重要的是,音节发音叠加于咀嚼的基本功能。当我们咀嚼食物时,打开与合拢下颌骨的节律运动,以及舌头向不同牙齿部位传送消化食物的细微运动,提供了扩展适应的感觉运动技能,发出元音、辅音和音节①。

回到上文中引用的拉马钱德兰的观察,他所说的"组装技术"位于层级结构的核心,我们发现这在高等动物的认知行为中无所不在。赫伯特·西蒙(Herbert Simon)在1962年发表的有关复杂性建构的经典论文中,巧妙地解释了层级的模式和程序的功用。他讲了关于两个手表工匠的寓言故事,使用组装技术的工匠胜过没有使用的工匠。层级结构的观念可以用多种不同的标记方法来表示,包括括号的线性套叠和树形图。

在语言学界,分部组装或层级处理的观点早已用于语言教科书中的句子分析。在20世纪中期,在"直接成分"的分析中,韦尔斯(Wells 1947)在句法学上与派克夫妇(Pike & Pike 1947)在音系学上对此都有过深入讨论。这一观点进一步扩充为"非连续成分",就是指一个成分被断开,如在句子"*He <u>was</u> dream<u>ing</u>*"中,带下划线的两个部分被主动词分开了。术语"直接成分"后来又改为"成分结构"和"短语结构",基本观念大体不变。确实,正是这种语言材料反复不断的使用,构成了音系学和句法学上的语言开放性。

萨丕尔在他的书中对语言年代的另一个观察同样值得在这里引述:

> 言语的普遍性和多样性导致了一个重大的推论。不管现存的所有语言形式是不是由一种**单一原始形式**发展而来,我们都不得不相信语言是人类**相当古老**的遗产。目前还不能确定是否有人类的其他文化发明,其年代可以比语言更久远,不管是钻木取火还是削石成器。

① 相关讨论请见加赞法尔等(Ghazanfar et al. 2012)。

我更倾向于相信语言先于物质文化的最初发展。事实上,没有语言这种表达意义的工具,物质文化是不可能自己形成的。(第23页)

让我们首先简略评述萨丕尔关于是否所有语言都有同一来源的观点——“单一原始形式”,即单源假说。弗里德曼和我(Freedman & Wang 1996)从概率论原理出发,基于史前远古的人口统计数据,得到各种理由,提出相反的多源假说,即世界上的语言有多种来源。诚然,多源假说给出一种更为混杂的语言演化图景,但是这更符合实际情况。

萨丕尔在引文中的主要推测是,语言的出现先于“物质文化的最初形式”。这一推测基于语言是数百万年前我们的祖先用以建造原始文化的心智工具,远远超出那个时代所有其他物种的能力。如下面的图表所示,走向语言和文化的轨迹始于直立姿势和双足运动的转变。这是发生在约300万年前的人属之前的南方古猿时期。

约200万年前,人属出现,他们系统地制造最初的石器工具。萨丕尔猜测他们的大脑中必定已经出现一些初始的语言形式,得以实现这种最基本的文化。正如上文所述,拉马钱德兰同样把使用工具与语言进化相联系。其他物种的进化主要依靠**生物学进化**,通过一代一代的基因传递,而人属的进化还要加上**文化的演进**,通过更加复杂的传播方式,如施教、学习和许多社会互动的形式。正是这种生物进化与文化演进强力结合的**双重进化**,创造出天地间独有的我们的物种特性——智人(Homo sapiens)。

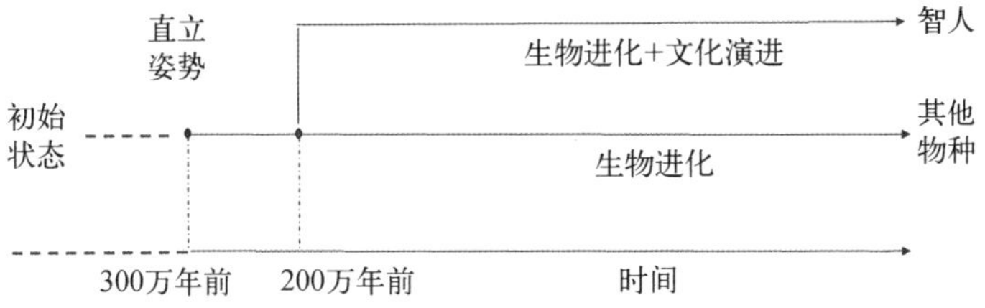

数百万年间,许多物种已经灭绝。现在与我们关系最近的是

黑猩猩,约600万年前与我们走向不同的进化路径。1921年萨丕尔所写的文章没能把我们人类的文化与黑猩猩的情况进一步比较,这是情有可原的。因为正如德瓦尔(de Waal 2005)指出的,我们对黑猩猩的主要情况只是最近几十年才有所了解。科尔和托马塞罗(Call & Tomasello 2008)的论著更深入地探讨黑猩猩的精神世界,赫尔曼等(Herrmanm et al. 2007)则报告了黑猩猩、红毛猩猩跟人类儿童之间的认知差异。

萨丕尔也没能更多了解我们祖先早期的物质文化。他于1939年去世,正是这一年,利基(Louis Leakey)在坦桑尼亚的奥杜瓦伊峡谷发掘出远古人类的石器工具。现在,我们已经有更多资料来进行这种比较,包括更好地了解使人类语言成为可能的生理配备。

在萨丕尔的猜测将近一个世纪之后,本文接下来尝试对这些问题做出现代阐述。文章标题中的术语"相变"借自物理学,指的是非线性发展过程中的质变。一般常见的例子就是逐渐加热水这种物质,使它依次从固态的冰变为液态的水,直至气态的蒸气。我们将讨论语言演化中这样的四种相变。

相变1:两足姿势

第一种相变出现在约300万年前。1974年在古人类学史上是一个重要的年份,人们在埃塞俄比亚发现了最为闻名的反映人类进化的一组化石。这套完整化石是一个年轻女性的遗骨,学界称她为露西(Lucy),是来自叫作阿法南方古猿的物种。化石发现者之一的约翰逊(Johanson & Blake 2006)探讨了这些化石对语言研究的重要作用。对露西详尽的解剖学研究和后来在埃塞俄比亚邻近区域发现的很多其他化石,以及火山灰所保留下来的脚印①,使

① 关于脚印的重要性参见利基和海伊(Leakey & Hay 1979)以及赖希伦等(Raichlen et al. 2010)的研究。

科学家们更加深信这些类人动物已经直立行走。

露西与所有其他灵长类都不同，她采用两足姿势，垂直站立，头部平衡地位于脊柱顶端。其他的类人猿，如黑猩猩、大猩猩、红毛猩猩，可以偶尔使用双足行走，甚至有时会前臂夹带东西走很短的距离；它们还可以借助伸长前肢用手来辅助双腿，采用“手指行走”的方式。然而，只有露西的种群是灵长类中第一个像现代人一样垂直站立的物种。

达尔文在《人类的遗传》中，以下列这段话评述了人类双脚直立[1]的重要性：

> 只有人类变成**双脚直立**……这成了他最显著的一个特征。若非**运用双手**，可以如此随心所欲地行动，人类不可能达到目前在世界上的主导地位。……如果人类的双脚稳稳站立并让双手和前臂空出来算是一大优点……那么人类的祖先当然会变得**越来越直立，越来越靠双脚站着**。这样他们就更能拿石头或棍棒来防卫自己、攻击猎物或取得食物。身体构造最佳的人类最终成功的胜算最大，也因此才得以**大量存活**。

进化对于我们身体的主要“修补”，是在人体结构上的重要改建，特别是在头部和颈部区域。作为人类四足历史的遗留，大脑和喉部之间的神经通路大大加长，因为它需要降到胸部左侧的主动脉之下，再折返向上控制喉部的肌肉。喉部本身在婴儿早期就下移了，在咽腔形成一个近乎垂直于口腔的通道。这在解剖上类似于一个弯曲的管道，不仅是食物和饮料的通道，还是我们呼吸和讲话的空气通道。这样的设置让我们能够发出更加丰富多样的声音，而负面的问题是，这会使我们极易发生窒息。达尔文对此早有关注：

---

① 关于为何人类会过渡到双脚直立，曾有不少臆测，如惠勒（Wheeler 1988）。

他山之石

尽管设计精巧的声门紧紧关闭，但是我们吞咽下的每颗食物和饮料都必须冒着落入肺部的危险，在气管的开口通过，这是一个很奇怪的事实。（Darwin 1859：191）

下面这张为我们提供有用信息的图片来自瓦兰德等（Vallander et al. 2008）的研究，其中显示出我们跟灵长类近亲之间一些至关重要的差异。

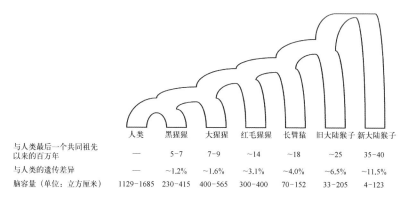

	人类	黑猩猩	大猩猩	红毛猩猩	长臂猿	旧大陆猴子	新大陆猴子
与人类最后一个共同祖先以来的百万年	—	5-7	7-9	~14	~18	~25	35-40
与人类的遗传差异	—	~1.2%	~1.6%	~3.1%	~4.0%	~6.5%	~11.5%
脑容量（单位：立方厘米）	1129-1685	230-415	400-565	300-400	70-152	33-205	4-123

把人类与黑猩猩作比较是非常有意义的。我们的基因跟黑猩猩只有约1.2%的差异，而我们的大脑却是它们的四倍以上。从露西开始，对很多出土的阿法南方古猿头盖骨的测量发现，其脑容量与其他类人猿相似。经过300万年的时间，人类脑容量爆炸性增长，由平均450立方厘米到1 350立方厘米，这在生物进化中堪称奇迹[①]。

尽管如此，由于长期共处同一谱系，我们和黑猩猩之间仍有许多相同的认知特征。黑猩猩生活的小群体中也有社会-政治结构，它们的文化也是因地域而不同。它们是灵长类中除人类之外唯一可以自我识别的动物。它们用小树枝搜寻白蚁；它们用石头敲开坚果；母猩猩会手把手教小猩猩这样做；它们会互相合作诱捕猴子作为食物。尽管人类和黑猩猩在认知能力上有着巨大差距，但很

① 关于大脑演化的深入讨论请见史尼曼（Schoenemann 2013a）。

多事实证明,我们是位于同样进展的连续统。

然而,即使付出大量努力教类人猿语言或类似语言的系统,结果却只限于相对较低的水平。迄今为止,最持久的研究主要是针对一只名叫 Kanzi 的黑猩猩(Savage-Rumbaugh & Lewin 1994)和一只名叫 Koko 的大猩猩(Patterson et al. 2001)。不论使用的教学媒介是美国手语、磁力板上的塑胶片,还是电脑屏幕上的图形字,类人猿学习的最高水平仅相当于人类 5 岁儿童。赫尔曼等(Herrmann et al. 2007)报道了一项有趣的实验,对比人类儿童、黑猩猩和红毛猩猩的研究,提出人类在"文化智力"方面具有更大优势。科尔和托马塞罗(Call & Tomasello 2008)就人类与黑猩猩之间的心智差别,中肯地讨论了"心智理论",也就是理解或体会其他个体的想法或情感的能力。

直立的明显好处就是把双手从行走和奔跑中触地的繁重任务中解放出来,从而能够发展越来越精细的各种技能,达尔文很早就注意到了这点。尽管灵长类动物的双手一般来说在攀爬树木和各种简单劳作中得到灵活运用,但是只有人类的双手才是发展得最为灵巧的。这一非凡成就在我们这个时代的音乐演奏中达到顶峰,表现为钢琴家的手指飞跨键盘时快速准确的移动。同样的手指灵活度的体现是如今青少年在手机上熟练地玩各种电子游戏。

双手日益增加的需求,促使必须选择更多的大脑组织来控制手的不同部分,因此才会有大面积的感觉和运动皮层,来负责拇指和其他手指的动作。反过来,来自大脑的更精细的神经控制,使得双手能够完成更为多样的活动,包括演奏乐器所需的精湛技巧①。总之,操控和执行互相强化,如同常见的结构和功能共同演化的情况。

这种大脑和双手之间的相互作用,加上听觉、视觉和动觉等相关基础结构,一定是一种主要动力,促成科技的产生并推进大脑容量的爆炸性增长。除了个人感觉、运动的发展之外,个体间的文化

① 关于这个领域的研究,请见贝穆德斯(Bermudez et al. 2009)。

因素,如社群人数的增长,从几百人的部落变成几百万人的城市,也使得社交关系变得日趋复杂①。这样复杂的关系需要有更好的沟通能力,也需要有更多的象征符号来相互沟通。

相变2:象征作用

双足姿势为人类独有的多方面行为提供了基础,其中不只包括语言行为。第二种相变是使语言得以启动的象征概念,即一种事物可以代表其他事物。迪肯(Deacon 1997)贴切地把我们称为"象征的物种"。正是对几何关系的心智操控,引导人属物种开始制造各种石器,用来敲击、切削、钻孔等。这些标志着萨丕尔所说的"物质文化的最初发展",以及前面引用的拉马钱德兰提到的组装技能的产生和进步。直立为我们提供了一个具有无限潜能的生物体。象征作用标志着作为转变的主要动力的文化进化开始取代生物进化的新相变。不过我们应留意,"象征"这一概念可以有不同的诠释法,某些含义可能比其他意思更宽泛;史尼曼(Schoenemann 2013b)对此有更深入的讨论。

在非洲发现的最早的石器工具距今已超过200万年。在那之后不久,一波又一波的早期人类离开非洲到达亚洲的许多地区。例如,《科学》杂志最近的一篇报告描述了在格鲁吉亚的德马尼西发现的一块罕见的完整颅骨化石,距今已超过180万年(Lordkipanidze et al. 2013)。更为著名的代表包括:北京猿人,其化石在现代北京城郊区发现,距今约50万年;尼安德特人,分布在欧洲和西亚地区,距今15万年至3万年;印度尼西亚的小型人属佛罗勒斯人,一直存活到1.2万年前。

最近的一篇关于人类起源的综述是斯金格(Stringer 2012)所

① 关于我们的近亲黑猩猩的社交关系复杂性的概述,请参阅德瓦尔(de Waal 1998)的经典论述。

写的,他是人类单一起源“走出非洲”假说的极力提倡者。许多学者更倾向于多地起源假说,认为智人和更早期的人属物种的异种交配具有重要意义。学者们在人类过去的进化细节方面还没有达成共识,也没有从古人类学、群体遗传学和演化语言学方面得到的全部资料中做出一致的解释。化石的出土和基因材料的新发现使得相关资料不断出现。毫无疑问,由于不同学科已经开始共同努力整合彼此学科的研究成果以达成共识,最近几十年来已经取得显著的进展。

从现在其他灵长类动物的行为迹象来看,早期的人属物种一定是采用手势和韵律相结合的方式进行沟通的。使用手势并不需要彼此有很多共有的背景信息就可以达到交际目的——伸出手掌表示乞讨,举起拳头表示打击,露出牙齿表示啃咬。这些应该是不需要怎么学习就能知道的。当伙伴露出牙齿就意味着要伤害你。用来表达高兴、愤怒以及其他情感的咆哮声、咕哝声、嘘声、嗤笑声、尖叫声等形式的韵律,容易约定俗成变为信号,并且通常和手势一起使用(当露出牙齿[①]再加上咆哮,就是更强烈的威胁!)。塞法斯等(Seyfarth et al. 1980)报告了一个著名的实例,即草原猴使用韵律发出警报的叫声,不同的叫声可用来辨别不同的掠食动物。

这种手势和发音结合的方式一直延续到现在。甚至在打电话的时候,尽管对方看不到,我们仍然有面部表情的改变和挥手耸肩等动作。麦克尼尔(McNeill 2005)和戈尔丁-梅多等(Goldin-Meadow et al. 2008)从现代视角讨论了手势和思想的关系。科尔巴里斯(Corballis 2011)把手势和发声联系在一起。阿比布(Arbib 2013)把这些概念与令人兴奋的镜像神经系统的发现整合在一起。

---

① 对许多哺乳动物来说,露出牙齿颇具威胁性,因为它们又长又尖的犬齿在打斗中是致命的武器。但人类的犬齿在头部重新构造时变得相对小多了,所以露出牙齿就不再具备同样的功能了。

相变3：音段系列

手势和韵律在现代语言中仍然存在，尽管其重要性已大为降低（Corballis 2002）。它们的形式和内容根据文化环境各有不同。头部动作可以代表同意或不同意，挥手表示召唤或相反的驱离，伸舌头表示尊重或反感，等等，这都严格遵从社会规范。同样，语调和对比重音的韵律形式在不同语言之间也有差异。然而，总的说来，这两种交际方式在语义表达上是有限的，并且彼此的结合难以有序进行。它们以仿拟的连续信号形式运作，而非如音段音系那样以数字的离散信号运作。

使语言表达力得到大幅增强的是语音音段的引入，这就是辅音和元音，它们好像建成言语大厦的砖石，按照组装技术组成音节、重音群、呼吸群。音段音系的产生所引发的一个关键发展，就是神经回路的重组，所以，喉部声带的振动可以与口腔内舌头和软腭的动作同步密切配合。这些振动为说话者提供了产生可持续的声学信号所必需的源头。显然，这个发展让我们的发声与灵长类动物的发声大不相同①。

音段的产出与身体姿势和整体语调相比，需要的努力很小，并且需要的时间非常少——约一秒的十分之几。举一个简单的例子，5个元音和20个辅音的音系可以生成100个不同的CV结构的音节，以及更多的CVC结构的音节。当这些音节组合在一起构成丰富的语音空间，足以生成一个包括数千单词的词汇库。

在句法层面进一步强化了这种生成力，其中单词的结合又一次利用组装技术。由于音段音系的时间效率，几秒钟的工作记忆时间，就能轻松地对中等长度的句子进行多重分析。第三种相变很可能是现代智人在非洲出现后不久发生的。这种新形式的语言

---

① 阿克曼等（Ackermann et al. 2014）的研究精辟地概述了这项发展。

在我们的祖先迁徙到世界各地中起到了关键的作用。遗传学最近的研究大大开拓了我们对语言能力的生物基础的理解,参看周敬流(Chow 2005)和利伯曼(Lieberman 2009,2013)的文章。

相变4:文字

文字的发明是在相当晚近的时期,最早的样式在约5 000年前的一些远古文明发源地出现。丹尼尔斯和布赖特(Daniels & Bright 1996)对各种文字系统的历史做了综合考察;王士元和蔡雅菁(Wang & Tsai 2011)将源自腓尼基字母的拼音文字和发明于古代中国的汉字进行了对比。

文字最初只是作为皇族或祭司这样的权贵集团使用的工具。读书写字成为普通民众的事情是近期才有的现象,大概是在20世纪,参看奥尔森和托伦斯(Olson & Torrance 2009)所著*The Cambridge Handbook of Literacy*一书。因为在人类演化中出现的时间相对短暂,所以我们的大脑对于文字的适应还没有达到对语言的适应那么好,参看王士元(Wang 2012)的文章。因此,文字的习得不像口语习得那样,所有的儿童都不用费力。相反,在各种文化当中,都有少数孩子在阅读和书写方面存在困难。迪昂(Dehaene 2009)以认知神经科学观点对这些问题进行了总体讨论。

口语是一发即逝的,文字却可以跨越空间传播信息,并穿越时间不断积累。文字使信息的分享和积累成为可能,在过去的几个世纪主要是以图书的形式成倍增长。现在,这种海量的信息以电子文件形式增长得更为迅速,从互联网和其他途径可以轻松获取。

在语言出现之前,要传达怎样完成一项特别任务的信息,老师只能当面为学生实际演示。随着语音系列的出现,这种信息可以通过口语形式表达。随着文字的发明,信息可以成为纸上外在的图示,或记录在各种磁体或光学媒介上。在所有这些情况下,传输的信息都是来自发送人的大脑。信息在外化和传输的过程都会有一定的限制和出错的可能性。

现在就来推断语言的第五种相变将是什么可能有些鲁莽。可是按照上文的论证思路进行推测,这样的时代来临并非没有可能:我们能够高度敏感和保真地监控发送者的脑电波,并把它们直接传输给接受者,而无需任何中介。科幻小说家已经描绘出这样的情景,有时候会暗示信息能通过带有集成电路的芯片植入接受者的脑中。小说一直都在预测未来,或许在第五种相变中将实现这样的场景。

现在让我们来总结一下前文讲到的语言的四种相变。

1. 第一种相变发生在约 300 万年前,南方古猿由四足姿势向两足姿势转变,这引发了我们身体结构的重组。这使双手解放出来去做各种手势,同时也为口腔和喉咙提供了更多的发音可能性。

2. 第二种相变发生在约 200 万年前,人属物种出现的时候。制造和使用各种石器工具,成为他们具有个体的象征行为的间接证据。

3. 第三种相变是随着大约在 10 万年前出现的智人产生的语音系统,建立在元音、辅音、音节和韵律的层级之上。大量复杂的信息可以在有效记忆的很短时间内传递,这是手势和韵律不可能做到的。

4. 第四种相变是文字的发明,出现在大约 5 000 年前,用图示符号代表单词。这就克服了时空的限制,引进了更为强有力的思维模式。

最后,我们有必要认真思考格雷克(Gleick 1993: 409)所报告的物理学家理查德·费曼(Richard Feynman)对历史学家查尔斯·维纳(Charles Weiner)的回答。克拉克(Clark 2008: xxv)对此做了这样的复述:

作为一位历史学家,维纳为偶然发现费曼的一批原始笔记和草图而欢欣。他评论说这些材料代表了“［费曼］每日工作的记录”。但是，费曼并没有简单地认可这种历史价值，他的回答出人意料的锐利。

他说：“我实际上是在纸上做出的工作。”

“其实，”维纳说，“工作是在你头脑中完成的，而它的记录留存在这里。”

“不，并非如此，这不是记录。这就是工作。你不得不在纸上做工作，而这就是这张纸。是吗？”

根据我的理解，费曼是在坚持认为把想法写下来本身也是创造过程的一个重要部分。确实，尽管语言完全就在我们头脑中，可不论是科学还是文学上的一件复杂的创新工作，都不是简单地从头脑中下载一些东西到纸上或电脑文件中。与此相反，这个过程简直就是一个在头脑和纸上往返来回的互动过程。

可以举例说明这一点。只有一级中心嵌入的句子，如“*The black cat his dog chased killed the big rat*”（被他的狗追赶的黑猫咬死了大老鼠），通常说出来并不难懂。而有三级中心嵌入的句子，如“*The black cat his dog the horse my uncle bought kicked chased killed the big rat*”①，尽管几个子句都很简单，可是不写下来就会很难理解。这种情形，就如同我们即便精通乘法规则，也无法在头脑中进行多位数的乘法运算一样。非常复杂的句子和多位数乘法运算都不能离开文字的书写②。这样，文字除了记录语言信息，跨越空间传递，跨越时间存留，还能构成更加复杂曲折的信息，使语言得到扩展。

① 这句话的四个子句是：The black cat killed the big rat（黑猫咬死了大老鼠）；His dog chased the black cat（他的狗追赶黑猫）；the horse kicked the dog（马踢了狗）；My uncle bought the horse（我的叔叔买了马）。

② 这很类似卡内曼（Kahneman 2011）深入讨论过的快与慢两种认知模式。未来的研究很值得更深层地探索这两者的关系。

参考文献

Ackermann, Hermann, Steffen R. Hage, Wolfram Ziegler 2014 Brain mechanisms of acoustic communication in humans and nonhuman primates: An evolutionary perspective. *Behavioral and Brain Sciences*.

Arbib, Michael A. 2013 *How the Brain got Language: the Mirror System Hypothesis*. Oxford University Press.

Bermudez, Patrick, Jason P. Lerch, Alan C. Evans, Robert J. Zatorre 2009 Neuroanatomical correlates of musicianship as revealed by cortical thickness and voxel-based morphometry. *Cerebral Cortex*, 19: 1583 – 1596.

Call, Josep, Michael Tomasello 2008 Does the chimpanzee have a theory of mind? 30 years later. *Trends in Cognitive Sciences*, 12: 187 – 192.

Chow, King L. 2005 Speech and language — a human trait defined by molecular genetics. In J.W. Minett, W.S.-Y.Wang(eds.), *Language Acquisition, Change and Emergence: Essays in Evolutionary Linguistics*. Hong Kong: City University of Hong Kong Press. Pp.21 – 45.

Clark, Andy 2008 *Supersizing the Mind: Embodiment, Action, and Cognitive Extension*. Oxford/New York: Oxford University Press.

Corballis, Michael C. 2002 *From Hand to Mouth: the Origins of Language*. Princeton University Press.

Corballis, Michael C. 2011 *The Recursive Mind: The Origins of Human Language, Thought, and Civilization*. Princeton University Press.

Daniels, Peter T., William Bright 1996 *The World's Writing*

Systems. New York: Oxford University Press.

Darwin, Charles 1859 *On the Origin of Species by Means of Natural Selection or The preservation of Favored Races in the Struggle for Life*. London.

Darwin, Charles. *Descent of Man*. 1871.

De Waal, Frans B.M. 1998 *Chimpanzee Politics: Power and Sex among Apes*. Baltimore, MD: Johns Hopkins University Press.

De Waal, Frans B. M. 2005 A century of getting to know the chimpanzee. *Nature*,437: 56 – 59.

Deacon, Terrence W. 1997 *The Symbolic Species: the Co-evolution of Language and the Brain*. W.W. Norton.

Dehaene, Stanislas 2009 *Reading in the Brain*. Penguin Viking.

Dubreuil, B., C. S. Henshilwood 2013 Material culture and language.In C. Lefebvre, B. Comrie & H. Cohen(eds.), *New Perspectives on the Origins of Language*. Amsterdam: John Benjamins Publishing Company. Pp.147 – 170.

Freedman, D. A. & W. S-Y. Wang 1996 Language polygenesis: a probabilistic model. *Anthropological Science*,104(2): 131 – 138.

Ghazanfar, Asif A., Daniel Y. Takahashi, Neil Mathur, W. Tecumseh Fitch 2012 Cineradiography of monkey lip-smacking reveals putative precursors of speech dynamics. *Current Biology*, 22: 1176 – 1182.

Gong, Tao, Lan Shuai & Bernard Comrie 2014 Evolutionary linguistics: theory of language in an interdisciplinary space. *Language Sciences*, 41: 243 – 253.

Gong, T, L. Shuai, M. Zhang 2014 Modelling language evolution: examples and predictions. *Physics of Life Reviews*, 11: 280 – 302.

Gong, T., J. Ke, J.W. Minett, J.H. Holland, W.S-Y. Wang 2005 Coevolution of lexicon and syntax from a simulation perspective. *Complexity*, 10(6): 50 – 62.

Gleick, James 1993 *Genius: The life and times of Richard Feynman*. Vintage.

Goldin-Meadow, Susan, Wing Chee So, AslıOzyurek, Carolyn Mylander 2008 The natural order of events: How speakers of different languages represent events nonverbally. *PNAS*, 105: 9163 – 9168.

Gould, Stephen Jay 1991 Exaptation: A Crucial tool for Evolutionary Psychology. *Journal of Social Issues*, 47: 43 – 65.

Herrmann, E., J. Call, M. V. Hernández-Lloreda, B. Hare, M. Tomasello 2007 Humans Have Evolved Specialized Skills of Social Cognition: The Cultural Intelligence Hypothesis.*Science*, 317: 1360 – 1366.

Hockett, C.F. 1978 In search of Jove's brow. *American Speech*, 53: 243 – 313.

Jacob, François 1977 Evolution and Tinkering. *Science*, 196: 1161 – 1166.

Johanson, Donald, Edgar Blake 2006 *From Lucy to Language*. Simon & Schuster.

Kahneman, Daniel 2011 *Thinking, Fast and Slow*. Penguin.

Leakey, M.D., Hay, R.L. 1979 Pliocene footprints in the laetolil beds at laetoli, northern tanzania. *Nature*.

Lieberman, Philip 2009 FOXP2 and human cognition. *Cell*, 137: 800 – 802.

Lieberman, Daniel E. 2013 *The Story of the Human Body: Evolution, health, and disease*. Pantheon.

Lieberman, Philip 2013 Synapses, Language, and Being Human. *Science*, 342: 944 – 945.

Lordkipanidze, David, et al. 2013 A Complete Skull from Dmanisi,

Georgia, and the Evolutionary Biology of Early Homo. *Science*, 342: 326 – 331.

McNeill, David 2005 *Gesture and Thought*. University of Chicago Press.

Minett, J.W., W.S-Y. Wang 2005 *Language Acquisition, Change and Emergence: Essays in Evolutionary Linguistics*. Hong Kong: City University of Hong Kong Press. Pp.xii+538.

Minett, J.W., W.S-Y. Wang 2009 *Language, Evolution, and the Brain*. Hong Kong: City University of Hong Kong Press.

Olson, David, N. Torrance 2009 *The Cambridge Handbook of Literacy*.Cambridge University Press.

Patterson, F. G. P., M. L. Matevia 2001 Twenty-seven Years of Project Koko and Michael. In B.M.F. Galdikas, N.E. Briggs, L.K. Sheeran, G.L. Shapiro, J. Goodall(eds.), *All Apes Great and Small: African Apes*. Springer. Pp.165 – 176.

Pike, Kenneth L., Eunice Victoria Pike 1947 Immediate Constituents of Mazateco Syllables. *International Journal of American Linguistics*,13: 78 – 91.

Pinker, Steven 1998 Obituary: Roger Brown. *Cognition*, 66: 199 –213.

Postal, Paul M 2004 *Skeptical Linguistic Essays*. Oxford University Press.

Postal, Paul M 2009 The Incoherence of Chomsky's' Biolinguistic' Ontology. *Biolinguistics*, 3: 104 – 123.

Raichlen, D.A., Gordon, A.D., Harcourt-Smith, W.E., Foster, A. D., Haas, W.R. 2010 Laetoli footprints preserve earliest direct evidence of human-like bipedal biomechanics. *PLoS ONE*, 5(3).

Ramachandran, V. S. 2004 *A Brief Tour of Human Consciousness: from Impostor Poodles to Purple Numbers*. New York: Pi Press.

Spair, Edward 1921 *Language*. Harcourt.

Savage-Rumbaugh, Sue, Roger Lewin 1994 *Kanzi: The Ape at the Brink of the Human Mind*. John Wiley and Sons.

Schoenemann, P. Thomas 2005 Conceptual complexity and the brain: understanding language origins. In J.W. Minett, W.S.Y. Wang (eds.), *Language acquisition, change and emergence: Essays in evolutionary linguistics*. City University of Hong Kong Press. Pp.47 – 94.

Schoenemann, P. Thomas 2013a Hominid brain evolution. In D.R. Begun (ed.), *A Companion to Paleoanthropology*. Blackwell Publishing Ltd. Pp.136 – 164.

Schoenemann, P. Thomas 2013b Searching for language origins. In G. Peng & F. Shi (eds.), *East Flows the Great River: Festschrift in Honor of Prof. William S-Y. Wang's* 80*th Birthday*. City University of Hong Kong Press.

Schoenemann, P. T., W. S-Y. Wang 1996 Evolutionary principles and the emergence of syntax — Commentary on Müller: Innateness, autonomy, universality. *Behavioral and Brain Sciences*, 19(4): 646 – 647.

Senghas, Ann, Sotaro Kita & Asli Ozyurek 2004 Children creating core properties of language: Evidence from an emerging sign language in Nicaragua. *Science*, 305: 1779 –1782.

Seyfarth, R.M., D.L. Cheney & P. Marler 1980 Monkey responses to three different alarm calls: evidence of predator classification and semantic communication. *Science*, 210: 801 – 803.

Sia, G. M., R. L. Clem, R. L. Huganir 2013 The Human Language — Associated Gene SRPX2 Regulates Synapse Formation and Vocalization in Mice. *Science*, 342: 987 – 991.

Simon, Herbert 1962 The architecture of complexity. *Proceedings of American Philosophical Society*, 106: 467 – 482.

Stringer, Chris B. 2012 *The Origin of Our Species*. Penguin.

Vallender, Eric J., Nitzan Mekel-Bobrov, Bruce T. Lahn 2008 Genetic basis of human brain evolution. *Trends in Neurosciences*, 31: 637 – 644.

Vogt, Paul 2005 On the acquisition and evolution of compositional languages: Sparse input and the productive creativity of children. *Adaptive Behavior*, 13: 325 – 346.

Wang, W. S-Y. 1982 *Explorations in Language Evolution*. Hyderabad: Osmania University Press. (Reprinted in W.S-Y. Wang 1991 *Explorations in Language*. Pp.105 – 131.)

Wang, W.S-Y. 1984 Organum ex machina. *Behavioral and Brain Sciences*, 7(2): 210 – 211.

Wang, William S-Y. 2012 Language learning and the brain: An evolutionary perspective.In G. Cao, H. Chappell, R. Djamouri, T. Wiebusch (eds.), *Breaking Down the Barriers: Interdisciplinary Studies in Chinese Linguistics and Beyond*. Taipei: Institute of Linguistics. Pp.21 – 48.

Wang, William S.-Y. 2014 Models — simple but not simpler, Comment on "Modelling language evolution: Examples and predictions" by Tao Gong et al. *Physics of Life Reviews*, 11: 315 – 316.

Wang, William S-Y., Yaching Tsai 2011 The Alphabet and the Sinogram: Setting the Stage for a Look across Orthographies. In McCardle, J.R. Lee, B. Miller, O. Tzeng (eds.), *Dyslexia Across Languages: Orthography and the Brain-Gene-Behavior Link*. Brookes Publishing. Pp.1 – 16.

Wells, Rulon S. 1947 Immediate Constituents. *Language*, 23: 81 – 117.

Wheeler, P. 1988 Stand tall and stay cool. *New Scientist*, 118 (1612): 62 – 65.

汉口方言语音历史的几点认识*

柯蔚南(W. South Coblin) 著 美国爱荷华大学
尹玉霞[1] 高魏[2] 译
[1]天津师范大学外国语学院 [2]南开大学外国语学院

1. 引言

武汉市建于1949年,是由位于汉江和长江交汇的三座相毗邻的城市武昌、汉口和汉阳合并而成的。现代都市武汉包括了这三座城市(也就是人们所说的"老三镇")最核心的部分以及其广阔的郊区。汉阳和武昌两地之间由一座大桥相连,汉阳和汉口也有很多桥梁相连。

因武汉方言在《汉语方音字汇》〔北京大学中国语法文学系教研室(1989),以下简称《字汇》〕中有记录,所以当代语言学者对武汉方言比较了解。而近年在陈章太和李行建(1996—1999)以及朱建颂(1995)所进行的两项重要研究中,武汉方言也都占有突出的地位。《字汇》基于汉口方言语料,作者认为,汉口方言、汉阳方言以及武昌方言在发音上的区别是微乎其微的。朱建颂(1995)也持与《字汇》类似的观点,即武汉方言是由武昌方言、汉口方言和汉阳方言构成的,但他特别指出,这几种方言的发音都属于"老三

* 原文题目为 Glimpse of Hankou Phonological History,刊于 *Journal of Chinese Linguistics*, 2009, 37(2): 187-206。文章经作者授权翻译。本文是天津市教委科研计划(人文社科)项目(项目编号2020SK031)阶段性成果。——译者注

镇式”。陈章太和李行健(1996—1999)把武汉方言分为两小片:武昌小片和汉口/汉阳小片。他们指出后者是其研究的语料来源。根据朱建颂(1995:3)的研究,不同年代的武汉人所说的武汉话也会有所不同。老一辈和一些中年人构成了武汉方言中的“老派”,而年轻一代和其余的中年人则构成了“新派”。这两派音系的区别主要在于两者与普通话的相似度上。朱建颂(1995)主要关注“老派”的语音系统。很明显,这也是陈章太和李行健(1996—1999)的研究关注点,因为他们研究的对象都是六十几岁的人。《字汇》并没有明确说明其研究对象的年龄。从下面的分析中我们可以看到,这三部现代武汉方言的研究资料所报告的语音系统还是有一些显著的区别的。

近代有相当一部分汉口方言相关的研究资料。第一种是《湖北方言调查报告》〔赵元任等(1948),以下简称《报告》〕,对汉口方言进行了简单描写。该描写基于1936年对两名青少年发音人进行的实地调查,他们都是汉口当地人,都在武昌待过两年。

殷德生(James A. Ingle)的《汉口方音集字》(1899)比上面提到的《报告》要早出大约40年。正如其题目所示,《汉口方音集字》列出了汉字音节的汉口读音。殷德生找了一位汉口本地人作为发音合作人,并附加了未出版手稿《汉口方言字典》中的一些内容,该手稿的作者是当时已故的备受尊重的威廉·斯卡伯勒(William Scarborough)。《汉音集字》的引言部分明确指出,该书不涉及任何武昌方言的发音变体。

我们研究汉口方言的第三种也是最早的一种资料来源是由庄延龄(Edward H. Parker, 1849—1926)编纂的。正如近期的一项研究(Branner 1999)所说,庄延龄是一位热衷于收集汉语方言资料的能手。他在20岁的时候就来到了中国,1875年发表了汉口方言音系概述。第二篇论文(Parker 1878:30—31)收录了汉口方言中一些无相应汉字的词汇,于三年后发表。因此我们可以得出这样的结论:庄延龄研究的主要是19世纪70年代的汉口口语。1875

年和1878年写的这两篇相关文章都很简短，不能单独作为支撑汉口方言音系研究的史料。然而幸运的是，我们可以使用庄延龄留下来的更多、更为全面的有关汉口方言研究的资料，这可在翟理斯(Herbert Giles)编纂的著名的《汉英字典》(1892)中的方言旁注里找到。该字典中用“Middle”(简称 M)命名中国中部地区的一种汉语方言口语，并且是以汉口方言为代表来分析该中部方言的。正如林德威(Branner 1999：15)所指出的，庄延龄的方言研究资料存在一定的缺陷，一部分原因在于他本身所犯的错误，另一部分原因则是翟理斯在编辑过程中的曲解。但是总的来说，这些文献为研究近代汉口方言音系提供了宝贵的参考资料。批判性地使用这些资料，再结合其他有关汉口方言的研究资料，我们可以了解在过去的125年间汉口方言的音系发展史。

庄延龄对于发音变体的关注和记录对我们尤为重要。这种发音变体在他的汉口方言研究资料中比比皆是。他自己也注意到了这一点，并做出了如下评论(Parker 1878：29)：

汉口方言是最难研究的方言之一。它与北京话不同，北京话相对来说比较稳定，几乎没有受到外界因素的影响。而汉口方言正处于一种自行变化状态，另外有很多汇聚在这里做生意的商人，他们也极大地影响了汉口方言的发展。因此我们需要格外地注意，不能把一些本不属于汉口方言的外地话盲目地归类到汉口本地口语中。

上面这段话非常令人信服，这表明庄延龄意识到了混在真正的汉口本地口语中的这些“外来话”。另外，这也显示了庄延龄对汉口方言发展事实具有非凡的预见性。他认识到了在汉口方言的演变过程中，不仅存在着混杂状态，而且还存在一些正在发生的语音变化。几十年后，殷德生也注意到了这一现象，但他并没有发现其背后的意义，因为他只是简单地说道：“汉口方言混杂了其他十八个省份的方言，因此汉口方言是极其不纯正的……”(Ingle

1899：Ⅲ)他又继续说道："有很多个汉字有两个或两个以上的发音，但是本书中的汉字只给一个发音。这种情况下，我们的目的就是选择具有代表性的汉口方言发音。"(Ingle 1899：Ⅳ)但是，殷德生实际也列出了一些发音变体，这些可以与庄延龄的资料以及现代武汉方言资料有效地进行结合。

本文将着重研究早期的资料与现代资料所存在的音系差异。我们的主要目的是阐释过去125年间汉口方言的音系发展历史。

2. 声母

2.1 声母 ŋ-和 ø-

现代武汉方言中，声母 ŋ-通常出现在中元音和低元音之前，与零声母不对立。但也有例外的情况，如 ŋa^{1}丫/a^{1}阿。① 其他类似的、更为重要的例子还包括含有-o 的字。试比较：o^{1}阿、o^{2}恶、o^{4}卧和 ŋo^{1}屙、ŋo^{2}鹅、ŋo^{4}饿。在陈章太和李行健的研究资料中，这两种音节的发音是一样的，都是 uo。朱建颂指出武汉方言新派发音中含有 ŋ-的音节有零声母的读法。这或许表明陈章太和李行健在该处只是简单地采用了新派的发音。根据《报告》的描写，20 世纪 30 年代的汉口方言中的 ŋ-的分布与现代武汉方言老派一致，o 和 ŋo 这两类音节的发音区别微乎其微。《报告》又进一步说明汉口方言中/ŋ/的发音在不同说话人中有所不同，可发成[ɣ]或者[ʔ]。有趣的是，殷德生的《汉音集字》与陈章太和李行健的观点有一致的地方，他们都把 o/ŋo 类音节合并成一种拼写 wo。这种合并的零声母很显然不是现代武汉方言新产生的音变，因为在一百年以前至少一些汉口人就已经这样说了。殷德生的汉口方言研究在其

① 武汉方言有四种声调，分别以数字上标的形式来表示这四种声调，即 1 阴平、2 阳平、3 上声、4 去声。

他方面也与武汉方言的老派用法相吻合，比如，在中元音和低元音前面只能是 ŋ-，这两种元音前面没发现零声母出现。[①]庄延龄的研究资料与上述资料则是截然不同的，他认为 ŋ-和零声母在中元音和低元音之前都会出现。例如，爱：ai、ngai，安：an、ngan，熬：au、ngau，厄：ngê、ê，恩：ên、ngên，蛾：ngo、o、wo，饿、我、卧：wo、ngo，偶：ou、ngou。这表明在 1870 年左右，汉口方言中 ŋ-和 ø-作为声母的情况都是非常普遍的，甚至是势均力敌的。但是到了 19 世纪末 20 世纪初，情况又发生了变化，ŋ-变得越来越常用了。现代武汉方言新派发音体系中 ŋ-的缺失或许要归因于普通话的影响，但是需要注意的是，作为声母 ŋ-和 ø-的竞争在这个地区持续了很长一段时间。还有值得注意的一点是，《报告》在武昌方言音系描写部分指出，在 20 世纪 30 年代武昌方言根本没有以 ŋ-作为声母的情况。由此我们可以推断，在早期汉口方言中所存在的 ŋ-/ø-这种势均力敌的情况，有可能是受到了当时来到该地做生意的武昌人的影响，因为那个时候有很多武昌人都跨过长江来到日益扩大的汉口商业区寻找商业机会。

2.2　声母 l-、n-和 r-

所有这三种研究武汉方言的资料都认为该方言中仅以一个音位与标准北方话中 l-和 n- 相对应，并都把这一音位转写为 n-。《字汇》以及陈章太和李行健认为这个声母有两个语音自由变体[n]和[l]，《字汇》补充道，[l]可能是鼻音化的。朱建颂则声称这种变异是属于社会语言学的范畴，老派倾向于使用[n]，新派则倾向于使用[l]。《报告》指出 20 世纪 30 年代的汉口方言中，在前高元音前面，人们通常使用[n]而不是[l]，而此环境之外，两个变体

① 需要注意的是 nga[ŋa]这种音节类型在殷德生的资料中是没有出现的。“丫”在其资料中读作 ya。

[n]和[l]可自由出现。殷德生似乎无法理解这种现象，他在《汉音集字》中这样说道："本项研究借鉴翟理斯的已有研究对 L 和 N 试加以区分……，但在大多数难以区分的情况下，同一个字既标注了 L，又标注了 N。"看到这段话，我们可能首先联想到殷德生在遇到像现代武汉方言中的这种自由变体时所表现出来的困惑。然而事实上，仔细研究一下他的资料，我们会发现完全不同的状况。在他的《汉音集字》中，现代普通话中所有 l-的音节都只对应 l-这一种写法。现代普通话中所有 n-的音节都对应 l-和 n-两种写法。在他的资料中以现代普通话中 l-为首的音节绝对不会有 n-这种写法。回到庄延龄的资料中，我们发现一种不同但却相关的模式。在他的资料中，现代普通话中所有声母 l-都对应 l-这一种写法。普通话一些声母 n-既有拼写成 n-，也有拼写成 l-的情况；少数带前高元音的声母有两种读法 n- 和 l-。下面是从庄延龄资料中摘录的声母为 n-的一些例字：

（1）那 na、难 nan、柅 ni、娘 niang、年 nien、纽 niu

（2）拿 la，纳 la，奶 lai，南、男 lan，囊 lang，脑 lao，内 lei，嫩 len，鸟、尿 liau，念 lien，怒 lu、lou

（3）你 li、ni，牛 niu、liu，女 nü、lü

在这里我们可以看出一些音变正在发生的图景。在 19 世纪末期，l-/n-区别的旧貌仍然存在。以 l-为声母的一类音节是没有变化的。而以 n-为声母的要么完全变成了 l-，要么发展出了-l 的变读，这表明这两类声母正在发生合并。在殷德生的年代和《报告》出版的年代这段时间内，这种合并达到了高潮。从庄延龄和殷德生的研究资料中我们可以推测出汉口方言和武汉方言中新出现的共同声母应该是 l-。我们在新派武汉方言中也发现了这一点。但是令人倍感困惑的是老派方言中有一个经常被读作 n-的声母，很少会变成普通边音或者鼻化边音。对于这种情况，我们目前还无法给出一个合理的解释。

以下这类音节是一些特殊例子：

	庄延龄	殷德生	《报告》	《字汇》	陈章太和李行健	朱建颂
女	nü、lü	$nü^3$、$lü^3$	ny^3	ny^3（文） y^3（白）	y^3	ny^3 y^3
驴	lü	$lü^2$	——	ny^2（文） ni^2（白）	ny^2	ny^2 ni^2
吕	lü yü	$lü^3$	y^3	ny^3（文） y^3（白）	y^3	—— ——
旅	lü yü	$lü^3$	—— ——	ny^3（文） ni^3（白）	y^3	ny^3 ni^3
虑	li^4	$lü^4$	——	ny^4（文） ni^4（白）	ny^4 ni^4	ny^4
律	lü	$lü^{5>2}$	ny^2	ny^2（文） ni^2（白）	ny^2 ni^2	ni^2

上述例子表明了复杂的词汇分层，一些例子可以至少追溯到庄延龄生活的年代。而其他情况，如带零声母 y 以及以-i 韵尾的例子，让人想到了湖北省东北部地区的黄孝方言（这一地区毗邻武昌的北部郊区）。若要弄清楚这其中的具体关系，还需要进一步的研究。

与武汉方言中的 l-/n-问题密切相关的是声母 r-。该辅音在陈章太和李行健的武汉方言研究资料中根本没有涉及。《字汇》认为该辅音具有音值[ɹ]，在一个词源“$ɹuei^4$锐”中出现。朱建颂把它转录成为[z]。除了“$zuei^4$锐”，他还在几个无对应汉字的词中发现了这个声母，像是“zʅ 入、肏”（性交，粗俗语）。但是，很明显，该词是从其他方言中借用过来的，因为它与武汉方言中固有的一个音节 ui⁴(意义同上)处于一种竞争状态。与其他汉语方言相比,我们发现在武汉方言中,声母 r-在高元音之前删除,其他情况下与 n-合并。当然,“ruì 锐”是一个例外。《字汇》和朱建颂都指出这些例子中的 n-实际上属于武汉方言中的老派发音。新派则用 r-(也就是 ɹ-/z-)。新派的发音反映了现代普通话的影响。

在《报告》中,我们发现了与《字汇》和朱建颂所提到的老派武汉方言相一致的语音系统。《报告》认为声母 r-(转录成 z-)只有在“ruì 锐”中才出现,并且是一种借用形式。

再来看看殷德生的研究资料吧,这里我们可以发现不同的情况。在他的资料中,普通话中位于高元音之前的 r-对应汉口方言的零声母。但是其他情况下,殷德生则使用 r-。关于这一点,他的一段评论非常有趣。通过插图(Ingle 1899: Ⅲ)他解释道,在“大多数男人”的读音中“rang 变成了 lang”。并且他还补充说,“事实上,在武昌所有 R-音的词似乎都变成了 L,而在汉口我没有发现这两个声母之间存在任何相互转化的情况。本研究参考翟理斯的方法,试区分 L 和 R…… ”。因此在他的《汉音集字》中,殷德生从始至终一直都在使用 r-(而不是 l-),这纯粹是他个人的倾向。但是与此同时,这也清楚地表明殷德生确实在很多词中听到了这个声母。他也告诉我们 l-替代 r-的趋势在他那个年代是一种典型的武昌方言的发音特点。

在庄延龄的研究中,他把位于中元音和低元音之前的声母 r-一律都拼写成了 j-。很明显对于他来说,这里并不存在任何的含糊不清。对于“rì 日”,他拼写成了 jì,而在现代武汉方言里则是 $ɯ^4$。然而像“rú 如”和“rǔ 乳”这样的字,他则一直都拼写成 yü,这与现代武汉方言中的 y^2、y^3等相一致。对于“rù 入”这个入声调的字,他则给出了 ju 和 yü 这两种变体,而现代武汉方言中只用 y^2。对于“ruǎn 软”,庄延龄给出了三种不同的变体:juan、yüan 和 jang,而现代武汉方言中只用 $yɛn^3$。对于“róng 容”和“róng 融”,

庄延龄通常会给出 jung 和 yung 两个变体，而在现代武汉方言中则是 ioŋ[2]。最后也是最有趣的一点是，庄延龄把“ruì 锐”读成 lei！而殷德生则把这个词拼成 rüei[4]。

这里呈现了方言这样的一种历史面貌：在庄延龄生活的年代，r-出现在中元音和低元音之前以及舌尖元音“rì 日”之前。到了 19 世纪末，殷德生发现 r-经常与 l-合并，许多带 r-和 l-音节的词汇都体现了这一过程。这种合并很可能是受到了武昌方言的影响，因为在殷德生生活的年代，这一合并已经在武昌发生。到了 20 世纪 30 年代，r-和 l-合并在汉口方言中大体上已完成。

2.3 普通话中的儿化音节 ɚ

在现代武汉方言中，一些音节，诸如“ér 儿”“ěr 耳”“èr 二”都读成了 ɯ。朱建颂指出这属于老派发音，新派则使用 ɚ。《报告》中这些音节对应 20 世纪 30 年代汉口方言中的 ɤ。而殷德生则把这些音节写成了 êr。庄延龄所用的形式是非常有趣的。在 1875 年的文章中关于这个音节他说道（Parker 1875：311）：“北京话中的 êrh 转写成 ngh，一种喉流音。”这样一种描述非常令人迷惑。但是，在翟理斯编纂词典的汉口方言资料这部分，庄延龄写的是 ngï 而不是 ngh，ï 是他用来转写所有的高央元音和后不圆唇元音的，这一点在他的语言学论文中有说明（Giles 1892：xlv）。因此，他的 ngï 的另一种可能的语音阐释是［ŋɯ］。在一些例子中，他也给出了变体 yï（或许是［jɯ］）和 ï（可能就是简单的［ɯ］）。以下为具体的例子：儿 ngï、yï，而 ngï，耳 ngï，二 ï、ngï。对于“尔”这个字，他给出的发音是 êrh。该材料暗含着在武汉和汉口方言中这类音节的历史演变过程。我们可以假设这类音节最初的形式是庄延龄所说的 ngï。他所给的变体 jï 和 ï 是这类音节的后续发展，也是现代武汉方言中这类音节所对应的形式。殷德生的拼写形式 êr 和庄延龄的拼写形式 êrh 都是外来的，对应［ɚ］。它们不属于真正因为自然发展(早期汉口方言 ŋɯ>武汉方言 ɯ)而来的：但是在过去大约一个世纪的时间里，êr 和 êrh 这两种形式一直存在着，似乎它们一直在等待一个机会。现在它们已经在新派用法中占据上风。

2.4 普通话中的卷舌音

如果把声母 r-的情况排除在外的话，那么武汉方言中则不存在卷舌音的声母。根据一些资料的推测，武汉方言中早期普通话卷舌音与另外两类声母合并了。第一类是齿龈音。我们发现，例如，tsaŋ^{1}张、ts‘ɤ^{1}车和 sa^{2}杀，在北方话中它们的声母为卷舌音。这些例子也同样在《报告》和殷德生的资料中被提到。此外，在庄延龄的研究资料中也不乏类似的例子。庄延龄还额外记录了一小部分词项，有齿龈音和卷舌龈音两读。以下为这三类的具体例子：

(1) 张：tsang，赵、兆：tsao，宙：tsou，盅：tsung，重：tsung、ts’ung，扇、衫、鳝：san，烧：sau，舌、社：sê

(2) 丈、仗：chang，罩：chao，周、纣：chou，中、冢、种：chung，冲：ch’ung，善、擅：shan，少：shau，蛇、设：she

(3) 站：tsan、chan，山：san、shan，勺：sho、so，谁：sui、shui，数：shu、su，梳：sho、su，辰：sen、shun、hsün

这种现象很有可能代表了这样的一个阶段：卷舌音因与齿龈音合并而消失。可以确定的一点是，庄延龄观察到的这种模棱两可的情况在后来殷德生生活的那个年代的汉口找到了答案。

早期普通话的卷舌音在武汉方言中的第二个归宿则是腭音系列。下面的例子可以非常清晰地说明这一点：tɕy^{1}诸、tɕ‘y^{1}出、ɕy^{3}薯，tɕyn^{3}准、tɕ‘yn^{2}唇、ɕyn^{4}顺。这些词因此与以下这些音节同音，如 tɕy^{1}居、tɕ‘y^{1}区、ɕy^{3}许、tɕyn^{1}军、tɕ‘yn^{2}群和 ɕyn^{4}训。我们在《报告》和殷德生的《汉音集字》中也发现了同样的模式。上面所举例子的前三个字在庄延龄的资料中有如下的发音：诸 chü、出 ch'ü、薯 shü。按照庄延龄的这一规律，我们可以推断出对应的这三个字的发音：居 chü、区 ch'ü、许 hsü。特别值得关注的是这些例子中带有摩擦音的音节。我们可以假设 hsü 代表[çy]；但是很明显 shü 代表着其他类型的发音，有可能是[ʃy]甚至是[ʂy]。庄延龄之后再没有出现任何此种区别的记录，这两种发音一定是在汉口方言中消失了，或许在塞擦音中也存在这种区别，只不过庄延龄没有提及。遗憾的是，关于这个问题现在我们已经无从知晓了。

像"zhū 诸""chū 出""shǔ 薯"这些音节的另外一个特点是要么声母具有两种读法：腭龇音或齿龇音，要么只有齿龇音一种读法。下面的例子可以说明这一点：

(1) chü 或者 tsu：猪、朱、珠、主、煮、住
ch'ü 或者 ts'u：出、厨、除、怵
hsü 或者 su：书

(2) tsu：柱、注、驻、渚、箸
ts'u：褚、杵、处
su：殊、暑、署

这类字中也有一些存在卷舌音的读法，如：蛛 chu，输、鼠 su、shu，树 shu、shü，竖 shu。最后需要说明的一点是：我们发现这三种不同的发音类型之间也存在着复杂的竞争。在 20 世纪末的时候，这种竞争的结果是选择了以腭音加上-y 这一模式替代，并一直保存在现代武汉方言中。

庄延龄对"$tçyn^3$准""$tç'yn^2$唇""$çyn^4$顺"，这类音节的处理上也呈现了语音变体，如下面的例子所示：

谆 chun、chü，肫 tsun、chün，准 chun

春 ch‘un

顺、舜 shun，纯 hsün、sun，醇 shun、ch[‘]ün

这些例子再一次证明了这三种不同类型的发音之间所存在的相互竞争，以及最后的结果。有趣的是，朱建颂指出，一些武汉人并不说 tɕyn、tɕ‘yn 和 ɕyn，而是说 tsuən、ts‘uən 和 suen。这似乎反映了一种与庄延龄所观察到的类似的情况。为什么在这里竞争结果还未完成？《报告》指出，在 20 世纪 30 年代武昌人通常读 tsuən、ts‘uən 和 suen 而不是 tɕyn、tɕ‘yn 和 ɕyn，或许是因为武昌人不断流入汉口地区，使武汉这座现代城市的多样化得以持续。值得注意的是，像[tʂun]这种作为声母的卷舌音虽然在庄延龄的资料中比比皆是，但是它并没有在现代武汉及周边地区的方言中延续下来。

3. 韵母

3.1 韵母-u

与其他方言不同，现代武汉方言的一个显著特点是韵母-u 不出现在舌冠声母之后。在前面 2.4 小节我们已经看到了这样的事实，即卷舌音加韵母-u 这种组合在普通话和其他方言中是很常见的，但是在武汉方言中却被腭音加韵母-y 这种组合所替代。下面的例子可以进一步说明武汉方言中这一特殊的现象：tou^3 赌、$t‘ou^3$ 土、nou^3 努、nou^4 路、$ts‘ou^1$ 初、sou^1 苏，在普通话和其他方言中，这些韵母都是-u。武汉方言这种模式可以追溯到殷德生的资料（在他的《汉音集字》中，普通话中的 u-在汉口方言中被写成了 $-^{e}o$，其中上标的 e 表示动程）。庄延龄的资料也表明这个音读作-ou 的明显趋势。在庄延龄的资料中还有一些-ou 和-u 都可以的例子。如赌、读：tu、tou，图：t‘u、t‘ou，土：t‘ou、t‘u，露、怒：lu、 lou，粗：ts‘u、ts‘ou，俗：su、sou。还有一些只是-u的例子，如肚tu、突t‘u、庐lu（也可以说lü）。在这里我们所看到的似乎是这种语音变化正在进行中，即汉口方言中舌冠音声母后面的-u逐渐变成了-ou。大部分符合条件的带-u的音节已经完成此音变，少部分变化前和变化后这两种形式共存，两者还在彼此竞争着。而更少的一部分还保留着变化前的形式。

声母为m-的词是与此相关的另一类有趣的问题。在《字汇》和朱建颂的词例中，武汉方言没有[mu]这样的音节。但是，我们却发现了下面这样的例子：$moŋ^{2}$木、目，$moŋ^{3}$母，$moŋ^{4}$墓、幕。而同样的这些字，在陈章太和李行健的资料中却有[mu]这一变读形式，这可能是从普通话借用过来的。《报告》中对于这类音节只给出了[moŋ]这一种读法。殷德生也是给出一种读音mung。庄延龄的资料中一如既往地展现了一种复杂的景象：没、母、目、木、沐：mu、mung，幕：mu、mo，暮、募、墓：mu、mou，模mo、mung，牧、睦、穆：mu。在这里我们可以看到庄延龄似乎又遇到了语音彼此竞争的局面，在此之后这种竞争逐渐地显现出了结果，即鼻音韵母逐渐被大家所接受。

3.2　韵母-n和-ŋ

普通话区分-en和-eng以及-in和-ing，而武汉方言却不区分。武汉方言中，这些韵母都以-n为韵母。《报告》和殷德生的《汉音集字》也提到了汉口方言同样的情况。庄延龄（Parker 1875）对汉语方言的音系描写也持与上述相同的观点。他说汉口方言只有-in和ên，而在他当时生活的年代，北京话也有-ing和-eng。但是从庄延龄的资料中我们却发现了一些与他的这种主张相背离的地方。在他的资料中关于-en和-eng这组音节之间的差别非常小。比如shēng生，我们发现有两种读法：sêng和sên。而在下面这组例子中可以发现对立的读法：甑tsêng/赠tsên。对于庄延龄所说的汉口方言中没有-eng这种情况的另一个有趣的例外是一些在普通话中被读成 feng 的字。一般说来,在庄延龄的资料中这些字都应该读作 fung(与现代武汉方言中的 foŋ 相对应)。但是在这一个问题上,他的资料与其主张却存着出入。"讽"被读成 fêng,而"锋、逢、缝"在庄延龄的资料中给出了两种读法:fêng 和 fung。因此,在庄延龄所生活的那个时期的汉口至少存在部分韵母-eng。

至于-in/-ing 这组音节区分,在后者上表示出的差异更为明显。虽然大多数普通话以-ing 结尾的词在庄延龄的资料中都倾向于以-in 结尾,但是事实上这一规则也存在很多例外。例如:

敬、菁、井、境、镜:ching
青、清、情、擎:ch'ing
星、猩、刑、醒:hsing
零:lin、ling,领、岭:ling
饼:ping
评、屏、凭:p'ing
名、铭、鸣、命:ming
丁、钉、订:ting,顶:tin、ting
映:ying

总之,我们可以说-en/-eng 区分消失在庄延龄时代的汉口方言中大体上已经完成,但是早期-ing 与-in 合并在 19 世纪 70 年代似乎仍在进行中。

3.3 武汉方言中圆唇音的消失

在武汉方言中,如果声母为齿音,那么它后面的韵母-uan、-un 和-ui 变成非圆唇音。比如:tan^3短、nan^4乱、san^4算、$tən^4$顿、$nən^2$轮、$ts'ən^1$村,tei^4对、nei^3蕾、$tsei^3$嘴。这种模式在殷德生的资料中也随处可见。庄延龄的汉口方言研究资料也支持这种-uan> -an简化,只是在声母 s-后面,有一个发音上的过渡。试比较:酸、酸:swan,蒜:san、swan,算:san。或许在当时庄延龄生活的年代,这种变化仍在进行中。庄延龄的资料充分地反映了-un>-en 这种变化,我们可以找到这组音节曾经对立区分的痕迹:仑:lun、lên,轮:len;孙、损:sen,笱:sun。但是,关于-ui/-ei 区分消失这个问题,却存在着很多的不确定和模糊性。下面的例子可以说明这一点:

1. 堆、兑、对:tei,队:twei;退:t‘ei、t‘wei,腿:t‘ei,推:t‘wei
2. 嘴:tsui,最:tsei、tsui,罪:tsui、tswei,醉:tswei;虽:swi、sui,荽:sui、his,岁:swei

这种变化很可能在庄延龄生活的年代仍在进行中。

3.4 现代武汉方言中的前高圆唇音

我们最后谈的这个问题颇为复杂,因为它不仅涉及不同历史时期资料之间所存在的差异,而且还涉及了现代语料来源中所存在的一些显著差异。下面的例子中包括了 17 世纪末期一些普通话的例子,以便于参照比较。这些资料最早摘自一位多米尼加传教士万济国(Francisco Varo,1627—1687)的研究。具体资料参见万济国(Varo 1703;参见 Coblin and Levi 2000)和万济国(Varo Mss.;参见 Coblin 2006)。万济国的资料是采用拼音字母转写的,因此我们下面的例子也给出了它们最初的拼音字母形式,并在方括号中配以语音注解。

	zhuǎn 专	chuán 船	juàn 卷	quán 权	xuān 喧	xuán 玄
万济国	chuēn [tʂuɛn]	ch’uên [tʂ‘uɛn]	kiu̇ên [kyɛn]	k’iu̇ên [k‘yɛn]	hiu̇ēn [xyɛn]	hiu̇ên [xyɛn]
庄延龄	tswan	ts‘wan	chüan	ch’üan	hsüan	hsüan
殷德生	tsuan^{1}	ts‘uan^{2}	tsuan^{4}	ts’uan^{2}	hsuen^{1}	hsuen^{2}

《报告》	tsuan^{1}	ts‘uan^{2}	tsuan^{4}(倦)	——	çyen^{1}(暄)	cyen^{2}
《字汇》	tsuan^{1}	ts‘uan^{2}	tsuan^{4}	ts’uan^{2}	suan^{4}(楦)	suan^{2}
朱建颂	tsuan^{1}	ts‘uan^{2}	tsuan^{4}	ts’uan^{2}	suan^{1}	——
陈章太和 李行健	tsuan^{1}	ts‘uan^{2}	tɕyɛn^{4}	tɕ’yɛn^{2}	çiɛn^{1} 比较	çiɛn^{2} çyɛn^{4}

	quán 全	xuǎn 选	yuán 元
万济国	çh’iüên [ts‘yɛn]	siüèn [syɛn]	iüên [yɛn]
庄延龄	ch‘üan	hsüan	yüan
殷德生	ch‘ien^{2}	hsien^{3}	yüen^{2}
《报告》	tɕ‘ien^{2}	çyen^{3}	yen^{2}
《字汇》	tɕ‘iɛn^{2}	çiɛn^{3}	yɛn^{2}
朱建颂	tɕ‘iɛn^{2}	çiɛn^{4}(旋)	yɛn^{2}
陈章太和 李行健	tɕ‘iɛn^{2}	çiɛn^{3} -çyen^{3}	yɛn^{2}

在这里我们可以看到庄延龄所拼写的形式 chüan、ch‘üan 和 hsüan 存在着结构上的一致性,预测了现代普通话中的读音。但是在后来的汉口方言和武汉方言中,塞擦音声母和一些擦音声母发展成了两种不同的体系,反映了万济国资料中的软腭音和齿擦音的差别。这揭示出汉口方言/武汉方言的发展可以由(万济国所记录的)早期普通话音系预测出来,但是不可能是直接从庄延龄的汉口音系继承而来的。在汉口方言和武汉方言的发展过程中,一些其他的因素也起了作用。

在这方面,我们饶有兴趣地将《报告》中所涵盖的武昌、汉口、汉阳方言的语料做一下比较。下面是我们所列的一些音节范例在三个方言中的对应形式:

	zhuǎn 专	chuán 船	juàn 倦	xuán 玄	quán 全	xuǎn 选	yuán 元
武昌	tsuan^{1}	ts‘uan^{2}	tɕyɛn^{4}	çyɛn^{2}	tɕ‘yen^{2}	çyen^{3}	——
汉口	tsuan^{1}	ts‘uan^{2}	tsuan^{4}	çyen^{2}	tɕ‘ien^{2}	çyen^{3}	yen^{2}
汉阳	tsuan^{1}	ts‘uan^{2}	tsuan^{4}	çyen^{2}	tɕ‘ien^{2}	——	——

在这里我们可以看到20世纪30年代的武昌方言与庄延龄的记录完全吻合,而汉口方言和汉阳方言却呈现出不同的发展路径,因为这种路径不局限于简单的有条件的音变,因此我们认为还可能发生了融合替代。说到这里,非常有趣的一点值得我们注意,就是朱建颂和《字汇》的武汉方言发展模式很好地映射了邻近黄孝方言中相关音节的特点。下面的词表中可以看出这一点,下表中阐释黄孝方言模式用了三种湖北方言资料:英山(陈淑梅 1989)、浠水(詹伯慧 1980)和红安(陈章太,李行健 1996—1999)。

	zhuǎn 专	chuán 船	juàn 卷	quán 权	xuān 喧	xuán 玄
万济国	chuēn	ch'uên	kiüén	k'iüên	hiüēn	hiüên
	[tʂuɛn]	[ts‘uɛn]	[kyɛn]	[k‘yɛn]	[xyɛn]	[xyɛn]
《字汇》	suan^{1}	ts‘uan^{2}	tsuan^{4}	ts‘uan^{2}	suan^{4}(楦)	suan^{2}
朱建颂	tsuan^{1}	ts‘uan^{2}	tsuan^{4}	ts‘uan^{2}	suan^{1}	——
英山	tʂʮan^{1}	tʂ‘ʮan^{2}	tʂʮan^{4}	tʂ‘ʮan^{2}	ʂʮan^{1}	ʂʮan^{2}
浠水	tʂʮan^{1}	tʂ‘ʮan^{2}	tʂʮan^{4}	tʂ‘ʮan^{2}	ʂʮan^{1}(萱)	ʂʮan^{2}
红安	kʮan^{1}	k‘ʮan^{2}	kʮan^{4}	k‘ʮan^{2}	ʂʮan^{1}	ʂʮan^{2}

	quán 全	xuǎn 选	yuán 元
万济国	çh'iüên	siüèn	iüên
	[ts‘yɛn]	[syɛn]	[yɛn]
《字汇》	tɕ‘iɛn^{2}	ɕiɛn^{3}	yɛn^{2}
朱建颂	tɕ‘iɛn^{2}	ɕiɛn^{4}	yɛn^{2}
英山	tɕ‘ian^{2}	ɕian^{3}	ʮan^{2}
浠水	tɕ‘iɛn^{2}	ɕiɛn^{3}	ʮan^{2}
红安	tɕ‘ian^{2}	ɕian^{3}	ʮan^{2}

上面所给的例子,黄孝方言的形式转化成武汉方言的形式只需一些简单的规则。事实上,这种匹配非常明显,使人可能猜测武汉方言的发音直接受到黄孝地区发音模式的影响。这个影响过程从殷德生生活的年代就已经开始了,一直持续到现在。在20世纪30年代,当时的武昌方言还没有受到其他方言的影响,反倒是汉口

方言和汉阳方言与外界方言发生了融合。历史上所发生的迁徙事件也能够证实这一推断,因为近代的人口统计学研究表明:在过去的一个世纪中,有相当一部分人从黄孝方言地区流入武汉地区(葛剑雄等 1997:612)。

4. 声调

正如第 29 页脚注①提到的,现代武汉方言一共有四个声调:阴平、阳平、上声和去声。古入声音节系统地并入到了阳平。殷德生和庄延龄都在汉口方言中发现了第五个声调,该声调正对应古入声。关于第五个声调,殷德生这样写道:“我们要知道下平和入声两个调很容易混淆。”庄延龄在他的音系描写(Parker 1875:308)中写道:“入声和下平两个声调唯一不同的地方在于前者主要出现在以元音结尾的音节中,而后者主要出现在以 n 或 ng 结尾的音节中。在为数不多的几个例子中(如꜀pi 鼻,꜀sê 蛇),下平调也出现在以元音结尾的音节中。汉口本地人对于下平音节和入声音节(如 pi.“必”和 sê.“色”)的发音根本没有丝毫区别。”在另一处(Giles 1892:xxxviii),庄延龄指出:“……入声字总是以元音结尾,并且很难把它与下平调区分开来。”因此,对于在这些问题上一向都特别严谨的庄延龄来说,入声不具有区别性。如果殷德生在其汉口方言研究资料中提到了入声,我们也可以肯定地说,其实他对入声也不能很好地区分。事实上,很有可能的一种情况是,这个“第五声调”与汉口方言中的第二声调合并成一个声调,而“第五声调”只作为一种传统加以区分。但是如果真是这样的话,那么这种传统也只是近代才出现的。殷德生提到他查阅过由帕特里达奇(S.C. Patridage)牧师编纂的《武昌方音集字》,其中就列出了五个声调。《武昌方音集字》大概编写于太平天国时期,那么是否可以说它体现了 19 世纪末期武昌方言音系发展的规律呢?在《中国语言地图集》(图 B-6)中,武汉方言与其他关系亲密的方言归入一个方言片,称作“武天片”。其中的一种方言，即天门方言，有区别性的入声。因此，如果我们通过比较法再重新构建一个“武天方言原始语音系统”的话，这个系统里肯定是会有入声的。考虑到其组成方言之间的相似接近度，这个原始语音系统应该不会距离现在太久远。因此很有可能汉口方言在不远的过去也曾经有区别性的入声调。

5. 结论

本文探讨了武汉方言近代音系史的几个方面。我们发现了一些规律性或条件性的音变例证。但是也有大量或许是因为语言接触和融合而导致的明显语音替代的例证。武汉作为一个快速发展、充满活力的大都市，其人口史也一直是纷繁复杂的。一方面，有很多外地人口大量涌入该地区，促进了当地的多样化；但是另一方面，武汉将之前三个不同城市纳为一体，并且成为行政中心，这使得这一新大都市的均衡性和一致性越发显著。这些竞争因素相互作用，使现代武汉方言呈现出一种错综复杂、不断演化的音系图景。

参考文献

北京大学中国语法文学系教研室　1989　《汉语方音字汇》(第二版)，北京：文字改革出版社。
赵元任等　1948　《湖北方言调查报告》(“中研院”历史语言研究所专刊)，上海：商务印书馆。
陈淑梅　1989　《湖北英山方言志》，武汉：华中师范大学出版社。
陈章太　李行健　1996—1999　《普通话基础方言基本词汇集》，北京：语文出版社。
葛剑雄　曹树基　吴松弟　1997　《中国移民史》，福州：福建人民出版社。
詹伯慧　1980　《浠水方言纪要》，东京：龙溪书舍。

朱建颂　1995《武汉方言词典》,南京:江苏出版社。

Branner, David P.(林德威) 1999 The Linguistic Ideas of Edward Harper Parker. *JAOS*, 119(1): 12 - 34.

Coblin, W. South 2006 Francisco Varo's Glossary of the Mandarin Language. *Monumenta Serica Monograph Series, vols. LIII/1 and LIII/2*. Nettetal: Steyler Verlag.

Coblin, W. South, Joseph A. Levi 2000 *Francisco Varo's Grammar of the Mandarin Language (1703): An English Translation of the 'Arte de la lengua Mandarina'*. Amsterdam/Philadelphia: John Benjamins.

Giles, Herbert A.(翟理斯) 1892 *A Chinese English Dictionary*. London: B. Quaritch.

Ingle, James A.(殷德生) 1899 *Hankow Syllabary*. Hankou: American Church Mission.

Chinese Academy of Social Sciences and the Australian Institute of Humanities 1987/1988, 1991 *Language Atlas of China*. Hong Kong: Longman.

Parker, Edward H.(庄延龄) 1875 The Hankow Dialect. *Chian Review*, 3.5: 308 - 312.

Parker, Edward H.(庄延龄) 1878 The Comparative Study of Chinese Dialects. *Journal of the North China Branch of the Royal Asiatic Society, new series*, 12: 19 - 50.

Varo, Francisco(万济国) 1703 *Arte de la Lengua Mandarina*. Canton.

Varo, Francisco(万济国) *Vocabulario de la Lengua Mandarina*. Manuscripts held by the German State Library, Berlin and the British Library, London.①

---

① 万济国的《华语官话词典》没有出版,只以手稿形式存在世上的四个图书馆。

汉语广州方言唇音特征共现限制现象研究*

张洪明　著　澳门科技大学/南开大学

于辉　译　南开大学汉语言文化学院

1.引言

特征共现限制是音系学研究中的一个重要问题(Leben 1973, 1978; MaCarthy 1986)。本文集中探讨广州方言唇音特征共现限制现象。很多学者都曾运用不同的理论框架讨论过这一问题(Kao 1971; Hashimoto 1972; 高华年 1980; Yip 1988, 1989; Fu 1990;Cheng 1990;Tam 2008),但遗留问题仍然不少。本文试图运用几何特征树理论(Clements 1985; Sagey 1986; McCarthy 1988; Yip 1989)对广州唇音特征共现现象做一全面考察,进而解决广州方言唇音特征共现限制中一些令人困惑已久的问题。

2. 广州方言音系

广州方言的辅音系统如(1)所示①:

---

* 原文题目为 Labial-labial Co-occurrence Constraint in Cantonese,刊于《澳门语言学刊》第 31—32 期,2008 年 12 月,第 46—56 页。

① 这里讨论的所有材料均引自戴安娜·高(Kao 1971)、余霭芹(Hashimoto 1972)及高华年(1980)的研究。

(1)

p	p^h	m	f		
t	t^h	n			l
ts	ts^h	s			
k	k^h	ŋ	h	j	
k^w	k^{hw}		w		

广州方言的元音系统如(2)所示。在广州方言中,元音可长可短。

(2)

i	y		u
ɛ	œ		o
		a	

广州方言的音节结构如(3)所示:

(3)

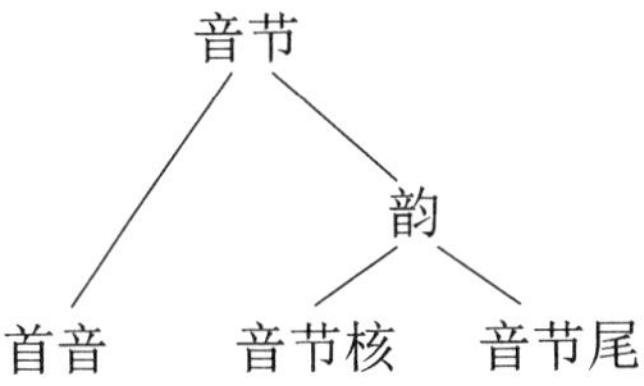

3. 唇音特征共现限制

广州方言中有一个较为显著的语素结构限制——禁止特定唇音组合出现(参见附录)。根据叶梅娜(Yip 1988)的研究,广州方言中有三种类型的唇音特征共现限制。第一种为同一音节非毗邻的首音和音节尾不能同时为唇辅音,如(4)所示。①

---

① 这种结构在借词、拟声词及儿语词中可以出现。但是大多数研究汉语的语言学家并不认为这些词在广东方言的早期结构中就存在,这里也同样不做考虑。另请参考叶梅娜(Yip 1988)的研究及据高华年(1980)修订的本文附录部分。

（4）　首音 － 音节尾

* C　V　C

唇音　　唇音　违反强制非同值原则

p　a　m

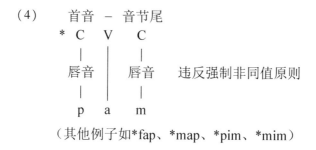

（其他例子如*fap、*map、*pim、*mim）

在特征几何树理论（Sagey 1987）中，唇音发音器官节点不但对唇辅音起作用，对圆唇元音也同样起作用。因而，如果强制非同值原则（Obligatory Contour Principle，以下简称 OCP）作用在主要特征上，即*唇音-唇音，那么似乎会有（5a）中的例子。

（5）　a. 首音 － 音节尾

? C　V　V

唇音　　唇音　违反OCP

p　a　u

b. *mau*、*fau*、*piu* 及 *miu* 都是合格的音节结构

实际上，（5a）是可能的。在广州方言中，有许多类似（5b）的例子。这些材料可以支持三种不同的假设。第一，它们可以用来支持克莱门茨（Clements 1989）提出的辅音部位节点与元音部位节点的差异，因为唇辅音和唇元音对于 OCP 有不同的音系表现，这可以证明唇辅音和唇元音属于不同的部位节点。第二，这些材料可以支持麦卡锡（McCarthy 1981，1989）提出的辅音平面与元音平面的不同，由于/p/和/u/属于不同的平面，它们并不会违反 OCP。第三，这些数据也同样可以支持萨基（Sagey 1987）提出的唇特征与圆特征的差异。虽然唇发音器官节点对辅音和元音都会起作用，但对元音而言只有在有[+圆]赋值时才会起作用。这里注意广州方言

有前后圆唇特征*圆-圆,而不是唇音特征*唇音-唇音。

但是,广州方言还有另外一种类型限制,出现在首音和音节核之间。唇辅音可以出现在后圆唇元音之前,但却不能在前圆唇元音之前出现,见(6a)和(6b)。

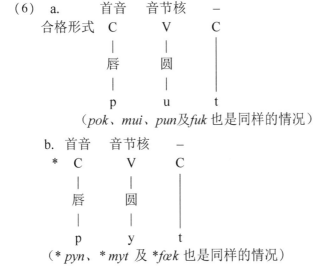

```
(6)  a.        首音    音节核     –
    合格形式     C        V        C
                 |        |        |
                 唇       圆       |
                 |        |        |
                 p        u        t
         (pok、mui、pun及fuk 也是同样的情况)
     b.  首音    音节核     –
      *   C        V        C
          |        |        |
          唇       圆       |
          |        |        |
          p        y        t
      (* pyn、* myt 及 *fœk 也是同样的情况)
```

特别值得注意的是(6)中后圆唇元音和前圆唇元音之间的差异。可以假定前圆唇元音被指派圆唇特征,看作唇音,因而受到限制。但是这一假设却站不住脚,因为在广州方言中,音节核和音节尾之间有另外一种类型的制约。换句话说,一个圆唇元音(或前或后)后面跟着一个唇辅音是完全不可能的,参见(7a)和(7b)。

```
(7)  a.  –      音节核    音节尾
      *  C        V         C
         |        |         |
         |        圆        唇
         |        |         |
         t        y         p
      (* sym、* kœp及 * tœm与此类似)
```

```
b.   –      音节核   音节尾
   * C        V       C
     |        |       |
     |        圆      唇
     |        |       |
     t        u       p
```

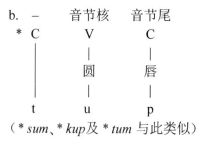

（*sum、*kup及*tum与此类似）

从(7a)和(7b)中可以看出，音节核和音节尾之间的前圆唇元音和后圆唇元音都须看作唇音。因而，(6a)和(6b)只不过是一组反例。

4. 叶梅娜的方案及其存在的问题

为了解释这一前、后圆唇元音之间的差异现象，叶梅娜(Yip 1988)提出音节结构构建规则，认为只有前圆唇元音在底层标记为唇音。构建音节结构时，元音前的辅音先被标记为首音，指派羡余值[圆]，包括为非低后元音指派[+圆]。为终端特征指派类似[+圆]的特征值蕴含着也为它的上位发音器官节点做了指派，这里的上位发音器官节点是唇。然后元音后的辅音被标记为音节尾。指派的顺序如(8)所示。

(8) a. 构建首音(CO)：*pu* 合格，**py* 则不合格

b. 羡余规则(RR)：运用于[+圆]

c. 构建音节尾(CC)：**up* 与 **yp*

假设(8)中要规定顺序的先后，羡余规则必须在构建首音规则之后、构建音节尾规则之间使用。只有这样才能解决(6)和(7)之间的不一致现象，参见(9)。

（9） a =（6a）

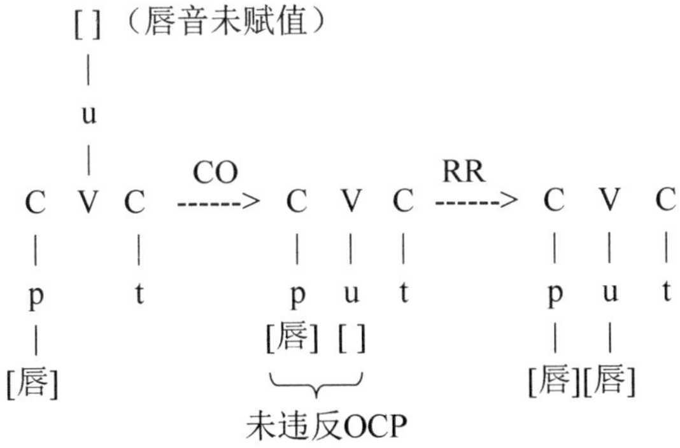

b =（7b）

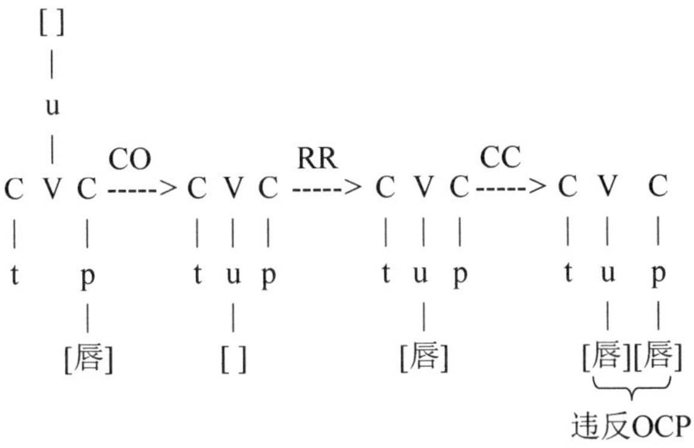

虽然 Yip 的假设解决了例(6)和(7)中的后圆唇元音问题,却不能解释为什么 OCP 在例(5)中不起作用,但在次要发音特征 k^w 上却要起作用。在特征几何理论框架中,次要发音 k^w 可以采用不同的方式表示,如萨基(Sagey 1986)的表达方式(10a)和克莱门茨(Clements 1989)的表达方式(10b)。

（10） a.（Sagey 1986）k^w： b.（Clements 1989）k^w：

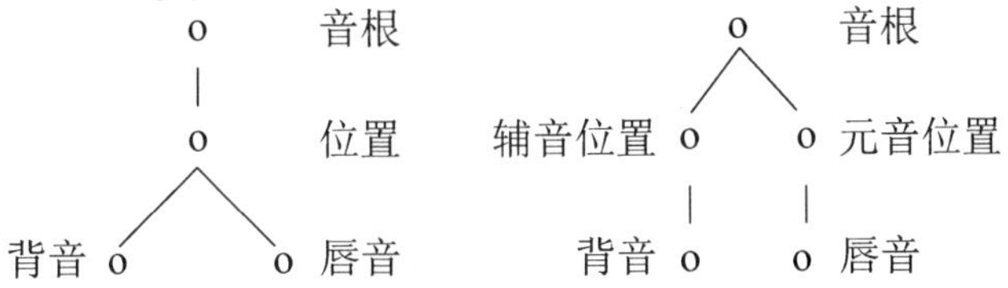

在广州方言中，如果首音是 k^{w}，不管音节尾是-u 还是-p，OCP 都会发生作用，如（11）所示。

（11） a. $^{*}k^{w}$*au*　b. $^{*}k^{w}$*ap*

假设叶梅娜在（8）中提出的假设是正确的，那么例（11a）和（5）就不仅应该有相同的推导过程，结果也应该是一致的。比如，假定羡余规则在创建音节尾规则之前发生作用，（11a）和（5）的推导过程应为（12）所示。

（12）　a＝（11a）

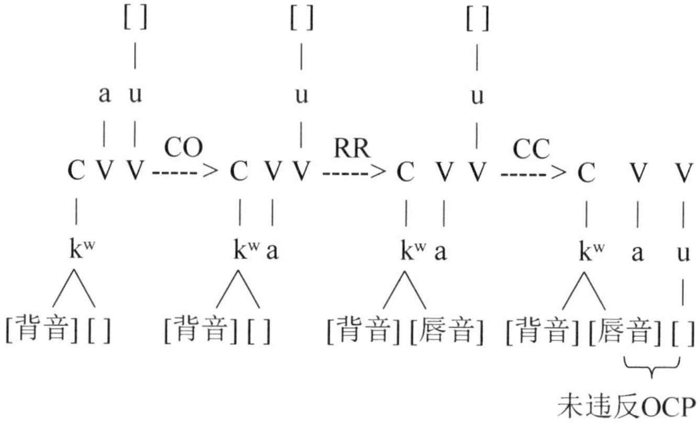

b＝（5）

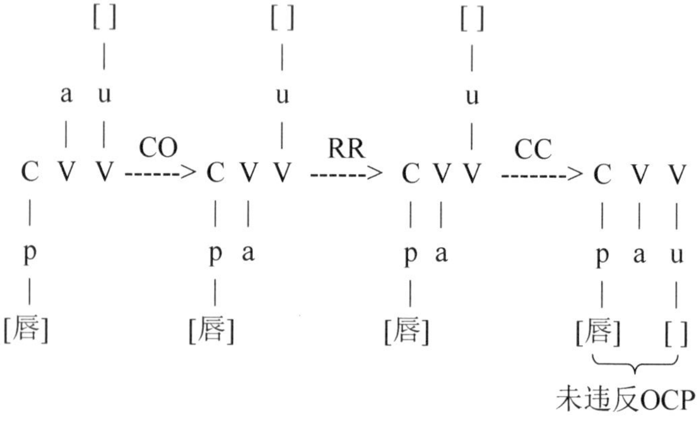

如果羡余规则在创建音节尾规则之后运用,(11a)和(5)的推导过程分别如(13)所示。

(13)　a =(11a)

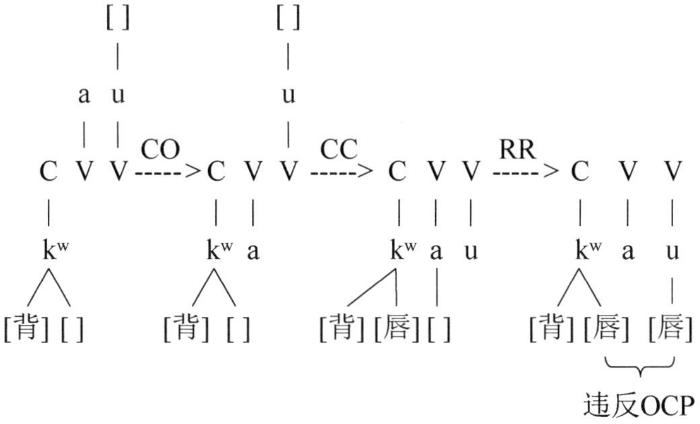

b =(5)

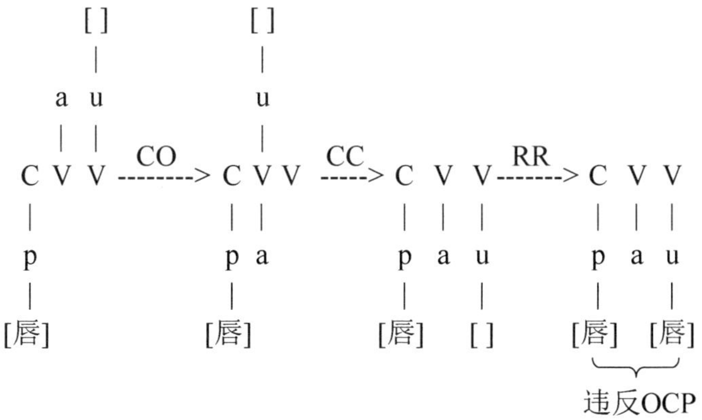

如果(12)的推导是正确的,我们会得到(14a),如果(13)的推导是正确的,则会得到(14b)。但是,在广州方言中,(14a)和(14b)都是不合乎语法的,实际的情况是(14c)。

(14) a. *kwau* 与 *pau*

b. * *kwau* 与 * *pau*

c. * *kwau* (=8a)与 *pau*(=2)

5. 新假设

根据上面的分析,这里拟提出一个新的假设。这需要规定羡余规则运用的次序,要求既不能完全在创建音节尾规则之前运用〔如在(12)中的情况〕,也不能完全在创建音节尾规则之后运用〔如在(13)中的情况〕,而是根据触发成分的性质决定羡余规则到底在创建音节尾规则之前还是之后运用。根据采用哪一形式在强制非同值音节结构线性顺序中作为第一个成分成为触发因素,哪一构成强制非同值的第二个成分成为牺牲成分,新的假设如(15)所示。

(15) 如果触发成分是主要特征,羡余规则在创建首音规则之后、创建音节尾规则之前运用,OCP在规则运用前发生作用;如果触发成分是次要特征,羡余规则在创建音节尾规则之后运用,OCP在规则运用后发生作用。

(15)中的新假设可以用来解释上面所涉及的所有材料。因为例(5)和(6)中的触发成分都是主要特征,羡余规则必须在创建首音及创建音节尾规则之前运用,OCP应该在规则运用之前发生作用。因而,后圆唇元音不会影响OCP,见(16)。

（16） a =（5）

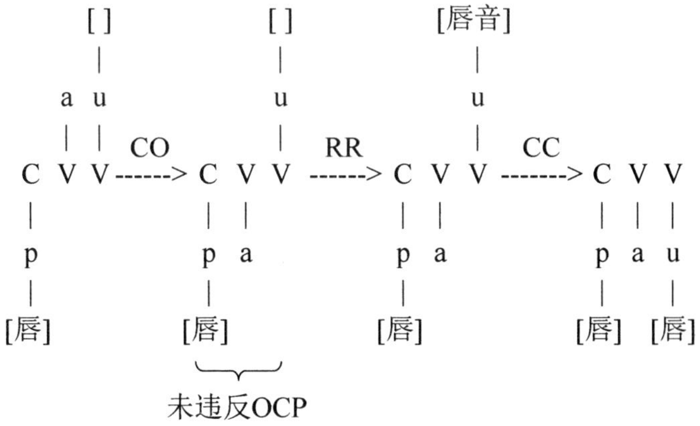

b =（6a）

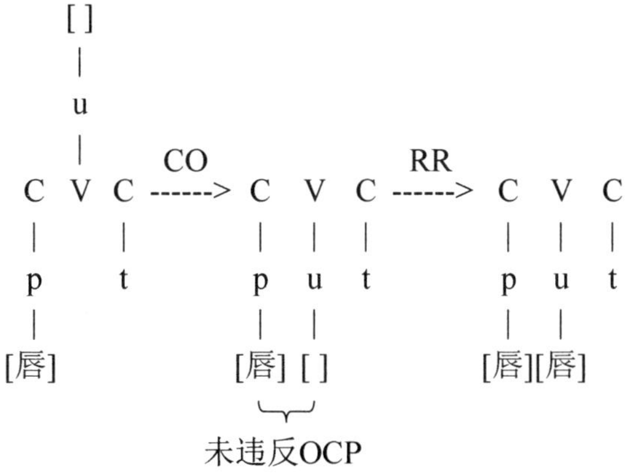

因为例（7）和（11）的触发成分都是次要特征，羡余规则必须在构建音节尾规则之后运用，OCP 会在规则运用后发生作用。因而，后圆唇元音会进行 OCP 操作，见（17）。

（17）a =（7b）

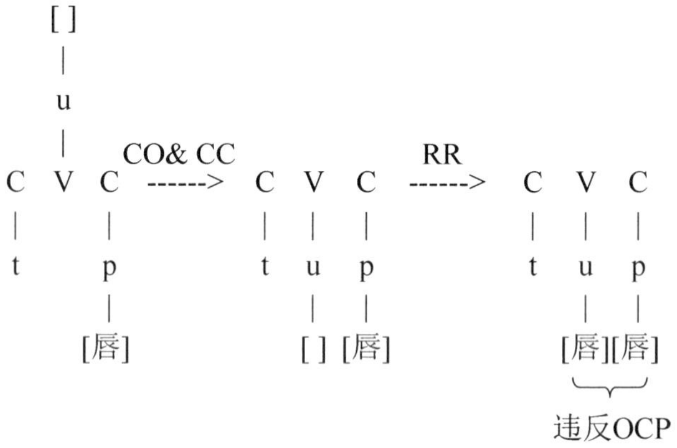

b =（11a）

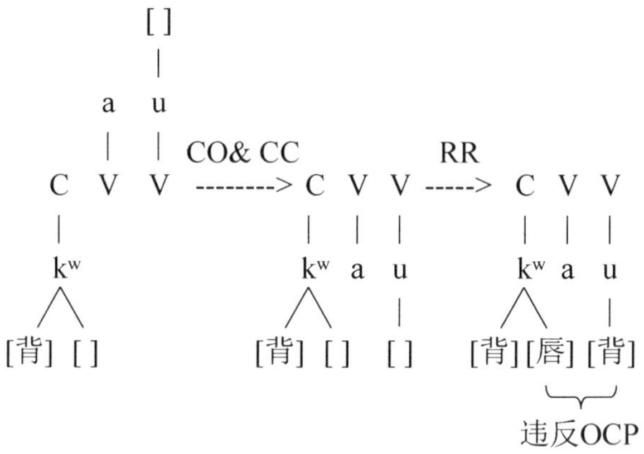

值得注意的是(15)中的假设提出了一个理论问题。不同层面的特征节点可能有不同的音系行为,或者表现为规则运用的次序不同或者表现为 OCP 的不同作用。除了汉语广州方言的相关分析,我们还得到了来自非汉语语言证据的支持。萨基(Sagey 1987)讨论过澳洲瓦尔皮里语中的唇音和谐现象(见 18a)和圆母音的和谐现象(见 18b)。

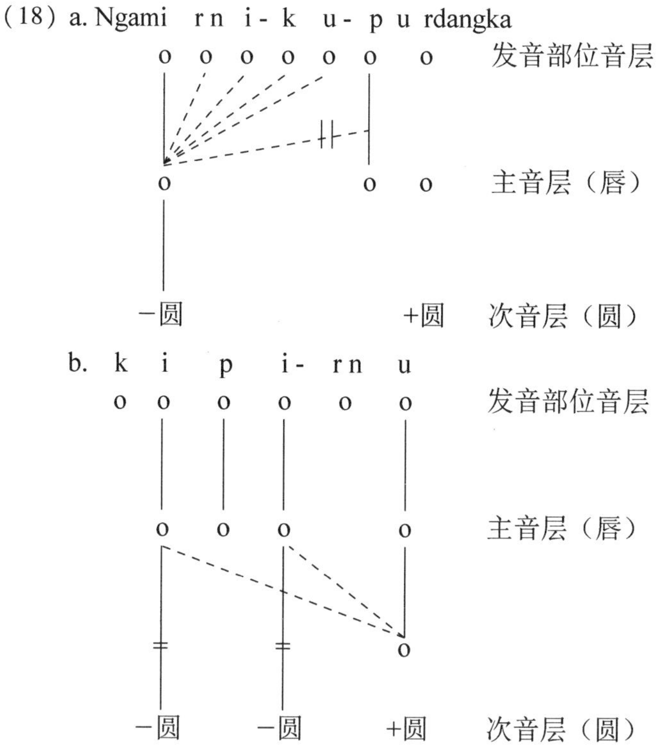

根据萨基的研究，(18a)中的阻断是因为把唇音和谐分析为统制[-圆]唇音节点由左至右的延展。(18b)没有被唇音节点阻断是因为[+圆]特征由右至左延展。虽然我们在(18a)中对于指派[-圆]采取不同的观点，至少有一点我们是相通的，即不同的延展方向是瓦尔皮里语不同的特征层面引起的，换句话说，主要特征层面的延展是从左至右，次要特征层面的延展恰恰相反，是从右至左。同样的情况还可以在非洲约鲁巴语中找到。根据施莱克尔(Schleicher 1990)，约鲁巴语母音同化是从右至左，但鼻音同化却是从左至右，见(19)。

(19) itõ + ewúrɛ → itẽ̃ewúrɛ
“大腿” “山羊” “山羊的大腿”

鼻音和元音属于不同的特征层面。克莱门茨(Clements 1985)的研究认为鼻音应放在发音方法音层,但麦卡锡(McCarthy 1988)却把它放在音根层。但是,显然在约鲁巴语中延展的方向根据不同的层面有所不同,这些都可以作为支持(15)中假设的证据。

附录

表 1

	a	aːi	ai	aːu	au	aːm	am	aːn	an	aːŋ	aŋ	aːp	ap	aːt	at	aːk	ak
p	+	+	+	+	−	−	−	+	+	−	+	−	−	+	+	+	+
p^h	+	+	+	+	+	−	−	+	+	+	+	−	−	−	+	+	−
m	+	+	+	+	+	−	−	+	+	+	+	−	−	+	+	+	+
f	+	+	+	−	+	−	−	+	+	−	−	−	−	+	+	−	−
t	+	+	+	−	+	+	+	+	+	−	+	+	−	+	+	−	+
t^h	+	+	+	−	+	+	+	+	+	−	+	+	−	+	−	−	−
n	+	+	+	+	+	+	+	+	+	−	+	+	+	−	−	−	−
l	+	+	+	−	+	+	+	+	+	+	−	+	+	−	−	−	+
ts	+	+	+	+	+	+	+	+	+	+	+	+	+	+	+	+	+
ts^h	+	+	+	+	+	+	+	+	+	+	+	+	+	+	+	+	+
s	+	+	+	+	+	+	+	+	+	+	+	+	+	+	+	−	+
j	+	+	+	−	+	−	+	−	+	−	−	−	+	−	+	+	−
k	+	+	+	+	+	+	+	+	+	+	+	+	+	+	+	+	−
k_h	+	+	+	+	+	−	+	−	+	−	−	−	+	−	+	+	−
ŋ	+	+	+	+	+	+	−	+	+	+	+	+	−	+	+	+	+
k^w	+	+	+	−	−	−	−	+	+	−	−	−	−	+	+	−	−
k^{hw}	+	−	+	−	−	−	−	−	+	+	−	−	−	+	+	−	−
w	+	+	+	−	−	−	−	+	+	+	+	−	−	+	+	+	−
h	+	+	+	+	+	+	+	+	+	+	+	+	+	−	+	+	+
Ø	+	−	+	−	−	−	−	−	−	−	−	−	−	−	−	−	−

表 2

	ɛ	ɛi	ɛŋ	ɛk	œ	œy	œn	œŋ	œt	œk	ɔ	ɔi	ɔu	ɔn	ɔŋ	ɔt	ɔk	i
p	+	+	+	+	−	−	−	−	−	−	+	−	+	−	+	−	+	−
p^h	−	+	+	+	−	−	−	−	−	−	+	−	+	−	+	−	+	−
m	+	+	+	−	−	−	−	−	−	−	+	−	+	−	+	−	+	−
f	−	+	−	−	−	−	−	−	−	−	+	−	−	−	+	−	+	−
t	−	+	+	+	+	+	+	−	−	+	+	+	+	−	+	−	+	+
t^h	−	−	+	+	+	+	−	−	−	−	+	+	+	−	+	−	+	−
n	+	+	−	−	−	+	−	−	−	−	+	+	+	−	+	−	−	+
l	−	+	+	−	−	+	+	+	+	+	+	+	+	−	+	−	+	−
ts	+	−	+	+	−	+	+	+	+	+	+	+	+	−	+	−	+	+
ts^h	+	−	+	+	−	+	+	+	+	+	+	+	+	−	+	−	+	+
s	+	+	+	+	−	+	+	+	+	+	+	+	+	−	+	−	+	+
j	+	−	−	−	−	−	+	+	−	+	−	−	−	−	−	−	−	+
k	+	+	+	−	−	+	−	+	−	+	+	+	+	+	+	+	+	−
k^h	+	+	−	+	−	+	−	+	−	+	−	−	−	−	+	−	+	−
ŋ	−	−	−	−	−	−	−	−	−	−	+	+	+	+	+	−	+	−
k^w	−	−	−	−	−	−	−	−	−	−	+	−	−	−	+	−	+	−
k^{hw}	−	−	−	−	−	−	−	−	−	−	−	−	−	−	+	−	+	−
w	−	−	−	−	−	−	−	−	−	−	+	−	−	−	+	−	+	−
h	−	+	+	−	+	+	−	+	−	−	+	+	+	+	+	+	+	−
Ø	−	−	−	−	−	−	−	−	−	−	−	−	−	−	−	−	−	−

表 3

	iu	im	in	iŋ	ip	it	ik	u	ui	un	uŋ	ut	uk	y	yn	yt	m̩	ˈŋ
p	+	−	+	+	−	+	+	−	+	+	−	+	−	−	−	−	−	−
p^h	+	−	+	+	−	+	−	−	+	+	+	+	−	−	−	−	−	−
m	+	−	+	+	−	+	+	−	+	+	+	+	+	−	−	−	−	−
f	−	−	−	+	−	−	−	+	+	+	+	+	+	−	−	−	−	−

续 表

	iu	im	in	iŋ	ip	it	ik	u	ui	un	uŋ	ut	uk	y	yn	yt	m̩	ˈŋ
t	+	+	+	+	+	+	+	−	−	−	+	−	+	−	+	+	−	−
tʰ	+	+	+	+	+	+	+	−	−	−	+	−	+	−	−	+	−	−
n	+	+	+	+	+	−	+	−	−	−	+	−	−	−	+	−	−	−
l	+	+	+	+	+	+	+	−	−	−	+	−	+	−	−	+	−	−
ts	+	+	+	+	+	+	+	−	−	−	+	−	+	+	+	+	−	−
tsʰ	+	+	+	+	+	+	+	−	−	−	+	−	−	+	+	+	−	−
s	+	+	+	−	−	+	+	−	−	−	+	−	+	+	+	+	−	−
j	+	+	+	+	+	+	+	−	−	−	+	−	+	+	+	+	−	−
k	+	+	+	+	+	+	+	+	+	+	+	−	+	−	+	−	−	−
kʰ	+	+	+	+	−	+	−	+	+	−	+	−	+	−	−	+	−	−
ŋ	−	−	−	−	−	−	−	−	−	−	−	−	−	−	−	−	−	−
kʷ	−	−	−	−	−	−	−	−	−	−	−	−	−	−	−	−	−	−
kʰʷ	−	−	−	−	−	−	−	−	−	−	−	−	−	−	−	−	−	−
w	−	−	−	−	−	−	−	+	+	+	−	+	−	−	−	−	−	−
h	+	+	+	+	+	+	−	−	−	−	+	−	+	−	+	+	−	−
Ø	−	−	−	−	−	−	−	−	−	−	−	−	−	−	−	−	+	+

参考文献

高华年　1980　《广州方言研究》,香港：商务印书馆。

Archangeli Diana, Douglas Pulleyblank 1986 *The Content and Structure of Phonological Representations*. University of Arizona and University of Southern California.

Campbell, Lyle 1974 Phonological features: problems and proposals. *Language*, 50.

Chen, Y. M. 1986 From Middle Chinese to Modern Cantonese.

Journal of Chinese Linguistics, (1－3): 13.

Cheng, L.L.-S. 1990 Feature Geometry of Vowels and Co-occurrence Restrictions in Cantonese. *Proceedings of WCCFL*, *vol.9*.

Clements, G. N. 1985 The Geometry of Phonological Features. *Phonology Yearbook*, *vol.2*.

Clements, G.N. 1989 *A Unified Set of Features for Consonants and Vowel*. Cornell.

Clements, G. N., Samuel Jay Keyser 1983 *CV Phonology*. Cambridge: MIT Press.

Duanmu, San 1990 *A Formal Study of Syllable*, *Tone*, *Stress and Domain in Chinese Languages*. Doctoral dissertation. MIT.

Fu, J. Q. 1990 *Labial-labial Co-occurrence Restrictions and Syllabic Structure*. UMass Amherst.

Goldsmith, John 1990 *Autosegmental and Metrical Phonology*. Oxford: Basil Blackwell.

Halle, Morris 1986 *On Speech Sounds and Their Immanent Structure*. MIT.

Hashimoto, Oi-kan Yue 1972 *Phonology of Cantonese*. Cambridge.

Hyman, Larry M. 1988 Underspecification and Vowel Height Transfer in Esimbi. *Phonology*, 5.

Kao, Diana 1971 *Structure of the syllable in Cantonese*. Mouton.

Leben, W. 1973 *Suprasegmental Phonology*. Doctoral dissertation. MIT.

Leben, W. 1978 *The representation of tone*, *in Tone: A Linguistics Survey*. N.Y.: Academic Press.

Lin, Y.-H. 1989 *Autosegmental Treatment of Segmental Processes in Chinese Phonology*. Doctoral dissertation. UT Austin.

Maddieson, Ian 1984 *Patterns of Sounds*. Cambridge: Cambridge University Press.

Maddieson, Ian and Peter Ladefoged 1988 *Multiply Articulated Segments and the Feature Hierarchy*. UCLA.

McCarthy, John 1984 Theoretical Consequences of Montanes Vowel Harmony. *Linguistic Inquiry*, 15.

McCarthy, John 1986 OCP Effects: Gemination and Antigemination. *Linguistic Inquiry*, 17.

McCarthy, John 1988 Feature Geometry and Dependency: A Review. *Phonetica*, 45.

McCarthy, John 1989 Linear Order in Phonological Representation. *Linguistic Inquiry*, 20.

Mester, R. Armin 1986 *Studies in Tier Structure*. Doctoral dissertation. UMass, Amherst.

Mester, R. Armin 1988 Dependent Tier Ordering and the OCP. In Harry van der Hulst and Norval Smith (eds.), *Features, Segmental Structure and Harmony Processes, Part II.*

Odden, David 1986 On the Role of the Obligatory Contour Principle in Phonological Theory. *Language*, 62.

Sagey, Elizabeth 1986 *The Representation of Features and Relations in Nonlinear Phonology*. Doctoral dissertation. MIT.

Sagey, Elizabeth 1987 Place Feature Geometry. *Proceedings of NELS, vol. 18.*

Sagey, Elizabeth 1988 A Two-root Theory of Length. *Proceedings of NELS, vol.19.*

Schleicher, A.F. Nasal 1990 Stability and Feature Hierarchy. *Mid-America Linguistic Conference, vol.25.*

Van der Hulst, Harry 1988 The Geometry of Vocalic Features. In Harry van der Hulst and Norval Smith (eds.), *Features, Segmental Structure and Harmony Processes, Part II.*

Yip, Moira 1988 The Obligatory Contour Principle and Phonological

Rules: A Loss of Identity. *Linguistic Inquiry*, 19.

Yip, Moira 1989 Feature Geometry and Cooccurrence Restrictions. *Phonology*, 6.

北京话发展中的句法声调处理*

陶亮　著　美国俄亥俄大学

尤舒翔　译　澳门科技大学

1. 引言

本文通过三个实验测试了北京话中新出现的句法声调(syntactic tone)及其在口语语言处理(spoken language processing)中的作用。通过证明语言发展变化在口语词汇存取(spoken word access)以及口语话语处理中的作用,本文加深了对人类口语语言识别的理解(参考 Cutler, Dahan & Donselaar 1997)。具体来说,本文考察了普通话名词短语中新出现的语法变化是否会影响名词短语的处理和解释。本文表明,话语使用中的语言发展变化(usage-based language change)会引起语法的发展变化,而语法的发展变化则影响说话者理解语言和语法的心理模式(mental model)或认知及结构表征(cognitive and structural representation)。

---

* 原文题目为 Syntactic Tone and Discourse Processing in Beijing Mandarin: A Case Study,刊于 *Journal of Chinese Linguistics*, 2009, 37(2): 257－296。——译者注

本研究的部分内容曾提交在荷兰马克斯·普朗克学会心理语言学研究所(the Max Planck Institute for Psycholinguistics)举行的"口语词汇存取和处理"(Spoken Word Access and Processes)(SWAP)专题研讨会,并收录于此次研讨会的会议论文集(Tao, 2000)。

请将信件寄往 Liang Tao, Department of Linguistics, Ohio University, Athens, Ohio, 45701, USA。——作者注

本文考察的变化涉及普通话的声调和带数量词的名词短语。众所周知,现代汉语普通话是一种声调语言,利用声调信息来区分不同的词。在这样的语言中,口语词汇存取在很大程度上依赖于单字调及其所处的语音环境(参考 Cutler & Chen 1997;Cutler et al. 1997;Speer, Shih & Slowiaczek 1989;Xu 1994,1997)。普通话另一个公认的特点是,当一个名词短语包含一个名词以及一个数词和/或一个指示代词的时候,这个名词前必须有量词(参考丁声树等 1979: 174;Li & Thompson 1981: 104;Sackmann 2000;王力 1958,1985;朱德熙 2000 [1982])。以往的研究,多致力于解释汉语量词在认知上的必要性(cognitive necessities)(如 Bisang 1998,1999;Craig 1986;Sun 1989),或将讨论的焦点集中在声调上(如 Duanmu 2000;Liu & Peng 1997; Packard 1998)。不同于以往的研究,本文考察的是,在对不含量词的名词短语(量词不需要出现)中数词后成分的信息进行存取时,北京话中出现的句法声调对数词 yi^{55}“一”的影响。

具体来说,这个句法声调由数词 yi^{55}“一”承载,是一个固定的〔或凝固的(frozen),见 Tao,1999,2002,2006〕升调 yi^{35}。承载这个凝固升调 yi^{35}的“一”如(1a)所示,带单字调的“一”如(1b)所示。

(1) a. $\underline{yi}^{35}$ che^{55}

一车:一辆车

b. $\underline{yi}^{51}$ che^{55}

一车:一车量(的商品)

当数词 yi^{55}“一”根据连读变调规则〔详见(3)中的例子〕发生变调时,其后接名词的作用是量词(或临时量词,见丁声树等 1979)。然而,当同一个数词无视连读变调,而负载了凝固升调 yi^{35}时,其后接的名词仍然是一个名词。因此,数词 yi^{35}所带的凝固升调作为一个标记(pre-cursor),决定了在其之后出现的词的句法功能和解释。这个凝固的句法声调与连读变调不同,连读变调是单字调在受句法环境控制下的语流中所发生的变化(参考 Chen 2000; Duanmu 2000)。

这个句法声调是当前语言发展变化的产物,是由一个常用成分组合(frequently used element combination)的语音弱化(sound erosion)引起的(参考 Tao 2002, 2005, 2006; Tao & Healy 2001)。受这一语音变化影响的特定成分涉及普通话的某些连读变调规则,我们将在第 1.1 节进行说明。这些成分还包括通用量词 ge^{51},我们将在第 1.2 节进行说明。在第 1.3 节,我们将解释语音弱化的整个过程。

1.1 普通话单字调和连读变调规则

普通话有四个基本声调,这四个基本声调与重读音节相连并用于区分词义。用数字 1 到 5 来标示声调的音高位置(参考 Chao 1968: 26; Li & Thompson 1981: 8),这四个基本声调可以表示如下:

(2)	一声:55	高平调	例如:ma^{55}:妈
	二声:35	高升调	例如:ma^{35}:麻
	三声:214	曲折调/降升调	例如:ma^{214}:马
	四声:51	高降调	例如:ma^{51}:骂

如上所示,高平调 55 所在音节的调域一直维持在 5。高升调 35 所在的音节的调域则从中间调域开始,而后提升到 5。曲折调或降升调 214 的调域从相对较低的 2 开始,而后降至更低的 1,最后上升到 4。而高降调 51 的调域则从 5 开始,急剧下降至 1。在四声之外,还有第五个声调,即轻声。轻声是弱化音节所带声调失

落的结果，通常出现在双音节词的第二个音节上，或者由语法词(grammatical particle)承载。

(2) 所示的单字调是单独使用时的字的本调(citation forms)。在自然语流中，四声，特别是曲折调/降升调 214，会根据一系列的连读变调规则发生音变(参考 Chao 1969; Chen 2000; Duanmu 2000; Li & Thompson 1981)。连读变调规则是口语非常重要的组成部分；当违反连读变调规则时，母语者会对自己所说的话进行纠正(参考 Tao, Fox & Garcia 1999)。数词 yi^{55}“一”的强制变调就是这样一种连读变调，如(3)所示(见 Tao 2006)。这些语音上的变化成为了北京话中句法声调发展的重要因素。(3)中的汉语例子是理想状态下的，并非来自真实的会话。大致上，在正常的语流中，yi^{55}“一”有三种变调形式：

(3) a. yi^{55}：“一”用于计数

例如：shi^{35} yi^{55} ge^{51} ren^{35}：“十一个人”

b. yi^{35}：“一”用于带高降调 51 的音节前

例如：yi^{35} ge^{51} ren^{35}：“一个人”

c. yi^{51}：“一”用于带其他三个声调的音节前

例如：yi^{51} che^{55} xi^{55} gua：“一车西瓜”

yi^{51} $chuan^{35}$ ren^{35}：“一船人”

yi^{51} ben^{214} shu^{55}：“一本书”

这一系列变调规则主要适用于汉语里的两个词：数词 yi^{55}“一”和否定词 bu^{51}“不”，且这两个词的变调都受到紧随其后的声调的严格控制。这一系列规则与汉语里涉及降升调 214 的变调规则不同，后者的运用可能受到句法的影响(参考 Chen 2000; Duanmu 2000)。

在数词 yi^{55}“一”的三个声调中，由于“一”在单独使用时只发高平调，因而高平调被视为“一”的默认声调。“一”的另外的两种变调则要受到紧随其后的声调的控制。① 本文中，当后接词语没有提供声调信息来决定连读变调时，数词“一”一律用高平调来表示（例如：$yi^{55}+N$：一+名词）。另外两种连读变调则用于某个特定声调必须被标明的情况下（例如：$yi^{35}+N$：一+名词）。

1.2 普通话量词

现代汉语普通话要求，一个名词短语中若包含一个数词和/或一个指示代词，则名词短语中的名词前必须带有一个量词（参考丁声树等 1979；Chao 1968；Li & Thompson 1981；Sackmann 2000；王力 1958，2000［1985］）。量词也可以在数词或指示代词之后单独使用，用来表示其所指称的对象〔即作为一个替代形式（proform），参考丁声树等 1979；Erbaugh 1986；Bisang 1999〕。在（3a）和（3b）中，名词短语 shi^{35} yi^{55} ge^{51} ren^{35}“十一个人”和 yi^{35} ge^{51} ren^{35}“一个人”中的 ge^{51} 都用作量词；而在（3c）中，ben^{214}（用于指称带有书本形状的物品）是名词短语 yi^{51} ben^{214} shu^{55}“一本书”中的量词。在普通话中，像“一‘车’”（a carload）或“一‘杯’”（a cupful）之类的词，在句法上是作为量词来使用的，如（3c）所示（yi^{51} che^{55} xi^{55} *gua*：“一车西瓜”）。

量词也可以单独与其所指称的名词对象出现在 *Cl+N* 结构中。历史上，这一结构常出现在官话口语中（参考 Tao 2005），这一点从使用当时口语写就的中国文学作品中可见一斑（例如：《红楼梦》，曹雪芹 1996［18 世纪］）。这一结构常用来表示暗含了数词“一”的单数形式的名词性指称对象（参考王力 1958）。

通用量词 ge^{51} 可以与大多数名词性指称对象（包括人）相搭配。现阶段，北京话中名词短语结构 yi^{35} $ge^{51}+N$ 出现的频率要高

① 当普通话母语者不确定应该遵循哪条音变规则时，他们会发高平调 yi^{55}，例子参见陶亮（Tao 2006）。

于另一结构 $ge^{51}+N$(参考 Tao 2002,2006)。下一小节将解释这样的使用频率如何引起了一种带有句法声调且不包含量词的新名词短语的出现(参见 Tao 2002,2006)。

1.3 音系-句法共谋和句法声调

句法声调是数词“一”新产生的凝固声调(frozen tone),yi^{35},其不遵循(3)中所描述的连读变调。陶亮(Tao 1999,2002,2006)提出了一个音系-句法共谋假说(phono-syntactic conspiracy),用来描述这一句法变化,认为这一句法上的变化起因于语音弱化(sound erosion),而语音弱化则是由北京话的日常语言使用所致。这一变化出现于含有数词 yi^{55}“一”和通用量词 ge^{51}“个”且使用频率较高的名词短语中。尽管目前尚无研究考察作为整体的 $yi^{35}ge^{51}$ 的使用频率,但是数词 yi^{55}“一”和通用量词 ge^{51}“个”都属于汉语口语中使用频率最高的一类词(参考北京语言大学 1986)。

陶亮的近期研究(如 Tao 2002,2006)发现,在北京话中,名词短语结构 $yi^{35}ge^{51}+N$ 的使用频率远高于其他包含数词 yi^{55} 的句法结构。这一发现基于时长超过 5 小时的北京话母语者之间自然发生的对话数据。陶亮提出,通过频繁的使用,$yi^{35}ge^{51}$ 这一成分组合已经形成了紧密的韵律联系(prosodic connection),且内部常常包含一个重音(accent);该重音落在数词上,而量词则是非重读的。此外,yi^{35} 和 ge^{51} 这两个成分可能会融合成一个单独的词,这在使用频率很高的成分组合中十分常见,例如英语中的“won't”(参考 Bybee & Hopper 2001; Greenberg 1990)。拜比等(Bybee, Perkins & Pagliuca 1994: 107)讨论了语音弱化(phonetic reduction)过程引起语法化(grammaticalization)的问题。他们指出,“丢失重音以及弱化为轻声是弱化的早期标志(indicator),且同时伴有元音的缩短和弱化(shortening and reduction of vowels)”。他们的预测描述了音系-句法共谋的发展过程。音系-句法共谋包含四个阶段,如

(4)所示(摘自 Tao 2006):

(4) 音系-句法共谋

① 运用连读变调规则：yi^{55} → yi^{35} ge^{51} +名词(规则 3b);

② 元音弱化：*ge* 变为轻声。元音弱化为非重读央元音(schwa)/ə/：yi^{35} ge^{51} → yi^{35} *gə* +名词；

③ 删除元音之间的辅音：yi^{35} *gə* → yi^{35} ə +名词；

④ 简化元音序列：yi^{35} ə → yi^{35} +名词。

陶亮(Tao 2006)指出量词 ge^{51} 的默认声调是一个高降调。因而音系-句法共谋的第一阶段描述了 yi^{55} 的高平调如何根据(3b)中的普通话连读变调规则,在 ge^{51} 的高降调前变成一个高升调 yi^{35}。在这一组合中,数词 yi^{35} 常常带有一个重音;这就使得非重读的量词 *ge* 失去了它的相对音高。在汉语中,一个没有相对音高的非重读音节被认为带有一个轻声。在北京话中,量词 ge^{51} 的非重读元音进一步弱化为一个央元音/ə/,如音系-句法共谋的第二阶段所示。第三阶段涉及音节结构的重新分析,在这一阶段,yi^{35} *gə* 这两个常共现的音节融合成一个整体。随后,元音之间的辅音/g/在音系上实现融合：转变成一个滑音(glide)①;有时这个滑音甚至完全被删除。第四阶段是音系-句法共谋的最后阶段,量词 ge^{51} 被完全删除而数词 yi^{35} 则保留了高升调。受到被删除了的高降调 ge^{51} 的控制,yi^{35} 不再遵循如(3c)所示的普通话连读变调规则,因此其所承载的高升调变成了一个凝固的声调。一旦变成了一个凝固的声调,这个声调就不会引发或者经历连读变调。如此,这一凝固声调将不再受连读变调规则的约束(参见 Haiman 1994)。这一不受约束的凝固声调现在具有了一个新的语法功能：

---

① 第三阶段反映了北京话中的一个常见现象：元音之间辅音的弱化,在这一过程中,塞音或塞擦音可能变为擦音或滑音。

成为了北京话中不含量词的名词短语的标志。需要注意的是,只有当名词性成分出现在 $yi^{35}ge$ 组合之后时,音段成分的变化才会发生(第三阶段的辅音删除以及第四阶段的央元音删除)。

陶亮(Tao 2002,2006)提出,由四个阶段组成的音系-句法共谋阐明了普通话中包含 $yi^{35}ge^{51}+N$ 的名词短语在音节结构上的共时变体(synchronic variations)。目前,在北京话中,共谋的四个阶段同时存在,尽管第一阶段的未弱化形式与三种弱化的变体处于互补分布的状态。陶亮(Tao 2002,2006)同时注意到,共谋的四个阶段的发展速度并不相同。第二阶段已经成为普通话中的标准表达方式。当需要强调时,量词 ge^{51} 保留其完整的声调(第一阶段);不需要强调时,量词 ge^{51} 则读轻声(第二阶段)。第三阶段和第四阶段则是口语中由于高频率使用所产生的近期产物。只有当名词短语末尾的名词性成分作为量词 ge^{51} 逐渐删除的决定性音系条件时,第三阶段和第四阶段才会出现。

这一语言变化不仅赋予了数词 yi^{35} 一个凝固声调,使其不再遵循连读音变规则,而且产生了一个不含量词的名词短语结构 $yi^{35}+N$,这一结构与普通话语法的规定(参考 Chao 1968;Li & Thompson 1981;丁声树等 1979［1961］)相矛盾,因为普通话语法规定,当名词之前有数词时,名词必须带有一个量词。下面这个例子可以说明这个凝固声调的作用(Tao 2006):以常见的乘坐出租汽车为例,在北京话中,che^{55}“车”这个词常用于 $da^{214}\ \underline{yi^{35}}\ che^{55}$“打一车”这一说法。当被问及搭乘出租汽车时是否可以说 $da^{214}\ \underline{yi^{51}}\ che^{55}$ 时,一个以北京话为母语的 11 岁女孩回答道:“$da^{214}\ \underline{yi^{35}}\ che^{55}$”,将数词的声调从 yi^{51} 纠正为 yi^{35}。

研究发现,只有可数名词可以用于不含量词的名词短语之中(参考杜永道 1993;Wiedenhof 1995;Tao 2002,2006)。陶亮(Tao 2002,2006)进一步指出,不含量词的名词短语也可以省略名词性成分(例如,$yi^{35}\ bai^{35}\ de$:一白+名词化标志“的”-“一白的”)。句法上,这一名词短语可以作为另一个表示语法主语或宾语的名词短语的同位语，而这一名词短语单独使用时则常出现在动词宾语的位置上（有一些例外，见 Tao 2005）。语义上，尽管这一名词短语所指称的对象是可理解的，但这一名词短语所引入的信息常常是新的或者无所指的。

陶亮（Tao 2002，2006）进一步指出，这一消失的量词 ge^{51} 并不是一个“幽灵”量词（ghost classifier）。尽管量词 ge^{51} 所承载的高降调是数词 yi^{35} 发生连读变调的条件，ge^{51} 也并非在不包含量词的名词短语中充当底层形式。这个新的名词短语结构中可以包含通常不与通用量词 ge^{51} 相搭配的名词。例如，对于 che^{55}“车”来说，与之相配的量词应为 $liang^{51}$“辆”。然而在北京话母语者中却能听到 $yi^{35}che^{55}$“一车”这样的说法。据此，陶亮提出，新出现的不包含量词的名词短语不受其原有条件环境（即通用量词 ge^{51}）的限制；这一短语结构已经不再受到约束（参见 Haiman 1994），并且形成了一个具有自身实体的新的语法结构（Givon 1998：11）。

语言演变和语法化是一个连续的过程；新出现的结构通常需要经历一个泛化（generalization）的过程（参考 Epstein 1994；Givon 1979，1998）。目前，不包含量词的名词短语的发展变化涉及这一结构应用范围的扩展：将原有量词并非通用量词 ge^{51} 的名词也包括进来。这一扩展最终将使 yi^{35} 的作用同等地运用到所有可数名词上。如果到达了这一最后阶段，那么 yi^{35} 将发展成为北京话中的一个不定冠词。但是目前不包含量词的名词短语仍然处于用法扩展的阶段：它有可能不会无任何差别地与所有可数名词相搭配。换言之，与在口语中使用频率较低的名词相比，使用频率较高的名词可能会更常与 yi^{35} 搭配使用。然而，针对这一新出现的不含量词的名词短语结构，目前还没有相关研究来讨论这一结构中词语组合的使用频率。这个问题与本文密切相关，将在第 1.4 节进行说明。

陶亮的研究还发现，在自然话语中，这一凝固声调现在还附带地具有了句法功能（Tao 1999，2002，2006）。我们可以说它负载了句法声调。由于其功能仅限于搭配那些同时也可以作为临时量词使用的名词（丁声树等 1979），这个新出现的句法声调似乎显得无足轻重，然而，它标志着普通话声调开始从单纯地具有词汇功能向具有句法功能转变。（5）中的最小对比对（minimal pair）体现了 yi^{35} 的句法功能（同例 1）：

（5）a.一车　yi^{35} che^{55}：one/a car/vehicle①

b.一车　yi^{51} che^{55}：one/a carload（of...）

当数词 yi^{55}“一”与一个既能作名词又能作临时量词的词（例如：che^{55}：车或一车……）搭配使用时，若数词 yi^{55} 遵循（3）中所示的连读变调规则发生变调，那么与之搭配的这个词将获得标准的语法上的解释，即作为一个量词，如（5b）所示。根据（3c）中的连读变调规则，yi^{55} 中的高平调，在高平调 55、高升调 35 或曲折调 214 之前应变为高降调 yi^{51}。由于 che^{55} 负载了一个高平调，因此当它紧随数词 yi^{55} 出现时，yi^{55} 必须根据连读变调规则变成 yi^{51}。而当出现在 che^{55} 之前的数词 yi^{55} 不遵循连读变调规则，而承载了凝固声调 yi^{35} 时，这一凝固声调成为了一个听话者可以感知到的信号，它标志着紧随其后的词 che^{55} 是名词而非量词，如（5a）所示。因此，数词 yi^{35} 所负载的凝固声调承担了句法上的功能②，为紧随数词 yi^{55} 之后的词增加另一个可能的备选解释。换言之，当听话者听

① 可以注意到，在不反映声调的汉语书面语中，句法声调形成的对比没有得到体现。陶亮（Tao 2006）发现，北京话母语者在朗读反映非正式口语形式的书面材料时，能够发出凝固声调 yi^{35}。

② 在现代汉语普通话中，有一个结构 $yi^{55}+N$ 允许数词 yi^{55} 在与名词搭配时不依靠量词。这个结构来源于古代汉语并且仍然使用于正式的书面语。在书写上，这一结构与新出现的不含量词的名词短语完全相同，区别仅在于数词 yi^{55} 的声调上：在正式的表达中，数词 yi^{55} 遵循（3）中所示的连读变调规则。这一差异（Tao 2005）的一个例子来自中国的一部电视连续剧：在同一个名词短语中，根据话语的正式程度，yi^{55} 的发音会有所不同。在正式的话语中，yi^{55} 遵循连读变调规则；而当同一个名词短语用于非正式的话语中时，yi^{55} 则负载了高升调（例如：yi^{51}/yi^{35} $shan^{55}$ ye^{214} $lang^{35}$ $zhong^{55}$：一山野郎中，来自《神医喜来乐》）。这一结构与新出现的不含量词的名词短语结构的区别在陶亮（Tao 2005，2006）有进一步的解释。

到 yi^{35}时，他们能够知道他们听到的下一个词可能是一个名词，而并非总是量词。

然而，这两个备选解释被激活的机会（equal chance of activation）可能并不相同。在认知心理学中（参考 Anderson 1993），有一种普遍接受的观点，即长期记忆（long term memories）可以分为两种类型：陈述性（declarative）记忆和程序性（procedural）记忆。陈述性知识可以有意识地用语言描述，而程序性知识则是通过累积不断重复的行为而获得的自动化知识。程序性知识与语言学中所说的隐性知识（tacit knowledge）具有相同的性质；换言之，程序性知识可以通过母语者使用和理解其母语的能力得到展现。与之相对的，陈述性知识则是显性的（explicit）；可以将陈述性知识比作一个人对于语言有意识的语法知识，是一个人可以描述或者“陈述”的。这类语言知识典型地受到学校所教授的标准规范语法的深刻影响。再来看新出现的句法声调，母语者很可能并非在他们的显性或陈述性语法中获得了这一语言变化，因为音系-句法共谋中所描述的这一变化过程来自母语者对语言的日常使用，是高度程序化的。因此，在实验环境中，参与者可能会根据他们对于语言的陈述性知识来寻求标准的或“正确的”回答。这样一来，他们对名词短语 $yi^{35}+N$ 的理解将与 11 岁女孩的理解不同，可能并不由新出现的凝固声调决定。这样的行为常常被看作是语言生成和语言感知之间的不对称（参考 Labov 1994）。

根据标准的汉语普通话语法，名词短语 $yi^{55}+N$ 中的数词通常要遵循连读变调规则。因此，在标准的非正式口语中，名词短语 $yi^{55}+N$ 只有一种解释：一+量词（例如：yi^{51} *chuan*^{35}：一船）①。基于句法声调的解释是对这一名词短语的补充，是音系-句法共谋的

① 在正式的汉语书面语中，仍然可见 $yi^{55}+N$ 这一古代汉语的表达方式。但是近年来，不含量词的名词短语也出现在了一些非正式的书面语中。这两种名词短语结构可以根据数词 yi^{55} 在声调上的变化进行区分〔见陶亮（Tao 2006）关于两者区别的研究〕。

副产品。如果在实验环境中,参与者受到这一句法声调的影响,那么实验结果就证实了这一北京话中新出现的凝固声调的句法作用,同时也进一步证实了这样一个假设:在口语使用中产生的语法变化不仅影响某种语言的语法描写,而且影响听话者对于所听到的内容的处理方式。

1.4 三个实验

为了考察这一句法声调的作用,我们进行了三个实验来测试以下两个假设:

(6) a. 句法声调假设(the syntactic tone hypothesis)

b. 陈述性知识假设(the declarative knowledge hypothesis)

首先,句法声调假设认为,在名词短语结构 $yi^{55}+N$ 中,数词 yi^{55} 所负载的声调对于紧随其后的词的解释十分关键。随着凝固声调的出现,紧随数词 yi^{55} 之后的临时量词(见丁声树等 1979)有了两个备选解释,而句法声调 yi^{35} 则是其中一种解释的标志。

其次,陈述性知识假设认为,关于语言的演变,有一种偏向标准语法解释的倾向;就本研究而言,可能存在这样一种倾向,即人们更倾向于将 yi^{35} 之后的词解释为量词而非名词。对于实验来说,存在两个潜在的障碍,而由这两个障碍产生的保守预测(conservative prediction)使得与句法声调假设相比,陈述性知识假设显得比较没有说服力。这两个潜在的障碍分别是:第一,句法声调尚未在北京话母语者中得到充分的承认;第二,在已发表的研究中,目前尚没有针对临时量词(见丁声树等 1979)使用频率的研究,这给实验的词语选择控制方面带来了困难(见本节稍后的讨论)。而如果句法声调的作用在存在保守预测(conservative prediction)的情况下仍然能被观察到,那么实验结果将为第一个假设提供强有力的支持。

这两个假设的测试是与零假设(null hypothesis)相对的。零假设认为,句法声调只是话语使用中临时音系变化所导致的偶然产物,对现代汉语普通话的标准语法或说话者的心理表征(mental representation)无任何影响。如果句法声调假设被证明是错误的,也就是说,如果在研究中不能发现如(5)所示的最小对比对的两种解释,那么实验结果将支持零假设。

这三个实验都采用短文录音的方法来测试上述假设。这些被录音的短文都是以“yi^{55}(一)+名词测试词语”(以下称“测试词”)这样的词语组合结尾的,例如:yi^{35}/yi^{51} che^{55}:一车/一车……(短文示例见附录)。每篇短文都要录两次音,两次录音的区别仅在于数词yi^{55}所承载的声调不同。根据这一起关键作用的声调的不同,数词之后的词可以被理解为一个名词或一个量词,而整个词语组合也因而可以理解为一个名词短语(例如:一个琴盒)或一个省略形式的名词性短语(reduced nominal phrase)(例如:一盒……)。每篇短文之后有一道单项选择题,该选择题有四个选项,其内容针对的是关键声调之后的词的意思。选项包括一个基于凝固声调的解释,一个基于连读变调的解释,一个“任一”选项(即任一解释都可以被接受),以及一个“以上皆非”选项。实验不提供语音或声调上的暗示;参与者必须自己决定应该注意哪些信息。

因此,这些实验的主要任务是通过理解来识别词汇。根据预测,以yi^{55}的连读变调结尾的短文在最后一个词的解释上应该没有什么争议,该词根据标准的汉语语法应该是一个量词(例如:$yi^{\underline{51}}$ her^{35}:一盒儿……)。以数词yi^{35}所带的凝固声调/句法声调结尾的短文则可能引起一定的争议。如果这个句法声调决定了其后词语的解释,那么最后一个词应该是一个名词〔例如:$yi^{\underline{35}}$ her^{35}:一(琴)盒儿〕。这一结果将支持句法声调假设。如果参与者忽视了凝固声调/句法声调所含的语音信息,那么“yi^{55}+测试词”的组合只能得到标准的解释,即“数词+量词”。如此则支持了陈述性知识假设。此外,如果参与者选择了“任一”选项,则表明凝固声调所带的声调信息至少已经给参与者造成了一定的困惑。这一结果将为句法声调假设提供较弱的支持。

实验者在设计四篇短文时使用了四个具有双重功能的词,即可以作为量词使用的可数名词。由于尚没有关于可与凝固声调 yi^{35} 搭配的词的使用频率的研究,yi^{35} 与这些双重功能词组合的使用频率也缺乏相关的信息。因此,几乎不可能通过控制测试词的使用频率来达到测试准则的真正平衡。我们选择了四个词作为最佳选择,因为它们满足以下几个条件:a. 是使用频率相对较高的可数名词,这样的词更有可能在不含量词的名词短语中与凝固声调 yi^{35} 搭配;b. 具有名词-量词双重功能,这样的词能够形成如(5)所示的最小对比对;c. 承载了特定的声调,能够使数词 yi^{55} 的声调根据(3c)中的连读变调规则变成 yi^{51},从而与(5)中不含量词的名词短语形成对立。

这些测试词如下所示,其使用频率的排名在括号中注明(使用频率的数据来自《生活口语中前 4 000 个高频词词表》,北京语言大学,1986 年)。前三个测试词是可以同时作为临时量词(参考丁声树等 1979)使用的名词,这些词的使用频率只根据其作为名词时的情况:che^{55}:车(166 -数字“1”表示使用频率最高),he^{35}:盒(1024),$chuan^{35}$:船(1823)。第四个测试词是 $benr^{214}$:本儿,与前三个测试词不同,“本”有四个不同的词性,每一个词性都有自己的使用频率:作为副词(500),作为代词(1 108),作为量词(1 116),以及作为名词(1 874)。在北京话中,带有卷舌音/r/的 $benr^{214}$,既可以作为量词(一本……),也可以作为名词(本子)。前三个测试词作为名词的平均使用频率〔平均值(M)= 1 004.3;均值标准误差(SEM)= 478.4〕和 $benr^{214}$ 与本文相关的三个功能〔代词、量词和名词,平均值(M)= 1 366;均值标准误差(SEM)= 254.0〕的平均使用频率没有显著差异:

$t(5) = -0.668, p > 0.05$（双尾测验）①。

然而，由于缺乏这些词与凝固声调 *yi*[35]在不含量词的名词短语中共现频率的相关信息和“船”“盒”以及“车”作为临时量词的使用频率的相关数据，上述的这些使用频率只能看作是近似值。另外，这些值是根据大约二十年前（发表于 1986 年）收集到的口语语料得出的，而随着北京社会经济的快速发展②，当前口头对话中的词语使用可能已经发生了很大的变化。研究者注意到，用于不含量词的名词短语中的四个测试词，其中有三个只用于一些特定的情况。*yi*[35] *che*[55]“一车”，*yi*[35] *chuan*[35]“一船”和 *yi*[35] *her*[35]“一盒儿”，分别只用于搭乘出租汽车，在公园租借划艇，以及向人索取盒子来打包东西的语境中。而选择另一个测试词 *benr*[214]“本儿”，则是考虑到本研究的潜在参与者（学生和书店工作人员）频繁使用该词的可能性（见实验一和实验二）。

当这四个测试词作为可数名词使用时，与之搭配的量词分别是：“盒”与通用量词 *ge*[51]搭配（例如：*yi*[35] *ge*[51] *qin*[35] *her*[35]：一个琴盒儿）；“书”“车”和“船”在普通话中通常分别与量词 *ben*[214]、*liang*[51]和 *tiao*[35]③搭配（例如：*yi*[51] *ben*[214] *shu*[55]：一本书；*yi*[35] *liang*[51] *che*[55]：一辆车；*yi*[51] *tiao*[35] *chuan*[35]：一条船）④。如果数词 *yi*[35]所负载的句法声调已经语法化，那么其使用环境应该可以得到扩展，并可以搭配诸如“书”“车”和“船”这样的通常不与量词 *ge*[51]搭配的可数名词。因此，无论之前是否遇到过这四个测试词用于不含量词的名词短语的情况，母语者都应该能够对这四个测试词做出解释。

本文的以下三节将分别介绍三个实验。实验一在指称信息

---

① 我们认为 *benr*[214]作为代词的功能与本研究有关，因为这可能是参与者做出的解释之一。

② 例如，在二十多年前，拥有私家车和搭乘出租汽车是很少见的奢侈行为，但在近几年已经成为一种很普遍的现象。

③ “条”通常用来表示长且可弯曲的物体，例如绳索、蛇、马路以及河流。

④ 在本案例中，不含量词的名词短语已经将其作用扩展到那些原本不与通用量词 *ge*[51]搭配的名词上，因此该名词短语结构已不再受原有的包含 *ge*[51]的环境的约束。

(reference information)不完全的条件下对两个假设进行了测试，详情将在第二节中进行介绍。第三节介绍实验二，该实验提供了不完全的语音信息。第四节讨论了实验三，该实验提供了完整的指称信息和语音信息，但参与者需要完成再次确认自己的词汇解释这一任务。第五节是对本文的总结，讨论了日常使用中语言变化的影响；此外，使用中的语言变化会引起母语者语法知识的变化，第五节也讨论了体现这种语法知识变化的句法声调的影响。

2. 实验一

实验一利用指称信息不完全的条件对句法声调假设进行了测试：短文中，在关键的凝固声调之前，仅包含针对标准解释的明确信息(即数词 yi^{55} 之后的词是量词)，而高升调 yi^{35} 则是获取基于凝固声调的解释的唯一线索(即数词之后的词是名词)。这一条件违反了指称表述的信息流(参考 Chafe 1994; Fox 1987)。由于没有完整的话语模式来引入基于凝固声调的解释所指称的对象，因此参与者会对选择题中基于凝固声调的词汇信息感到惊讶(短文示例见附录)。如果在以凝固声调 yi^{35} 结尾的短文中，较多的参与者选择了"名词"选项，并且在以数词 yi^{51} 的连读变调结尾的短文中，较多的参与者选择了"量词"选项，那么实验结果将支持句法声调假设。如果在两种情况下都有较多的参与者选择了"量词"选项，那么实验结果将支持陈述性知识假设。然而，如果参与者无视声调信息的不同，只选择了"量词"选项，那么实验结果将支持零假设。

2.1 实验方法

参与者　14 位北京话母语者参与了本实验。其中有 3 位男性，年龄在 35 岁左右到 45 岁左右之间。此外，还有 11 位女性参与者，其中包括 3 名学生(一位 11 岁，另外两位是高中生)和 8 位成年人。

成年女性中，年龄在将近30岁到40岁之间的有7位，另外一位是70岁。成年参与者中有两位具有本科学历，其余参与者均具有初中或高中学历。在没有本科学历的参与者中，有7位在一家大型书店工作。其余参与者包括两位学校教师或学校行政人员，一名退休编辑，以及一位医学研究者。所有参与者都自愿参与本测试。

实验材料　实验中使用了四段短文，每段短文都包含一则短小的叙述故事，这个叙述故事以及物动词和作为其语法宾语的名词短语结尾。该名词短语由数词 yi^{55}“一”加上测试词组成：“yi^{55} + 测试词”。上文中讨论的四个具有双重功能的词分别用于四段短文：che^{55}“车”、$chuan^{35}$“船”、her^{35}“盒儿”和 $benr^{214}$“本儿”；因此这四段短文将分别被称为“车”短文、“船”短文、“盒儿”短文①和“本儿”短文②。若遵循(3c)中的连读变调规则，在这些词前面的数词 yi^{55} 的声调应该变为 yi^{51}，而非凝固的句法声调 yi^{35}（短文示例见附录）。短文中的及物动词分别是 yao^{51}“要”（“车”短文）、$zhao^{214}$ *le*“找了”（“船”短文）、gei^{214}“给”（“盒儿”短文）和 $sheng^{51}$ *xia*“剩下”（“本儿”短文）。这四个测试词在四篇短文中分别都只出现了一次，出现于短文的末尾，紧随数词 yi^{55} 之后。例如，在“盒儿”短文中，只提到了琴码子，而测试词“盒儿”只作为短文的最后一个词出现了一次。这段短文如下所示：

王先生去买二胡（一种中国传统乐器）。他选好了一把，一边讲价钱，一边选琴码子。卖琴的说：“您再加五十块，我给您一盒儿。”（见附录）

---

① 这段短文改编自实验者的亲身经历：将“一（个琴）盒”误解为“一盒（琴码子）”。当卖琴的人提出要送给顾客 yi^{55} her^{35} 时，顾客正在挑选琴码子。笔者一开始认为卖琴的人要送给顾客一盒琴码子（由于价格的原因，这听起来不太可能）。然而后来卖琴的人抬起头指了指琴盒，并重复了一遍：yi^{35} her^{35}“一盒儿”（一个琴盒）。句法声调的概念也由此而来。

② 另外三段短文也反映了日常生活中的真实行为。例如，“船”短文反映的是发生在湖南省南部一个小山区里关于渡船的行为。

每段短文都录两次，分别记录在不同的录音带中。两次记录的短文内容相同，只有数词 yi^{55} 负载的声调变体 yi^{35} 和 yi^{51} 不同。每段短文之后附有一道有四个选项的选择题，参与者需要回答这段短文谈论的是否是其中某一个选项。这道选择题也同时记录在同一个录音带中。起关键作用的声调是句法声调 yi^{35}，与遵循普通话连读变调规则形成的高降调 yi^{51} 不同，yi^{35} 是一个高升调。紧随凝固声调 yi^{35} 之后的测试词，预计将获得基于凝固声调的解释，是一个名词（以下称"名词"选项）；紧随 yi^{51} 之后的测试词，预计将获得基于连读变调的解释，是一个量词（以下称"量词"选项）。这两种解释如下所示：

（7）	"车"短文	yi^{35}-che^{55}：	一车
		yi^{51}-che^{55}：	一车（西瓜）
	"船"短文	yi^{35}-chuan^{35}：	一船
		yi^{51}-chuan^{35}：	一船（人）
	"盒儿"短文	yi^{35}-her^{35}：	一盒儿
		yi^{51}-her^{35}：	一盒儿（琴码子）
	"本儿"短文	yi^{35}-benr^{214}：	一本儿
		yi^{51}-ben^{214}：	一本（书/本子）

在选择题中，末尾的名词短语的数词和名词之间插入了标准的量词，因为这是唯一可以用来区分两种解释的方法。以"盒儿"短文为例，选择题中的四个选项如下所示：

（8）① yi^{35}ge qin^{35} her^{35}： 一个琴盒儿；

② yi^{51}her^{35} qin^{35} ma^{214}zi： 一盒儿琴码子；

③ yi^{35}ge qin^{35} her^{35} huo^{51}zhe^{214} yi^{51}her^{35} qin^{35} ma^{214}zi： 一个琴盒儿或者一盒儿琴码子；

④ shen^{35}me dou^{55} bu^{51} gei^{214}：什么都不给。

基于标准连读变调的答案将做出“一盒儿琴码子”这一解释（即“量词”选项），这一解释也符合自然的语流。基于凝固声调的答案将做出“一个琴盒儿”这一解释（即“名词”选项），这是话语中并没有被引入的新信息。

口头的指导说明在每段短文之前录制（示例见附录）。指导说明和短文都由一名以北京话为母语的女性测试员录制。录制语速稍慢于自然对话语速。

实验程序　参与者在一个相对安静的房间里（例如一个多层书店的办公室）独自参与测试。在听短文之前，每位参与者首先要听录制好的指导说明。指导说明要求参与者先听短文，然后选择他们认为最符合短文意思的答案。所有的测试都全程录像。

为了最大化词汇信息不完全的效果，以“句法声调 yi^{35} +测试词”结尾的短文都在另一段短文之前播放。

短文的顺序具有对抗平衡性（counterbalanced）：一半的参与者先听到以“句法声调 yi^{35} +测试词”结尾的“盒儿”短文和“车”短文，然后听到以“yi^{51} +测试词”结尾的“本儿”短文和“船”短文。另一半参与者则先听到以“yi^{35} +测试词”结尾的“船”短文和“本儿”短文，然后听到以“yi^{51} +测试词”结尾的“盒儿”短文和“车”短文。因此，每个参与者都听到了两段词汇信息不完全的“yi^{35} +测试词”短文，以及两段“yi^{51} +测试词”短文。在选择题的四个选项中，选项 1 和选项 2 在不同的短文中也会互换，这样“名词”选项和“量词”选项可以轮流作为第一选项出现。

实验中没有监测测试所使用的时间，这样一来，参与者就可以在没有时间压力的情况下对答案进行选择。之所以采取这样的方法，是因为除了两名具有本科学历的成年参与者外，大多数的成年参与者在校期间没有接触过有多个选项的选择题这类测试形式，因而对这类选择题不太熟悉。然而，一些参与者仍然是在长时间的犹豫之后才做出回答，有些甚至没有对所听到的第一段短文做出回答。

在这个实验及之后的实验中，每一个被选择的答案将被赋值1，而没有被选择的答案将被赋值0。由于单项选择题只要求一个答案，因此每个参与者只要选择了一个答案都可以得到值1。这个实验及之后的实验的分析都将以答案数值的均值比例（mean proportion）为基础。

实验设计　实验采用了2×2×2×4的交叉析因实验设计（mixed factorial design）。第一个因素——短文顺序，在不同的被试之间会发生变化（被试间变量）。其他三个因素，分别是声调（yi^{35}、yi^{51}）、短文数量和答案选项（名词、量词、任一、以上皆非），这些都因被试而异（被试内变量）。依赖性测量（the dependent measure），即参与者对于短文的理解，则通过参与者对各答案选项选择次数的比例来计算。

2.2　实验结果

本节以及之后的实验结果部分报告的皆为显著的效应和交互作用（effects and interactions）。没有提及的效应和交互作用则不具有统计学意义（具有统计学意义指的是p值应小于0.05）。

在本研究中，由于在所有的综合条件中，答案的数量都是相同的，因此关于短文顺序、声调和短文的主效应（main effects）的实验结果并没有实际意义。它们的值都等于1（除了无法对第一段短文做出回答的被试之外）。因此这些条件当然没有区别。因此，只有答案选项的主效应以及涉及这一因素的交互作用才具有实际意义，将在本节进行阐述。

实验一的结果总结如表1所示，其中答案选项（即词汇解释）的均值比例作为测试组（播放短文的两种顺序）和yi^{55}的声调形式（yi^{35}或yi^{51}）的函数（function）。如前文所述，一些参与者无法处理具有多个备选项的问题并因此选择了与短文毫无关系的答案，这种情况在分析中记为0。

表 1 词汇解释的均值比例作为测试组、yi^{55}的声调及选项顺序的函数(实验一)

yi^{55}的声调和选项顺序

测试组	yi^{35}+测试词(名词)				yi^{51}+测试词(量词)				
(测试词)	名词	量词	任一	以上皆非	(测试词)	名词	量词	任一	以上皆非
1(盒儿)	0.429	0.286	0.000	0.143	(本儿)	0.000	0.714	0.143	0.143
(车)	0.286	0.571	0.143	0.000	(船)	0.143	0.714	0.143	0.000
2(船)	0.714	0.286	0.000	0.000	(车)	0.000	1.000	0.000	0.000
(本儿)	0.143	0.429	0.429	0.000	(盒儿)	0.286	0.714	0.000	0.000

注释:名词:yi^{55}之后的词是一个名词,即基于句法声调的选项;
量词:yi^{55}之后的词是一个量词,即基于连读变调的选项;
任一:名词或者量词;
以上皆非:以上选项都不对。

本文考察的重点在于前两个答案选项。句法声调假设预测,当一段短文以“带有凝固声调的 yi^{35}+测试词”结尾时,测试词应该理解为一个名词。当一段短文以“连读变调的 yi^{51}+测试词”结尾时,测试词应该理解为一个量词。正如句法声调假设所预测的,从表 1 中我们可以发现,当短文以“凝固声调 yi^{35}+测试词”结尾时,参与者倾向于将测试词解释为一个名词。当相同的短文以“连读变调的 yi^{51}+测试词”结尾时,参与者倾向于将测试词解释为一个量词。从表 1 中我们可以看出,这一倾向在“盒儿”短文和“船”短文中表现得最为明显;但在“车”短文和“本儿”短文中也体现了类似的倾向。与包含“yi^{51}+测试词”的短文相比,有更多参与者在包含“yi^{35}+测试词”的短文中选择了“任一”选项。由于根据标准语法,只可能将测试词解释为量词,因此这一倾向也表明被试的语法发生了变化。

多因素方差分析证实了上述观察。答案选项的主效应十分显著〔$F(3, 36) = 22.67$, $MSE = 0.149$, $p < 0.01$〕。被试选择最多

的是“量词”（M = 0.589），其次为“名词”（M = 0.250），再次为“任一”（M = 0.107），选择最少的是“以上皆非”（M = 0.030）。声调和答案选项的交互作用也十分显著〔$F(3, 36) = 4.83$，$MSE = 0.233$，$p < 0.01$〕。当使用 yi^{35}时，选择“名词”选项的比率（$M = 0.393$）要高于使用 yi^{51}时的比率（M = 0.107）。

声调、短文和答案选项的交互作用也很显著〔$F(3, 36) = 7.62$，$MSE = 0.082$，$p < 0.01$〕。当使用 yi^{35}时，在第一段短文中，“名词”选项的被选率要高于“量词”选项的被选率（yi^{35}短文 1，“名词” M = 0.571，“量词”M = 0.286）；然而在第二段短文中，“量词”选项的被选率要高于“名词”选项的被选率（yi^{35} 短文 2，“名词” M = 0.214，“量词”M = 0.500）。当使用 yi^{51}时，对于选项的选择比预计的更加一致：在第一段和第二段短文中，“量词”选项的选择率都要高于“名词”选项的选择率（yi^{51} 短文 1，“名词” M = 0.0，“量词” M = 0.857；yi^{51}短文 2，“名词” M = 0.214，“量词” M = 0.714），这与标准的普通话语法相符合。两种短文末尾的声调形式（yi^{35}和 yi^{51}）所反映出的差异证明了参与者对与凝固声调 yi^{35}相连的不同测试词的处理并不相同。

对于第二段短文的“名词”选项的选择率，在 yi^{35}和 yi^{51}两种声调条件下，恰好相同（M = 0.214）。对于这一发现有两种解释：1）短文的播放顺序对于答案的选择有影响；2）原因在于测试词之间的区别。目前来说，第二种解释似乎更加合理，因为总体来看答案选项和短文顺序并没有造成显著的差异（$p > 0.10$）。然而，当可以更好地对测试词的选择进行控制时，应该再另做研究对这些解释进行考察。

由于本文的主要研究兴趣在于考察“名词”选项和“量词”选项之间的差别，因此又仅针对这两个答案选项进行了分析。这一分析采用了 2 × 2 × 2 × 2 的交叉析因设计。除了最后一个因素（答案选项）只包含两个水平（名词、量词）以外，其余因素均与之前的相同。这一分析也发现了声调与答案选项之间的显著交互作用〔$F(1, 79) = 7.60$，$MSE = 0.237$，$p < 0.01$〕。当使用 yi^{35}时，“名词”选项的

选择率（M = 0.275）仍然高于使用 yi^{51}时的选择率（M = 0.125）。

此后还进行了另外两种分析来研究下面两个问题：1）答案选择所反映出的声调的影响；2）测试词对测试短文的不同影响。

问题 1 是针对在前两个答案选项中（即“名词”或“量词”）加入量词以区别意思时，数词 yi^{55}所带声调不受控制的问题。对基于连读变调的答案选项（即“量词”选项）来说，在名词短语中数词的声调总是 yi^{51}（例如，$yi^{\underline{51}}$ che^{55} xi^{55} gua“一车西瓜”；$yi^{\underline{51}}$ $chuan^{35}$ ren^{35}“一船人”；$yi^{\underline{51}}$ he^{35} qin^{35} $ma^{214}$$zi$“一盒琴码子”；$yi^{\underline{51}}$ ben^{214} shu^{55}“一本书”）。对基于凝固声调的答案选项（即“名词”选项）来说，数词有两种不同的连读变调（例如，yi^{35}：$yi^{\underline{35}}$ $liang^{51}$ che^{55}“一辆车”，$yi^{\underline{35}}$ ge^{51} qin^{35} her^{35}“一个琴盒儿”；yi^{51}：$yi^{\underline{51}}$ $tiao^{35}$ $chuan^{35}$“一条船”，$yi^{\underline{51}}$ ben^{214} bi^{214} ji^{51} ben^{214}“一本笔记本”）。由于基于凝固声调 yi^{35}的答案选项中含有两个不同的声调变化，那么参与者选择“名词”选项的根据是短文末尾的凝固声调还是答案选项中的高升调呢？换言之，如果高升调 yi^{35}出现在答案选项中，那么参与者可能会更多地选择“名词”选项。然而结果表明并不存在这样的影响：配对样本 t 检验（paired-samples t-tests）比较了以“凝固声调 yi^{35}+测试词”结尾的短文和以“连读变调 yi^{51}+测试词”结尾的短文中“名词”选项和“量词”选项的均值比例，证明并没有显著的区别，在所有的情况下，p 值都大于 0.10。

问题 2 是针对四个测试词的影响这一问题。正如之前提到的，有明显的差别表明四段短文的处理并非完全相同。这四个测试词的使用频率并不相同，因此它们在自然话语中，与凝固声调的组合率也不相同。凝固声调仍然处于发展阶段，因此它不可能以同样的频率与所有可数名词共现。为了进一步考察凝固声调的影响，此后还对以“凝固声调 yi^{35}+测试词”结尾的短文和以“连读变调 yi^{51}+测试词”结尾的短文进行了方差分析。分析结果均附有图示以说明每段短文不同答案选项的选择情况。

如图 1 所示，在“船”短文中，由于 yi^{55}的两个不同的声调形式，

前两个答案呈现出完全相反的表现：在以“凝固声调 yi^{35}+测试词”结尾的短文中，参与者更多地选择了“名词”选项，而非“量词”选项。而同样的短文，当以“连读变调 yi^{51}+测试词”结尾时，则出现了完全相反的趋势。这就使得“名词”选项的答案选项主效应变得十分显著〔$F(1, 24) = 8.17$, $MSE = 0.124$, $p < 0.01$〕。这表明，yi^{55}的声调形式，即声调信息，确实在一定程度上影响了参与者对于数词之后的测试词的理解。这为句法声调假设提供了有力的支持。

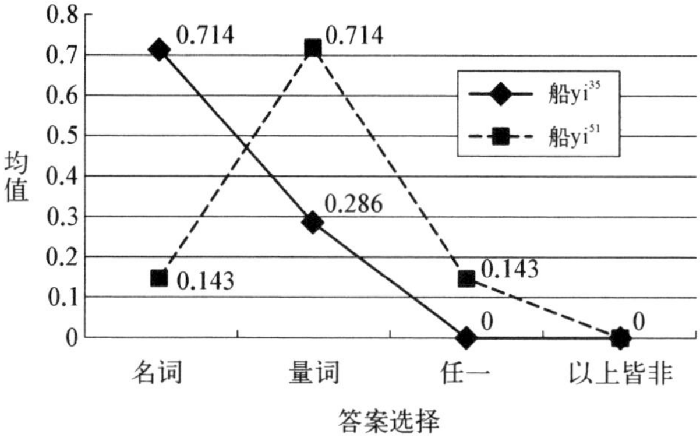

图 1 实验一答案选择均值(“船”短文)

如图 2 所示，对于“盒儿”短文，参与者会根据 yi^{55}的两个不同的声调形式相应地选择“名词”或者“量词”选项，与“船”短文的结

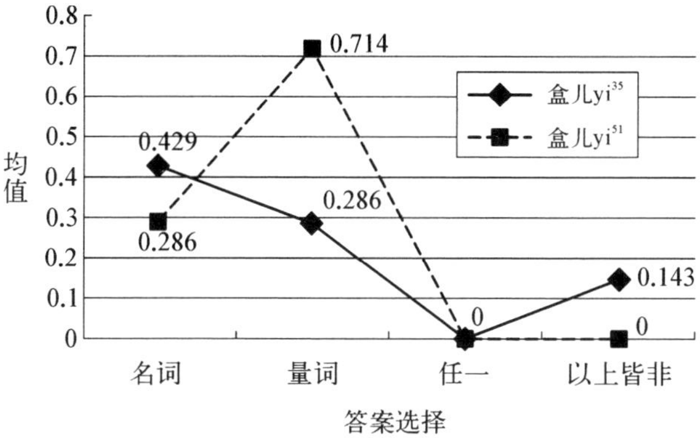

图 2 实验一答案选择均值(“盒儿”短文)

果相似。然而,这一差异并没有达到显著水平,在所有的案例中 p 值都大于 0.10。但这些结果仍然反映了基于句法声调假设所作出的预测。

通过图 3 中的前两个选项,我们可以观察到“车”短文中 yi^{55} 的两个不同声调形式的差别。与以“yi^{51} +测试词”结尾的短文相比,在以“凝固声调 yi^{35} +测试词”结尾的短文中,选择“名词”选项的参与者要略多一些。与之相反,在以“yi^{51} +测试词”结尾的相同短文中,参与者一致选择了“量词”选项,这使得对于“名词”和“量词”选项的选择呈现出显著的主效应〔$F(1, 24) = 22.1$, $MSE = 0.131$, $p < 0.01$〕。同时 yi^{55} 的两个声调形式(yi^{35}, yi^{51})和对于“名词”和“量词”选项的选择也呈现出显著的交互作用〔$F(1, 24) = 6.8$, $MSE = 0.131$, $p < 0.05$〕。这有力地证明了 yi^{55} 的声调形式对于词汇解释的影响,再次支持了句法声调假设。

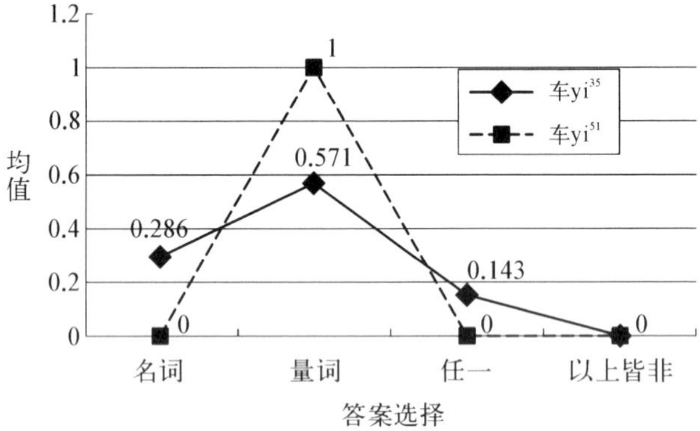

图 3　实验一答案选择均值(“车”短文)

在“本儿”短文中,如图 4 所示,在以“凝固声调 yi^{35} +测试词”结尾的短文中,答案选择出现了混杂的情况,而在以“连读变调 yi^{51} +测试词”结尾的短文中,答案选择则呈现出清楚的倾向:“名词”和“量词”的答案选择有着显著的主效应〔$F(1, 24) = 10.5$, $MSE = 0.167$, $p < 0.01$〕。然而,与以“yi^{51} +测试词”结尾的短文相

比，“名词”选项在以“yi^{35}+测试词”结尾的短文中的选择率仍然稍高一些。这一差异同样反映了 yi^{55}的声调形式对词汇理解的影响，为句法声调假设提供了支持。

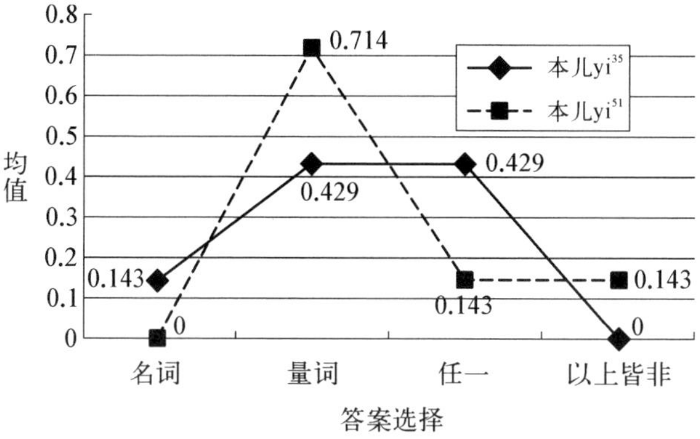

图 4　实验一答案选择均值(“本儿”短文)

2.3　讨论

实验一的结果为句法声调假设提供了支持。具体来说，在其他因素都相同的情况下，根据测试词前面数词的声调信息，参与者明显倾向于对同一个测试词项做出两种不同的解释。当出现的是凝固声调 yi^{35}时，参与者倾向于将“yi^{55}+测试词”中的测试词解释为“名词”；而当出现连读变调时，参与者则倾向于将测试词解释为“量词”。因此，凝固声调对于解释词汇信息十分关键，决定了测试词是被看作一个诸如“盒子”的可数名词，还是被看作一个诸如“一盒……”的临时量词。这些实验结果表明，由于数词 yi^{35}中凝固声调的出现，“yi^{55}+测试词”结构中数词之后的词具有了两种解释。因此在语言中这一凝固声调承担了一定的句法功能。

然而，句法声调是一种新的现象，尚未经过规则化的过程(process of leveling)，并不能自由地与北京话中所有的可数名词搭配使用。因此，短文之间的个体差异无法避免。这使得听话者对于不同短文做出了不同的处理。根据对每段短文的分析（见图1—图4），在“船”短文和“盒儿”短文中，受 yi^{55} 的声调形式影响，对“名词”和“量词”选项的选择有明显的变化；但是与“盒儿”短文相比，“船”短文中的这一变化更为显著。在“车”短文和“本儿”短文中，不管 yi^{55} 采用哪种声调形式，对“量词”选项的选择都要多于“名词”选项（因此支持了陈述性知识假设），而“名词”选项只有在以“凝固声调 yi^{35} + 测试词”结尾的短文中才会被选择。这一现象在“车”短文中表现得尤为明显：当短文以“连读变调 yi^{51} + 测试词”结尾时，参与者总是选择“量词”选项；而当短文以“凝固声调 yi^{35} + 测试词”结尾时，仍有超过 25% 的参与者选择了“名词”选项。当“本儿”“车”和“船”短文以凝固声调结尾时，有参与者选择了“任一”选项；而当短文以连读变调结尾时，则几乎没有人选择这一选项。由于我们研究的是一种处于发展中的语言变化，因此四段短文所体现的差异并非意料之外。

实验一的结果支持了句法声调假设：凝固声调确实承担了一定的句法功能，决定了对紧随其后的双重功能词的解释。实验结果也反映了词汇的个体差异。在实际的语言使用中，相较 her^{35} “盒儿”而言，$chuan^{35}$ “船”和 che^{55} “车”更常与凝固声调搭配使用。这三个词又与 ben^{214} “本”有所不同。这三个词的主要语法功能是名词，而且它们只能临时地充当量词（见丁声树等1979）。ben^{214} “本”则具有四种不同的词性（即副词、代词、量词和名词），这四种词性的 ben^{214} “本”与凝固声调的组合使用情况完全不同。

参与者在测试之后的反馈也表明，他们清楚地意识到了短文中不含量词的名词短语的存在。一些参与者抱怨说短文中缺少了量词，指出这虽然可以接受但却是不标准的。但他们并没有意识到凝固的句法声调 yi^{35} 的存在。当实验者指出不含量词的名词短语的存在时，参与者很快便接受了。一些参与者甚至进一步提供了这类用法在非正式的自然话语中的例子，来解释这类名词短语（非正式的讨论和反馈也都进行了摄录）。

参与者之间也存在个体差异。我们观察到年龄最大的参与者和高中生参与者之间存在着相反的倾向。在以“yi^{35}+测试词”结尾的所有短文中，70 岁的参与者都没有选择“名词”选项。而两名高中生参与者则完全根据短文中 yi^{55} 的声调形式选择了“名词”或者“量词”选项。中年参与者对答案的选择则十分混杂。此外，对于有多个备选项的选择题不太熟悉的参与者不得不花很长的时间来仔细考虑答案，这些参与者主要是书店的工作人员。

尽管实验一的结果对句法声调假设提供了支持，但仍需考虑一个问题：数词 yi^{55} 所带的声调信息是否确实是词语解释的决定性因素。确认决定性因素的一种办法是利用词汇信息完整而声调信息不清晰的环境。如果参与者在所有短文中都选择了符合标准语法的答案，或者选择了“任一”选项，那么实验结果将支持陈述性知识假设。在句法声调假设之外，实验二还测试了陈述性知识假设，试图考察在语音信息不完全的情况下，句法声调是否依然对词语解释造成影响。

此外，在实验一中，参与者在年龄跨度和教育背景上存在比较大的差异。在下一个实验中，仅选择高中生作为参与者。如此，与实验一相比，参与者在年龄跨度和教育背景方面更加一致。

3. 实验二

实验二在语音信息不完全的条件下对假设进行了测试。本次实验使用的短文，为关键声调之前的基于句法声调的答案和基于连读变调的答案提供了完整的信息。然而，测试的环境发生了改变。实验二中，参与者不再单独在相对安静的房间中进行测试，而是在一个高中教室中共同参与测试。我们预计，当声调信息不完全时，参与者将倾向于选择基于连读变调的答案而非基于凝固声调的答案。当语音信息不清晰时，母语者将根据自身关于标准语法的知识假定一种解释，而非完全依据语音信息（陈述性知识假设）。然而，倘若在这样的测试环境中，参与者倾向于选择“任一”选项，那么实验结果将为句法声调假设提供进一步的支持。原因在于，这样的实验结果表明，尽管参与者无法清楚地听到声调以帮助他们做出选择，他们仍然能够感觉到与句法声调有关的差异。

3.1 实验方法

参与者　80 位北京话母语者参与了实验二。他们都是北京一所重点高中的二年级学生（相当于美国的十一年级）。这些参与者来自两个班级，正在分别为文科类全国高校统一考试和理科类全国高校统一考试做准备[①]。所有的参与者都在老师的指导下进行测试。所有的学生都对有多个选项的选择题十分熟悉。

需要指出的是这组参与者与北京大部分高中的学生有所不同。这些学生都是通过严格的考试从最好的初中选拔出来的。在中国，大学入学的竞争十分激烈，只有一部分高中毕业生能最终进入普通高校。然而数据显示从这所高中毕业的学生[②]几乎全部都能进入全国有名的大学。这所学校的成功来自其缜密又严格的课程安排以及高质量的教师队伍，同时也与其高素质的学生密切相关。这些学生都勤勉、用功而又充满竞争力，对待每次考试都十分认真，并将每次考试都看作是为实现进入中国最好的大学这一梦想所做的准备。

实验材料　我们对实验一中的“车”短文和“盒儿”短文进行了修改，并用于本次实验[③]。之所以选择这两段短文，是因为参与者在实验一中对它们的处理略有不同。两段短文都完整地提供了

① 为了更好地帮助学生准备一年一度的全国高校统一考试，学校一般会将学生分成两类：文科和理科。分科通常在高中一年级结束时完成。

② 根据学校教师的要求，学校的名称不予公开。这所学校是全国最好的高中之一，附属于北京的一所著名大学。

③ 由于时间限制，本次实验只测试了两段短文。

测试词的信息以及在关键声调出现之前的两种解释。具体来说，在关键声调之前，“车”短文完整地介绍了“车”及其装载的事物（“西瓜”）；而“盒儿”短文则完整地介绍了“琴盒”以及可以装在盒子中的“琴码子”。

“盒儿”短文如下所示：

温先生去买二胡（一种中国传统乐器）。店里挂着一排二胡，还摆着很多琴盒和琴码子。温先生挑好了一把二胡，一边讲价钱一边选琴盒和琴码子。最后，卖琴的说：“您再加五十块，我给您一盒儿。”（见附录）

在不同的声调条件下，对两段短文进行了录音，一份为男声，另一份为女声。在每段短文之后，各录制了一道有四个选项的选择题。在所有的答案选项中都提及了量词。例如，在“车”短文的选择题中，名词“车”与其常用的量词 $liang^{51}$“辆”（如，yi^{35} $liang^{51}$ che^{55}：一辆车）搭配使用。录制的语速稍慢于自然对话的语速。

选择题的选项打印在答题纸上。前两个选项的出现顺序会发生变化，在一段短文中“名词”作为第一个选项，而在另一段短文中则是“量词”作为第一个选项。

口头的指导说明在测试短文之前录制。实验二的指导说明与实验一类似，区别仅在于实验二要求参与者在答案纸上将他们选择的答案画出来。

实验程序　参与者分为两组在平时的教室里参与测试。测试的环境比预计的更差（尽管对参与者来说很平常）。测试的时间安排在暑期复习课的最后一天（在正常的学校学期结束之后）①，这是一个天气很热的夏日，气温超过 39 摄氏度（103 华氏度）。由于教学楼中没有空调，所以我们打开了所有的窗户。室内和室外

① 为了准备全国高校统一考试，这些学生常常在假期来学校上额外的复习课。

都有噪音：电风扇、手持式电扇以及校园建设引起的噪音。每个班的 40 个参与者都分别坐在各自平时的座位上参与测试，共 6 排，每排 6 或 7 个人。由于噪音太大，所以无法提供最完整的语音信息，因此至少有一半到三分之二的参与者听到的很可能是不完全的语音信息。同时，参与者们积极性很高，试图做好所有的测试。因此他们听录音时极其专心。这种专注的态度可能对房间里额外噪音的影响有一定的抵消作用。

在测试之前，实验者将答题纸分发给所有的参与者。参与者被要求将答题纸背面朝上，这样在听指导说明时，参与者就无法看到答题纸上的选项。分发完所有的答题纸之后，实验者播放口头的指导说明，要求参与者先认真听一段短文，然后再听选择题。参与者被要求根据所听到的短文内容在答题纸上圈出他们认为最合适的答案。参与者还被要求在完成选择之后将头抬起。在所有参与者都完成第一段短文之后，将会播放第二段短文。

短文的播放顺序具有对抗平衡性。其中一个班先听到以凝固声调结尾的“车”短文并进行回答，然后再听以连读变调结尾的“盒儿”短文。另一个班的参与者先听到以凝固声调结尾的“盒儿”短文并进行回答，然后再听以连读变调结尾的“车”短文。实验中没有监测所使用的时间，参与者在没有时间压力的情况下对答案进行选择。

实验设计　实验采用了 2 × 2 × 2 × 4 的交叉析因实验设计。第一个因素——短文顺序，在不同的被试之间会发生变化。其他三个因素，分别是声调（yi^{35}、yi^{51}）、短文数量和答案选项（名词、量词、任一、以上皆非），这些都因被试而异。依赖性测量，即参与者对于短文的理解，则通过参与者对每一个答案选项选择次数的比例来计算。

3.2 实验结果

实验二的结果总结如表 2 和图 5 所示，其中答案选择的均值比例作为测试组（播放短文的两种顺序）和 yi^{55} 的声调形式（数词

yi^{55}的声调变体)的函数。在实验二中,只有答案选项的主效应和涉及该因素的交互作用具有统计学意义。本节将对此进行阐述。

表 2 答案选择的均值比例作为测试组、短文形式及选项的函数(实验二)

yi^{55}的声调和选项顺序

测试组	yi^{35}+测试词(名词)				yi^{51}+测试词(量词)				
	名词	量词	任一	以上皆非		名词	量词	任一	以上皆非
1(车)	0.300	0.500	0.175	0.050	(盒儿)	0.125	0.550	0.225	0.100
2(盒儿)	0.250	0.550	0.100	0.100	(车)	0.125	0.800	0.000	0.075

注释:名词:yi^{55}之后的词是一个名词,即基于句法声调的选项;

量词:yi^{55}之后的词是一个量词,即基于标准语法的选项;

任一:名词或者量词;

以上皆非:以上选项都不对。

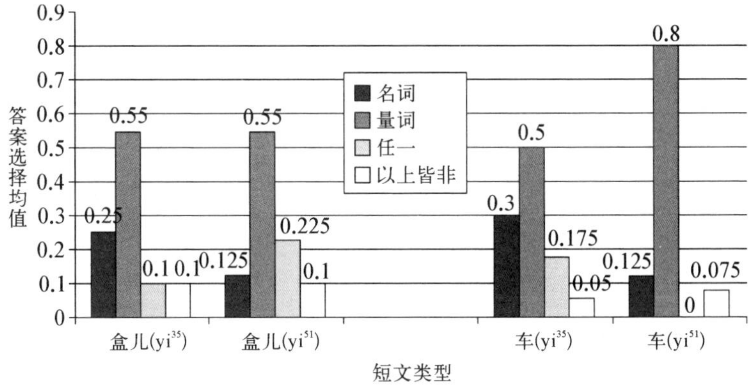

图 5 实验二答案选择均值

从表 2 和图 5 中可以发现,尽管短文为两种解释都完整地提供了所指称对象的信息,但在语音信息不完整的环境中,所有的参与者似乎都倾向于选择"量词"选项。然而,尽管缺少了语音信息,实验结果仍然体现了 yi^{55}的不同声调形式的作用。在以"凝固声调 yi^{35}+测试词"结尾的短文中,参与者对"名词"选项的选择,至少是在以“yi^{51}+测试词”结尾的短文中的两倍。

多因素方差分析支持了上述观察。答案选择的主效应十分显著〔$F(3, 234) = 41.39$, $MSE = 0.218$, $p < 0.01$〕。被试选择最多的是“量词”选项（M = 0.600），其次是“名词”选项（M = 0.200），再次是“任一”选项（M = 0.125），选择最少的是“以上皆非”（M = 0.081）。声调和答案选择的交互作用也十分显著〔$F(3, 234) = 3.98$, $MSE = 0.153$, $p < 0.01$〕，这表明使用 yi^{35}时对“名词”选项的选择（M = 0.275）要多于使用 yi^{51}时对“名词”选项的选择（M = 0.125）。与之相反的一个趋势也很明显：使用 yi^{51}时对“量词”选项的选择（M = 0.675）要多于使用 yi^{35}时对“量词”选项的选择（M = 0.525）。

仅包含对“名词”和“量词”的选择的分析也体现了答案选择显著的主效应〔$F(1, 78) = 33.18$, $MSE = 0.386$, $p < 0.01$〕以及声调和答案选择之间显著的交互作用〔$F(1, 78) = 7.55$, $MSE = 0.238$, $p < 0.01$〕。与之前的观察相同，使用 yi^{35}时对“名词”选项的选择要多于使用 yi^{51}时对“名词”选项的选择，这表明数词 yi^{55}的声调变体是引起本实验中发现的显著差异的主要因素。

此外，答案选择与短文顺序之间也存在显著的交互作用〔$F(3, 234) = 2.80$, $MSE = 0.218$, $p < 0.05$〕，这说明两组参与者对两段短文的处理并不相同。考虑到每组听到的是不同形式的两段短文（即第一组听到的是以“yi^{35}+盒儿”结尾的“盒儿”短文，而第二组听到的是以“yi^{51}+盒儿”结尾的短文），这一显著差异可能是由于 yi^{55}的两种声调形式的影响。实际上，在比较以“凝固声调 yi^{35}+测试词”结尾的两段短文的基础上，所做的方差分析并没有发现两段短文之间存在显著的差异（在所有的答案选择中，p 值都大于 0.1）。然而，在以“连读变调 yi^{51}+测试词”结尾的两段短文中，“量词”和“任一”选项的选择具有显著的主效应：“量词”：$F(1, 78) = 6.00$, $MSE = 0.209$, $p < 0.05$；“任一”：$F(1, 78) = 11.3$, $MSE = 0.089$, $p < 0.01$。这些主效应表明，对于以“连读变调 yi^{51}+

测试词”结尾的短文,两个测试组中两个选项(即“量词”和“任一”选项)的处理是不同的。然而,两个测试组中“名词”选项这一短文形式中最不可能的选项的处理则是一致的($p = 1.0$)。为了考察它们的差别,我们对这两段短文都进行了进一步的单独分析。

如图6所示,在“盒儿”短文中,跟预计的相同,与以“yi^{51}+测试词”结尾的短文相比,在以“yi^{35}+测试词”结尾的短文中,选择“名词”选项的次数要更多,而在两种短文形式中,选择“量词”选项的次数一样多。对比“名词”和“量词”选项的双因素方差分析(two-way analysis of variance)体现了答案选择的显著主效应〔$F(1, 156) = 25.9$, $MSE = 0.203$, $p < 0.01$〕。这表明两组参与者对“名词”选项的处理并不相同。这些差异表明,尽管语音信息由于过度的噪音而变得不完整,参与者仍然能够感知到两段短文中yi^{55}所带声调的区别;这使得在以凝固声调yi^{35}结尾的短文中,对于“名词”选项的选择有少许的增加。

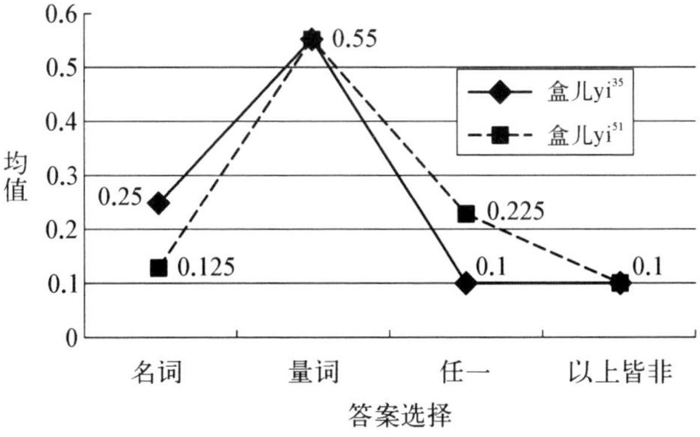

图6 实验二答案选择均值(“盒儿”短文)

如图7所示,在“车”短文中,尽管对“量词”选项的选择最多,前两个选项受yi^{55}的两种声调形式的影响完全相反。当名词短语包含凝固声调yi^{35}时,参与者对“名词”选项的选择是名词短语包含连读变调yi^{51}时的两倍以上。相反地,当名词短语包含凝固声调

yi^{35}时，参与者对“量词”选项的选择仅为名词短语包含连读变调yi^{51}时的三分之二左右。多因素方差分析（multi-way analysis of variance）表明，yi^{55}采用两种不同声调形式时对“名词”选项的选择具有边缘显著性（marginally significant）〔$F(1, 78) = 3.7$, $MSE = 0.164$, $p = 0.057$〕。然而，对于两种短文形式，存在显著的答案选择的主效应〔$F(1, 156) = 40.9$, $MSE = 0.187$, $p < 0.01$〕，这表明yi^{55}的声调形式，即声调信息，确实影响了参与者对于数词yi^{55}之后的测试词的解释。这为句法声调假设提供了强有力的支持。

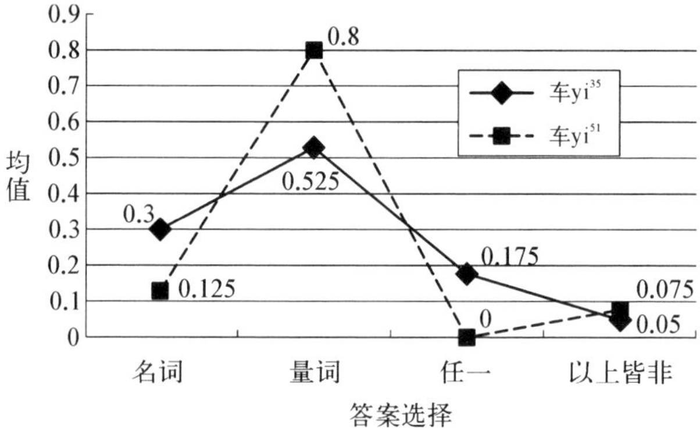

图7　实验二答案选择均值（“车”短文）

此后进行的针对各段短文的分析结果也反映了两段短文的区别；这些区别也导致了两个测试词的不同表现。然而，尽管存在这些区别，参与者对于两段短文的处理，在凝固声调方面却是相似的：当短文以凝固声调yi^{35}结尾时，参与者选择“名词”选项的次数要多于短文以连读变调yi^{51}结尾时参与者选择“名词”选项的次数。

3.3　讨论

实验二中，测试在语音信息不完整的条件下进行，而实验结果表现出支持陈述性知识假设的倾向。当语音信息不清晰时，参与者会根据标准的语法结构对答案进行选择(即基于连读变调的答案)。实验结果表明,在两种词汇解释中,基于连读变调的解释分量更重,对参与者来说是更为可取的选择。

实验结果同时也体现了凝固声调对词汇解释的影响,为句法声调假设提供了支持。虽然总体上参与者更倾向于“量词”选项,但是当短文以凝固声调 yi^{35} 结尾时,参与者选择“名词”选项的可能性要高于短文以连读变调 yi^{51} 结尾的时候。

实验二的结果也表明,参与者对两段短文的处理并不相同。尽管并不显著,但是与“盒儿”短文相比,“车”短文的两种不同短文形式仍表现出更大的区别。当然这也可能是由两个测试词在使用频率上的区别所致,使用频率上的区别也造成参与者对两段短文的不同处理。然而,尽管两段短文本身存在区别,实验二的结果仍然为本研究的两个假设提供了支持。具体来说,当使用 yi^{55} 的两个不同声调形式时,参与者对于基于句法声调的答案和基于连读变调的答案的处理也有显著的区别。这表明声调信息对数词 yi^{55} 之后的词的解释确实具有影响。

测试结束之后,两个组/班的参与者都向实验者指出,短文中包含缺少了量词的名词短语,这对他们来说,是可以接受的,但也是不标准的。这也反映出参与者在测试中有能力激活他们关于汉语语法的陈述性知识。参与者的反馈还表明,他们并没有意识到在不含量词的名词短语中存在凝固声调 yi^{35}。诚然,这些参与者在准备高校入学考试时,训练和测试的是他们的陈述性知识而非程序性知识。但是我们仍然发现这些北京话母语者常常在他们非正式的自然对话中使用不含量词的名词短语(参考 Tao 2002, 2006)。因此,这次实验的结果为本研究的两个假设都提供了支持。

实验一和实验二的结果在不同的测试条件下支持了句法声调假设和陈述性知识假设。这些结果表明声调信息是词汇解释的关键因素。下一个实验的目的在于为句法声调的功能提供进一步的支持,以及证实参与者对基于凝固声调的答案的选择是否真实可靠。

4. 实验三

实验三的目的在于证实参与者的答案选择,尤其是对“名词”选项的选择,是否真实地反映了参与者对凝固声调 yi^{35}之后词语的理解。在这次实验中,参与者被要求在完成选择题之后复述所听到的故事。如果参与者是基于自身对短文的理解做出的选择,而不是随机的选择,那么当他们复述故事时也应该对这些词做出相同的解释。因此,实验三的目的就在于进一步证实参与者所做的答案选择是否真实地反映了他们对于短文的理解。具体来说,主要的衡量标准将是参与者在回答问题和复述故事时对测试词做出相似解释的次数的百分比。

4.1 实验方法

参与者　8 位北京话母语者自愿参与了测试。参与者在两个地点参与了测试。其中的 4 位年龄在 30 岁出头至将近 50 岁之间,共两名男性和两名女性,在北京参与了测试。他们都具有本科学历。另外 4 位参与者,1 名男性和 3 名女性,年龄都在 25 岁左右,是俄亥俄大学的研究生。他们在美国的俄亥俄大学参与了测试。

实验材料　我们对实验一中的“本儿”短文和“船”短文进行了修改,并用于本次实验。这些短文都在关键声调出现之前完整地提供了“名词”和“量词”选项所指称的对象。四选一的选择题的出现顺序与实验一和实验二相同。

对于在北京进行测试的 4 位参与者,实验中只使用了以“凝固声调 yi^{35}+测试词结尾”的短文。对于在美国俄亥俄大学进行测试的 4 位参与者,实验中使用了短文声调的两种形式(yi^{35}/yi^{51}+测试词)。

短文和选择题都进行了录音,记录在两份录音带中,一份为男性录音,一份为女性录音。

实验程序　每个参与者单独进行了测试。在此次测试中有两个任务:词汇解释(选择答案)和复述故事。在测试之前的指导说明部分,参与者被告知了这两个任务。参与者被要求先听一遍短文录音,然后再听选择题。参与者需要选择一个他们认为最符合短文内容的答案。选好答案之后,他们需要复述一遍刚刚听到的故事。参与者所做的答案选择和故事复述都进行了录像。

短文的播放顺序具有对抗平衡性。一半的参与者先听到的是"本儿"短文,而另一半参与者先听到的是"船"短文。对于所有的参与者,基于凝固声调的选项(即"名词"选项)都作为第一段短文的第一个选项,而基于连读变调的选项(即"量词"选项)都作为第二段短文的第一个选项。对于在俄亥俄大学参与测试的参与者,以"凝固声调 yi^{35}+测试词"结尾的短文总是在以"连读变调 yi^{51}+测试词"结尾的短文之前播放。

实验设计　实验中的主要因变量为答案选择和故事复述这两个任务所反映的词汇解释。

4.2 实验结果

关于答案选择和故事复述的实验结果如表 3 所示。

表 3　答案选择的均值比例作为选项和测试任务的函数(实验三)

测试任务和答案选项

		词汇解释				故事复述			
短文		名词	量词	任一	以上皆非	名词	量词	任一	以上皆非
yi^{35}	本儿	0.50	0.33	0.17	0	0.50	0.33	0.17	0
	船	0.83	0.17	0	0	0.83	0.17	0	0

续　表

短文		词汇解释				故事复述			
		名词	量词	任一	以上皆非	名词	量词	任一	以上皆非
yi^{51}	本儿	0	0	1	0	0	0	1	0
	船	0	1	0	0	0	1	0	0

注释：名词：yi^{55}之后的词是一个名词，即基于句法声调的选项；
　　　量词：yi^{55}之后的词是一个量词，即基于标准语法的选项；
　　　任一：名词或者量词；
　　　以上皆非：以上选项都不对。

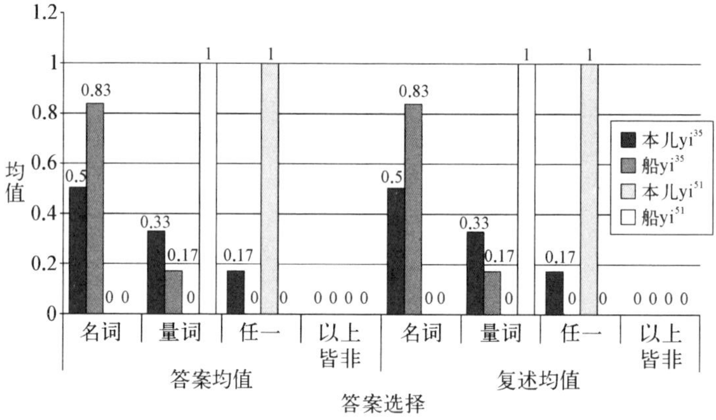

注释：a. yi^{35}短文：数量为 8(4 名参与者来自中国北京，4 名来自美国俄亥俄大学)
　　　b. yi^{51}短文：数量为 4(参与者皆来自美国俄亥俄大学)

图 8　答案选择的均值比例作为选项和测试任务的函数(实验三)

在参与者测试的 16 段短文中，在两种测试模式中只出现了两次答案不一致的情况(在“本儿”短文中)。一次是在选择题中选择了“名词”选项却在复述故事时将测试词解释为量词，另一次则正好相反。换言之，在 87.5%的情况下，参与者选择的答案选项与他们在故事复述中的词汇解释相一致，这一几率高于偶然(50%)。这一结果提供了实验三所寻求的正面支持：参与者是根据其对短文中测试词的理解对选项进行选择的。

此外，参与者在以两种声调形式结尾的两段短文中的答案选择与实验一和实验二相似。对于以“凝固的句法声调 yi^{35}+测试词”结尾的短文，参与者倾向于选择“名词”选项（M = 0.67）而非“量词”选项（M = 0.25）。而对于以“连读变调 yi^{51}+测试词”结尾的短文，参与者倾向于选择“量词”选项（M = 0.5）而非“名词”选项（M = 0）。

因此，词汇解释和故事复述这两个任务为实验一和实验二中参与者所做选择的可靠性提供了强有力的支持。

4.3 讨论

实验三的结果为实验一和实验二的结果提供了进一步支持：在短文语音信息清晰且完整提供词汇所指对象的测试条件下，答案选择和故事复述的情况基本一致；因此，实验一和实验二中关于答案选择的发现并非出于偶然。对于数词 yi^{55} 之后的词，参与者在复述故事时重复了其在词汇解释时所做出的相同解释。尽管只有 8 名参与者参加了本次试验的测试，但是两项任务所得结果的一致性已经足以表明实验一和实验二中的发现是可靠的：参与者选择的答案反映了他们对于紧跟在数词 yi^{55} 的两种声调变体（yi^{35}/yi^{51}）之后的词语的理解。

5. 讨论

三个实验的结果证明了句法声调不仅为北京话带来了一种新的语法结构，而且影响了母语者对于口语词的存取。具体来说，在指称/词汇信息不完全的情况下（实验一），即使当基于凝固声调的选项没有完全出现且数词 yi^{35} 所带声调为该答案的唯一线索时，参与者仍然大多倾向于在词汇解释中选择基于凝固声调的选项。与此类似，在语音信息不完全的情况下（实验二），在语音信息受到严重破坏时，与以连读变调结尾的短文相比，仍然有更多的人在以句法声调结尾的短文中选择基于凝固声调的选项。当实验中存在词汇解释和故事复述两个任务时(实验三),参与者不仅在使用 yi^{35} 声调形式的短文中倾向于选择基于凝固声调的选项,而且还在故事复述任务中再次确认了他们对于这一选项的选择。

本研究的结果还反映了不含量词的名词短语的发展过程。当不完整的信息引起歧义时(例如,实验二中对声调信息的干扰),标准的语法解释将优先于基于句法声调的选项。这一现象在三个实验中都有所体现。在实验一中,没有完整提供基于凝固声调的选项的信息,当参与者对基于凝固声调的选项感到惊讶时,一些参与者在词汇解释任务中选择了基于连读变调的选项或者甚至选择了"任一"选项。在实验二中,当声调信息不清晰时,参与者倾向于选择基于连读变调的选项。甚至在实验三中,当指称信息已经完全提供且语音信息十分清晰的时候,一些参与者仍然在凝固声调 yi^{35} 出现的情况下选择了基于连读变调的"量词"选项。然而,尽管标准语法存在着明显的影响,但是从三个实验的结果中,仍然可以观察到凝固声调所承担的这一新出现的句法功能对于词汇解释的影响。在整个研究的过程中,四个测试词之间的个体差异也对答案选择的差别有所影响。这些差别进一步证明了凝固声调现在仍然处于发展过程之中。

在现阶段,尚不清楚凝固声调及其所承载的句法功能是否会成为标准普通话语法的一部分。倘若如此,也不清楚在不含量词的名词短语中,与凝固声调 yi^{35} 共现的数词是否会发展成为北京话中的一个不定冠词。笔者注意到,越来越多的媒体已经开始采用不含量词的名词短语来体现北京话的非正式语体①。

---

① 不含量词的名词短语在电视剧中的一些例子如下所示:

"好好的一大年三十"(《爱不晚点》,CCTV-4)
"不就一离婚吗?!"(《离婚》,CCTV-4)
"她一鸡蛋吃半个钟头"
"(他)特别像一黑社会的老大"(《桃红的选择》,CCTV-4)

这种用法的例子还见于许多电视剧,例如:《神医喜来乐》《贫嘴张大民的幸福生活》等。

在媒体上出现加快了这种用法在口语中的传播,笔者也注意到近年来一些非北京话母语者也会使用带有凝固声调的不含量词的名词短语。

句法声调原本并非普通话语法的一部分;因此,句法声调的功能以往不可能是语法结构表现(structural representation of the grammar)的一部分。句法声调承载的句法功能似乎是语言使用中发生的变化的副产品。然而,正如本研究的结果所示,这一声调在北京话中仍然处在发展阶段,有可能经过语法化成为一个具有自身实体(参考 Givon 1985: 11)、能够区分词义的正式结构。这一新出现的用于不含量词的名词短语中的句法声调,考虑到其功能只见于口语中,且目前尚没有关于其功能的文献记录,本研究的结果证明,这一语言使用中的语言变化已经对北京话母语者的隐性语法产生了影响。这与某些学者所持的将使用和语法区分开来的观点正好相反(参考 Newmeyer 2003)。通过实验中的发现,本研究为下述观点提供了支持:真实的日常语言使用不仅能够影响口头语言的生成,而且可能也会影响母语者的心理语法(mental grammar)或语言的结构表现(structural representation)。语言使用对说话者的语言理解具有的作用证明了这一点,这一点也为"语法来源于使用"这一说法提供了支持。

附录

A. 短文示例及选择题

1. 测试一的"盒儿"短文及选择题(词汇信息不完全)

王先生去买二胡。他选好了一把,一边讲价钱,一边选琴码子。卖琴的说:"您再加五十块,我给您一盒儿。"

问题:请问:卖琴的话的意思是:

(1) 我给您一盒琴码子。

(2) 我给您一个琴盒。

(3) 我请您任选一个琴盒或者一盒琴码子。

(4) 与以上三个回答无关。

2. 测试二的“盒儿”短文及选择题(语音信息不完全)

温先生去买二胡。店里挂着一排胡琴,还摆着很多琴盒和琴码子。温先生挑好了一把琴,一边讲价钱一边选琴盒和琴码子。卖琴的说:“您再加五十块,我给您一盒。”

问题:请问:卖琴的要给温先生什么:

(1) 一盒琴码子

(2) 一个琴盒

(3) 一个琴盒或者一盒琴码子

(4) 什么都不给

B. 中文指导说明

1. 测试一

谢谢您的帮助。

下面有四段短文,每段短文后面有四个选择问题。请您根据短文从四个问题中选一个最佳答案。

2. 测试二

谢谢您的帮助。

下面有两段短文,每段短文后面有四个选择问题。请您根据短文从四个问题中选一个最佳答案,并用笔把答案画出来。

3. 测试三

谢谢您的帮助。

下面有两段短文,每段短文后面有四个选择问题。请您根据短文从四个问题中选一个最佳答案。选好答案之后,请把您刚刚听过的短文用您自己的语言重复一遍。

参考文献

北京语言学院语言教学研究所　1986　《现代汉语频率词典》,北京:北京语言学院出版社。

曹雪芹　1996　《红楼梦》,北京：人民文学出版社。

丁声树　吕叔湘　李荣　等　1979[1961]　《现代汉语语法讲话》,北京：商务印书馆。

杜永道　1993　《北京话中的"一+名"》,《中国语文》第2期。

王力　1958　《汉语史稿》(第二卷),北京：科技出版社。

王力　2000[1985]　《中国现代语法》,北京：商务印书馆。

朱德熙　2000[1982]　语法讲义,北京：商务出版社。

Anderson, John R. 1993 *Rules of the Mind*. Hillsdale: Erlbaum.

Bisang, Walter 1998 Grammaticalization and language contact, constructions and positions. In Anna G. Ramat, Paul J. Hopper (eds.), *The Limits of Grammaticalization*. Amsterdam: Benjamins. Pp.13 – 58.

Bisang, Walter 1999 Classifiers in East and Southeast Asian Languages: Counting and Beyond. In Jadranka Gvozdanovic (ed.), *Numeral Types and Changes Worldwide*. Berlin: Mouton de Gruyter. Pp.113 – 185.

Bybee, Joan, Hopper, Paul 2001 *Frequency and the Emergence of Linguistic Structures*. Amsterdam: Benjamins.

Bybee, Joan, Perkings, Revere & Pagliuca, William 1994 *The Evolution of Grammar: Tense, Aspect and Modality in the Languages of the World*. Chicago: The University of Chicago Press.

Chao, Yuen R. 1968 *A Grammar of Spoken Chinese*. Berkeley: University of California Press.

Chafe, Wallace 1994 *Discourse, Consciousness, and Time: The Flow and Displacement of Conscious Experience in Speaking and Writing*. Chicago: University of Chicago Press.

Chen, Matthew Y. 2000 *Tone Sandhi: Patterns across Chinese Dialects*. Cambridge, UK; New York: Cambridge University

Press.

Craig, Colette 1986 *Noun Classes and Categorization: Proceedings of a Symposium on Categorization and Noun Classification*. Amsterdam: Benjamins.

Cutler, Anne, Chen, Hsien.-C. 1997 Lexical tone in Cantonese spoken-word processing. *Perception & Psychophysics* 59: 165 – 179.

Cutler, Anne, Dahan, Delphine & Van Donselaar, Wilma 1997 Prosody in the comprehension of spoken language: A literature review. *Language and Speech* 40: 141 – 201.

Duanmu, San 2000 *The Phonology of Standard Chinese*. Cambridge, UK; New York: Cambridge University Press.

Epstein, Richard 1994 The development of the definite article in French. In William Pagliuca (ed.), *Perspectives on Grammaticalization*. Amsterdam: Benjamins. Pp.63 – 80.

Erbaugh, Mary 1986 Taking Stock: The development of Chinese noun classifiers historically and in young children. In: Craig Collette (ed.), *Noun Classes and Categorization*. Amsterdam: Benjamins. Pp.399 – 436.

Fox, Barbara 1987 *Discourse Structure and Anaphora*. Cambridge, UK: Cambridge University Press.

Givon, Tom 1979 *On Understanding Grammar*. New York: Academic Press.

Givon, Tom 1995 *Functionalism and Grammar*. Amsterdam: Benjamins.

Givon, Tom 1998 *Syntax: A Functional-typological Introduction*. Amsterdam: Benjamins.

Greenberg, Joseph 1990 Numeral classifiers and substantival number: Problems in the genesis of a linguistic type. In Keith

Denning and Suzanne Kemmer(eds.) , *On Language: Selected Writings of Joseph H. Greenberg*. Stanford: Stanford University Press. Pp.166 – 193.

Haiman, John 1994 Ritualization and the development of language.In William Pagliuca (ed.) , *Perspectives on Grammaticalization*. Amsterdam: Benjamins. Pp.3 – 28.

Labov, William 1994 *Principles of Linguistic Change*. Cambridge: Blackwell.

Li, Charles and Thompson, Sandra 1981 *Mandarin Chinese: A Functional Reference Grammar*. Berkeley: University of California Press.

Liu, Ying & Peng, Danling 1997 Meaning access of Chinese compounds and its time course. In Hsuan-Chih Chen (ed.) , *Cognitive Processing of Chinese and Related Asian Language*. Hong Kong: The Chinese University Press. Pp.219 – 232.

Newmeyer, Frederick 2003 Grammar is grammar and usage is usage. *Language* 79: 682 – 707.

Packard, Jerome 1998 *New Approaches to Chinese Word Formation: Morphology, Phonology and the Lexicon in Modern and Ancient Chinese*. New York: Mouton de Gruyter.

Sackmann, Robin 2000 Numeratives in Mandarin Chinese. In Petra M. Vogel and Bernard Comrie (eds.) , *Approaches to the Typology of Word Classes*. Berlin: Mouton de Gruyter. Pp.421 – 477.

Speer, Shari R., Shih, Chilin & Slowiaczek, Maria L. 1989 Prosodic structure in language understanding: Evidence from tone sandhi in Mandarin. *Language and Speech* 32: 337 – 354.

Sun, Chaofen 1989 The Discourse Function of Numeral Classifiers in Mandarin Chinese. *Journal of Chinese Linguistics*, 16 (2):

298－322.

Tao, Liang 1999 *Phono-syntactic conspiracy grammaticalization in spoken Beijing Mandarin*. Presented at the International Symposium on New Reflections of Grammaticalization. Potsdam, Germany.

Tao, Liang 2000 Prosody and word recognition in Beijing Mandarin: a case study. Anne Cutler and James M. McQueen (eds.), *Proceedings of SWAP*. Nijmegen, the Netherlands: Max Planck Institute for Psycholinguistics. Pp.175－178.

Tao, Liang 2002 Phono-syntactic conspiracy grammaticalization in spoken Beijing Mandarin.In Ilse Wishcher and Gabriele Diewald (eds.), *New Reflections on Grammaticalization* (*Proceedings of the International Symposium: New Reflections of Grammaticalization*). Amsterdam: Benjamins. Pp.277－292.

Tao, Liang 2005 The Importance of Discourse Analysis for Linguistic Theory: A Mandarin Chinese Illustration.In Zygmunt Frajzyngier, Adam Hodges and David Rood (eds.), *Linguistic Diversity and Language Theories*. Amsterdam: Benjamins. Pp. 285－317.

Tao, Liang 2006 Classifier loss and frozen tone in spoken Beijing Mandarin: the *yi+ge* phono-syntactic conspiracy. *Linguistics* 44: 91－133.

Tao, Liang, Fox, Barbara & Gomez de Garcia, Jule 1999 Tone-choice repair in conversational Mandarin Chinese. In Barbara Fox, Dan Jurafsky, and Laura Michaelis (eds.), *Cognition and Function in Language*. Stanford: CSLI. Pp.268－281.

Tao, Liang & Healy, Alice 2001 Frequency and fusion in language processing. *Journal of Cognitive Science* 2: 23－31.

Wiedenhof, Jeroen 1995 *Meaning and Syntax in Spoken Mandarin*.

Leiden, the Netherlands: Research School CNWS.

Xu, Yi 1994 Production and perception of coarticulated tones. *Journal of the Acoustical Society of America* 95: 2240 – 2253.

Xu, Yi 1997 Contextual tonal variations in Mandarin. *Journal of Phonetics* 25: 61 – 83.

台湾闽南语声调的归类：一个概念形成的个案研究*

孙天心(Jackson T.-S. Sun) 著 台北"中研院"语言所
王欣 译 天津师范大学外国语学院

1. 引言

如果研究声调语言的语言学家发现某促音节(末尾为塞音的音节)的声调值(调域和调型)与非促音节(即舒音节)相同或非常相似,那么应将其视为两个不同的声调还是同一个声调？这是一个很复杂的音系问题。首先,在时长方面,舒促音节存在明显的语音差别：促音节通常短而急促,因此,促声调从本质上和舒声调不同。但是,尽管如此,音节类型(舒促音节)或时长(音的长短)的非声调特征是否与基频相关的声调特征等同呢？(比较 Gardour 1983：150)中国传统音韵学研究认为促音节为独立的调类,即入声与舒音节声调相对立。该传统观点影响深远,很多现代汉语言学家对此毫无质疑(董同龢等 1967;张振兴 1987)。但是,很早以前,一些学者曾质疑过这个观点(Forrest 1973：65;王力 1958：102,脚注 4;更为权威的观点请参照宗福邦 1984);另一些学者提出将促声调和相应调值的舒声调归为同一调位(Jones 1967：475;Haas 1958：

---

* 原文刊于 *Journal of Chinese Linguistics* 38(1)：115－133，2010。文章经作者、刊物及出版社授权翻译。

8：18 脚注 3；夏中义 1981；罗美珍 1988：214－215；闽南语参见 Li 1966：56；Chiang 1967：114；Roberts & Li：1963）①。有趣的是，在六年中，同一批语言学家也经历了从推崇“简化”到回归传统的过程（Cheng 1968，1972）。很明显，促使语言学家回归传统观点的是即使促舒音节的单字调相似，但是它们的连读调的表现却不同这一事实。② 这种观点与遵守古代音韵传统无关，而是反映了正统生成音系学的典型关注点，即越过表层对立形式，在音位层面进行解释概括。类似的争论也出现在德语中：Rad（车轮）的尾音[-t]和 Rat（建议）的尾音[-t]是否属于同一音位？当然，答案取决于音位的定义，即从分类学还是系统学角度定义音位（或调位）。鉴于更多的证据表明表层音位对立反映真实的直觉，其心理真实性可以通过实验手段进行检验，因此我们可以暂时搁置声调的形态音位学问题（即连读音变行为），进而发现某些舒促声调是否属于同一调位。但是，一些因素使问题进一步复杂化。在很多声调语言中，声调对立在促音节中或缺失，或缩减，因此，促音节成为声调中和的语音环境。布拉格和弗斯音系学派反对将中和语音环境下的语音和其他语音环境下的语音等同。但是，母语者确实能将原音素分析为音位。耶格（Jaeger 1986：221－224）指出在她进行的概念形成实验中，受试能清晰地将英语中首字母[s]后的[k]归类为音素/k/。里德（Read 1971）在研究以英语为母语的学龄前儿童进

① “将促声调单独归为一类”的观点有利于发现历时声调的发展规律和相关语言的对应情况。例如：壮语中第七调类（促音节）和武鸣地区的第五调类（舒音节）以及田东地区的第三调类（舒音节）的音高值相同。这种分类能够简化壮语各地方言的对应关系（欧阳觉亚 1979：361）。但这种便利性可能对分析的充分性造成影响。

② 大量证据表明只有在不考虑舒促声调差异的前提下，才能概括出其他两个台北闽南语连读变调的规则。两个规则都涉及声调对立的中和。一个规则应用在小称词缀/-a^{53}/前，另一个规则应用在三音节重叠形式。所有的非降调，包括舒音节的高平调（44）、中平调（33）中升调（24）以及促音节的中平调（33）发生中和，都变为中升调（24）；所有的降调，包括舒音节的低降调（21）、高降调（53）、中降调（31）以及促音节的中降调，均在小词缀/-a^{53}/前变为高平调（44）。而三音节重叠形式的第一个音节变为和第二个音节相同的调值（第二个音节具有常规的变调值）。在这里，我们没有涉及除音高外的其他因素，如时长和语音结构（舒促音节）。有关这两个连读变调规律的例子请参照附录 1。

行自发性拼写中也得出相同的结论。因此，除了常规性分析，是否能有其他证据表明母语者将促声调和舒声调归为同一声调呢？换言之，母语者的声调归类中促声调是否成为感知对象呢？

为了探讨这些问题，本研究通过观点——形成范式进行心理语言实验。该方法是语言学研究中极有价值的研究工具（Jaeger 1986；Wang 1996，2001）。本实验的基本设想是人们在大脑中有类别概念，并且能够通过训练，通过辨识这一概念的正负样本使人们意识到该概念；然后，要求他们使用此概念判断出特定样本的归类情况，并最终能将概念表述清楚。因此，基本的研究目的是训练受试者感知目标语（即本族语）的声调异同性，然后使用新的成对的舒促音节测试受试者感知声调异同性的情况，从而探讨上述有争议的音节的声调如何归类。

2. 目标语

本研究的目标语是在台北市区闽南话①，以下是台北闽南语的音系概览：

（1）声母

/p/，/p^h/，/b/，/m/，/t/，/t^h/，/n/，/l/，/ts/，/ts^h/，/s/，/k/，/k^h/，/g/，/ŋ/，/h/

（2）韵母

（a）开音节非鼻化音韵母

/a/，/i/，/u/，/e/，/o/

/ai/，/au/，/ui/，/iu/，/ua/，/ia/，/io/，/ue/

/iau/，/uai/

① 台湾岛内存在多种闽南方言，且差异较大，我们可以轻松地证明“漳州腔和泉州腔的单字调相同”（张振兴 1983：12）的说法是错误的。关于它们的分布和语言学上的差异可以参考洪惟仁（1992）；迄今为止，对台北闽南语最全面的研究当属董同龢等（1967），主要研究台北女性的口语表达；本人的研究得益于夫人张淑真，她是熟练使用台北闽南语的母语者，由于她全面了解本研究的内容和目的，为保证研究的客观性和准确性，她没有成为受试者。非常感谢妻子在实验设计和实施过程中鼎力相助。

(b) 鼻化音韵母

/ã/, /ĩ/, /õ/

/ãĩ/, /ãũ/, /ũĩ/, /ĩũ/, /ũã/,/ĩã/

/ĩãũ/

(c) 辅音结尾

/ap/, /am/, /at/, /an/, /ak/, /aŋ/, /ip/, /im/

/it/, /in/, /ik/, /iŋ/, /ut/, /un/, /ok/, /oŋ/

/uat/, /uan/, /iap/, /iam/, /iat/, /ian/①

/iak/, /iaŋ/, /iok/, /ioŋ/

(d) 成音节性鼻音韵母

/m/,/ŋ/

(3) 声调②

(a) 舒声调

声调类型	单字调调值	连读变调调值	例　字
阴平	高调 44	中调 33	/to^{44}/刀
阳平	中高升调 24	低降调 21	/to^{24}/图
阴上	高降调 53	高平调 44	/to^{53}/岛
阴去	低降调 21	高降调 53	/to^{21}/妒
阳去	中平调 33	低降调 21	/to^{33}/杜
阴去	中降调 31	高降调 53	/to^{31}/桌

(b) 促声调

声调类型	单字调调值	连读变调调值	例　字
阴入	中降调 31	高平调 44	/kut^{31}/骨
阳入	中平调 33	低降调 21	/kut^{33}/滑

---

① 淑真的口语表达中,/iat/和/ian/被单元音化,变为/-et(n)/。

② 本研究使用由赵元任先生创制的五度值标注声调法(1 代表低调,5 代表高调)标注声调值。传统的名称用来指声调调类;它们指的是中古汉语的平(level)、上(rising)、去(going)和入(entering),后续发展分类成两类:高调域(阴)和低调域(阳)。共时平面上,这些声调调类的名字是分类性质的,而不是描写性质的。

与其他闽南语方言相比,台北闽南语是非常简单的。在声调系统方面,以下特征值得注意:

(1) 在音质方面,入声的单字调稳定,阴入总是为中降调(31),而阳入为中平调(33)。董同龢等(1967: 12 - 18)提到的明显差异,本文作者对台北闽南语母语者进行的有限研究中未发现。

(2) 在连读变调方面,阴入呈现分裂现象:过去音节尾具备-ʔ特征的阴入音节有的从中降调变为高降调(如 /a^{21} pe^{31}/阿伯→/$pe^{53}$$ko^{44}$/伯公);有的促音节的阴入从中降调变成高平调(如 /$pai^{21}$$kut^{31}$/排骨→/$ku^{44}$$t^{h}au^{24}$/骨头)。这种分裂现象,从历史的角度看,似乎是由于丢失-ʔ 而进行的补偿性变化。在前字的词中环境下,阴入调型的类似分裂现象也出现在其他闽南语方言中(董同龢 1960: 741, 796, 853;丁邦新 1970: 39)。

(3) 从词源学角度分析,台北闽南语以-ʔ 结尾的音节已经变为开音节①。丢失-ʔ 引起的一个重要音系后果是属于阴入调类的开音节保留了一个区别调值(与促音节阴入调类的调值相同),即中降调。换句话说,也就是,台北闽南语中的声调已经演化成了一个六元对立的系统,即三组对立的降调类型。请参照以下三组最小对立对:②

阴上	ka^{53}绞	pa^{53}饱
阴入	ka^{31}盖	pa^{31}百
阴去	ka^{21}教	pa^{21}霸

3. 实验

3.1 实验方法

从上述台北闽南语声调的描述中可知阳入和阳去调值相同

① 宜兰话与董同龢(1960)描述的龙溪语很相近,尾韵的喉塞音在阳入中不发音,但在阴入中仍然发音〔李壬癸(Paul Ren-Kui Li),私人交流〕。

② 请参考丁邦新(Ting 1982: 634)关于海南的闽南澄迈方言开音节声调的发展过程研究。

（中平调33），而阴入调值（中降调31）与阴上（高降调53）和阴去（低降调21）这两个舒声调的调值类似但不相同。我们将这些特定的声调作为本研究的重点。我们还特别在实验中用语言学方法训练台北闽南语的母语者通过归纳得出“声调相同”的概念；并随后测试受试者是否可以感知阳入和阳去属于同一调素，并能在归类的过程中将阴入与阴上和阴去区分开。

3.1.1 受试者

本实验受试者共8人，男性女性各4人，均是以台北闽南语为母语的年轻人。年龄大致为25—33岁。他们是从常年在台北居住的研究生和/或配偶中遴选出来的。遴选的方式是通过访谈确保受试者使用的语言包括上述的台北闽南语声调系统，这种遴选方式虽然排除了大量有可能成为受试者的人选，但却是必要的，因为从个人经验可知，台北市的很多台北闽南语母语者的父母来自岛内的其他地区，因此，在家中使用的语言可能和台北闽南语的声调不同。①

3.1.2 录音样本设计

录音样本采用词对格式（Jaeger 1986：227—228）。在学习和测试阶段，大部分样本为提前录制的双音节复合词对。先读一对复合词，然后重复每个复合词的后一个音节。例如：

sio^{33} tsiu^{53}烧酒　　　　gia^{21}ts^{h}iu^{53}举手

录音的顺序为：

sio^{33}tsiu^{53}→gia^{21}ts^{h}iu^{53}→tsiu^{53}→ts^{h}iu^{53}

① 大部分台湾闽南语方言的声调系统的差别与阳平和促音节的连读变调有关。

要求受试者比较并判断每组中被重复的两个末位音节的声调特征。在学习阶段，共设计 25 组复合词对，用于讲授“虽然存在部分差异，但声调相同”的概念，并通过在差异渐次提高的音节结构中呈现相同声调，即从音节特征完全一致（hu^{33}-hu^{33}）到部分一致（$tsiu^{53}$-$ts^{h}iu^{53}$；$tsap^{31}$-$tsat^{31}$）再到音节特征有显著不同（$liam^{33}$-li^{33}）。对于不同声调，我们将部分差异处理到最小差异，从而有助于受试者关注声调差异。受试者反馈（判断“相同”或“不同”）在词对播放后的五秒之内进行。在接下来的测试阶段，我们录制另外 25 组相似的复合词对，包括 13 个测试样本，5 个对比样本，以及 7 个在前面的学习阶段的同类样本作为填充样本。控制样本包括在学习阶段没接触过的新词对，它们在音节结构方面甚至呈现出更多的差异。例如：鼻音节（/m^{53}/——/$liau^{42}$/），鼻化和非鼻化元音（/$s\tilde{i}\tilde{u}^{33}$/——/siu^{33}/），只有一个单独的元音核与声母加三合元音的音节（/i^{42}/——/$siau^{42}$/）。

接下来，我们对该设计的动机进行简单介绍。首先，我们使用复合词或短语而不是单音节来呈现样本，其优点是：前者有独特的可辨别的语义，而后者由于经常涉及同形异义词或词汇歧义，因此可能造成误解。我们首先呈现这些短语或复合词，然后重复读出嵌入其中的目标音节，希望通过该方法帮助受试者积极地、主观地听（而非被动地、客观地听），并直接激活他们的大脑词库和音系，从而做出听感判断。同时，由于存在大量的连读变调现象，闽南语的大部分音节有两个调值，即单字调和连读变调①。很有可能如谢信一（Hsieh 1976）认为的那样，两种调值可能均存储在词库中，而不是一个调值被直接存储，另一个可利用规则提取。为了避免“两调值意象”的影响，我们采取三种措施确保受试者仅想到音节的一个单字调调值：（1）以口语而非书面形式呈现实验样

① 连读变调的规则受复杂的句法条件作用的影响（Chen 1987），基于本研究的目的，我们将其简化为：音节在单独出现时和停顿前呈现单字调，而在其他情况下是连读变调。

本;(2) 将检验的样本限于词尾;(3) 重复每组语词的末尾音节。不以书面形式呈现实验样本的其他原因是：在字母文字语言的音系研究方面,拼写法会严重影响与之相关的心理语言实验(Jaeger 1980: 250)。汉字的书写系统是表音和表意的结合,因此,只是间接地与读音相关。但是,本研究如使用书面文字会产生如下的潜在问题。(1) 直到最近,闽南语依然是一种非书面语,因此,大部分使用闽南语的人士认为尽管闽南语和普通话同源,但很难直接将汉字和台湾闽南语口语联系起来。此外,还有一些常用的台湾闽南语口语词源不明,无法通过常规汉字指代。① (2) 闽南语是典型的中国南方方言,有复杂的多层级词库,很多汉字有文白异读现象。例如:“三”的白读音为[sa^{44}],而文读音为[sam^{44}]。综上所述,如果采用为受试者呈现书面汉字的方式帮助他们建构台北闽南语的音系概念,他们很可能会感到困惑。

3.1.3 实验过程

实验只使用录音机,无其他辅助设备。由于操作问题,我们无法聚齐受试者一次性完成实验,而是以个人或小组为基础进行实验,实验地点是我们的公寓。我们严格遵循统一的实验过程。

首先,发给受试者空白答题纸,一张在学习阶段使用,另一张在测试阶段使用。要求学生戴上耳机听录制好的磁带。磁带开始部分,他们会听到如下指令:

指令: ②

以下这个语音辨别实验,目的在帮助我们了解台湾闽南语语音系统上的某个特点。首先,我们请你听二十五组台湾闽南语语词。当每组语词念完后,我们会再把词尾的两个字重复念

① 恰当的例子是/sui^{41}/(漂亮)或/$tsia^{33}$/(吃)。
② 实验中录制和使用的指令是汉语版。

一次，请你练习辨别这两个字①是否有某种声音上的相同性。接下来，会有五秒钟的间隔时间，然后我们会告诉你正确的答案：如果这两字具有我们心目中的这种语音相同性，你会听到【相同】；否则，你会听到【不同】。你所要做的，就是逐渐辨别出这种语音特征来。当你听过几组语词，渐渐对这个特点有了概念之后，请试着在间隔时间之内根据你的判断开始作答。作答的方式是：在答案纸对应题号之后圈选【相同】或【不同】，然后再和录音带上的答案相核对。当你的答案与录音带中的答案完全吻合时，这种语音的相同性就被你成功地辨别出来了。如果你的答案与录音带有出入，请你继续尝试修正你的答案，直到完全正确为止。

第一部分：学习阶段

1. sai^{33}**hu**^{33}“师傅”	tau^{21}**hu**^{33}“豆腐”
2. iau^{33}**kui**^{53}“贪吃者”	hu^{42}**kui**^{21}“富贵”
3. sio^{33}**tsiu**^{53}“烧酒”	gia^{21}**ts^{h}iu**^{53}“举手”
4. lo^{21}**ho**^{33}“落雨”	sai^{33}**hu**^{33}“师傅”
5. aŋ^{21}**tau**^{33}“红豆”	baŋ^{44}**tau**^{21}“蚊帐”
6. tsia^{21}**ts^{h}au**^{53}“注视”	tsin^{33}**ku**^{53}“很长”
7. bua^{42}**hun**^{53}“搽粉”	uan^{42}**hun**^{33}“怨恨”
8. ui^{44}**k^{h}ut**^{32}“委屈”	pai^{21}**kut**^{32}“排骨”
9. ba^{42}**hu**^{53}“干肉”	tsiŋ^{42}**hu**^{53}“政府”
10. kun^{44}**tsui**^{53}“开水”	tsiu^{44}**tsui**^{21}“酒醉”
11. tsin^{33}**lua**^{33}“很热”	to^{33}**sia**^{33}“多谢”
12. aŋ^{21}**k^{h}i**^{33}“红柿子”	ts^{h}ui^{42}**k^{h}i**^{53}“牙齿”
13. tsa^{44}**tŋ**^{21}“早饭”	kin^{44} **tŋ**^{53}“快回来”
14. tsioŋ^{44}**kuan**^{21}“彩票”	kau^{33}**kuai**^{21}“挑剔”

① 我们没有使用术语“音节”，而使用了非术语“字”，它可以指代“单词”“音节”或“汉字”。

15. mai^{42}**ts**^{h}**ap**^{32}“忽视”　iu^{21}**ts**^{h}**at**^{32}“油漆”
16. iu^{44}**hau**^{21}“伪善”　bo^{21}**hau**^{33}“无效”
17. hue^{21}**tap**^{32}“回答”　si^{33}**kue**^{33}tsiap^{32}“西瓜汁”
18. t^{h}au^{21}**hia**^{33}“额头”　tsin^{33}**kau**^{33}“很厚”
19. kau^{33}**k**^{h}**o**^{53}“受苦”　ts^{h}aŋ^{33}**k**^{h}**o**^{21}“仓库”
20. su^{33}**liam**^{33}“思念”　sia^{44}**li**^{33}“写字”
21. kam^{33}**ts**^{h}**o**^{53}“甘草”　tsia^{21}**ts**^{h}**o**^{21}“嫉妒”
22. pue^{42}**tiam**^{53}“八点”　po^{42}**tsua**^{53}“报纸”
23. uan^{42}**to**^{21}“恶妒”　tsap^{21}**si**^{21}“十四”
24. iau^{42}**kin**^{53}“要紧”　kui^{33}**ki**^{53}“规矩”
25. ak^{21}**ku**^{23}“阿舅”　sio^{33}**kun**^{44}kun^{53}“滚烫”

答案

1 相同　2 不同　3 相同　4 相同　5 不同　6 相同　7 不同　8 相同　9 相同　10 不同　11 相同　12 不同　13 不同　14 相同　15 相同　16 不同　17 相同　18 相同　19 不同　20 相同　21 不同　22 相同　23 相同　24 相同　25 不同

受试者达到我们设定的标准后(即连续 20 次判断,仅有 2 个或更少的错误),我们立刻进入测试阶段,此时,受试者的声调分辨概念依然清晰。通过耳机,他们听到如下指令:

接下来,我们要进行一个小测验。同样,我们请你听另外 25 组台湾闽南语语词。其中,每组语词也可能含有或和上面练习中同样的语音相同性。作答的方式也与刚才一样。不同的是,这个阶段,录音带上不再提供每题正确的答案。你只会听到:题号、一组语词和末位的两个字;请在接下来的五秒钟间隔内,运用你从上面练习中学到的语音相同性,尽可能正确地判断作答。完成一组语词后,请向我们点头示意,继续进行下一组语词的测试。

第二部分:测验阶段

1. ba^{53}**hu**^{53}“干肉”　tau^{21}**gu**^{33}“豆腐”　(填充)
2. o^{33}**bak**^{33}“黑墨水”　bin^{33}**baŋ**^{33}“做梦”　(测验)

3. koŋ^{44}**ue**^{33}“讲话”	tsin^{33}**ue**^{33}“很窄”	（填充）
4. tai^{21}**liok**^{33}“大陆”	guan^{21}**lioŋ**^{33}“原谅”	（测验）
5. tsit^{21}**pa**^{31}“一百”	tsia^{21}**pa**^{53}“吃饱”	（填充）
6. su^{33}**liam**^{33}“思念”	tsit^{21}**liap**^{33}“一块”	（测验）
7. p^{h}oŋ^{53}**i**^{53}“躺椅”	k^{h}i^{44}**siau**^{53}“气疯”	（控制）
8. ts^{h}ai^{33}**sik**^{32}“彩色”	tai^{21}uan^{21}**siŋ**^{42}“台湾省”	（测验）
9. k^{h}oŋ^{44}hat^{32}“恐吓”	hi^{33}**han**^{21}“稀罕”	（测验）
10. iau^{21}**hui**^{53}“流血”	t^{h}o^{44}**hui**^{53}“土匪”	（填充）
11. su^{21}**giap**^{33}“事业”	ts^{h}i^{53}**giam**^{33}“尝试”	（测验）
12. p^{h}io^{53}**pe**^{33}“漂白”	a^{33}**pe**^{31}“大伯”	（填充）
13. kai^{44}**kuat**^{31}“解决”	to^{21}su^{33}**kuan**^{53}“图书馆”	（测验）
14. ben^{44}**sĩũ**^{33}“宽恕”	tŋ^{21}he^{53}**siu**^{33}“长寿”	（控制）
15. lam^{21}tsu^{44}**han**^{21}“男子汉”	k^{h}ioŋ^{44}**hat**^{31}“恐吓”	（测验）
16. a^{21}**m**^{53}“伯母”	tsia^{21}**liau**^{53}“吃光”	（控制）
17. pun^{44}**siŋ**^{21}“本性”	aŋ^{21}**sik**^{31}“上色”	（测验）
18. tioŋ^{44}**pue**^{21}“长者”	koŋ^{44}**ue**^{33}“讲话”	（填充）
19. bu^{44}**ge**^{33}“技术”	sã^{33}**ge**^{33}“上街”	（填充）
20. ts^{h}iu^{44}**ŋ**^{53}“袖子”	po^{44}**to**^{53}“宝岛”	（控制）
21. aŋ^{21}**k^{h}ak**^{31}“蛋壳”	tsit^{21}**pa**^{31}“一百”	（测验）
22. sit^{21}**kuan**^{21}“习惯”	kai^{44}**kuat**^{31}“解决”	（测验）
23. tsap^{21}**si**^{21}“十四”	ten^{21}hoŋ^{33}**si**^{21}“电风扇”	（控制）
24. loŋ^{21}**hui**^{21}“浪费”	lau^{21}**hui**^{31}“流血”	（测验）
25. hoŋ^{33}**kiŋ**^{53}“风景”	tsut^{21}**bi**^{53}“糯米”	（填充）

3.2 实验结果和讨论

在参加实验的 8 位受试者中，只有 1 人未能建构正确的分类概念，即声调相同或“同一声调”。因此，未将其作答进行统计。在 7 名成功归类的受试者中，有 5 人在学习阶段曾寻求帮助。他们要求重复一些样本或让我们解释“语音相同性”的意思。一些受试者误解了他们的任务，以为要求他们判断录音带的语词组发音是否和他们的发音相同。当我们澄清要求后，他们都能够跟上学习进程，并在学习阶段结束时，达到标准（连续20次判断，仅有2个或更少的错误）。

3.2.1 受试者测试样本的作答情况

表1 测试阶段 有关填充样本的答题情况

题号	正确答案	错误答案	总数	正确答案百分比	错误答案百分比
#1	7	0	7	100%	0%
#3	7	0	7	100%	0%
#5	6	1	7	83%	17%
#10	7	0	7	100%	0%
#12	7	0	7	100%	0%
#18	5	2	7	71%	29%
#19	6	1	7	83%	17%
#25	7	0	7	100%	0%

实验表明，大多数受试者能够正确感知上述填充样本的声调相同性。此外，二次核查时，答案中有少量错误的受试者均能轻松地识别错误，他们将错误归咎为粗心。

表2 测试阶段 有关控制标记的答题情况

题号	正确答案	错误答案	总数	正确答案百分比	错误答案百分比
#7	6	1	7	83%	17%
#14	6	1	7	83%	17%

续 表

题号	正确答案	错误答案	总数	正确答案百分比	错误答案百分比
#16	6	1	7	83%	17%
#20	4	3	7	57%	43%
#23	5	2	7	71%	29%

测试中控制样本全部由声调相同的音节组组成。与预期相同,这类词例结构差异越大,声调误判的几率越大。值得注意的是,7 名受试者中有 3 人认为 20 题中鼻音节 /ŋ^{53}/的声调与 /to^{53}/ 的声调不同,显然,这是因为音节类型的总体差异会影响正确地感知声调。巧合的是,当大多数受试者认真地将词例听几遍后,都能找出错误并改正答案。

表 3 测试阶段 有关测验标记的答题情况

题号	正确答案	错误答案	总数	正确答案百分比	错误答案百分比
#2	3	4	7	43%	57%
#4	4	3	7	57%	43%
#6	5	2	7	71%	29%
#8	2	5	7	29%	71%
#9	2	5	7	29%	71%
#11	4	3	7	57%	43%
#13	3	4	7	43%	57%
#15	1	6	7	17%	83%

续　表

题号	正确答案	错误答案	总数	正确答案百分比	错误答案百分比
#17	0	7	7	0%	100%
#21	6	1	7	83%	17%
#22	2	5	7	29%	71%
#24	2	5	7	29%	71%

第2、3、6、11题的样本旨在测试促音节和舒音节中平调(33)的相同性。总之,虽然判断相同的百分比多一些,但受试者的判断似乎出现相同、不同的分化(16个相同对12个不同;或57%对43%)。同样,由于21号样本很有意思,关于舒音节(即开音节)的中降调(/pa^{31}/“一百”</paʔ^{31}/古来源*pak)和促音节的中调(/k^{h}ak^{31}/“壳”),83%的答案指出这两个声调是相同的。另外,词例8、9、13用于测试受试者是否能感知到有潜在差别的促音节的中降调(31)和舒音节的高降调(53)。大约三分之二的答案(21例中有14例或75%)做出不同性判断。同样,标记15、17、22、24用于检验受试者如何辨别促音节的中降调(31)和舒音节的低降调(31),多数答案指出其不同性(28例中有23例或82%)。

3.2.2　归类名称和发现策略

实验的访谈阶段,我们要求成功建构概念的受试者命名并描述他们判断出的“语音特点”。大部分学生使用了“音调”“声音高低”“音阶”等术语。两个受试者甚至使用了复杂的英文术语如intonation(语调)和tone(声调)。因此,声调语言母语者很容易感知和识别到声调概念。当我们问受试者是否使用策略归类声调时,有的受试者回答使用了普通话声调的明确知识(这是受过教育的台湾人共同的教育背景)。很多受试者觉得通过手的运动寻找声调的调域和方向很有帮助。① 一位女性受试者通过轻哼从录音带中听到的样本声调提取其他音节的调谱。该女士能准确回答所有的填充样本和控制样本，并且，重要的是，和我们的预期一样，她能将测试样本全部正确归类，即她将促音节（阳入）和舒音节（阳去）的中调归为相同的声调，并将阳入（中降31），阴上（高降53）和阴去（低降21）归为不同的声调。

然而，那些将促舒音节归为不同声调的受试者，在与我们交流的时候，通常不愿更改他们最初的判断。大多数人能从声调高度和音高类型感知这两类音节的语音相同性，然而，他们几乎一致指出促音节“听上去更短”，与有同样音高值的舒音节声调不同。也有些受试者在判断方面不一致，表3显示，两个受试者将 /bak^{33}/ 和 /$baŋ^{33}$/ 归为不同的声调（第2例），而认为 /$liam^{33}$/ 和 /$liap^{33}$/ 具备声调相同性（第6例）。

4. 结论

本研究大概是最先通过概念形成范式探索声调感知和归类的研究。此个案研究的目标语为没有书写系统的台湾闽南语，尽管如此，其使用者拥有与其母语相关的并使用文字系统的语言的读写能力。研究发现，受试者虽然不像字母文字使用者那样受到拼写法的影响，但在呈现样本的过程中，应尽量避免其他因素的潜在影响（例如：连读音变、词汇层级等）。

总之，实验结果表明不同的音节结构会影响声调辨识。受试者识别控制样本与测试样本的情况可以证明这一点。声调相同性概念与人类通过归类形成的其他概念一样，具有模糊性。音节结构差别越大，特别是涉及其他韵律特征如时长时，建立“同调”概

① 在学习阶段特别是测验阶段，我们发现一些受试者会随着听到的音高的变化无意识地动手指。

念便会更加困难。因此，尽管研究证据不足，但“说话者倾向于将具有相似调域和调型的舒促音节归为同类”的观点是有一定道理的，确实有略多于一半的受试者（28 个答案中的 16 个，或 57%）认为中调舒（阳去）促（阳入）音节具有语音相同性。

今后，我们还会采用一些方法做进一步研究。首先，我们会请更多的受试者参与到研究中，进而提高该研究的统计学意义。此外，我们认为缺少辨别促音节多声调（中和环境）的经验会使辨别不同音节类型（舒促音节）的声调更加困难。因此，如果受试者在做测试之前，先学习如何通过一些策略，如通过轻哼（本研究受试者曾使用的一个有效策略）提炼出台北闽南语舒音节的六个声调，并尝试使用这种方法，感知促音节的声调；那么，这种做法是否能够提高受试者对语音相同性的判断？同时，研究促音节存在时长对立的语言（例如：广东话和侗台语），观察受试者是否更倾向于将长促声调和调值与之相似的舒音节归为一类。以上均是值得进一步研究的问题。

尽管研究范围有限，而且有很多不确定因素，但本研究对解决本文开篇提到的有关调位化争议问题有一定的作用。这也表明概念——形成这一实证研究范式有可能为语言学观点提供有效的实证支持。

附录 I

台北闽南语的发生中和的连读变调规则（tone sandhi rules involving paradigmatic neutralization）

（1）小称词缀 /-a^{53}/的连读变调（仔）

规则（1.a）非降声调→中平调→中升调

举例：

阴平　kam^{44} 柑→kam^{24}a^{53} 柑仔

阳平　ĩũ^{24} 羊→ĩũ^{24}a^{53} 羊仔

阳去　p^{h}ĩ^{33}鼻→p^{h}ĩ^{24}a^{53}鼻仔

阳入　ap^{33}盒→ap^{24}a^{53}盒仔

io^{33}药→io^{24}a^{53}药仔

ts^{h}io^{33}席→ts^{h}io^{24}a^{53}席仔

tsio^{33}石→tsio^{24}a^{53}石仔

规则(1.b)降调→高平调

举例:

(阴)上　kau^{53}狗→kau^{44}a^{42}狗仔

阴去　po^{21}布→po^{44}a^{42}布仔

阴入　tik^{31}竹→tik^{44}a^{42}竹仔

t^{h}i^{31}铁→t^{h}i^{44}a^{42}铁仔

to^{31}桌→to^{44}a^{42}桌仔

so^{31}索→so^{44}a^{42}索仔

(2) 三音节重叠形式中的一个音节的连读变调

规则(2.a)非降声调→中升调

举例:

阴平　sio^{44}热→sio^{24}sio^{33}sio^{44}热热热

阳平　aŋ^{24}红→aŋ^{24}aŋ^{21}aŋ^{24}红红红

阳去　taŋ^{33}重→ta^{24}taŋ^{21}taŋ^{33}重重重

阳入　tit^{33}直→tit^{24}tit^{21}tit^{33}直直直

pe^{33}白 →pe^{24}pe^{21}pe^{33}白白白

规则(2.b)降调→复制第二个音节的调值(常规连读变调值)

举例:

(阳)上　　te^{42} 短→te^{44}te^{44}te^{42} 短短短

阴去　　sue^{21} 细→sue^{53}sue^{53}sue^{21} 细细细

阴入　　siap^{31} 涩→siap^{44}siap^{44}siap^{31} 涩涩涩

　　　　k^hua^{31} 阔→$k^hua^{53}k^hua^{53}k^hua^{31}$ 阔阔阔

参考文献

洪惟仁　1992　《台湾方言之旅》,台北：前卫出版社。

李荣　1952　《切韵音系》,北京：科学出版社。

罗美珍　1988　《对汉语侗傣语声调起源的一种设想》,《中国语文》第3期：212—218。

欧阳觉亚　1979　《声调与音节的相互制约关系》,《中国语文》第5期：359—370。

丁邦新　1970　《台湾语言源流》,台北：台湾"省府"咨询局。

董同龢　1960　《四个闽南方言》,《史语所集刊》(第30卷,第729—1042页),台北："中研院"史语所。

董同龢　赵荣朗　兰雅欣　1967　《记台湾的一种闽南话》,《史语所特刊》(甲种24号),台北："中研院"史语所。

王力　1958　《汉语史稿》,香港：波文书局。

夏中义　1981　《试探古入声的本质》,《成都大学学报》第2期：97—99。

张振兴　1983　《台湾闽南方言记略》,福州：福建人民出版社。

宗福邦　1984　《论入声的性质》,《音韵学研究》(第一辑),北京：中华书局。

Chao, Y. R. 1930 A system of tone letters. *Le Maître Phonétique: Organe de L'Association Phonetique Internationale* 45: 24 – 27.

Chen, Mattew 1987 The syntax of Xiamen Tone Sandhi. *Phonology Yearbook* 4: 109 – 149.

Cheng, Robert L. 1967 *Linguistics* 41: 19 – 42.

Cheng, Robert L. 1973 *Linguistics* 100：5－25.

Chiang, H.T. 1967 Amoy-Chinese tones. *Phonetica* 17：100－115.

Forrest, R.A.D. 1973 *The Chinese Language*. London：Faver and Faber.

Gandour, J. 1983 Tone perception in Far-Eastern Languages. *Journal of Phonetics* 11：149－175

Haas, Mary R. 1958 The tone of four Tai dialects. *Bulletin of the Institute of History and Philology, Academia Sinica* 29：817－826.

Hsieh, Hsin-I 1976 One the unreality of some phonological reles. *Lingua* 38：1－19

Jaeger, Jeri J. 1980 Testing the psychological reality of phonemes. *Language and Speech* 23：233－253.

Jaeger, Jeri J. 1986 Concept formation as a tool for linguistic research. In John J.Ohala and Jeri J. Jaeger(eds.), *Experimental Phonology*. Orlando：Academic Press. Pp.211－237.

Jones, Daniel 1967 *The Phonemes: Its Nature and Use*. Cambridge：W. Heffer & Sons.

Li, Paul Ren-kuei 1966 *Language and Speech* 32.1：25－44.

Lin, Hwei-Bing and Bruno H. Repp 1989 *Language and Speech* 32.1：25－44.

Read, C. 1971 Pre-school children's knowledge of English phonology. *Harvard Educational Review* 41：1－34.

Roberts,T.H. and Li Ying-che 1963 Problems in the southern Min dialects of Taiwan. *Tunghai Journal* 5：95－108.

Ting,Pang-hsin 1982 Some aspects of tonal development in Chinese dialects. *Bulletin of the Institute of History and Philology* 53.4：629－644.

Wang, H. Samuel 1996 *A concept formation experiment for Taiwan*

Min voiced stop consonants. Proceedings of IsCLL V, 320 – 329. Taipei: Cheng Chi University.

Wang, H. Samuel 2001 A concept formation experiment on the nasality of vowels in Taiwan Min. *Language and Linguistics* 2.1: 183 – 195.

丹巴藏语在藏语康方言中的历史地位*

铃木博之　著　日本国立民族学博物馆

向洵　译
阿错　校
南开大学文学院

1. 引论

藏族是分布于川西民族走廊(或称藏彝民族走廊)的主要少数民族之一。众所周知,在藏族文化区域,有些藏族人却讲诸多属于羌语支的语言。因此,藏语被视为一种上层的文化语言。有些人认为,在藏族人所讲的诸多语言中,藏语是标准语;有些人认为,藏语是一种已被充分研究的语言。狭义地讲,这些提法是正确的。然而广义而论,此类观点是错误的。诚然,藏语方言学在整个藏缅语研究中已有长足发展,取得显著进步。然而即便如此,目前还是能不断地"发现"藏语方言的新类型。而且,在尚未被充分研究之前,它们就已经面临濒危的险境了。

1.1 前言

丹巴县位于甘孜藏族自治州的最东边,它是历史上闻名遐迩

* 本译文的原文于2008年11月21—22日在中国台湾"中研院"召开的四川境内藏缅语工作坊上发表。感谢铃木博之先生同意将其译为中文发表;邵明圆先生对译文做了检查校对,一并致谢。

的东女国首都嘉绒的中心区域;这一带还有“美人谷”“千碉之国”的美誉,被赞为中国最美丽的村庄。

我是在丹巴县才首次认识到康(Khams)方言在藏语中的重要地位的。丹巴不但处于嘉绒的中央和核心区域,而且还是藏、羌和汉的交界之地。在那里,我发现了某些“奇特”的康方言仍然被言说着,与被认为是标准康巴藏语的德格(Derge)和木雅(Minyag)方言相比,它们特征迥异,因此让人迷惑不解。我发现了一些令人诧异的语音特征,诸如“猪”不是/p^{h}ɑʔ/而是/p^{h}jeʔ/,“云”不是/ʈĩ/而是/^{h}pri/,等等。而在以往的调查中尚未发现过类似现象。而更令人吃惊的是,在所有曾提及这些方言的书籍中,它们一律被视作“标准”藏语(丹巴县志 1996:174,林俊华2006,等)。

然而,我们应该特别注意的是,丹巴是一个多语并行的区域,除康巴藏语的各种方言外,还通行四土嘉绒语(Situ-rGyalrong)、革什扎语(Geshitsa)和安多藏语。在丹巴藏人所讲的诸种语言中,康巴藏语最接近德格方言(德格方言是甘孜辖区内的标准康巴藏语)。因此,丹巴境内所说的康方言未能得到有效辨识。所以,在中国组织开展的少数民族语言普查中,漏掉了丹巴境内的康巴藏语(张济川 1996)。以往有关藏语方言的主要研究著作,如瞿霭堂(1991)、江荻(2002)以及格桑居冕和格桑央京(2002),都无法帮助我们认清丹巴藏语的性质。近期研究显示,18 世纪清朝时,这种藏语方言曾作为《西番译语》的一种语言而得到记录(Suzuki 2007d)。

1.2 藏语康方言分类

下表为笔者对通行于川西民族走廊的诸多藏语康方言所做的分类系统。

表 1　川西民族走廊康方言分组系统

语群(group)	次语群(subgroup)	方言(dialects)
丹巴(Rongbrag/Danba)	大渡河东(East Daduhe)	梭坡(Sogpho)、中路(sProsnang)
	大渡河西(West Daduhe)	章谷(Rongbrag)、格宗(dGudzong)
木雅(Minyag)	北部(Northern)	八美(Basme)、塔公(Lhagang)
	南部(Southern)	新都桥(Rangakha)、康定(Dartsendo)
北路(Northern Route)	德格(Derge)	德格(Derge)、石渠(Sershul)、白玉(dPalyul)
	甘孜(dKandze)	甘孜(dKandze)、新龙(Nyagrong)
南路(Southern Route)	巴塘(mBathang)	巴塘(mBathang)、措拉(mTshola)、党巴(Dangba)
	理塘(Lithang)	理塘(Lithang)
木里-稻城(Muli-nDappa)	木里(Muli)	麦日(Mairi)、蒙自(Mundzin)、牙衣河(Nyayulzhab)
	金珠(bCinggrol)	稻城(nDappa)
得荣-德钦(sDerong-nJol)	云岭西(West Yunling Mountain)	德钦(nJol)、云岭(Yungling)、燕门(Yanmen)、巴迪(Budy)
	奔子栏(sPomtserag)	奔子栏(sPomtserag)、瓦卡(Wakha)
	得荣(sDerong)	得荣(sDerong)、日龙(Zulung)
	羊拉(gYagrwa)	羊拉(gYagrwa)
乡城(Chaphreng)	乡城(Chaphreng)	乡城(Chaphreng)、沙贡(Sagong)、洞松(gDongsum)
	热打(Rwata)	热打(Rwata)、茨巫(Tsiu)
	东旺(gTorwa)	东旺(gTorwa)、八日(mPhagri)

续　表

语群(group)	次语群(subgroup)	方言(dialects)
香格里拉(Sems-kyi-nyila)	香格里拉(rGyalthang)	香格里拉(rGyalthang)、中小甸(Yangthang)
	云岭东(East Yunling Mountain)	尼西(Nyishe)、拖顶(Thoteng)、霞若(Byagzhol)
	维西塔城(Melung)	维西永春(Melung)、塔城(mThachu)
未知	未知	大安(Daan)(正在调查)

方言分组有两种主要类型：一是参照音系学标准(phonological criteria)的分组，一是参照形态学标准(morphological criteria)的分组。

上述几乎所有方言组都在音系方面特征迥异。然而，北路语群和南路语群在形态方面存在差别，而在音系方面却相当一致。丹巴藏语群在音系上与其他语群区别开来。然而，其内部各方言间的语音和音系特征却差异明显。我们仅以形态学标准来划分这个语群，这有助于对这些方言的理解。此种情形在藏语方言学中着实罕见。

因此，对丹巴藏语在康巴藏语方言中的历史地位进行梳理研究的工作意义重大。

1.3　本文主旨

丹巴藏语包括梭坡、格宗、中路和章谷四种方言。为了厘清其历史发展脉络并探讨其在康巴藏语方言中的地位，本文尝试对这些方言的语音和音系特征进行分析。其中对这些方言的词汇特征也会做一简单介绍。

除声调以外，本文对语言材料的描写主要采用铃木博之

（Suzuki 2005）所提出的一套 IPA 方案。所有丹巴藏语方言的声调（tone）被分析成词调（word-tone）。这种声调符号为：

ˉ：高平　　ˊ：升　　ˋ：降　　ˆ：升降　　ˍ：低平

铃木博之（Suzuki 2007c）已就中路、梭坡和格宗三种方言做过类似的讨论分析，本文拟在此基础上对其展开进一步的研究。

2. 四种丹巴藏语方言的比较

本部分是对铃木博之（Suzuki 2007c）一文第二部分所作的修订和扩充。

本节所要讨论的一些特征在以往的藏语方言学著作中已有涉及，如瞿霭堂和金效静（1981）、西田龙雄（Nishida 1987）和铃木博之（Suzuki 2008b）。对这些特征的讨论都是建立在书面藏语（written Tibetan）和口语形式的对应基础之上的。

2.1　声母（initials）

有关声母部分的主要问题，可以以塞音和擦音为代表。比如与口语有对应关系的书面藏语 Py（= py、phy、by 等）、Ky（= ky、khy、gy 等）、Pr（= pr、phr、br 等）、Kr（= kr、khr、gr 等）、C（= c、ch、j 等）以及 sh、zh 等形式。本文所用书面藏语语音系统以格桑居冕和格桑央金（2004：379—390）所定系统为基础。

表 2　书面藏语 Py 与口语的对应形式

意义	书面藏语	中路	梭坡	章谷	格宗
开	phye	ˋ^{p}ts^{h}e	ˉ^{p}ts^{h}i	ˉ^{p}ts^{h}eː	ˉ^{p}ts^{h}i
鸡	bya	ˆ^{p}tswə	ˊ^{p}tso	ˊ^{p}tsɯː	ˊ^{p}tso

“开”和“鸡”在口语中的对应形式基本上是齿龈塞擦音,且其前常带双唇塞音。当这类词处在首音节时,双唇塞音的发音非常微弱,但在句中或词中时,却发音清晰。

表 3　书面藏语 Ky 与口语对应关系

意义	书面藏语	中路	梭坡	章谷	格宗
狗	khyi	ˋ^{k}tɕ^{h}ə	ˋtɕ^{h}ə	ˋtɕ^{h}ə	ˊβe tɕ^{h}ə
汉语	rgya	ˉ^{ɦ}dʑwə	ˋ^{ɦ}ɟo	ˉ^{ɦ}dʑwaː	ˊdʑo
快	mgyogs po	ˊ^{ɳ}dʑoː mə	ˉjẽ^{ɳ}dʑoʔ	ˊ^{ɳ}dʑoː mə	ˊ^{ɳ}ɟweʔ mə

方言中这些词与口语语音的对应不稳定,同一词的对应形式不同,同时存在龈腭塞擦音和硬腭塞音。这种情形可以视作从硬腭塞音到龈腭塞擦音的一种“正在行进中的合并”(occurring merger)现象。

表 4　书面藏语滑音 r 与口语对应关系

意义	书面藏语	中　路	梭坡	章谷	格　宗
龙	’brug	ˉ^{m}bruʔ	ˍ^{ɳ}ɖɯɤ	ˆ^{ɳ}ɖɯː	ˊ^{ɳ}ɖɯʔ
儿童	phru gu	ˉp^{h}riʔ/ˉ^{p}ʈʂ^{h}iʔ	ˉʈ^{h}ɯ ki	ˉ^{p}ʈ^{h}oʔ	ˊʈ^{h}ə ɤi
乳房/胸	brang	ˊproʔ ^{ɦ}gɛʔ	ˊ^{p}ʈo ^{ɦ}ɟeʔ	ˊ^{p}ʈõ ke	ˊ^{p}ʈoː ^{ɦ}ɟiʔ
血液	khrag	ˆk^{h}rɑʔ	ˋʈ^{h}ɑʔ	ˉ^{p}ts^{h}weʔ	ˋʈ^{h}eʔ
蚂蚁	grog ma	ˊkroʔ mə	ˊʈoʔ ma tse	ˊʈoʔ ma ts^{h}e	ˊʈweː ˊmoːmoː
询问	dri	ˊʈrə	ˍʈə	ˊʈə	ˊʈə

中路方言的语音对应形式最为特殊,书面藏语的滑音 r 在中路方言中仍然保留滑音/r/的音质。与之相反,其他几种方言 r 已失去本音,并且进一步导致书面藏语的主要声母卷舌化。

然而，中路方言中“小孩”有两种形式：/⁻pʰriʔ/和/⁻ᵖʈʂʰiʔ/（两者均与书面藏语的 phrug 对应），这种交替显示了卷舌化的形成过程。在其他三种方言中，书面藏语为唇音声母的几个例词，口语中声母卷舌化后依然保留双唇塞音成分，此成分被看作是一种残存现象。

中路方言中，允许三合复辅音的组合形式存在，如“龙”一词。更多例子则如：/ˊᵑ̊kʰrəʰpə/“胆”（<mkhris pa）、/ˋᵑkʰrəʔ/“领导”（<khrid）、/⁻ʔaʰpriː/“猴子”（<spre'u），等等。详见铃木博之（Suzuki 2007e）。

表 5　书面藏语 C 与口语对应关系

意义	书面藏语	中路	梭坡	章谷	格宗
水	chu	⁻ʈʂʰɯ	ˋtɕʰʅ	ˋtɕʰɯ	⁻tɕʰɯ
茶	ja	ˊʈʂʰə	ˊtɕə	ˆtɕɔ	ˊtɕo

上述四种方言的语音对应形式不同。章谷和格宗与书面藏语的对应形式是龈腭塞擦音，而中路则是卷舌塞擦音。梭坡的基本对应形式是龈腭塞擦音，但一些例子表明它还存在包括卷舌发音（retroflex articulation）动作的语音变体，我们将其记作一个龈腭塞擦音声母与卷舌元音/ʅ/的组合形式。

表 6　书面藏语 sh/zh 与口语对应关系

意义	书面藏语	中路	梭坡	章谷	格宗
肉	sha	ˋʂʰwə	ˋɕʰo	ˋʂʰɔ	⁻ʂʰo
知道	shes	⁻ʂʰeː	ˋʂʰeː / ˋᶲʂʰeː	⁻ʂʰeː	⁻ɕʰiʔ/⁻ɕʰi
四	bzhi	ˊʱʐə	ˊʷʐə	ˊʱʐə	ˊʱʐə
帽	zhwa	ˆʂo wa	ˆɕo wa	ˊʂo wɔ	—

在章谷方言中,卷舌音成分与书面藏语的 sh/zh 有明显的对应关系。除了梭坡和格宗,几乎所有例词在方言中都有卷舌音的对应形式。

表 7 书面藏语 zl/sr/sl/lh 与口语对应关系

意义	书面藏语	中路	梭坡	章谷	格宗
月亮	zla ba	ˆ^{ɦ}dza wə	ˊ^{ɦ}da ȵõ	ˋ^{n}da wɔ	ˉ^{ɦ}da wo
豆子	sran ma	ˆ^{k}sã mə	ˋsã mo	ˋs^{h}a mɔ̃	ˊsaː mo
容易	sla po	ˉ^{h}l̥oː mə	ˋl̥ɔ	ˉl̥ɔ	ˉl̥oː mə
神	lha	ˋl̥we	ˋl̥ɔ	ˉl̥ɔ	ˉl̥o

四种方言与书面藏语的对应关系,只在 zl 上存在明显区别,中路和章谷分别对应/^{ɦ}dz/和/^{n}d/是最为显著的差别。sr 与 s 类似,滑音 r 被省略掉了,sl 和 lh 两者的对应形式都是/l̥/。

2.2 韵母(rhymes)

本节分别按书面藏语中的开音节、非鼻音尾闭音节和鼻音尾闭音节来讨论。

2.2.1 书面藏语开音节(含韵尾')与口语对应关系

表 8 书面藏语开音节(含韵尾')与口语对应关系

意义	书面藏语	中路	梭坡	章谷	格宗
土地	sa	ˉs^{h}we	ˉs^{h}ə	ˋs^{h}ɔ	ˉs^{h}o
我	nga	ˊŋə	ˊŋə	ˊŋɔ	ˊŋo
男人	mi	ˍmə	ˍmə	ˊmə	ˊmə
狗	khyi	ˋ^{k}tɕ^{h}ə	ˋtɕ^{h}ə	ˋtɕ^{h}ə	ˊβe tɕ^{h}ə

续 表

意义	书面藏语	中路	梭坡	章谷	格宗
水	chu	ˉtʂ^{h}ɯ	ˋtɕ^{h}ʅ	ˋtɕ^{h}ɯ	ˉtɕ^{h}ɯ
头发	spu	ˉ^{h}pɯ	ˉ^{h}pɯ	ˋ^{h}pɯ	-^{h}pɯ
火	me	ˊmiː	ˊmi	ˆmiː	ˊmi
那个	de	ˊti	ˊtiː	ˊtiː	ˊtiː
牙齿	so	ˉs^{h}u	ˋs^{h}u	ˋs^{h}u	ˉs^{h}u
年	lo	ˊlu	ˊlu	ˊlʌ	ˊlu

书面藏语的 a#在章谷方言中与/a/不对应,这是章谷方言的独特之处。而在格宗方言中,书面藏语的 a#总与/o/这个发音饱满的圆唇元音对应。在其他几种方言中,与书面藏语 a 有对应关系的是不完全的发音,经常含有滑音成分。

在所有的方言里,书面藏语的 i#、u#、e#和 o#分别与/ə/ /ɯ/ /i/和/u/相对应。

2.2.2 书面藏语非鼻音闭音节词与口语的对应形式

本节分别讨论以下三种情形:书面藏语韵尾为-g、韵尾为-d 和韵尾为续音的情况。书面藏语-d 韵尾的例词较少,因此暂不讨论。

表 9 书面藏语韵尾-g 与口语对应关系

意义	书面藏语	中路	梭 坡	章谷	格宗
猪	phag	ˋp^{h}ɑʔ	ˋp^{h}aʔ	ˉp^{h}ɑʔ	ˉp^{h}jeʔ
手	lag pa	ˊlɑː βə	ˆlaː bo	ˊlɛ bo	ˊlɛː bo
眼	mig	ˉmiːʔ	ˋmĩ	-^{ɦ}mej	ˋmejʔ
豹	gzig	-^{ɦ}ziʔ	—	-^{ɦ}zeʔ	ˊzejʔ
龙	ʻbrug	-^{m}bruʔ	ˍ^{ɳ}ɖɯɤ	ˆ^{ɳ}ɖɯː	ˊ^{ɳ}ɖɯʔ

续　表

意义	书面藏语	中路	梭　坡	章谷	格宗
六	drug	ˉʈʂuʔ	ˉʈɔwʔ	ˋʈuʔ	ˉʈɯwʔ
生命	srog	ˉsoː	ˋsʰoʔ	ˉsoː	ˋsʰweʔ
花卉	me tog	ˊme djoː	ˆme toɤ/ˆme do	ˊᵐbə doʔ	ˊᵐbɯ deʔ

特殊的对应形式只出现在格宗方言中。元音音质的剧烈变化是显而易见的。书面藏语的 ag、ig 和 og 分别对应于/jeʔ、ɛʔ/ /ejʔ/和/weʔ、eʔ/。在章谷方言中,个别词的发音与格宗方言有对应关系。

表 10　书面藏语韵尾-d 与口语对应关系

意义	书面藏语	中路	梭坡	章谷	格宗
话语	skad	ˉʰkaʔ	ˋʰkaʔ	ˋʰkaʔ	ˋʰkaʔ
病人	nad pa	ˆnɑʔ ʰpə	ˊnaʔ pu	ˆnɑʔ pɔ	ˊnoː mə
线	skud pa	ˆʰkɯʔ pə	ˊdʑa ʰkɯʔ	ˊdʑa ʰkɯʔ	ˉkɯ bo
藏族	bod	ˊpoʔ	ˊpoʔ	ˊpʌː	ˊpoʔ
野猪	phag rgod	ˊpʰɑʔ ʱgoʔ	ˊpʰaʔ ʱgoʔ	ˉpʰɑʔ ʱgoʔ	ˉpʰjeʔ ʱgoʔ

章谷方言所有词汇的一个显著特点是它们的元音音质几乎保持不变。就词的构成而论,梭坡和章谷方言中的"线"与书面藏语的 rgya skud 一词相关;而格宗方言中的"病人"与书面藏语的 na mi 一词相关。

表 11　书面藏语续音尾与口语对应关系

意义	书面藏语	中路	梭坡	章谷	格宗
米	' bras	ˋᵐbrɛː	ˋᶯɖɛ	ˆᶯɖweː	ˊᶯɖiː
二	gnyis	ˋʱȵə̃	ˋʱȵə	ˉʱȵũ	ˉʱȵə

续　表

意义	书面藏语	中路	梭坡	章谷	格宗
后、背	sgal	ˊɟɛ ʱdʑə	ˊɟeʔ ʱdʑa	ˊgɛ ʱdʑɯ	ˊʱɟiʔ ʱdʑɯ
开水	chu khol	ˋʈʂʰɯ ʰkjeː	ˋtɕʰʅ kʰɵʔ	ˋtɕʰɯ kʰʉː	ˉtɕʰɯ kʰu
酥油	mar	ˆma ʰkɛː	ˊmɑ ʱɖoʔ	ˆmaː	ˊma
金	gser	ˉsʰeʔ	ˋsʰe	ˋʰsʰaː	ˉʰsʰə

上述元音音质和音长的变化与书面藏语有多重对应关系。一般而言,辅音韵尾形式在口语中不易保留。对这一基本音变过程的分析是有难度的。

2.2.3　书面藏语鼻音尾闭音节与口语对应关系

表 12　书面藏语鼻音尾闭音节与口语对应关系

意义	书面藏语	中路	梭坡	章谷	格宗
牛	glang	ˋʱlɔ̃ː	ˋlõ	ˋʱlãː	ˉʱlõ
树	shing phung	ˋʂʰi ʰɸʰuː	ˋçʰĩ pʰũ	ˉʂʰũ pʰũ	ˊçʰi ɸe
药	sman	ˉm̥ã	ˋm̥ã	ˋm̥ã	ˉm̥ɑ
种子	sa bon	ˋsʰa jɛː	ˊsʰa ɣɑ̃	ˋsʰa ŋɵ̃	ˊsʰã xã
三	gsum	ˋʰsõ	ˋʰsõ	ˉʰsõ	ˉʰsɑ̃

书面藏语鼻音韵尾会促使前面的元音鼻音化,因此,所有方言的元音音质都发生了相应的变化。这种鼻音成分的省略很可能是不规则的,它在中路和格宗方言中也可以得到验证。

3. 语音对应的类型学分析

在藏语方言中,口语和书面语的语音对应可以直接反映语音的历史演变。接下来的分析,我们将就上面所提到的丹巴藏语方言与书面藏语有显著对应关系的情况,而与其他藏语方言做一比较[1]。认清各种特征鲜明的丹巴藏语方言,是属于类型上的“多数”还是类型上的“少数”很重要。在此分析中我们还将引介几种语言地图[2]。

3.1 擦音和塞擦音的历史来源

几乎所有方言的擦音和塞擦音都源自书面藏语的 Ky、Py、Kr、

---

① 除丹巴藏语外,如下这些川西民族走廊中的康巴藏语方言材料都能查到(未引述的为笔者的调查材料):

石渠(Sershul)、洛须(lDankhog)、德格(Derge)、新龙(Nyagrong)、木茹(Morim)、八美(Basme)、塔公(Lhagang)、新都桥(Rangakha)、康定(Dartsendo)、朋布西(Phungposhis)、沙德(Sabde)、祝桑(Grongsum)、牙衣河(Nyayulzhab)、理塘(Lithang)、巴塘(mBathang)、苏哇龙(Sowanang)、芒康(sMarkhams)、党巴(Dangba)、措拉(mTshola)、麦日(Mairi)、稻城(nDappa)、蒙自(Mundzin)、沙贡(Sagong)、尼斯(Nyersul)、乡城香巴拉(Chaphreng)、青麦(Phrengme)、洞松(gDongsum)、然乌(Ragwo)、热打(Rwata)、茨巫(Tsiu)、得荣(sDerong)、日龙(Zulung)、八日(mPhagri)、东旺(gTorwa)、香格里拉(rGyalthang)、尼西(Nyishe)、奔子栏(sPomtserag)、羊拉(gYagrwa)、德钦升平(nJol)、云岭(Yungling)、燕门(Yanmen)、巴迪(Budy)、拖顶(Thoteng)、霞若(Byagzhol)、维西永春(Melung)、塔城(mThachu)、塔城其宗(Qidzong)、大安(Daan)。

除了康巴藏语,如果必要的话,下面的安多和夏尔藏语方言也能查到。

安多:

阿坝(rNgawa)、安羌(Anchams)、红原(dMarthang)、玉科(gYokhog)、卓谷(Zhongu)(孙天心 2003)、翁达(gSerpa)(孙天心 2005)。

夏尔〔Shar,其定义参见铃木博之(Suzuki 2006,2007a: 31 - 32)〕:

热尔(gZari)、阿西茸(Askyirong)、包座(Babzo)、玉瓦(gZhungwa)、漳扎(gTsangtsa)、九寨沟内树正(Phyugtsi)、水晶寒盼(Hamphen)、山巴(sKyangtshang)、十里高屯子(Ketshal)、十里大屯(Thangskya)、安宏肖包寺(Serpo)、石坝子(Kusngo)(华侃,尕藏他 1997)。

这些主要方言的地域分布情况,在文末图中有汉语标示。并非所有语言在此地图中都有标注,尤其是西北部方言被省略掉了。关于上述方言的下位分类,参见铃木博之(Suzuki 2006)。

目前学者并未把白马藏语列入藏语方言,而是将之视为一种独立语言(Suzuki 2008a)。因此,此处不包括白马语。但它与藏语确实有很多共同词汇,而这些都是藏语借词。对这些借词形式的分析有助于揭示藏语方言的起源和分化过程。

② 铃木博之(Suzuki 2007a: 180 - 323, 2008e)介绍了藏语地理语言学(The Tibetan linguistic geography)的方法论概念,且用这个概念就“猪”一词做了实践探讨(Suzuki 2007f)。

Pr、C、Ts、sh、zh、s、z。问题的关键是与这些成分相对应的口语成分的分化和合并究竟是何种情形。

以往的藏语方言学著作,如瞿霭堂和金效静(1981)及四川龙雄(Nishida 1987),注重的是上述与书面藏语有对应关系的语音变化。实际上,在藏语中这种引起擦音和塞擦音系统变化的音变能够作为方言分区的标准之一。

丹巴藏语方言与书面藏语的 Ky、C 有多重对应关系。除了中路方言,大部分方言都含有龈腭塞擦音,少数方言有硬腭塞音。书面藏语的 sh、zh 通常与卷舌塞擦音或龈腭塞擦音相对应。书面藏语的 Py 与齿龈擦音相对应,在发音方式上与书面藏语 Ts 在口语中的发音方式相合并。除中路方言,书面藏语 Kr、Pr 与卷舌塞音相对应(中路方言通常还保留一个滑音/r/)①。

类似丹巴藏语这种类型的语言实在太罕见了。下面是其在其他一些方言中的对应类型:

(1) 北线和南线型,木雅语群的北线次方言型(外加水晶寒盼、山巴、十里高屯子、十里大屯和安多藏语的阿坝方言②等)。除了书面藏语的 sky 对应龈腭擦音之外,书面藏语的 Ky 和 C 对应龈腭塞擦音;书面语的 Py 对应龈腭擦音;书面藏语的 sh 和 zh 对应软腭或硬腭擦音;书面藏语的 Kr 和 Pr 对应卷舌塞音。

(2) 木雅语群的南线次方言型:书面藏语的 Ky、Py 和 C 对应龈腭塞擦音;书面藏语的 sh 和 zh 对应龈腭擦音;书面藏语的 Kr 和 Pr 对应卷舌塞音。

(3) 云岭山西部次语群和得荣次语群类型:书面藏语的 Ky

---

① 令人惊奇的是,在藏语方言中仅有丹巴藏语的中路方言系统地显示并保存了这种语音现象(Suzuki 2007e)。有关口语与书面藏语 Kr 和 Pr 的对应,维西永春方言(滑音 r 致使元音 r 化或自身被删除)也是非常引人注目的(Suzuki & Tshering mTshomo 2007)。此外,后一现象在大安方言中也有分布。

② 严格地讲,夏尔藏语和安多藏语在此类型上几乎完全相似。书面藏语 sh、zh 可以与腭音、硬腭音或龈腭音相对应。而且,书面藏语的 skr、spr、sbr 另有一个特殊的对应形式,有几个安多藏语方言用硬腭塞擦音与书面藏语的 Kr 对应。

和 C 对应龈腭塞擦音、擦音;书面藏语的 Py 对应龈腭擦音;书面藏语的 sh 和 zh 对应卷舌擦音;书面藏语的 Kr 和 Pr 对应卷舌塞音。

(4) 乡城次语群类型(外加夏尔藏语的九寨沟内树正和漳扎方言):书面藏语的 C 对应龈腭塞擦音;除了书面藏语的 sky 对应龈腭擦音外,书面藏语的 Ky 和 Ts 对应龈腭塞擦音;书面藏语的 Py、s 和 z 对应齿龈擦音;书面藏语的 sh 和 zh 对应龈腭擦音;书面藏语的 Kr 和 Pr 对应卷舌塞音或龈腭塞擦音。

(5) 香格里拉语群型:书面藏语的 C 对应卷舌塞擦音;书面藏语的 Ky 和 Kr 对应龈腭塞擦音;书面藏语的 Py 和 Pr 对应龈腭擦音;书面藏语的 sh 和 zh 对应卷舌擦音。

据我所知,至今尚未发现和丹巴藏语类型完全相同的藏语方言。只有卓谷方言和丹巴藏语有点类型相似,书面藏语的 Py 与其齿龈塞擦音对应,有些书面藏语的 sh、zh 与卷舌擦音对应。

上述这些复杂对应,可以以龈腭塞擦音的起源为例说明。参看如下语言地图:

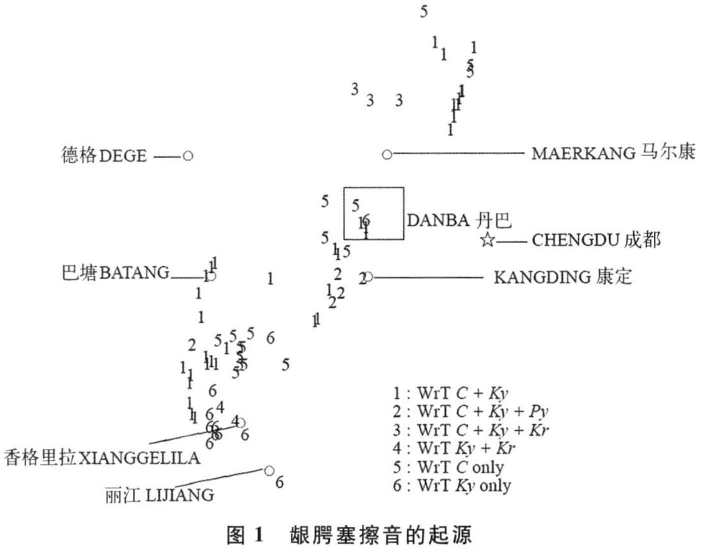

图 1　龈腭塞擦音的起源

图示对应类型的趋势不甚明显,特别是丹巴藏语和木雅藏语是杂错多样的。

3.2 书面藏语 l 和 y 与口语的语音对应

铃木博之(Suzuki 2008d)指出书面藏语 l 和 y 与口语的对应形式与方言分区相关。丹巴藏语即是书面藏语 l 对应/l/、书面藏语 y 对应/j/的一种方言。

以下是关于书面藏语 l 与其他方言对应的一个分类系统：

(1) 书面藏语 l 对应/l/。除了以下图 2 中的方言,其他方言一概如此。

(2) 书面藏语 l 对应/j/。木里-稻城、得荣-德钦和乡城语群的所有次方言群。如：牙衣河、麦日、稻城、蒙自、沙贡、尼斯、乡城、青麦、洞松、然乌、热打、茨巫、得荣、日龙、八日、东旺、奔子栏、羊拉、德钦、云岭、燕门。外加九寨沟内树正(属夏尔藏语)。

书面藏语 y 对应的口语形式不是/j/的情形,通常存在于书面藏语 l 对应/j/的方言中。例外只出现在祝桑和卓谷方言中。

下面的语言地图也反映了这些语音的对应关系。

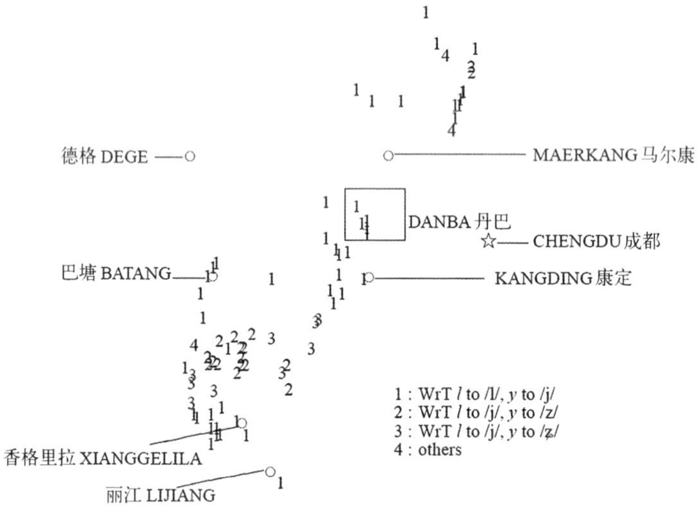

图 2 书面藏语 l 和 y 与口语对应关系

从此标准来看,丹巴藏语在分布上似乎没有特殊表现。

3.3　书面藏语开音节的语音发展

在丹巴藏语中,与书面藏语开音节有对应关系的例词都发生了语音变化。

几乎所有方言都有如下对应:书面藏语 i#对应/ə/、u#对应/ɯ/[①](由圆唇变不圆唇),丹巴藏语也如此。此外,尤其是香格里拉语群、得荣-德钦语群的云岭山西部次语群,书面藏语 o#也演变为/ɤ/。

然而,丹巴藏语还是有更多较罕见的对应形式:书面藏语的 a#对应/o,ə,wə/,e#对应/i/, o#对应/u/。这些对应也存在于乡城语群(书面藏语 a#对应/ɔ/是例外),且语音对应非常类似。

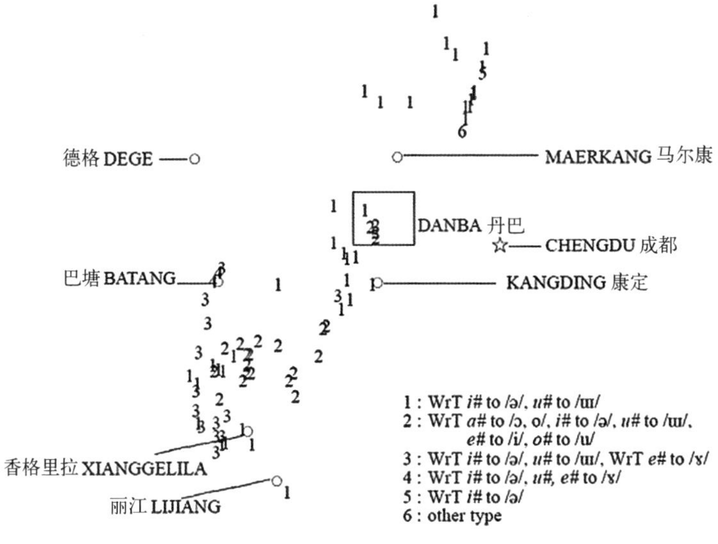

图 3　开音节中的元音对应关系

① 以往著作在介绍康巴和安多藏语方言时认为,书面藏语的 i#和 u#已经合并到/ə/中去了。但在我的研究中,此说法几乎在所有方言中都不成立,书面藏语的 i#和 u#在口语中依然保持对立。

这张地图能揭示出丹巴藏语的语言特性。

3.4 书面藏语闭音节的语音演变

书面藏语闭音节词与方言对应的类型非常少见。

所有康巴藏语方言韵尾辅音的简化类型都基本一致：闭塞音演化为/ʔ/，鼻音致使前面元音鼻化而丢失，续音丢失或使前面元音变为长元音。

由于韵尾辅音发音部位不同所引起的元音音变却是很有特点的现象。而且，丹巴藏语内部的这种语音对应也并不相似。例如，在最特殊的格宗方言中，存在受闭塞音韵尾影响产生元音变化的例证：书面藏语 g 使元音产生剧烈的语音变化，d 则强化了元音发音，b 使元音产生微弱变化并带上/w/韵尾。

这种类型非常罕见，目前仅在南路语群的党巴方言中有所发现。

3.5 其他显著特征

除上述特征之外，还有其他若干显著特征。这里介绍一点，即小舌塞音。

小舌音是无法直接从书面藏语得到解释的特征之一。通常对小舌塞音存在争论，以往的一些研究，如孙宏开、王贤海(1987)，认为其来源于羌语。

和多数藏语方言一样，丹巴藏语尚无小舌音。但是邻近丹巴藏语的其他方言却有此音位，如木雅次语群下的康定、新都桥、朋布西方言，安多藏语的阿坝、红原方言，夏尔藏语的石坝子、安宏肖包寺、十里大屯、山巴、水晶寒盼和包座方言。

利用语言地图(见图 4)，我们很容易知道小舌塞音的分布。

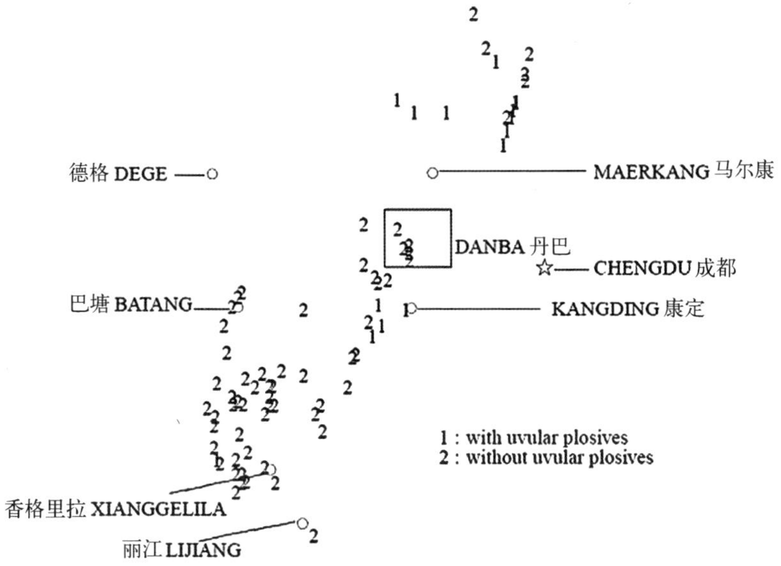

图 4　拥有小舌塞音的方言分布

毫无疑问,这种分布是杂乱无章的。铃木博之(Suzuki 2008c)将拥有小舌塞音的木雅藏语方言分析为一种特殊方言。但恰如图 4 所示,我们可以说丹巴藏语同样是奇特的,因为它的邻近方言都有小舌塞音。

4. 词汇特征浅析

此小节是对铃木博之(Suzuki 2007c)第三部分的修订和扩充。其中每种方言都有详尽而完备的词表,可按下面所示参考查询:

中路:Suzuki(2007b:359—374)　梭坡:Suzuki(2007b:375—390)
章谷:Suzuki(2008f)　格宗:Suzuki(2007b:391—413)

4.1 与书面藏语相近的词汇形式

表 13 书面藏语与口语形式对应但意义不同之词

意义	书面藏语	中路	梭坡	章谷	格宗
口	kha	ˉᶯ̊ʈʂʰɯ ʰkɯ	ˋᶮ̊tɕʰɯ ʰku	ˋᶮ̊tɕʰu ʰkɯ	ˉᶮ̊tɕʰɯ ʰkɯ
霜	ser ba	ˉl̥ɑː βə	ˋl̥aʔ	ˉl̥ɛː bə	ˉl̥ɛʔ bo
悬崖	g.yang	ˆprɑʔ	ˊᵖʈa ma	ˊpa mõ	ˊᵖʈɛː ma
光	‘od	—	ˋsʰõ	ˉsʰõ	ˉsʰõ sʰõ
右	g.yas	ˊʈõ ʱla	ˊʈõ ʱla	ˊʈõ leʔ ˉᵖtsʰə	ˊʈõ le sʰweʔ
糖	bu ram	ˊbɯ rɔː	ˋɖõ	ˆʰʈõː/ˉʱɖõ	ˊʱɖõː

每个词的对应形式如下:“口”对应书面藏语 mchu“唇”;“霜”对应书面藏语 lhags pa “风”①;“悬崖”对应书面藏语 brag“岩石”②;“光”对应书面藏语 sang“清楚”;“右”对应书面藏语 drang“正直的”;“糖”对应书面藏语 sbrang“蜜/蜜蜂”③。

下述例词反映了书面藏语的形式,但其口语形式却与邻近方言不同。在其他词中,这种与书面藏语的对应形式属于例外。

表 14 与书面形式相同而与邻近方言不同的对应

意义	书面藏语	中路	梭坡	章谷	格宗
兔	ri bong	ˆrə βuː	ˆrə mõ	ˊrə bõ	ˊrə be
猫	byi la	ˋʦə lʉ	ˆʦə lə	ˊʦə lɯ	ˊʦə lo / ˊᵖʦə lo

① 这种对应也在《西番译语》(川六)中被证实(Suzuki 2007d)。

② Rongbrag 这个词形包含书面藏语 brag 一词。因此,对其恰当的解释应为“悬崖上的城市”,而不是“岩石上的城市”,这通常是共识。

③ 这种形式在许多康巴藏语方言中亦有发现。

“兔”一词的第二个音节为唇音声母，这在书面藏语中常见。但在其他方言中，通常此位置为/k，g/或/ɣ/。

“猫”可以视为与书面藏语 byi la 相对应，尤其格宗方言的/ˊptsə lo/提供了直接证据。一般说来，“猫”有各种不同形式，诸如/ʔa lɯ/（大部分夏尔藏语）、/mõ ^{n}dzə/（大部分木雅次方言群）和/lɯ lɯ/（木茹、八美等）等等，这些都与书面藏语无对应形式。

4.2 书面藏语无法证实的词汇形式

丹巴藏语有许多不是源自书面藏语的词汇。这些词可以分为两种类型：一种是与书面藏语有“一点联系”的，一种是“另有来源”的。

首先，丹巴藏语与书面藏语有不甚明显联系的例词，可以得到相对简单的解释。如表 15 所示：

表 15 “蛇”书面藏语和口语对应关系

意义	书面藏语	中路	梭坡	章谷	格宗
蛇	sbrul	ˋ^{ɦ}brʉː	ˋɖiː	ˆ^{ɦ}ɖiː	ˉ^{ɳ}ɖiː tɕɔʔ

格宗方言中有前置鼻音声母，而它与书面藏语无对应关系。另外，在“蛇年”中，通常也使用相同的“蛇”一词。梭坡和中路方言，如在/ˆ^{ɳ}ɖiː/和/ˋ^{m}breː/词中，也分别有一个前置鼻音声母。同样安多藏语阿坝方言也存在带前置鼻音的“蛇”/^{m}ɖɯ/一词。

表 16 “云”书面藏语和口语对应关系

意义	书面藏语	中路	梭坡	章谷	格宗
云	sprin	ˋ^{h}pri	ˉ^{p}ʈə	ˉ^{h}ʈə	ˉ^{p}ʈə

“云”的声母与书面藏语有对应关系,但韵母则不对应。书面藏语的鼻音韵尾在所有方言中都被省略掉了。此现象也出现在木茹方言以及夏尔藏语的九寨沟内正树和阿西茸方言中。

表 17 “鱼”书面藏语和口语对应关系

意义	书面藏语	中路	梭坡	章谷	格宗
鱼	nya	ˊɳ̥wã	ˊɳ̥ɔ̃	ˆɳ̥ɔ̃	ˊɳ̥o

“鱼”在书面藏语中并无鼻音韵尾,但除了格宗方言以外,其他三种方言均有鼻化元音。此现象在康巴藏语南部地区的许多方言中亦有分布,如乡城香巴拉和得荣-德钦语群。

表 18 “鹰”书面藏语和口语对应关系

意义	书面藏语	中路	梭坡	章谷	格宗
鹰	glag	ˊʰl̥ɑː	ˉʰl̥əʔ	ˉʰl̥jaʔ	ˉʰl̥eʔ

“鹰”的韵母与书面藏语相对应,但是声母不对应。再没有更多例证可以说明书面藏语声母 gl 对应/l̥/。但是关于这个词,同样的现象在其他许多康巴藏语方言中,如康定、新都桥、乡城群、得荣-德钦语群的云岭西次语群等都有分布。铃木博之(Suzuki 2008c)构拟其原始形态为 * khlag 或 * klag,并指出它与原始孟-高棉语(proto-Mon-Khmer)的 * kla 相关。

表 19 “去”书面藏语和口语对应关系

意义	书面藏语	中路	梭坡	章谷	格宗
去	’gro	ˊᵑgo	ˊᵑgo	ˊᵑgʌ	ˊᵑgo

“去”的藏语书面形式包括滑音 r,然而与书面藏语相对应的

口语形式却没有滑音 r。此例为个别现象。同样的情形亦出现于香格里拉语群和得荣-德钦语群的云岭西次语群中，其中只有“去”这一个词有此种特殊对应形式。

表 20 “40”和“43”书面藏语和口语对应关系

意义	书面藏语	中路	梭坡	章谷	格宗
40	bzhi bcu	ˊʱʐə ʰʈʂɯ	ˊʱʐʅ ʰtɕɯ	ˊʱʐə ʰtɕu	ˊrə ʰtɕɯ
43	bzhi bcu zhe gsum	ˊʱʐə ʰʈʂɯ ˊʂeː ʰsõ	ˊʱrʅ ʰtɕɯ ˊʂweː ʰsõ	ˊʱʐə ʰtɕu ˊʂeː ʰsõ	ˊrə ʰtɕɯ ˉʂeː sɑ̃

与书面藏语相比，“40”一词中的浊卷舌擦音被看作首音节的声母；格宗方言首音节却为/r/。然而在“43”一词中，梭坡方言也存在/r/声母。各方言中此语素并不相同。在发音部位上，/ʐ/和/r/无疑皆为卷舌音，但有趣的是在/ʐ/和/r/有音位对立的方言中，也有此类现象。在乡城语群的洞松方言中即存在此类词的类似现象。

下表即是在丹巴藏语中与书面藏语无对应关系的例词。

表 21 与书面藏语无对应关系例词

意义	书面藏语	中路	梭坡	章谷	格宗
青稞	nas	ˉkə ru	ˉᵑgə rə	ˋᵑgo rɯː	ˊniː
面条	thug pa	ˉpɯ da	ˉpə daʔ	ˉpə dɑː	ˊpɵ te
好	yag po	ˊȵeː mə	ˊȵi	ˊȵeː mə	ˊȵiː mə
明天	sang nyin	ˊnɔ̃ʰka	ˊnõ ʰka	ˊnɔ̃ʰka	ˊnə ka
森林	nags tshal	ˋtsʰa ʱȵe	ˊsə̃ ȵɛ̃	ˊȵaʔ	ˊɕi ɸɛj

除格宗方言外，“青稞” 在其他方言中有一类特殊形式。在格宗方言中，/niː /对应书面藏语的 nas。同时，格宗方言还有一个双音节词/ˉkə zi/，意为“大麦”。这一特殊形式也出现在乡城语群

和得荣-德钦语群的云岭西次语群中，其形式与中路方言一样，为非前置鼻音型。前置鼻音成分只出现于梭坡和章谷方言中。这个形式可能与古代藏文(Old Tibetan)的krungs“青稞穗”有关。关于此解释可参考江荻(2002：253)[①]。

与“面条”和“好”相类似的词形也出现于塔公、祝桑方言中，以及木雅和扎坝(nDrapa)方言中。因此，这可能是一个具有区域特征的词。“好”可与书面藏语nyan对应[②]，但尚无法肯定。

“明天”有一个与书面藏语无对应关系的特殊形式，而且在丹巴藏语中还没有发现哪个方言有类似形式。

“森林”在四个方言中的形式各不相同，所有形式均与书面藏语无完全对应关系。格宗方言“森林”的词形可能与shing phung有关。中路和梭坡方言的第二个声母可能与章谷方言具有一致关系。中路方言的第一个音节可能与书面藏语nags tshal的第二个语素有关。所有这些形式在其他任何方言中均无发现。

下面是关于中路方言滑音/r/的特殊例词。

表22　中路方言滑音/r/特殊例词

意义	书面藏语	中路	梭坡	章谷	格宗
飞	’phur	⁻ᵐ̥pʰro	⁻ᵐ̥pʰɯ	⁻ᵐ̥pʰaː	⁻ᵐ̥pʰa
胃	pho ba	´pʰroː	`lə ɣə	´nẽʱgeː	⁻ha ɦo

中路方言通常保留滑音/r/，与书面藏语的滑音/r/相对应。但上述出现/r/的情况在书面藏语中则没有/r/与之对应。/r/的起源尚不易说清。但后一例词可与革什扎藏语的东谷(sTongdgu)方言中的/pru/相比较[③]。

① 塔芒语(Tamangic)也有一个诸如/ʰkaru/的形式(Honda 2002)。

② 《西番译语》(川七)中亦有此类对应形式。

③ 藏语方言与其相邻的羌语支语言共享基本词汇的情形，孙天心(2007：324)和铃木博之(Suzuki 2008c)都有报道。

5. 结语

本文主要讨论了以下三个内容：(1) 丹巴藏语和书面藏语的对应关系；(2) 口语语音和书面藏语的对应类型；(3) 词汇特征。(1)和(3)是对方言进行描写解释的基础，然而(2)无疑才对方言学更加重要。通过如此分析，从最初的迷惑不解，到现在事实清晰，使我确信丹巴藏语是康巴藏语中的一个独立语群。

但是，我想强调的不是上述结果，而是如下事实：恰如图纳德尔(Tournadre 2008)曾提到的，如今几乎所有的藏语方言都濒危了。无人承诺能保存所有的少数民族语言，而对藏语方言或类似的非藏语方言而言，现在可能是记录保存它们的最后机会了。许多学者对羌语支语言感兴趣，其研究成果也日益增多，但对藏语却关注不够。我认为对藏语的漠视最终会妨碍对羌语支语言的研究。藏语被认为是该地区的上层文化语言，但即便如此，何以似丹巴藏语这样特征迥异的语言至今才被发现呢？我们不应在羌语支语言的田野调查中漠视藏语方言的存在，因为它们处境相同。一旦某种语言或方言消失了，留下的只有遗憾。即使今后我们知道，这种语言或方言将成为一把钥匙，对无文字记载历史的民族在语言学和民族学等学科研究中起到至关重要的作用，但没有了母语者，我们终究只能毫无作为。

必须承认，我们对川西民族走廊的藏语的了解并不全面。在此，我们强烈呼吁改变传统上对待藏语方言的态度，尤其必须避免再把德格方言视作具有丰富多样性的康巴藏语标准语的看法，这不符合语言事实。关于此论点，还可参见洪拉达罗姆(Hongladarom 2007：120)。

附录　藏语方言分布

绝大多数的藏语方言名(与地名等同)只用汉语标记。当地藏语地名的汉语名称是用汉字直接从藏语语音转译过来的，因此必须依照当地四川官话的语音系统来拼读。所以汉语拼音并不重要。

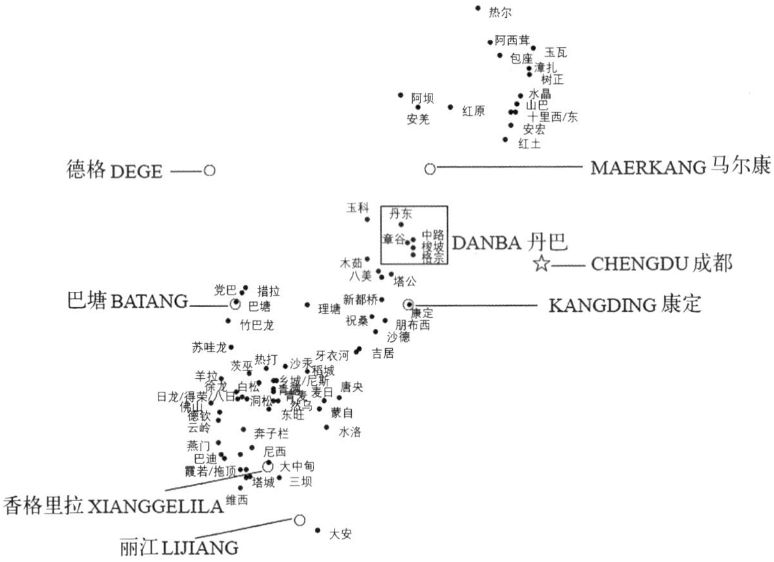

图 5 “九香线”方言分布图

这幅地图是根据九香线(九寨沟-香格里拉)的概念(Suzuki 2006)绘制而成的。九香线是藏族文化在最东边的分界线。

参考文献

华侃　尕藏他　1997　《藏语松潘话的音系和语音的历史演变》,《中国藏学》第2期:131—150。

江荻　2002　《藏语语音史研究》,北京:民族出版社。

格桑居冕　格桑央京　2002　《藏语方言概论》,北京:民族出版社。

格桑居冕　格桑央京　2004　《实用藏文文法教程(修订本)》,成都:四川民族出版社。

林俊华　2006　《丹巴语言文化资源调查》,《康定民族师范高等专科学校学报》第5期：1—3。

瞿霭堂　1991　《藏语韵母研究》,西宁：青海民族出版社。

瞿霭堂　金效静　1981　《藏语方言的研究方法》,《西南民族学院学报》第3期：76—84。

四川省丹巴县志编撰委员会　1996　《丹巴县志》,北京：民族出版社。

孙宏开　王贤海　1987　《阿坝藏语语音中的几个问题》,《民族语文》第2期：12—21。

Bielmeier, Roland & Felix Haller (eds.) 2007 *Linguistics of the Himalayas and Beyond*. Mouton de Gruyter.

Honda, Isao (本田伊早夫) 2002 Seke word list: comparative vocabulary of three Seke dialects. In Yasuhiko Nagano (ed.), *Zhangzhung-go no Saikooto Tibet-bungo Keisei ni kansuru Soogooteki Kenkyuu: Grant-in-Aid No.*11691050, *Kenkyuuseika Hookokusyo*. Pp.15 - 73.

Hongladarom, Krisadawan 2007 Grammatical peculiarities of two dialects of southern Kham Tibetan. In Bielmeier & Haller (eds.), *Linguistics of the Himalayas and beyond*. Berlin, New York: Mouton de Gruyter. Pp.119 - 152.

Nishida, Tatsuo (西田龙雄) 1987 Tibet-go no hensen to mozi [Transition and script of Tibetan language]. In Yasuhiko Nagano & Musashi Tachikawa (eds.), *Tibet no Gengo to Bunka*. Toozyusya. Pp.108 - 169.

Sun, Jackson T.-S.(孙天心) 2003 Phonological profile of Zhongu: A new Tibetan dialect of Northern Sichuan. *Language and Linguistics* 4.4: 769 - 836.

Sun, Jackson T.-S.(孙天心) 2005 *Special Linguistic Features of gSerpa Tibetan*. 第38届国际汉藏语学术会议(ICSTLL - 38),

中国厦门。

Sun, Jackson T.-S.(孙天心) 2007 Perfective stem renovation in Khalong Tibetan. In Bielmeier & Haller(eds.), Pp.323-340.

Suzuki, Hiroyuki(铃木博之)2005 Étude de la structure de syllabe en tibétain (enjaponais). *Journal of Asian and African Studies* 69: 1-23.

Suzuki, Hiroyuki(铃木博之) 2006 九香线上的藏语方言比较研究.第四届两岸三地藏缅语族语言学学术专题讨论会发表论文(成都).

Suzuki, Hiroyuki(铃木博之) 2007 *Étude de la dialectologie tibétaine dans le couloir ethnique à l'ouest du Sichuan* (en japonais), thèse de doctorat, Université de Kyoto.

Suzuki, Hiroyuki(铃木博之) 2007b *Étude de la dialectologie tibétaine dans le couloir ethnique à l'ouest du Sichuan: Lexique classifié japonais-tibétain*, supplément de la thèse de doctorat, Université de Kyoto.

Suzuki, Hiroyuki(铃木博之) 2007c Khams Tibet-go hoogen no tayoosei kara miru Danba-xian Tibet-go no hoogen tokutyoo (Dialectal characteristics of Tibetan dialects in Danba County among Khams Tibetan). *Zinbunti no Arata na Soogoo ni Mukete* 5: 231-249

Suzuki, Hiroyuki(铃木博之) 2007d 《清代木坪土司所管地区的藏语方言》,《康定民族师范高等专科学校学报》第3期: 1—5.

Suzuki, Hiroyuki(铃木博之) 2007e /r/ as a glide of the consonant cluster in sProsnang (Zhonglu) Tibetan (in Japanese). *Tokyo University Linguistic Papers* 26: 31-47.

Suzuki, Hiroyuki(铃木博之) 2007f Nom de 'porc' des dialects tibétains parlés dans le couloir ethnique à l'ouest du Sichuan (en japonais), en: *Kyoto University Linguistic Research* 26:

31 - 57.

Suzuki, Hiroyuki（铃木博之）2008a A few remarks on Tibetan dialect spoken in the Jiuzhaigou valley（Sichuan, China）and Baima language（in Japanese）. *Researches in Asian Languages* 7: 91 - 107.

Suzuki, Hiroyuki（铃木博之）2008b《迪庆藏语是康巴藏语的一个次方言吗》,《康定民族师范高等专科学校学报》第3期：6 - 10。

Suzuki, Hiroyuki（铃木博之）2008c *Origin of non-Tibetan words in Tibetan dialects of the Ethnic Corridorin West Sichuan — related with the linguistic substratum*—“藏缅语区语言底层”研究国际学术研讨会手稿,日本大阪。

Suzuki, Hiroyuki（铃木博之）2008d /l/- /j/interchange in Shangri-La Tibetan. 第41届国际汉藏语学术研讨会（ICSTLL - 41）,英国伦敦。

Suzuki, Hiroyuki（铃木博之）2008e 藏语方言地理学的几个功用——以川西民族走廊上的藏语为例,北京藏学研讨会手稿,中国北京。

Suzuki, Hiroyuki（铃木博之）2008f Khams Tibetan Rongbrag（Zhanggu）dialect: phonetic analysis with a word list（in Japanese）. *Bulletin of the National Museum of Ethnology* 33.1.

Suzuki, Hiroyuki（铃木博之）& Tshering mTshomo（此里初姆）2007 khams-skad kyi'ba'-lung yul-skad nang lce-sgril-dbyangs dang'di'i'byung-khungs /Voyelle rcolorée et son origine en khams-tibétain: le dialecte de Melung [Weixi]（en japonais）, en: *Kyoto University Linguistic Research* 26: 93 - 101.

Tournadre, Nicolas 2008 *The Notion of Scale in Linguistic Classification: is "Tibetan" a language or a family of lanugages?*, unpublished manuscript presented at 14th HLS（Göteborg）.

Zhang, Jichuan(张济川) 1996 A sketch of Tibetan dialectology in China: Classifications of Tibetan dialects. *Cahiers de Linguistique-Asie Orientale* 25(1): 115-133.

【致谢】

我的田野调查主要得到日本学术振兴会科学研究经费〔由长野泰彦(Yasuhiko Nagano)主持的“藏语底层研究”,No.16102001〕和日本学术振兴会科学研究经费(由本人主持的“川西藏文化区内藏语方言研究”)的资助。

感官动词的近义辨析：词义与概念的关系*

黄居仁[1]　洪嘉馡[2]　著/译

[1]香港理工大学文学院　[2]台北教育大学语文与创作学系

1. 前言

感官动词词汇直接描述认知行为,是自然语言语义场中重要的一环。汉语中每一种感官意义,都有少数几个近义词可以表达。但这些近义词在现代汉语语料中的使用与分布,仍呈现出值得探讨的差异。洪嘉馡与黄居仁(2004)在对于“声”与“音”的辨析文章中,提出这两个听觉近义词的词义区分可由 production(产出)与 perception(感知)这两个认知概念的对比来解释。

其他感官动词词汇近义词组,是否也有与此相似的对比关系?本文将探讨感官词汇近义词组“看”与“见”、“触”与“摸”,在现代自然汉语语料中的使用状况,抽离两组词汇个别的核心词义及其词义特征,区分两组词汇的概念异同,分析它们在语料中使用上的对比,进而厘清两组词汇之间的词义关系。也借着分析近义词组“看”与“见”、“触”与“摸”的异同,来得知感官动词词汇近义词组,在“听觉”“视觉”与“触觉”等三方面是否有着共同的特征

* 原文出处:黄居仁,洪嘉馡,2005,《感官动词的近义辨析:词义与概念的关系》(Deriving Conceptual Structures from Sense: A Study of Near Synonymous Sensation Verbs),第六届汉语词汇语义学研讨会(CLSW-6),82—85页,厦门大学,4月20—24日。

概念。

本文将以洪嘉馡与黄居仁(2004)分析“声”与“音”的研究方法,来探讨感官动词词汇近义词组“看”与“见”、“触”与“摸”的异同。主要研究的问题为:(1)探究“看”与“见”、“触”与“摸”的个别词汇词义;(2)比对“看”与“见”、“触”与“摸”两组词汇之间概念的异同;(3)分析讨论“看”与“见”、“触”与“摸”的构词共现度;(4)说明“看”与“见”、“触”与“摸”对比与分布的情形。

2. 研究动机与目的

从古至今,一般对于近义词的运用,通常都认为与同义词的使用雷同。事实却并非如此。学者专家对于近义词的定义又似乎没有给予很明确的界定标准,只是从实际语料中说明使用上的差异罢了。

语言的知识表征(knowledge representation),在于人与人之间的沟通使用,在借着使用的过程中,真真实实地表现出来,是经由系统性的对比来呈现的,而不是经由已确立且约定俗成的定义来表达的。

以情态动词为例。情态动词类的近义词句法功能相同,词汇词义很难做具体区辨,因此使用上也常会有可互相代换的现象。但是即使是这类近义词,在使用上也一定会有可区辨的对比,如以下“能”与“会”的对比:

(1a) 遇有台湾厂商到德国开商展时,非常需要会/*能德语和中文的人,作为沟通桥梁。

(1b) 大学时,有一位朋友长得一表人才,加上能/*会言善道,因此很得女性的钟爱,但他却喜欢换女友。

以“看”与“见”、“触”与“摸”为例,就感官动词词汇的词义与其在汉语自然语料中的表现而言，“看”与“见”皆可表示“看见”的意思，“触”与“摸”亦皆可表达“用手接触”的意思，但是这两组词汇，当真可以彼此互换使用吗？

古书词典的记载，已为这两组感官近义词词汇分别下了最贴切的批注。《说文解字》对“看”与“见”，作了最好的诠释：

(2) “看”与“见”：看，晞也，以手加额遮目而望；见，析言之，有视而不见者；浑言之，则视与见一也（看见、看到）。

而在《广雅·释诂四》与《广雅·释言》中，分别对“触”与“摸”，作了如下的诠释：

(3) “触”与“摸”：触，突也，撞、碰；摸，抚也（用手接触或轻轻抚摩）。

从《说文解字》与《广雅》对“看”与“见”、“触”与“摸”的释义，已经可以很明了地察觉，它们的词义存在着彼此有点雷同却又似乎不太等同的微妙关系。

本文将经由词汇词义的区分、词汇共现度的剖析，到词汇分布的不同现象，以辨析、确立感官动词词汇组“声”与“音”、“看”与“见”、“触”与“摸”彼此之间的词义关系，以及在现代自然汉语中所使用的种种情形。

3. 文献探讨

研究“近义词”的词义关系，是学者专家所关切的课题。不论是汉语还是英语，研究成果的丰硕，自然不在话下。在汉语方面，有同音近义词（如：包含、包涵）、义近近义词〔如：清楚、明白（蔡美智 2002)〕的研究;也有研究团队(如:元智大学)在发展自然语言检索时,注意到自然语言检索无法控制同义字、近同义字,需要经由智能判断或利用其他方式〔如:相近操作数(proximity operator)、切截(truncation)〕来处理,来增加检索的正确性与完整性。在英语方面,有分析放置动词 put 和 set 在语义上的差异的研究(庄元珣等 2001)。

对于汉语"近义词"的词义关系分析,具有举足轻重的研究成果有:邓守信(1996)、蔡美智等(1996a、1996b)、张丽丽等(Chang et al. 2000a)、漆联成等(Chief et al. 2000)。在汉语"近义词"的研究中,仍以动词的近义关系讨论居多(如:Chang et al. 2000b; Liao 2002;Liu 2002;Wu 2002)。此外,对于感官动词词组的近义词探讨有:洪嘉馡与黄居仁(2004)分析"声"与"音"的关系,以及钟(Zhung 2002)关于"看""听""闻"的语义研究。

4. 理论架构

本文的研究探讨,主要是为了辨析"听觉""视觉"与"触觉"等三组感官动词词汇组,各组词汇分别的词汇词义以及各组词汇彼此的词义关系。区别清楚之后,进一步探究这三组感官动词词汇组彼此关系的相似与差异。为求分析的客观,本文采用的理论架构与洪嘉馡和黄居仁(2004)分析"声"与"音"的关系相同,也就是说,依照词义特征来区分词汇词义成分,再加以采用感官动词词汇组,各组词汇构词共现的各种分布情形,以了解本文对于研究"看"与"见"、"触"与"摸"在词义与概念上的关系,而辨析出"声"与"音"、"看"与"见"、"触"与"摸",在"听觉""视觉"与"触觉"等三组感官动词词汇组中所扮演的词义角色。以下的分析将根据词汇的核心词义(core sense)特征,来讨论"看"与"见"、"触"与"摸"这两组词汇的词义与概念的关系。

5. 研究方法

本文的研究出发点，在以“中研院”平衡语料库（Sinica Corpus，简称“研究院语料库”）的语料为依据，分别取出“看”与“见”、“触”与“摸”的实际语料，再分别计算其词汇词频数以及各词汇词类的词频数。接着，依据对于“看”与“见”、“触”与“摸”的词义分析原则，确定各词汇的词义特征，以利于分析共现搭配词汇的模式（pattern），并从中了解这些类型的词义功能及分布情形，探讨各词汇的构词组合类型及其分布。

在分析完“看”与“见”、“触”与“摸”的词义，并了解其词义特征与共现搭配的分布情形后，进而比对感官动词组“听觉”“视觉”与“触觉”的词汇——“声”与“音”、“看”与“见”、“触”与“摸”等三组词汇，在汉语自然语言中所呈现的情形。

6. 语料分析

本文将以“中研院”平衡语料库的语料为研究对象，并依照黄居仁等（2003）对于中文词汇意义的区别与操作原则，推衍、讨论近义词组“看”与“见”、“触”与“摸”的相关议题。本研究发现，“看”与“见”两词最大的差别在于：“看”强调主事者的主动动作，“见”则强调对于事物影像的接收。“触”与“摸”两词最大的差别在于：“触”强调主事者的主动动作，“摸”则强调对于物体形状或表面材质的感受。并且，依此原则，得知两词汇组共现度的不同（如：看完、偷看，瞥见、立竿见影，触电、碰触、摸出、摸到）以及词汇分布的不同等现象，借此辨析“看”与“见”、“触”与“摸”的区别所在。

平衡语料库的语料显示，“看”的词频是 7 468 个，其中，动词有 7 252 个，副词是 216 个，由“看”所衍生构词出来的词汇共有 181 个（type）；“见”的词频是 1 992 个，动词的词义几乎占了全数，共有1 987个，其他则为名词，有5个，由“见”所衍生构词出来的词汇共有233个。“触”的词频是36个，其中，动词有35个，名词仅有1个，由“触”所衍生构词出来的词汇共有73个；“摸”的词频是144个，全部是动词的词义，并没有其他词类的用法，由“摸”所衍生构词出来的词汇共有42个。

又根据中文词网小组的词义区分结果，得知两词汇组的词义蕴含着微妙的异同关系，换句话说，两词汇组在认知过程中的概念(cognition)及其所接收、感受的结果(perception)是不尽相同的，如下面例子所示：

(4) a 我记得那天下午我们〈看〉了好几百份作品。
b 小学时，我并不介意人家在我不注意时偷〈看〉我的答案，但我也不会故意让别人作弊。

(5) a 他是人家门口或转角处、十字路口，反正〈见〉隙就钻，管他是否违规停车，只要自己方便就好。
b 然而我相信，教育的“功效”，绝非立竿〈见〉影，或一蹴可几。

(6) a 文莱传统的见面礼是互相轻〈触〉手掌，然后把手掌放于胸前，以示敬意。
b 如果使用者根据手册指示，将此有问题的机器接地的话，即可避开〈触〉电的危险。

(7) a 在血肉模糊中挣扎着站起来，又重新摆好架势，我把眼泪吞下去，〈摸〉肚皮，哈哈大笑。
b 这一方面的改变，譬如说是不是有不正常的分泌物，或是说说腹部是不是有不正常的疼痛，或是有〈摸〉到什么硬块，或是什么之类的。

经过上述的论点分析，以及实际语料的佐证，可以确立“看”与“见”、“触”与“摸”有如下图所示的关系：

(8)“看”与“见”的关系图示

事物影像传送的历程	
发动者(instigator)	经验者(experience)
看：主动体验	见：被动经验
起点	终点：经验者的视觉认知

(9)“触”与“摸”的关系图示

触摸感觉启动的历程

触：主事者施动作到感知的对象

摸：主事者施动作来感知对象

主动动作+感知目的

在探究完“看”与“见”、“触”与“摸”的词义关系后，我们试着比较洪嘉馡与黄居仁(2004)对于“声”与“音”的词义关系，如下图所示：

(10)“声”与“音”的关系图示

声音传送的历程	
声	音
起点、来源	终点、结果
主动完成	被动接收

由上述三张图示的说明，我们试图描述出关于感官动词中“视觉”“触觉”与“听觉”三者之间的对比：我们注意到“视觉”与“触

觉”的活动历程是单向发展的。然而,“声音”的传送历程里,无论是“声”或“音”的词义概念,或是产生声音,或是接收声音,其事件历程的制造者与接收者都是以主事者为对象,隐含着起点与终点的词义概念,是一种双向发展的事件活动。至于近义的对比:在视觉感官动词中,共同表达的是视觉的感官认知。对比在“看”的词义概念里,经验者是事件历程中的主动参与者;而在“见”的词义中,经验者是被动参与者。在触觉感官动词中,共同表达的是主事者启动动作进行感知,对比的是感官认知。在“触”的词义中,焦点在于动作所达到的终点;而“摸”的词义中,焦点在于对该终点的感知。

(11)“视觉”“触觉”与“听觉”三者的关系图示

特征 / 词汇	认知特征的对比	
	感觉发动者(instigator of action)	感觉经验者(experiencer of sensation)
听觉	声(production)	音(perception)
视觉	看(volition)	见(lack of volition)
触觉	触(activity)	摸(result)

上表总结感官动词组中“视觉”“触觉”与“听觉”三者之间的词义关系。

以上视觉与触觉两组近义词对比的认知解释,和听觉近义词一样,其实是从认知的内省与外延这个对比出发的。在听觉方面,“音”的感知是内省的结果,而“声”的产生是外延的动作。在视觉方面,“见”是内省被动的认知,而“看”是主动外延的观察。最后,在“触觉”方面“摸”是对终点对象身份或状态的感知,是内省的结果;而“触”则是描述动作外延,达到终点对象。

7. 结论

"perception"（感知）这个概念在中文的词义系统中，早已存在于词汇词义概念成分当中，并已在文字语言或口语语言中广为使用，我们期待在语言知识本体的完整架构下，能够将这种想法发挥得更为淋漓尽致，让我们对于词汇的表达与词义的概念，有更具体且具规律性的呈现。

总而言之，本文一方面区分并厘清"看"与"见"、"触"与"摸"的词义架构；另一方面再就两词汇组的词义概念、词义功能与构词结构了解其构词共现的不同，进而比对"听觉""视觉"与"触觉"等三种不同的感官动词词汇组，在汉语自然语言中的表现，以增加我们对于感官动词词汇组的词义关系的了解。

参考文献

黄居仁　2004　《〈意义与词义〉系列——中文的意义与词义》，"中研院"语言所文献语料库与信息所中文词知识库小组技术报告，台北，南港："中研院"。

洪嘉馡　黄居仁　2004　《"声"与"音"的近义辨析：词义与概念的关系》，汉语词汇语意研究的现状与发展趋势国际学术研讨会，北京：北京大学。

黄居仁　蔡柏生　朱梅欣　等　2003　《词义与义面：中文词汇意义的区辨与操作原则》（Sense and Meaning Facet: Criteria and Operational Guidelines for Chinese Sense Distinction），第四届汉语词汇语义学国际研讨会，香港：香港城市大学。

蔡美智　2002　《讲"清楚"、说"明白"——汉语动词近义、多义、词义划分研究》，第三届中文词汇语意学研讨会，台北，南港："中研院"。

庄元琦　安可思　黄居仁　2001　MARVS《理论与汉英动词语意对比分析》。

邓守信　1996　《近义词用法辞典》,台北：文鹤出版公司。

蔡美智　黄居仁　陈克健　1996　《由近义词辨义标准看语意语法之互动》,《中国境内语言暨语言学：第五辑 语言中的互动》,台北,南港："中研院",439—459。

Chang, Li-Li, Keh-Jiann Chen and Chu-Ren Huang 2000a Alternation Across Semantic Fields: A Study of Mandarin Verbs of Emotion. *International Journal of Computational Linguistics and Chinese Language Processing*, 5.1: 61 – 80.

Chang, Li-Li, Keh-Jiann Chen and Chu-Ren Huang 2000b A Lexical-Semantic Analysis of Mandarin Chinese Verb: Representation and Methodology. *International Journal of Computational Linguistics and Chinese Language Processing*, 5.1: 1 – 18.

Chen, Keh-Jiann, Chu-Ren Huang, Li-Ping Chang, Hui-Li Hsu 1996 Sinica Corpus: Design Methodology for Balanced Corpora. *Proceedings of the 11th Pacific Asia Conference on Language, Information and Computation (PACLIC 11)*: 167 – 176.

Chief, Lian-Cheng, Chu-Ren Huang, Keh-Jiann Chen, Mei-Chih Tsai and Li-Li Chang 2000 What Can Near Synonyms Tell Us. *International Journal of Computational Linguistics and Chinese Language Processing* 5(1): 47 – 60.

Huang, Chu-Ren, Kathleen Athens, Li-Li Chang, Keh-Jiann Chen, Mei-Chun Liu, Mei-Chih Tsai 2000 The Module-Attribute Representation of Verbal Semantics: From Semantics to Argument Structure. *International Journal of Computational Linguistics & Chinese Language Processing* 5.1: 19 – 46.

Liao, Xiao-Ting 2002 A *Corpus-Based Lexical Semantic Study of the Mandarin Force-Compulsion Verbs*. M.A. Thesis, Chiao Tung University.

Liu, Mei-Chun 2002 *Mandarin Verbal Semantics: A Corpus-based Approach*. 2nd ed., Taipei: Crane Publishing Co.

Wu, Hsin-Da 2002 *Verbs of Upward Movement in Mandarin*. M.A. Thesis, Chiao Tung University.

Zhung Feng Ya 2002 *A Semantic Study of Mandarin Perception verbs Kan, Ting and Wen*. M.A. Thesis, Taiwan Normal University.

粤语两个近似义副词的句法分析：由“滞”形成的框式结构*

邓思颖　著　香港理工大学

吴静　译　南开大学外国语学院

1. 介绍

本文探讨的香港粤语①（以下简称“粤语”）中两个后置副词“乜滞”和“咁滞”，如例句（1）和（2）所示。在例句（1）中，“乜滞”的意义接近于英语的“基本……不，几乎……不”，在例句的粤拼中用 mat^1zai^6 标示。例句（2）中的“咁滞”，意义接近于英语的“几乎”，在例句的粤拼中用 gam^3zai^6 标示。

（1）呢班懒鬼冇上堂乜滞。（mat^1zai^6）

nei^1 $baan^1$ $laan^5gwai^2$ mou^5 $soeng^5$ $tong^4$ mat^1zai^6.

这班懒鬼没有怎么上课。

---

*　原文 The Syntax of Two Approximatives in Cantonese: Discontinuous Constructions Formed with Zai[6]，刊登于 *Journal of Chinese Linguistics* Vol.37, No.2(2009)，文章经作者、刊物及出版社授权译介。

本研究获得香港理工大学“汉语从句句法分析研究（A-PA3S）”和教育部人文和社会科学先进研究基地重点项目“形式句法理论和一些基本汉语句法问题的研究”（05JJD740184）研究经费的部分资助，特此致谢。

①　香港粤语是在香港地区使用的粤方言。本文使用的是香港语言学会制定的粤语拼音，简称粤拼（Jyutping）。音调表示如下：1：阴平（高平）、2：阴上（高升）、3：阴去（中平）、4：阳平（低降）、5：阳上（低升）、6：阳去（低平）。下面的缩写用于注释粤语例句：Cl：量词、Perf：完成体标记。

(2) 佢做起篇文咁滞。(gam^3zai^6)

keoi^5 zou^6-hei^2 pin^1 man^2 gam^{3}zai^6.

他几乎做好了论文。

袁家骅等(1960)、高华年(1980)、曾子凡(1989)、贝罗贝(1997)、郑定欧(1997)以及王宁、邹晓丽(2000)等主张“乜滞”“咁滞”是后置副词(或是右置副词或右置状语)。为方便讨论,本文将粤语中的这两种后置成分统称为后置副词。因为普通话不允许副词后置,粤语的这些后置副词的出现一般被认为是粤语和普通话语法的一大差异。除了本文讨论的“乜滞”和“咁滞”这两个后置副词外,粤语中的“先”也是后置副词,普通话中“先”必须出现在动词前。

(3) 佢饮汤先。(粤语)

keoi^5 jam^2 tong^1 sin^1.

他先喝汤。

(4) 他(先)喝汤(*先)。(普通话)

与其他汉语方言相比,粤语的后置副词和功能词都极为丰富,这一点在众多文献中都有体现(袁家骅等 1960,张洪年 1972,贝罗贝 1997 等)。虽然后置副词是粤语的特征之一,但就我所知,目前对它的句法的深入分析还很欠缺。

本文的目的是探讨粤语中后置副词的句法特点,重点讨论“乜滞”和“咁滞”以及它们所组成的框式结构。希望本文的发现对粤语后置副词的句法研究和框式结构理论①有一定的参考价值。

① 文献回顾见邓思颖(2006a)关于“乜滞”和“咁滞”的论述。

2. “乜滞”的语法特点

在粤语中,“乜滞”带有“不怎么”“没什么”的含义,表示谓语动作行为在程度和频率上的欠缺,表示近似意义①。下面的例句显示“乜滞”可以出现在动词谓语〔见例句(5)“笑”〕和形容词谓语〔见例(6)“高兴”〕的后面。

(5) 佢唔笑乜滞。
keoi5 m4 siu3 mat1zai6.
他不怎么笑。

(6) 佢唔高兴乜滞。
keoi5 m4 gou1hing3 mat1zai6.
他不怎么高兴。

值得注意的是,“乜滞”必须跟否定词共现。没有否定词,句子就不成立②,如例(7)。除了否定词“唔”,“乜滞”也可以跟“冇”共现,如例(8)。从这些例子可以看出,“乜滞”是一个否定极项,它只出现在否定句中,就像英语的否定极项“any”和“at all”一样,必须跟否定含义的谓语共现③。

---

① 感谢匿名评审指出对“乜滞”进行近似分析。

② 袁家骅等(1960: 226)举过下面(i)这样的例子。但是这种说法是不被香港本地人接受的。事实上,在该书的第二版里(2001),该例子已经被删除。

(i) 佢食饱乜滞。
keoi5 sik6-baau2 mat1zai6.
他差不多吃饱了。

③ 约翰·韦克菲尔德(John Wakefield)私下告诉我,英语的否定极项“at all”跟粤语的“乜滞”一样,如(ⅰ)所示,也必须跟否定含义的谓语共现,二者在语法上似乎有一些相似之处。

(ⅰ) He is *(not) too happy at all.

(7) *佢笑乜滞。

*keoi^{5} siu^{3} mat^{1}zai^{6}.

他没怎么笑。

(8) 佢冇笑乜滞。

keoi^{5} mou^{5} siu^{3} mat^{1}zai^{6}.

他没怎么笑。

此外,“乜滞”受到定域条件限制,否定词跟“乜滞”的距离不能超越一个小句。例句(10)反映了当否定词没有跟“乜滞”出现在同一个小句之内时,句子不成立。

(9) 我知道[佢唔去乜滞]。

ngo^{5} zi^{1}dou^{3}[keoi^{5} m^{4} heoi^{3} mat^{1}zai^{6}].

我知道他不怎么去。

(10) *我唔知道[佢去乜滞]。

*ngo^{5} m^{4}zi^{1}dou^{3}[keoi^{5} heoi^{3} mat^{1}zai^{6}].

*我不知道他怎么去。

“乜滞”作为后置副词出现在句末,如果有宾语的话,“乜滞”出现在宾语之后。如例句(11),“乜滞”出现在宾语“复印机”之后。例(12)是一个倒装的双宾语结构,“乜滞”出现在间接宾语“佢”之后。例句(13)进一步表明,当宾语被前置时,“乜滞”可以出现在其留下的轨迹 *t* 之后。

(11) 个秘书冇用部影印机乜滞。

go^{3} bei^{3}syu^{1}mou^{5} jung^{6} bou^{6}jing^{2}jan^{3} gei^{1} mat^{1}zai^{6}.

秘书没有怎么用那部复印机。

(12) 学校冇畀钱佢乜滞。

hok^{6}haau^{6} mou^{5} bei^{2} cin^{2} keoi^{5} mat^{1}zai^{6}.

学校没有怎么给他钱。

(13) 部影印机,个秘书有用 *t* 乜滞。

bou^{6} jing^{2}jan^{3}gei^{1}, go^{3} bei^{3}syu^{1} mou^{5} jung^{6} *t* mat^{1}zai^{6}.

至于那部复印机,秘书没怎么用。

如果"乜滞"前面有宾语出现,这个宾语要么是有定的,要么是类指的,但不能是无定的①。

(14) 佢有睇呢三本书乜滞。

keoi^{5} mou^{5} tai^{2} ni^{1} saam^{1}-bun^{2} syu^{1} mat^{1}zai^{6}.

他没有怎么看这三本书。(有定)

(15) 佢有睇书乜滞。

keoi^{5} mou^{5} tai^{2} syu^{1} mat^{1}zai^{6}.

他没有怎么看书。(类指)

(16) *佢有睇三本书乜滞。

*keoi^{5} mou^{5} tai^{2} saam^{1}-bun^{2}syu^{1}mat^{1}zai^{6}.

?他没有怎么看三本书。(无定)

例句(17)表明"乜滞"不能与代表次数的短语同时出现,例如"三次",因其是无定的。

(17) *佢有去三次乜滞。

*keoi^{5} mou^{5} heoi^{3} saam^{1} ci^{3} mat^{1}zai^{6}.

*他不怎么去三次。

从语法关系上看,"乜滞"是用于修饰谓语的状语,特别是修

---

① 我推测"乜滞"所要求的有定与单位词的有定类似,例(14)的含义接近于"他没怎么看这三本书的(细节)部分",详细的讨论留待日后的研究。

饰谓语所表示的次数〔见例(11),谓语是动词〕或程度〔见例(14)和(6),谓语是动词或形容词〕。换句话说,当谓语是动词时,“乜滞”可修饰动作的量或程度。当谓语是形容词时,“乜滞”只能修饰状态的程度。

鉴于“乜滞”是一个否定极项,句中的否定词是不可以省略的,它与“乜滞”一起否定次数和程度。例句(18)中,否定词“冇”否定跟“乜滞”有关的次数而不是去的行为的发生。从语义上看,“乜滞”的辖域应该在否定词之内。

(18) 佢冇去乜滞。
keoi5 mou5 heoi3 mat1zai6.
他没怎么去。

宽辖域成分比窄辖域成分的位置要高。根据这种理论,否定词和“乜滞”之间的辖域关系也可以用成分统辖来表示。假设“乜滞”在从句中被放置在高于动词短语的位置,根据成分统辖,否定词就应该放在“乜滞”的前面①。例句(11)和(19)中的句法关系可以用例句(20)来简化表示。

(19) 个秘书冇用部影印机乜滞。
go3 bei3syu1mou5 jung6 bou6 jing2jan3 gei1 mat1zai6.
秘书没有怎么用那部复印机。

(20) 主语[否定词[乜滞动词短语]]

根据凯恩(Kayne 1994)的次序理论,例(20)中的“乜滞”放置在动词短语“用部影印机”之前。为了推导出粤语的正确词序,我

① 否定词是动词短语的附接语,还是作为否定短语的中心语存在,这一话题与本文目前的讨论无关,超出了本文的讨论范畴。本文会在随后详细地对“乜滞”进行句法分析。

认为例(20)中的动词短语(动词连同宾语)整体向前移动到否定词和“乜滞”之间的位置,如例(21)所示。当动词短语向前移动后,在词序上超越了“乜滞”,形成了“乜滞”后置的现状,从而推导出所谓的“右移位构式”①。

(21) 主语[否定词动词短语[乜滞____]]

让我们简要总结一下前面所讨论的问题。后置副词“乜滞”修饰谓语动作的频率或程度。在底层结构上,“乜滞”位于动词短语之前,根据成分统辖,位于否定词之后。表面上出现在动词短语之后的“乜滞”,实际上是动词短语移位之后造成的。

3.“咁滞”的语法特点

后置副词“咁滞”相当于普通话的“即将、差不多”(饶秉才等1981;张励妍,倪列怀1999),表示在数量上或程度上接近谓语所表达的某种程度和状态(麦耘,谭步云1997;郑定欧1997)。与“乜滞”相似,“咁滞”也表示近似意义。

“咁滞”通常与表示结果状态的动词〔如例(22)中的“完”〕,或表示动作完成的补语〔如例(23)中的“全、完”〕共现。就可能性而言,例(22)和(23)中的谓语表示一个终结的事件。当表示结果状态的动词或是补语缺失时,句子不成立,原因是缺少明确表示“供楼”这一行为自然终结的词汇②。如例(24)所示:

(22) 佢供完层楼咁滞。

keoi^{5} gung^{1}-jyun^{4}cang^{4} lau^{2} gam^{3}zai^{6}.

① 参考钦奎(Cinque 1999)就英语和意大利语中的谓语移位以及对后置副词短语的影响进行的深入分析。本文会在随后对粤语中的后置副词进行详尽的句法分析。

② 关于“咁滞”终结性要求的讨论,详见张庆文(2005)的讨论。

他快供完那层楼了。

（23）佢供晒层楼咁滞。

keoi^{5} gung^{1}-saai^{3} cang^{4} lau^{2} gam^{3}zai^{6}.

他快全供完那层楼了。

（24）*佢供层楼咁滞。

*keoi^{5} gung^{1} cang^{4} lau^{2} gam^{3}zai^{6}.

有时谓语虽然没有那些表示结果的补语或词尾，“咁滞”同样可以出现。如例（25）的“赢”，例（26）的“死”都是表示事件完成的谓语，“咁滞”与它们共现，这可以从动词语义的角度加以解释。

（25）佢赢咁滞。

keoi^{5} jeng^{4} gam^{3}zai^{6}.

他几乎／快赢了。

（26）佢死咁滞。

keoi^{5}sei^{2}gam^{3}zai^{6}.

他快要死了。

还有一种情况，“咁滞”也可以在谓语没有表示结束的补语或动词词尾的句中出现：谓语表示活动事件，能够表达主语的意图和心理状态。这些句子可以描述一种状态的出现，可以看作是一种起始状态。看下面的例子：

（27）佢笑咁滞。

keoi^{5} siu^{3} gam^{3}zai^{6}.

他几乎（想）笑了。

（28）老板闹人咁滞。

lou^{5}baan^{2} naau^{6} jan^{4} gam^{3}zai^{6}.

老板几乎（想）骂人了。

例(27)中“咁滞”可以存在的原因是主语“佢”被认为是几乎要笑出来,或者是有笑的打算。例(28)中老板有骂人的打算。笑和骂人被当作是结果性状态的隐形谓语(covert predicate),表示暗念的意向。这种隐形谓语可以用非现实动词体现。例如使用非现实动词“想”,我们可以把例(28)可以改写成例(29):

(29) 老板想闹人咁滞。

lou^{5}baan^{2} soeng^{2} naau^{6} jan^{4} gam^{3}zai^{6}.

老板几乎想骂人。

下例不符合语法的例句表明,“咁滞”不能与纯粹表示状态的谓语共现。如例(30)中,形容词做谓语的“聪明”,例(31)中动词做谓语的“像”,例(32)中名词短语做谓语的“星期六”。

(30) *佢叻咁滞。

*keoi^{5} lek^{1} gam^{3}zai^{6}.

*他(几乎)聪明。

(31) *佢似阿爸咁滞。

*keoi^{5} ci^{5} aa^{3}baa^{4} gam^{3}zai^{6}.

*他(几乎)像他爸。

(32) *今日星期六咁滞。

*gam^{1}jat^{6} sing^{1}kei^{4}luk^{6} gam^{3}zai^{6}.

*今天(几乎)是星期六。

“咁滞”要求谓语必须带有表示终结的含义,这一点还可以从例(33)和例(34)的差别中得以体现。在粤语中,“冇”否定一个动作,而“唔”否定的是一个状态或者是某种带有习惯性或属性的特征。

(33) 佢冇/*唔笑咁滞。

keoi5 mou5/* m4 siu3 gam3zai6.

他几乎不笑/*他几乎没有笑个不停的习惯。

(34) 佢冇/唔笑乜滞。

keoi5 mou5/ m4 siu3 mat1zai6.

他几乎没怎么笑。/他没有笑个不停的习惯。

我发现，虽然表示状态的谓语不能跟“咁滞”共现，但是，能够表示主语意向的状态谓语〔例(35)“当”〕或者含有数量的名词性谓语〔例(36)“四十岁”〕却可以跟“咁滞”共现。

(35) 我直情当你兄弟咁滞。

ngo5 zik6cing4 dong3nei5 hing1dai6 gam3zai6.

我简直把你当亲兄弟了。

(张励妍，倪列怀 1999：112)

(36) 佢四十岁咁滞。

keoi5 sei3sap6 seoi3 gam3zai6.

他差不多四十岁。

考虑到谓语的意向，例(35)成立的原因与例(28)和(29)成立的原因相同。在解释例(36)时，我们可以假设数词的存在体现了状态的改变。在听者看来，主语“佢”已经变老，几乎到达一个预设的节点：40 岁，从而出现状态改变之意①。

在句法上，“咁滞”与“乜滞”类似，可以出现在宾语之后。但是与“乜滞”不同的是，“咁滞”不会在名词性宾语上施加特指意义。例(37)和(38)中，名词性宾语可以是限定性的〔例(37)〕或

① 本文关于名词性谓语的分析，受到了邢福义(1984)关于汉语普通话中“NP了”句式观察的启发。

非限定性的〔例(38)〕。

(37) 黄教授写完嗰三本书咁滞。

wong^{4} gaau^{3}sau^{6} se^{2}-jyun^{4} go^{2} saam^{1}-bun^{2} syu^{1} gam^{3}zai^{6}.

黄教授差不多写完这三本书了。

(38) 黄教授写完三本书咁滞。

wong^{4} gaau^{3}sau^{6} se^{2}-jyun^{4} saam^{1}-bun^{2} syu^{1} gam^{3}zai^{6}.

黄教授差不多写完三本书。

还有一点跟"乜滞"不同,"咁滞"可以与动量词共现,见例(39)〔与例(17)相对照〕。

(39) 佢去咗三次咁滞。

keoi^{5} heoi^{3}-zo^{2} saam^{1}-ci^{3} gam^{3}zai^{6}.

他几乎去了三次。

"咁滞"也可以与否定标记共现,但是与"乜滞"不同,否定词的出现不是强制性的。"咁滞"跟否定词的关系是:"咁滞"修饰整个谓语,包括否定词在内。如例(40)所示,"咁滞"修饰的是整个谓语,"佢"不是没有去,而是几乎没有去,实际上应该去了。"咁滞"的辖域比否定词的辖域要宽。

(40) 佢冇去咁滞。

keoi^{5} mou^{5} heoi^{3} gam^{3}zai^{6}.

他几乎没去。

如果"咁滞"的辖域比否定词的辖域广,那么我认为"咁滞"的句法位置比否定词的位置高,修饰整个谓语部分,包括否定词在内,像(41)中的结构。在底层结构上副词"咁滞"位于被修饰谓语之前。

（41）主语[咁滞[（否定词）动词短语]]

为了推导出正确的次序，我建议利用前文提及的移位方法，把整个谓语移到主语和“咁滞”之间的位置，如（42）所示。换句话说，在底层结构上，“咁滞”其实是前置副词，经过移位变成了后置副词。

（42）主语[[（否定词）动词短语][咁滞____]]

总结一下，“咁滞”强调迈向事件自然终结点的过程。“咁滞”修饰的谓语部分必须是带有终结意义的，如表示结果状态和事件的完成。在句中谓语表示活动起始时，在“不做某事”和“开始做某事”这两个含义上存在可接受度的差异。同样，在句中的谓语动词是静态动词时，整个结构可以被理解成为接近一个全新的状态①。在底层结构上，“咁滞”的句法位置比谓语要高，由于整个谓语部分在表层结构上向前移动，造成后置副词“咁滞”位于句末。

4. 粤语副词的框式结构

上述讨论中提到，“乜滞”总是与否定词共现，修饰谓语动作的频率或程度。事实上，粤语中存在与“乜滞”意义相近的前置副词，如例（43）中的“点”，字面翻译为“怎么”，和例（8）中的“乜滞”作用相近，如例（44）所示。在当地人听来，例（43）和例（44）的意思几乎一致，彼此可以互相解释。有意思的是，“点”和“乜滞”可

---

① 感谢匿名评审此处对于“咁滞”语法特点的总结。

以出现在一个句子中，见例(45)，起到修饰谓语动词“笑”的作用。

(43) 佢冇点笑。

keoi^{5}mou^{5}dim^{2} siu^{3}.

他没怎么笑。

(44) 佢冇笑乜滞。

keoi^{5} mou^{5} siu^{3} mat^{1}zai^{6}.

他没怎么笑。

(45) 佢冇点笑乜滞。

keoi^{5} mou^{5} dim^{2} siu^{3} mat^{1}zai^{6}.

他没怎么笑。

在粤语中也能找到与“咁滞”意义相近的前置副词。例(46)中的“差唔多”就是一个前置副词，相当于英语中“almost、nearly”（几乎、差不多）的意义。例(46)和(47)表达的意义相同，彼此可以互相解释。例(48)表明“差唔多”和“咁滞”完全可以同时出现在一个句子中。

(46) 佢差唔多做起篇文。

keoi^{5} caa^{1}m^{4}do^{1} zou^{6}-hei^{2} pin^{1} man^{2}.

他几乎做好了论文。

(47) 佢做起篇文咁滞。

keoi^{5} zou^{6}-hei^{2} pin^{1} man^{2} gam^{3}zai^{6}.

他几乎做好了论文。

(48) 佢差唔多做起篇文咁滞。

keoi^{5} caa^{1}m^{4}do^{1} zou^{6}-hei^{2} pin^{1} man^{2}gam^{3}zai^{6}.

他几乎做好了论文。

在理解时，后置副词“乜滞”和“咁滞”与它们相对应的前置副词在语义上和功能上几乎是一致的。换句话说，在例(45)和例

(48)中出现的前置副词和后置副词共现的情况有点“冗余”。由于这种语义上的“冗余”,我们认为前置副词和后置副词共同修饰谓语,形成框式结构①(邓思颖 2006c),例如例(45)中的“点”和“乜滞”以及例(48)中的“差唔多”和“咁滞”。

在粤语中,前置副词和后置副词组成一个副词短语(XP),后置副词是这个短语的中心语,前置副词是附接语(邓思颖 2006c),其结构如(49)所示。参考波尔(Boer 2005)的分析,我们认为作为中心语的后置副词表达了一个开放值,前置副词对它进行限定。参考钦奎(Cinque 1999)的分析,被修饰的谓语动词短语是中心语 X 的补足语。在这种结构中,副词短语 XP 实际上是作为一个具有独立语法功能的投射,在句法上比被修饰谓语的位置要高。

(49)

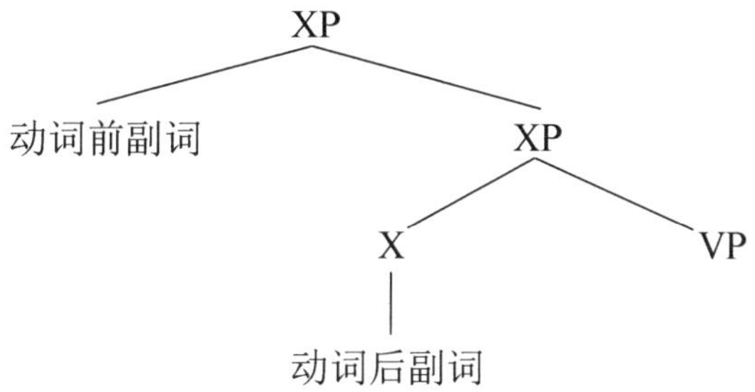

乔姆斯基(Chomsky 2005,2007)提出,后置副词作为 XP 的中心语,具备边界特征,诱发内部合并(或移位)的发生。假设 X 的边界特征诱发了动词短语的内部合并,当动词短语移位到 XP 的边界位置——比如 XP 的指示语②时,前置副词被外部并入,形成粤语中“前置副词+动词短语+X(后置副词)”的正确词序。前置

① 粤语框式结构理论,最初受到刘丹青(2003)对于汉语“框式介词”研究的启发。罗心宝(Law 1990)有类似的分析,指出粤语前置副词“仲”(仍然)和后置副词“添”(甚至,也)构成框式结构。

② 否定项 Neg 暂时作为附接语放在 YP 下,如例(52)所示。

译者注:生成语法中的 specifier 一词,除了译作“指示语”外,还有“指定语”“标志语”等译名。

副词和后置副词形成了表层的框式结构。这一过程如例(50)所示。

(50) a.[X　VP]

b. [$_{XP}$ VP [X t_{VP}]]

c. [$_{XP}$ 前置副词 [$_{XP}$ VP [X t_{VP}]]]

如果附接语(前置副词)和中心语(后置副词)都是显性的,则例(45)和(48)成立。如果中心语(后置副词)缺失,则例(43)和(46)成立。如果只有中心语没有附接语,则例(44)和(47)成立。

前面提到过"咁滞"的辖域比否定词的辖域要宽,而"乜滞"的辖域比否定词的辖域要窄,因此"咁滞"的辖域要比"乜滞"的辖域广。根据成分统辖,"咁滞"应该出现在"乜滞"之前。如果"咁滞"和"乜滞"出现在一个句子中,以它们为中心词的短语分别以 YP 和 XP 表示,将会以例(51)中的层级次序出现。

(51) YP (差唔多……咁滞) >XP(点……乜滞)(">"意为"结构上高于")

在句子生成时,XP (点……乜滞)的位置应该在 YP (差唔多……咁滞)之前,其生成过程如例句(52)和(53)所示。在例(52)中,XP 的中心词"乜滞"首先诱发了内部合并,否定词与 X 合并,出现在前置副词"点"之后。

(52) a. [X VP]

b. [$_{XP}$ VP [X t_{VP}]]

c. [$_{XP}$ 点[$_{XP}$ VP [X t_{VP}]]]

d. [$_{XP}$ 否定词 [$_{XP}$ 点[$_{XP}$ VP[X t_{VP}]]]]

下一步是 YP 的中心词“咁滞”与 XP 发生内部合并，进而诱发了 XP 的内部合并，如例(53a)和(53b)所示。在附接语出现后，最终形成“差唔多+否定词+点+动词短语+X(乜滞)+ Y(咁滞)”的结构。

(53) a. [Y [$_{XP}$ 否定词 [$_{XP}$ 点 [$_{XP}$ VP [X t_{VP}]]]]]

b. [$_{YP}$[$_{XP}$ Neg [$_{XP}$ 点 [$_{XP}$ VP [Xt_{VP}]]]] [Y t_{XP}]]

c. [$_{YP}$ 差唔多[$_{YP}$[$_{XP}$ 否定词 [$_{XP}$ 点 [$_{XP}$ VP [Xt_{VP}]]]]

[Y t_{XP}]]]

在呈线性顺序的“差唔多+否定词+点+ 动词短语+X(乜滞)+ Y(咁滞)”结构中，框式结构“点……乜滞”嵌入到另一个框式结构“差唔多……咁滞”中。换句话说，同是前置副词，“差唔多”总是出现在“点”之前。与此同时，后置副词中，“咁滞”总是出现在“乜滞”之后。例(54)体现出上述句子的推导过程。在线性关系上，这两个框式结构所表现出的“套置”顺序是例(52)和(53)生成过程的自然结果，见例(56)。

(54) 佢差唔多冇点去乜滞咁滞。

keoi^{5}caa^{1}m^{4}do^{1}mou^{5}dim^{2} heoi^{3}mat^{1}zai^{6}gam^{3}zai^{6}.

他几乎没怎么去。

(55) *佢冇点差唔多去咁滞乜滞。

* keoi^{5} mou5 dim^{2} caa^{1}m^{4}do^{1} heoi^{3} gam^{3}zai^{6} mat^{1}zai^{6}.

(56) 差唔多　点　谓语　乜滞　咁滞

例(56)的“套置”顺序直接表明了为什么例(57)是不符合语法规范的，分析如例(58)所示。

(57) *佢有点差唔多去乜滞咁滞。

*keoi5 mou5 dim2 caa1 m4 do1 heoi3 mat1 zai6 gam3 zai6.

(58) *点　差唔多　谓语　乜滞　咁滞

尽管前置副词和后置副词在框式结构中都可以被选择性省略，下面的例子表明其必须遵循一定的层级关系，否则句子不成立。

(59) 佢有去乜滞咁滞。　(咁滞>乜滞)

keoi5 mou5 heoi3 mat1 zai6 gam3 zai6.

他几乎没怎么去。

(60) *佢有去咁滞乜滞。　(*乜滞>咁滞)

*keoi5 mou5 heoi3 gam3 zai6 mat1 zai6.

(61) 佢差唔多有点去。　(差唔多>点)

keoi5 caa1 m4 do1 mou5 dim2 heoi3.

他几乎没怎么去。

(62) *佢有点差唔多去。　(*点>差唔多)

*keoi5 mou5 dim2 caa1 m4 do1 heoi3

例(53)中的 XP 和 YP 到底指的是什么呢？如果把“乜滞”和“咁滞”分别赋予不同的语义特征，例如事件(终结、状态)和情态/体，我们在前面提到过，XP 的中心词“乜滞”表示谓语在频率上和程度上的欠缺，强调一个或一系列事件的内部特征。而 YP 的中心词“咁滞”表示非现实事件，涉及有关体和时态的概念，例如说话时间和参考时间，着重事件的外部特征。在结构上，XP 距离谓语动词短语要比 YP 近，这就不难理解为什么在句法上 X 总是先与 VP 合并。

(63) 佢先讲先。

keoi^{5}sin^{1}gong^{2}sin^{1}.

他先讲。

例(64)表明“先……先”能与“差唔多……咁滞”共现。有意思的是，其他词序，如例(65)(66)(67)所示，都是不合语法规范的。再一次表明 YP(“差唔多……咁滞”)在句法结构上要高于 XP“先……先”。

(64) 佢差唔多先讲先咁滞。

keoi^{5} caa^{1}m^{4}do^{1} sin^{1} gong^{2} sin^{1}gam^{3}zai^{6}.

他几乎先说。

(65) *佢先差唔多讲先咁滞。

*keoi^{5}sin^{1}caa^{1}m^{4}do^{1}gong^{2}sin^{1}gam^{3}zai^{6}.

(66) *佢差唔多先讲咁滞先。

*keoi^{5}caa^{1}m^{4}do^{1} sin^{1}gong^{2}gam^{3}zai^{6} sin^{1}.

(67) *佢先差唔多讲咁滞先。

*keoi^{5}sin^{1}caa^{1}m^{4}do^{1}gong^{2} gam^{3}zai^{6} sin^{1}.

Y 既可以表示事件的非现实性，如“咁滞”，也可以表示事件的现实性，如例(68)中的“嚟”。在文献中，“嚟”通常被看作是句末助词，表明刚刚过去(张洪年 1972，邓思颖 1998，Lee & Yiu 1998)。前置副词“正话”(意为“刚刚、不一会儿”)和“嚟”形成框式结构。

(68) 佢正话洗架车嚟。

keoi^{5}zing^{3}waa^{5} sai^{2}gaa^{3}ce^{1} lei^{4}.

他刚刚洗了车。

这一框式结构能够与“点……乜滞”共现。例(69)的词序表明前者在句中的位置要比后者高。这与我们发现的 YP 总是比 XP 距离谓语动词短语要远是一致的。

(69) 佢正话冇点洗架车乜滞嚟。
keoi5 zing3waa5mou5dim2sai2gaa3ce1mat1zai6lei4.
他刚刚没怎么洗车。

(70) *佢冇点正话洗架车乜滞嚟。
*keoi5mou5dim2zing3waa5 sai2gaa3ce1mat1zai6lei4.

(71) *佢正话冇点洗架车乜滞。
*keoi5zing3waa5mou5dim2sai2gaa3ce1lei4 mat1zai6.

(72) *佢冇点正话洗架车乜滞。
*keoi5 mou5dim2zing3waa5 sai2 gaa3ce1lei4mat1zai6.

在例(73)中,前置副词“或者”(意为“也许、可能、或者”)和语气助词“挂”一同用于表达说话人对句中信息的不确定(Matthews & Yip 1994),可以被当作一个框式结构(邓思颖 2006c)①。该句从语法上表明“差唔多……咁滞”可以进一步嵌入到另一个框式结构“或者……挂”中。例(74)不符合语法规范,因为“或者……挂”嵌入到“差唔多……咁滞”中了。

(73) 或者佢差唔多冇点去乜滞咁滞挂。
waak6ze2keoi5caa1m4do1mou5dim2heoi3mat1zai6gam3zai6 gwaa3.
可能他没怎么去。

(74) *佢差唔多或者冇点去乜滞挂咁滞。

① 粤语助词“挂”与美国英语中的“I guess”(我猜)功能接近(Matthews & Yip 1994: 353)。有意思的是,“挂”这个词早先可能是通过融合动词“估”(猜)和语气助词“啊”形成的。

* $keoi^5 caa^1 m^4 do^1 waak^6 ze^2 mou^5 dim^2 heoi^3 mat^1 zai^6 gwaa^3$ $gam^3 zai^6$.

假设粤语从句中存在一个 ZP(与语气和说话行为相关联的一个词组)，以“或者……挂”为中心语的短语会以例(75)中的层级次序出现，ZP 在结构上高于 XP，其线性次序为“或者+差唔多+……+Y(咁滞)+Z(挂)”。例(76)展示了这一线性次序的生成过程：副词“或者”出现在 Z(挂)之后，诱发了 YP 的内部合并。

(75) ZP（或者……挂）>YP（差唔多……咁滞）

(76) a. [Z YP]

b. [$_{ZP}$ YP [Z t_{YP}]]

c. [$_{ZP}$或者[$_{ZP}$ YP [Z t_{YP}]]]

除了“或者……挂”，其他表示语气的框式结构也能形成 ZP，如“究竟……先”。在粤语中，“究竟”是一个副词(意为“最终、毕竟”)表示某种态度，如不耐烦或气恼。“先”是语气助词，用来加强提问的语气，如不耐烦或气恼①(邓思颖 2006b)。例(77)表明框式结构“差唔多……咁滞”能嵌入到框式结构“究竟……先”中。如果将二者的层级次序颠倒，则句子不成立，如例(78)所示。例(77)和(78)的区别进一步支持了 ZP 在结构上高于 YP 的论点。

(77) 究竟边个差唔多冇点去乜滞咁滞先？

$gau^3 ging^2$ $bin^1 go^3 caa^1 m^4 do^1 mou^5 dim^2 heoi^3 mat^1 zai^6 gam^3$ $zai^6 sin^1$?

究竟是谁没怎么去？

① 粤语中的“究竟”与英语中 wh-the-hell 中的 hell 和普通话中的“到底”功能近似。参见黄正德和越智正男(Huang & Ochi 2004)关于英语 wh-the-hell 和普通话“到底”的比较研究。

（78） *边个差唔多究竟有点去乜滞先咁滞？

*bin^{1}go^{3}caa^{1}m^{4}do^{1}gau^{3}ging^{2}mou^{5}dim^{2}heoi^{3}mat^{1}zai^{6} sin^{1} gam^{3}zai^{6}?

根据不同的语义特征，我们把粤语中的框式结构分为三类，例（79）总结了这三种结构和本文中所探讨的对应词。根据这一分类，（73）和（78）中的线性次序可以用例（80）来简化表达：表示语气、情态/体和事件的前置副词位于谓语动词之前，表示事件、情态/体、语气的后置副词位于谓语动词之后，呈“套置”顺序。

（79） 粤语中的三种框式结构

a. 语气：或者……挂；究竟……先

b. 情态/体：差唔多……咁滞；正话……

c. 事件：点……乜滞；先……先

（80） 语气 情态/体 事件 谓语 事件 情态/体 语气

如果我们的讨论方向没错，粤语的“套置”顺序应该是例（81）所示的句法层级结构推导生成的结果。其中 ZP、YP 和 XP 分别对应语气、情态/体和事件①。

（81） ZP（语气）>YP（情态/体）>XP（事件）>动词短语

这一层级结构并不是只适用于分析本文中的例句。相反，它跟普遍语法的原则相一致，尤其是小句功能投射的普遍层级结构，

① 本文中的“Z”“Y”和“X”仅为方便记忆的符号，我不建议把它作为粤语功能性中心语的句法标记。

已经得到了独立论证。在文献中发现，包含例如语气、情态/体和事件等不同功能的从句的中心语，其层级次序是严格固定的，在任何语言中都不会改变（Rizzi 1997，Cinque 1999）。我们在本文中的讨论证实了粤语中的线性关系自然遵循了普遍句法的层级次序。

5. 方言差异

我们现在从后置副词的角度来讨论一下粤语和普通话的区别。在前面提到过的例（54）翻译成普通话后，见例（82）。在例（82）中，"几乎"和"怎么"的含义接近于粤语的前置副词"差唔多"和"点"。例（83）不合语法规范，表明普通话基本遵循与粤语相同的副词的层级关系〔比较例（61）和（62）〕。

（82）他几乎没怎么去。

（83）*他没怎么几乎去。

很明显，普通话缺乏后置副词，因此也欠缺副词的框式结构。换句话说，副词短语的中心语，即例（49）XP 短语中的 X 在普通话中是不存在的。如果这里提出的分析是正确的话，那么粤语和普通话的主要参数差异在于副词的词法和框式结构的形成。

这一参数分析有一些有趣的表现。首先，粤语和普通话在框式结构上的不同可以用分析性和综合性参数来表示，假设这种断续性具备了分析语言的特点的话（黄正德 2005）。在粤语中，副词短语的附接语和中心语在原则上都是显性的，而在普通话中只有副词短语的附接语是显性的。从这一意义上说，粤语的副词范畴比普通话更具有分析性。

其次，副词的分析性与粤语中谓语的可移动性密切相关。辛普森（Simpson 2001）在将粤语和其他几种东南亚语言进行对比后发现,粤语是一种允许谓语移位的语言。我在其他文章中也探讨过,谓语的移位是与谓语中后置副词的丰富程度密切相关的(邓思颖,2003a,b)。粤语副词短语的中心语(后置副词)是显性的,它可以被看作是边缘特征的显性表现,是诱发谓语提升的动力。粤语中大量的后置副词可以被看作是谓语发生移位的信号。这种粤、普句法的差异源于副词的分析性。移位主要是由于词法而发生的,这一分析与乔姆斯基(Chomsky 1995)提出的最简方案中的基本假设一致,即差异必须由显性的和可探测的特征所界定。

再次,粤语中谓语的移位也与某些"外部"因素有关。曾有学者认为谓语移位是粤语语言变化的残留(Simpson 2001);也有可能是粤语在历史上与东南亚语言和一些少数民族语言相接触的结果(李敬忠 1990;贝罗贝 1997)。所有这些因素都有可能是造成如今粤语独有词序的原因①。

6. 结语

本文探讨了粤语中两个后置副词"乜滞"和"咁滞"的语法特点,以及它们所组成的框式结构。本文认为"乜滞"这个副词,用来修饰谓语所表示的动作次数和程度,在底层结构上位于动词短语之前,根据成分统辖,位于否定词之后。动词短语发生移位后,形成表层结构上"乜滞"的后置。副词"咁滞"强调迈向时间自然终结点的过程。"咁滞"所修饰的谓语必须是终结性的,表明状态的变化。在句法上,"乜滞"和"咁滞"在底层结构上基本都位于谓语之前,由于整个谓语的移位,表层上出现在句末的位置。

本文进一步从句法上探讨了粤语中的后置副词和前置副词组成框式副词短语结构,这种短语的中心语是后置副词,诱发了谓语

① 很遗憾,由于缺乏足够的证据,关于粤语里"乜滞"和"咁滞"的历时演变以及谓语提升,本文未能达成任何结论,这有待日后继续研究。

在表层的逐步移位。这种状语短语,在小句结构中可以叠加出现,并且应该具有严格的等级次序。

如果本文的分析无误,粤语和普通话的主要参数差异在于框式结构的形成以及由此而导致的谓语的移位。希望本文的发现对粤语后置副词的句法研究和框式结构的理论应用有一定的参考价值。

参考文献

曾子凡 1989 广州话—普通话口语词对译手册,香港：三联出版社。

邓思颖 2003b 《汉语方言语法的参数理论》,北京：北京大学出版社。

邓思颖 2006a 《粤语》,《中国语文研究》第 1 期：1—11。

邓思颖 2006b 《粤语疑问句“先”的句法特点》,《中国语文》第 3 期：225—232。

邓思颖 2006c 《粤语框式虚词结构的句法分析》,《汉语学报》第 2 期：16—23。

高华年 1980 《广州方言研究》,香港：商务印书馆。

李敬忠 1990 《粤语是汉语族群中的独立语言》,《第二届国际粤方言研讨会论文集》,广州：暨南大学出版社。

刘丹青 2003 《语序类型学与介词理论》,北京：商务印书馆。

麦耘 谭步云 1997 《实用广州话分类词典》,广州：广东人民出版社。

饶秉才 等 1981 《广州话方言词典》,香港：商务印书馆。

王宁 邹晓丽 2000 《语法》,香港：海风出版社。

邢福义 1984 《说“NP 了”句式》,《语文研究》第 3 期。

袁家骅 等 2001 《汉语方言概要(第二版)》,北京：语文出版社。

袁家骅 等 1960 《汉语方言概要》,北京:文字改革出版社。
张洪年 1972 《香港粤语语法的研究》,香港:香港中文大学。
张励妍 倪列怀 1999 《港式广州话词典》,香港:万里书店出版。
张庆文 2005 《粤语的程度副词"咁滞"》,《第十届国际粤方言研讨会论文集》,香港中文大学。
郑定欧 1997 《香港粤语词典》,南京:江苏教育出版社。
Borer, Hagit 2005 *In Name Only*. Oxford and New York: Oxford University Press.
Chomsky, Noam 1995 *The Minimalist Program*. Cambridge, MA: The MIT Press.
Chomsky, Noam 2005 Three factors in language design. *Linguistic Inquiry*, 36: 1 – 22.
Chomsky, Noam 2007 Approaching UG from below. In Uli Sauerland, Hans-Martin Gärtner(ed.), *Interfaces + Recursion = Language? Chomsky's Minimalism and the View from Syntax-Semantics*. Berlin and New York: Mouton de Gruyter. Pp.1 – 29.
Cinque, Guglielmo 1999 *Adverbs and Functional Heads: A Cross-Linguistic Perspective*. New York and Oxford: Oxford University Press.
Huang, C.-T. James(黄正德) and Masao OCHI(越智正男) 2004. Syntax of the hell: two types of dependencies. In Keir Moulton, Matthew Wolf(ed.), *Proceedings of the Thirty-Fourth Annual Meeting of the North East Linguistic Society*. Amherst, MA: GLSA. Pp.279 – 293.
Huang, C.-T. James(黄正德) 2005 *Syntactic analyticity and the other end of the parameter*. Lecture notes, LSA 2005 Summer Institute, MIT and Harvard University.

Kayne, Richard S. 1994 *The Antisymmetry of Syntax*. Cambridge, MA: The MIT Press.

Law, Sam-po（罗心宝）1990 *The syntax and phonology of Cantonese sentence-final particles*. Doctoral dissertation. Boston University.

Lee, Thomas Hun-tak（李行德）, and Carine YIU 1998 Focus and aspect in the Cantonese final particle ‘lei4’. *Paper presented at the 5th Annual Research Forum*. Y.R. Chao Center for Chinese Linguistics, University of California, Berkeley.

Matthews, Stephen, and Virginia YIP 1994 *Cantonese: a Comprehensive Grammar*. London: Routledge.

Peyraube, Alain（贝罗贝）1997 Cantonese post-verbal adverbs. In Anne O. Yue and Mitsuki Endo (ed.), *Memory of Mantaro J. Hashimoto*. Tokyo: Uchiyama Shoten.

Rizzi, Luigi 1997 The fine structure of the left periphery. In Liliane Haegeman (ed.), *Elements of Grammar*. Dordrecht: Kluwer. Pp. 281 - 337.

Simpson, Andrew 2001 Focus, presupposition and light predicate raising in East and Southeast Asia. *Journal of East Asian Linguistics*, 10: 89 - 128.

Tang, Sze-wing（邓思颖）2003a Properties of *ngaang* and the syntax of verbal particles in Cantonese. *Journal of Chinese Linguistics*, 31(2): 245 - 269.

Tang, Sze-wing（邓思颖）1998 *Parametrization of features in syntax*. Doctoral dissertation. University of California, Irvine.

汉语系动词结构的理解：语义不明确性和语用充实性*

吴义诚　著　浙江大学语言与认知研究中心
杨小龙　译　浙江大学语言与认知研究中心

1. 引言

汉语系动词“是”的分析难点在于，它可以出现在多种语法结构中，而在语义上可能具有多种解释。具体来说，①“是”可以出现在述谓结构中，如例(1)；也可以出现在强调结构中，如例(2)；还可以出现在省略结构中，如例(3)：

(1) 木兰是一个演员。
(2) 木兰是喜欢法国菜。
(3) 木兰喜欢法国菜，王五也是。

例(1)中，无定名词短语“一个演员”出现在系动词后；例(2)

---

* 原文题目为 The Interpretation of Copular Constructions in Chinese: Semantic Underspecification and Pragmatic Enrichment，刊于 *Lingua*(121)：851－870，2011。文章经作者、刊物及出版社授权翻译。——译者注

① 如同英语的系动词 be，“是”还可以出现在其他结构中，如对等句（“木兰是那个演员”）或定指结构（“那个演员是木兰”）。受篇幅限制，本文将不讨论这类结构，并假定关于“是”的分析同样适用于这些结构。此外，汉语中的强调结构也可以具有“是……的”形式，其中“的”常常出现在句末位置，它的缺省不会影响该结构的合法性。

中，出现在系动词后的是一个动词短语，产生了强调性解读；例(3)中，系动词出现在省略结构中，而先行小句中的动词短语“喜欢法国菜”则为其提供完整的语义解读。因此，例(3)又可以称之为动词省略结构(Xu 2003)。以上三例清楚地表明了一个事实：系动词“是”的语义解读强烈依赖局部的语言环境来实现。

依赖语境的事实表明，汉语系动词“是”具有语义上的不明确性，需要在语用上对其进行充实。我们可以假定它是照应性词语，具有指代词的特征。与代词相同的是，“是”具有从语境(自身出现的小句或语篇)中获得赋值的照应功能。本文认为，解读汉语系动词“是”必须考虑语义上的不明确性和语用上的充实性。

本文结构安排如下：第二节批判性地评述关于“是”的已有分析；第三节对“是”的语义特征进行初步分析；第四节则介绍本文所采用的理论框架——动态句法理论(Kempson et al. 2001；Cann et al. 2005)；第五节着重运用动态句法理论分析例(1)至例(3)所呈现的语法结构；第六节是全文的总结。

2. 文献评述

在相关文献中，很少有学者将例(1)至例(3)中出现的“是”置于统一的解释框架内。然而，赵元任(Chao 1968)提出，不论是在述谓结构中还是在强调结构中，“是”都是一个系动词(亦见 Hashimoto 1969；Li & Thompson 1981)。多数学者对“是”出现的强调结构做出了种种解释。已有的分析主要关注出现在强调结构中“是”的词类范畴，如邓守信(Teng 1979)认为“是”是一个焦点标记；黄正德(Huang 1982)则认为它是一个焦点副词；而石定栩(Shi 1994)则认为它是一个情态动词。郑礼珊(Cheng 2008)最近提出，作为系动词，“是”选择了带有主语和谓语的小句；而黄正德等(Huang et al. 2009)则宣称，例(2)强调结构中的“是”与例(1)述谓结构中的“是”并不是同一个语素。

初步看来，将“是”看成焦点标记似乎有道理。强调结构中的多数焦点表达式都紧跟在“是”之后。举例来说,与焦点出现的正常语序相比,如(4a),“是”后的焦点成分都各自待在自己的原位,可以是主语名词短语、时间表达式、地点表达式、动词短语或整个小句,如下所示:

(4) a. 王五昨天见了李四。
b. **是**王五昨天见了李四。
c. 王五**是**昨天见了李四。
d. 王五昨天**是**在酒吧见了李四。
e. 王五**是**见了李四。
f. **是**王五在酒吧见了李四,**不是**李四在公园见了王五。

虽然汉语的大多数强调句型在功能上等同于英语的分裂句,但两者在句法顺序上存在很大差距。与英语的分裂句不同的是,汉语强调成分处于原位位置:“是”出现在被强调的焦点成分之前,而没有改变相关句型的词序。[①] 汉语中不仅可以通过用“是”标记强调结构,也可以通过语音或韵律的显著变化来标记焦点成分。在日常交际中,我们常用重音等手段标记(4b—d)中的焦点成分,此类焦点可称之为“狭义焦点”;或通过改变韵律来标记(4e—f)中的焦点成分,此类焦点可称之为“广义焦点”(参见 Ladd 1980)。这也说明汉语强调结构表达的效果不完全是通过句法手段实现,而是通过句法、语用和韵律之间的互动得以实现(参见 Wu 2005)。

汉语中强调成分居于原位的特征很容易让人提出“是”为一个焦点标记的假设。但是,有些关键的证据显示,“是”并不是纯粹的焦点标记词,因为它在疑问句中依然保留动词特征:(a) 否定形式

① 事实上,“是”并不总是出现在焦点成分之前,如下例:

(a) * 王五见了是李四。

此例可以明确表明“是”是一个谓语替代形式,详见第三节和第五节。

与动词相同；(b) 在 V－不－V 结构中的表现也与动词相同，如例(5a—b)。以上这些特征表明，“是”在强调结构中不是一个语法词而是一个系动词(参见 Hashimoto 1969；Li & Thompson 1981)。

(5) a. 木兰不是喜欢法国菜。

b. 木兰是不是喜欢法国菜？

另一种分析认为“是”为一个副词，因为它与副词在句法表现上有某些相似之处。举例来说，副词“一定”和“可能”除了不能出现在动词后的宾语位置前面，都可以出现在其他成分之前。虽然这些副词可以出现在正常语序中任何成分之前，如(6a)，也可以与“是”一样有否定形式，但它们的疑问形式则与“是”完全不同，尤其是当它们出现在句首时，如(6b)：

(6) a. [ ]王五[ ]昨天[ ]在酒吧[ ]见了李四。

b. *？一定不一定王五昨天在酒吧见了李四？

石定栩(Shi 1994)则将“是”划归为其他类型动词，而非系动词。他认为“是”为情态动词，并用以标示确认。① 他进一步声明，虽然汉语的情态动词经常出现在主语和主句动词之间，如(7a—b)所示。其他情态动词可以出现在句首，或以 V－不－V 形式出

① 李讷和汤普森(Li & Thompson 1981)首先讨论了强调结构的确认和证实功能。他们指出汉语中的强调结构“通过确认或否认某种推测来标记或解释某一情形，并与汇报事件的句型区分开来”(Li & Thompson 1981：589)。他们进一步用下例来证明强调结构可以用于否定某种推测：

(a) 我们(是)不是欺负你们的。

以上例子依然具有确认功能。说话人用此结构向听话人保证自己没有欺负他们。因此，此结构具有确认功能。值得一提的是，“是”有时可以作为确认标记，如下所示：

(b) A：木兰喜欢法国菜。
B：是。

现,如(8a—b)所示:

(7) a. 张三会去英国。
    b. 张三会去英国吗?

(8) a. 应该姚琪去。
    b. 应该不应该姚琪去?

事实上,与(7)中“会”表现类似的大多数情态动词都不能出现在句首位置,如例(9)所示。更为重要的是,与英语的 be 类似,“是”也可以出现在其他结构中,如例(1)的述谓结构等。这些语言事实都清楚地表明,“是”不能归于情态动词的行列。

(9) a. *会张三去英国。
    b. *会张三去应英国吗?

最近,郑礼珊(Cheng 2008)提出,与述谓结构相同,强调结构中的“是”也是一个系动词;而黄正德等(Huang et al. 2009)则认为强调结构中的“是”与述谓结构中的“是”不是同一个系动词语素。

斯托维尔(Stowell 1983)声称所有的系动词句都包含一个含有主谓结构的小句。据此,郑礼珊(Cheng 2008)强调系动词“是”后也带有一个小句,如(10)所示。(10b)是关于例(1)的简化了的句法表征。根据郑礼珊(Cheng 2008)的假设,“木兰”从小句主语位置移到主句主语位置,即 IP 的 SPEC 位置。

(10) a. COP[$_{SC}$[主语][谓语]]
     b. COP[$_{SC}$[木兰][演员]]

在此基础上,郑礼珊(Cheng 2008)进一步假设,与“是”有关的焦点解读与其特有的系动词//动词属性有关。汉语允许通过突显的音系特征来实现焦点处于原位的策略，此策略必须通过“是”和动词后成分之间的互动来实现。郑礼珊（Cheng 2008）试图为不同的解读寻找统一的理论解释，但是其解释也存在一个重要问题，即它没有说明“是”的语义特征，尤其是它的替代性特性（我们将在第三节和第五节里对此详述）。

当句子的谓词为形容词时，句子有时不需要“是”，若使用“是”则会产生对比解读。基于这个事实，黄正德等（Huang et al. 2009）认为“是”分属两类语素，如下所示：

(11) a. 他很英勇。
b. 他是很英勇。[①] (Huang et al. 2009：25)

“我们需要区分用于系动词句中的‘是’和用于强调结构中的‘是’。两个词素最大的区别在于表强调的‘是’在此语境中必须用重音强调，而系动词句中的‘是’则不需要。表强调的‘是’或通过反映说话人的确认态度，或通过产生对比解读来强调其后出现的成分”（Huang et al. 2009：25）。黄正德等（Huang et al. 2009）的看法主要基于英语的助动词 do。当讨论“是”的分类问题时，黄正德等（Huang et al. 2009）构造了如下例句作为对比，并声明“表强调的 did 与（12a—b）中的 did 不是同一个语素”（Huang et al. 2009：17）：

(12) a. Did Sam leave?
b. Sam did not leave.
c. Sam left.
d. Sam did leave.

（12d）中的 do 与（12a）和（12b）中的 do 完全是同一个语素。这三种

① 在此，本文并没有在（11b）和（12d）前引用黄正德等（Huang et al. 2009）原文中的符号“ * ”。因为审稿人提出，加上符号“ * ”会引起误解。“ * ”往往代表不合法性〔虽然（11b）中的“是”引起了对比解读，但这些句子都是完全合法的〕。

结构(强调结构、疑问结构和否定结构)又可以被称为 do-支撑结构。在英语中,do 作为助动词常被用在以上三种结构里(参见 Jesperen 1931: 504—512; Quirk et al. 1985: 77—79; Huddleston & Pullum 2002: 92—93)。据语用学家的分析,由(12d)这类句子产生的强调或焦点解读,是基于关联而衍生出来的(Sperber & Wilson 1995):插入的助动词 do 要求听话人付出额外的努力,将此"不必要"的词语与相关的动词短语建立一定的关联,因此取得强调或焦点效果(注:我们可以对句子动词简单地施以重读,就能够获得强调或焦点效果)。

通常情况下,当汉语句子的谓语是形容词时,系动词"是"没有必要出现,若使用常常会产生对比解读。如含有助动词 do 的例(12)所示,同一个语素可以出现在不同结构中,并行使不同的语法功能。表示强调意义的"是"和出现在系动词句中的"是"为同一个语素(参见 Chao 1968: 716—721;吕叔湘 1980: 434—437;Li & Thompson 1981: 147—155)。更为重要的是,黄正德等(Huang et al. 2009)假设二者可以用重音区分的声明也令人感到疑惑。我们调查了五位汉语母语者,他们都认为是强调的成分(而非"是")才具有语音或韵律上的突显变化(亦见 Cheng 2008)。

综上所述,将强调句变为否定句或疑问句时,"是"既不是一个焦点标记也不是一个焦点副词,而依然是一个主句动词。大多数情态动词不能出现在句首位置的事实表明,"是"也不属于情态动词。有的分析虽然承认"是"在各种句型中都保持了动词特征,但和之前的其他讨论一样都忽略了一个重要问题,即"是"的语义问题。系动词的意义问题一直是中外哲学家、语言学家、逻辑学家等关注的一个重要课题。从解读视角,之前的分析都没能解释"是"的语义特征,而其语义特征则是解析例(1—3)的重要线索。

3. 初步分析

在这一节,我们将"是"的语义特征做出描述性的初步分析,并用于分析不同类型的系动词结构。我们在第二节讨论过，系动词“是”的出现，往往表示其后出现的成分包含某种突显信息：可能只强调某单一成分，即狭义焦点；也可能强调整个句子，即广义焦点。这个事实说明强调或焦点效应不是单纯通过句法手段获得的，而是通过句法、语用和韵律之间的互动实现的。说话人不是用语法手段而是用语用手段来实现强调或焦点效应。也就是说，说话人在某一特殊语境的某一时刻，力图传达一定的特殊信息。以汉语强调结构为例，由于“是”的系动词或动词特征，我们才能标记其后出现的成分并需要多加关注。在语境中，说话人可以用语用手段（如重音或韵律）标记焦点成分，而听话人则相应地会识别这一信息。

现在，最为重要的问题是：用于不同结构中的“是”到底具有什么样的语义特征呢？根据“是”前后不同的语言成分，如例（1—3），包含“是”的结构可以有不同的解读。这说明“是”的语义内容主要依赖其出现的语境来实现。语境依赖本质则表明“是”的语义内容具有不明确性，必须通过充实语用手段对其进行解读。之前的分析忽略了其替代特征，如例(3)所示，即系动词和动词短语之间具有替代性质的关联。为简便起见，将(3)重复为(13)：①

(13) 木兰[喜欢法国菜]$_i$，王五也是$_i$。

---

① 审稿人 A 询问下面的例句是否同时具有松散解读和严格解读：

(ⅰ) 木兰喜欢她的老师。王五也是。

徐烈炯(Xu 2003)认为此例句既具有松散解读也具有严格解读。第二个小句不仅可以表示“王五喜欢木兰的老师”，也可以表示“王五喜欢自己的老师”。

审稿人 A 同时询问下面省略形式的可接受性：

(ⅱ) *木兰喜欢法国菜。英国菜也是。
(ⅲ) 木兰昨天做饭了。上星期也是。

如(ⅱ)所示，与英语相反，汉语的宾语名词短语可以采用省略形式。但是汉语包含附加语（如“上星期”）的省略结构可以很自然地翻译成英文。我们将在下面小节中详细分析动词短语省略的情况。

诸如例(13)之类的事实表明,“是”具有指代词的替指特征。与指代词相似的是,系动词需要在语境中(通过先行出现的小句或其身后的语串)获取语义值。“是”具有指代词的替代性特征的重要事实在于,从历时语言学的视角看,“是”这个语素在古代汉语里用作指示代词,语义上相当于“这”(王力 1958: 353, 1989: 184)。通过对汉语的历史演变研究,王力指出“是”这一语素在先秦之前被用作指示代词,尤其是在主语和谓语间没有连接动词的情况下,如例(14)。到了公元 1 世纪,“是”才发展为一个连接动词或系动词,如例(15):[①]

(14) 富与贵,是人之所欲也。(孔子《论语》)
(15) 予是所嫁妇人之父也。(王充《论衡》)

例(14)中,做主语的名词短语通过停顿与谓语分离,而“是”则作为指示词回指之前处于主语位置的名词短语“富与贵”。例(15)中,“是”作为连接动词,连接“予”和名词性谓语“所嫁妇人之父”。在此,我们无须详细探究“是”如何从一个指示代词发展为一个系动词的历时发展过程。但是,例(14—15)可以证明为什么在现代汉语中可以将“是”看作替代性成分的合理性。正是由于“是”拥有与指代词一样的替代特征,它才可以被用于类似例(3)的省略结构中。确切地说,例(2)“木兰是喜欢法国菜”最好地呈现了“是”作为谓语替代词的用法:由于其先抑后扬的作用(先告诉听者注意某一事项,接着由身后的动词短语抖出包袱),此类结构往往具有强调效果,这在某种程度上或多或少像西班牙语中后置主语的对比效应,如 Contesto la pregunta Juan〔“胡安回答问题。”胡安(Juan)为后置主语〕。

① 在古代汉语中,“所”作为助动词可以出现在属性形容词或动词前。作为句末小品词,“也”具有完句功能,用于标记句子的结束。

我们已在 198 页的脚注①里提到过，“是”有时用来确认某种推测而非汇报一个事件，如前文(4f)被用来作为 B 的回答。

(16) A：我听说李四在公园见了王五。

B：哪里，是王五在酒吧见了李四，不是李四在公园见了王五。

需要注意的是，将“是”作为谓语替代形式，可以很好地解读为什么用在谓词前表强调的“是”具有确认功能。“是”的确认功能与其作为系动词的强调或延时效应相关。强调或延时效应的解读类似于代词的指代消解。简而言之，代词的语义不明确性需要通过它所在句子的语境中出现的语言表达式得到确认。或者，与回指代词的解读一样，“是”的语义内容也可以通过其身后出现的语言单位得到充实。因此，只有依赖通过语境，确认效应才得以动态实现，详见第五节和第六节。

将“是”处理为谓语替代形式的另一个优点在于，它可以解释为什么在强调结构中系动词不能出现在处于宾语位置上的名词短语前。因为系动词“是”为谓语的替代形式，所以必须出现在动词短语前，即使后面的宾语是所强调的成分。①

---

① 审稿人 B 询问系动词词素“是”是否可以出现在汉语的动结式结构中。答案是否定的，如下所示：

(i) *张三打是跑了李四。
(ii) *张三骑是累了那匹马。

以上两例不合法的原因在于，两个动词成分“打跑”和“骑累”的功能相当于一个动词，尽管其在语义上表达复杂事件。因此，“是”和体标记“了”都不能出现在此结构中：

(iii) *张三打了跑李四。
(iv) *张三骑了累那匹马。

为了挽救以上两个例子，体标记必须出现在第二个动词成分“跑”和“累”之后。为了挽救例(i—ii)，作为谓语的替代形式，“是”必须出现在第一个动词成分“打”和“骑”之前。

体现在汉语系动词“是”上的语言现象，一方面是自然语言里词汇意义不明确特性的反映，另一方面是词汇、结构和语用信息之间交互作用的反映。由此产生的一些具有重大意义的语言学理论问题，如句法与语义及语用的接口、动态语境与语用效果等，都能在同一语言现象里同时得到较为全面的探讨。本文试图为包含“是”的不同类型结构提供统一的、基于解析的阐释框架。本文认为汉语的系动词是一个既在语义上又在句法上都具有不明确性的替代表达式。从解析视角看，汉语系动词的解读需要通过语境充实信息而得以实现。本文运用动态句法理论（Kempson et al. 2001；Cann et al. 2005）对汉语的系动词“是”进行动态解析。动态句法作为一种新型的形式语法，将语义内容和语用语境的表征都结构化，并强调结构、语义和语用信息之间互动关系在句子生成与理解过程中的重要作用。在运用动态句法理论解析系动词结构之前，我们首先对其理论内容进行简要的介绍。

4. 动态句法理论

动态句法作为一种基于解析的形式语法，以语义、结构与语用的互动关系为核心，将结构合成和语义理解的形式化工作完好地结合起来，从而将结构形式与语义功能的解释统一起来。这不仅开阔了语言学研究的视野，也具有重要的方法论意义。与之前的形式句法不同，动态句法按照从左至右的线性序列解析语句中的语言单位。与最简方案（Chomsky 1995）相同的是，动态句法中只有一个层面的表征，即逻辑形式。与最简方案不同的是，逻辑形式是语义内容的表征，特别是论元结构和其他意义内容的表征。

动态句法理论有如下重要特征。首先，自然语言理解高度依赖语境。语境转变不只存在于句子与句子之间，还存在于词与词之间。其次，同其他认知活动一样，信息处理涉及对部分信息的操控。动态句法将信息的不明确性从语义和语用扩展到了句法层面，并允许词项行为、计算行为和语用行为之间的互动。解析行为的核心概念在于结构和语义上的不明确性。这种不明确性通过不同方式展现，并依赖“需求”获得解决。动态句法解析的关键因素在于三种行为之间的互动，并一并在树扩展中获得展示。

4.1 需求和树增长

动态句法的初始目标是构建一个需求为?$Ty(t)$的命题内容。其中的？表示需求，$Ty(t)$表示命题类型值。为了满足上述需求，解析主要依赖以下三种信息来源。第一，计算规则让语义树得以扩展。引入规则和预测规则允许处于根节点的?$Ty(t)$扩展为两个儿女节点，一个论元节点?$Ty(X)$和一个谓词节点?$Ty(X \rightarrow Y)$。通过两个计算规则（引入规则和预测规则），根节点（注：若将语义树视作一棵倒立的树，树的顶点就可叫作根节点）扩展为两个儿女节点（如图 1 所示）。在图 1 中，◊ 被称为指针，用以标明当前正在构建的节点。

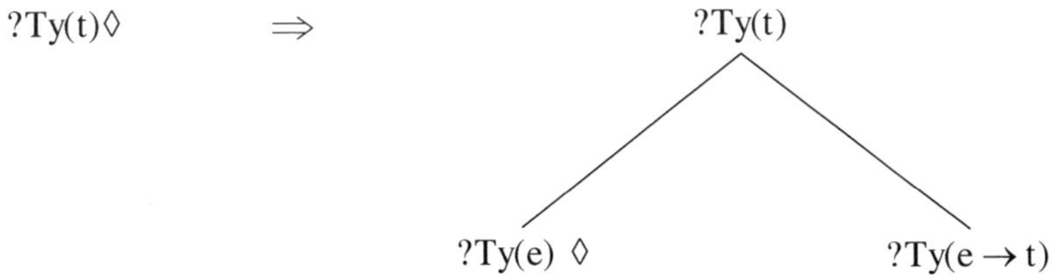

图 1 初始扩展

第二，正在解析词语所蕴含的词义内容也是扩展语义树的重要工具。以“木兰喜欢王五”为例，主语位置上的名词“木兰”所包含的词项行为由触发信息开启一系列的行为和一个失败声明（如果条件行为没有得到满足，那么停止解析）。[↓] ⊥ 符号表示底部限制，表明此节点是终节点。[①]

① 在动态句法理论框架中，专有名词投射出约塔项。约塔项是一个艾普斯龙表达式，具有从某一集合中挑出一个独一无二的个体的选择功能（参见 Cann et al. 2005）。

(17)“木兰”词项：

IF	$?Ty(e)$	触发
THEN	put($Ty(e)$,$Fo(\iota,x,$木兰$'(x))$,$[\downarrow]\bot$))	行为
ELSE	abort	失败

解析名词主语“木兰”时，该词语为顶点下面的论元节点提供了注解内容，满足了此节点上需要语义类型为 $Ty(e)$ 的表达式这一需求。然后指针移动到谓词节点，如下图所示：

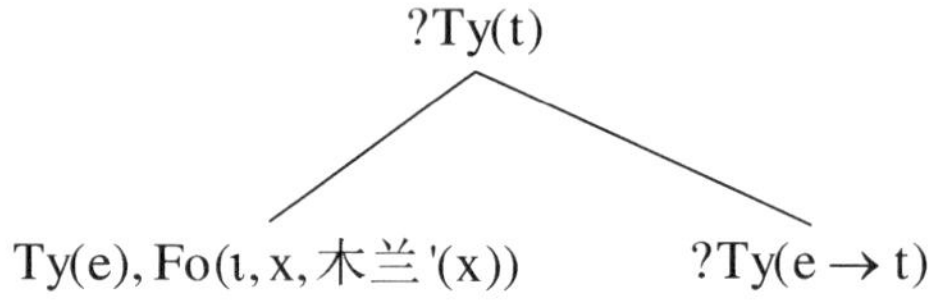

图 2 解析“木兰”

为了表示节点之间的关系，动态句法采用有限树逻辑（The Logic of Finite Trees，简称为 LOFT）。LOFT 是描述树关系的模态逻辑。此逻辑形式对于动态句法至关重要：

$$\langle\uparrow\rangle\langle\uparrow_0\rangle\langle\uparrow_1\rangle\langle\downarrow\rangle\langle\downarrow_0\rangle\langle\downarrow_1\rangle\langle\downarrow_*\rangle\langle\uparrow^*\rangle\langle L\rangle$$

这些模态符号分别表示树节点之间的关系：$\langle\downarrow\rangle$ 表示相对于儿女节点而言，因此，$\langle\downarrow_0\rangle$ 和 $\langle\downarrow_1\rangle$ 分别意为某一母亲节点下的论元节点和谓词节点。相反，$\langle\uparrow\rangle$ 表示与母亲节点的关系，因此，$\langle\uparrow_0\rangle$ 和 $\langle\uparrow_1\rangle$ 分别表示受母亲节点支配的论元节点和功能词节点。$\langle\downarrow_*\rangle$ 表示支配关系，而 $\langle\uparrow^*\rangle$ 则表示被支配关系。$\langle L\rangle$ 表示两个语义树之间的链接关系。在此基础上，动词“喜欢”的词项可以表示如下：

(18) IF $?Ty(e\to t)$
THEN go($\langle\uparrow_1\rangle ?Ty(t)$, put($Tns(PRES)$), go($\langle\downarrow_1\rangle$));
make($\langle\downarrow_1\rangle$),put($Fo($喜欢$')$,$Ty(e\to(e\to t))$,$[\downarrow]\bot$);

$go(\langle\uparrow_1\rangle), make(\langle\downarrow_0\rangle), go(\langle\downarrow_0\rangle), put(?Ty(e))$

ELSE　Abort

词项行为操控着指针在不同的节点移动。首先，指针从谓词节点 $Ty(e\rightarrow t)$ 移动到根节点 $?Ty(t)$，然后将现在时态这一信息注解到根节点位置，而后指针移回到谓词节点。其次，动词“喜欢”的行为可以表述如下：“喜欢”作为及物动词不仅允许构建二价的谓词节点，还构建了它需要的内部论元节点。解析完动词之后，指针移位到内部论元节点，表示此节点是需要处理的节点，如图 3 所示：

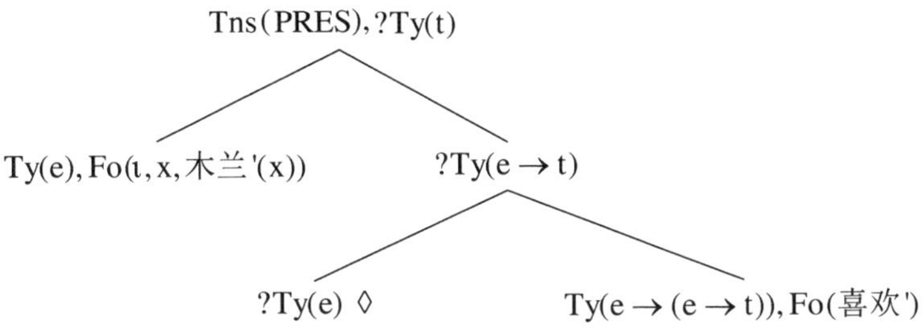

图 3　解析“木兰喜欢”

第三，处于宾语位置的名词短语“王五”得以解析，并满足及物动词需要一个内部论元的需求。然而，解析过程还未结束。如图 4 所示，树中有些节点上的需求还没有得到满足。要完成语义树的构建，我们需要运用函数应用规则，通过演绎推理最终获得句子命题语义的表达式，如下图所示：

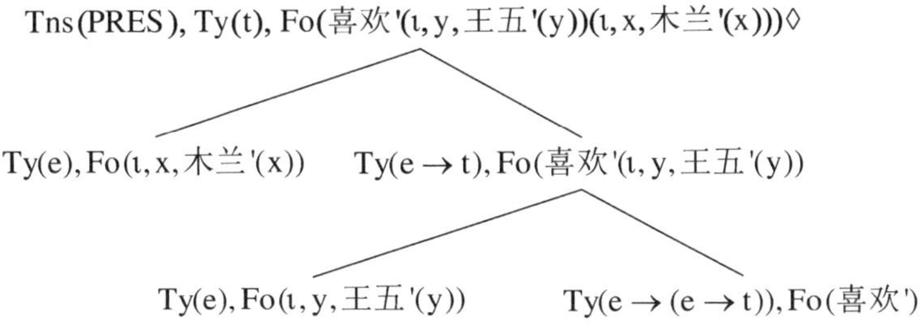

图 4　解析“木兰喜欢王五”

4.2 替代表达式

如前所示,动态句法允许解析过程中加入语用行为。替代表达式的解读能恰如其分地展示语用行为在解析过程中所起的作用。假设词语能够在语境中为构建内容表征提供所需的词项行为,因而替代表达式,如人称代词,可以从话语语境中选取所需的逻辑语义值。在动态句法中,替代表达式被定义为投射出一个元变量,并需要寻找合适的名项作为其语义内容的表征。从另一个角度说,替代表达式可以解读为需要从语境中选取语义值的占位成分,此过程被称为语用替换。

我们来看如何解析 George likes Gillian, but she doesn't like him 这句话里的两个人称代词 she 和 him。需要特别说明的是,人称代词投射出的元变量往往包含限制性特征。例如,she 投射包含阴性特征的元变量,并伴有需求$?\exists x.Fo(x)$。$?\exists x.Fo(x)$表示此表达式的实际语义内容在某个别的地方,如下所示:

(19) IF $?Ty(e)$
THEN $put(Ty(e),\ Fo(U_{female}, ?\exists x.Fo(x), [\downarrow]\bot))$
ELSE Abort

零型替代词(如零主语或零宾语)同样可以用此方式进行解析。众所周知,汉语是主语脱落型语言,允许在口语中省略主语,并可以通过语境获知主语,如下例:

(20) A:木兰喜欢王五吗?
B:喜欢。

(20B)包含一个零主语和一个零宾语。(20B)中的零主语首先投射出一个元变量U，并占据主语论元节点。元变量U的具体语义值由问句语境中(20A)中的主语语义值 $Fo(\iota,\ y$,王五$'(y))$来实现。同样道理，零宾语的具体语义值也是通过语用替代过程获得的。

4.3 左边缘效应

除了上面提到两种语义上的不明确性，动态句法还可以刻画第三种不明确性。这种不明确性是一种结构上的不明确性，即如何确定树节点在整个语义树中的位置。这种结构上的不明确性常用来解释长距离依存效应，即一开始出现的没有确定位置的节点在之后扩展的语义树中找到固定节点的解析过程。我们用加接规则来实现此效应。加接规则允许根节点包含一个不固定的树节点，如下图所示：

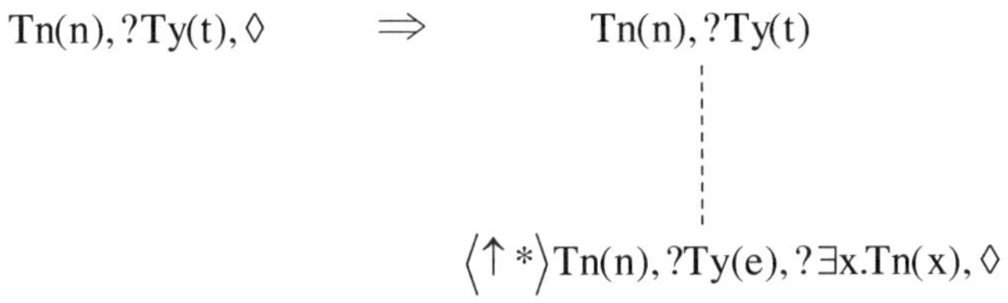

图 5　加接规则

加接规则能够很好地解释左错位结构。举例来说，汉语的话题结构“王五，木兰喜欢”的解析过程可以作如下刻画：

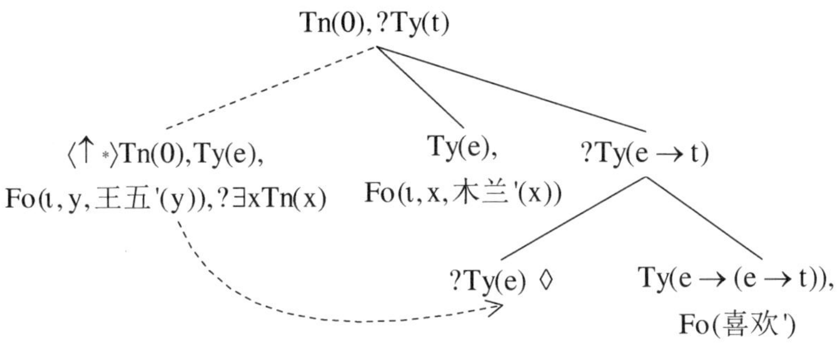

图 6　解析“王五，木兰喜欢”

当动词“喜欢”被解析之后，依然存在一个待定节点和一个需要具体语义值的论元节点，如指针所示。在这种条件下，融合过程将两者融合在一起，并最终获得与正常语序“木兰喜欢王五”相同的命题意义表达式。两者的区别在于具体的解析过程：左错位的宾语先投射出一个待定节点，后与及物动词的内部论元节点融合在一起。

4.4 右边缘效应

右边缘效应发生在构建句子命题表征的结束阶段。通过构建链接结构，右边缘信息为整个句子提供背景效应。首先出现的代词可以通过右边缘语境中出现的具体语义内容获得解读：

(21) 他是(一个)英国人，我们的新老师。

在动态句法中，右边缘效应通过一个名为后加接计算规则得以解析。后加接规则意为语义树中的某一节点还未完全结束，留下一个有待满足的需求。举例来说，如果某个元变量或某个占位成分没有通过语用替代获得具体的语义值，也就是说，此节点未获得具体的逻辑表达式。后加接规则允许右错位的表达式创建一个待定的节点，此节点包含具体的逻辑表达式，之后通过融合将两个节点合并在一起：

(22) 后加接规则

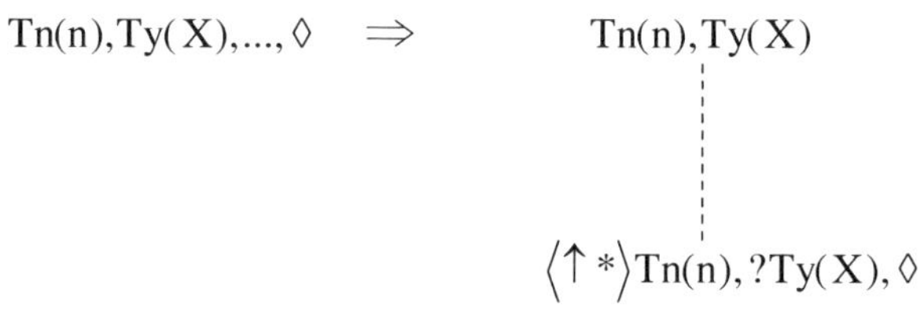

图 7 后加接规则

以汉语的主语后置句为例：

(23) a. 来了一个客人。(Chao 1968：673)

b. 吃完饭了你？

如4.2节所言，汉语属于主语脱落型语言。在交际语境中，主语经常可以省略。主语论元节点通过计算规则构建(引入规则和预测规则)，并用一个元变量修饰此节点。(23a)的解析过程可以表示如下。在解析完动词后，指针重新回到主语节点：

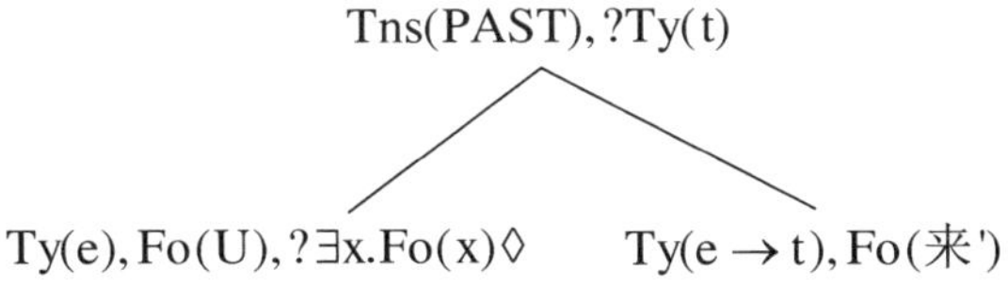

图8 解析“来了”

之后，我们可以通过后加接规则解析主语论元节点：右错位成分投射出一个包含与主语论元节点相同语义类型的待定节点。后置的主语“一个客人”的解析得以允准。数词“一”和量词“个”与英语中的不定冠词“a/an”相同(参见Wu 2001)。“客人”既可以在“木兰喜欢客人”中充当名词性短语，也可以在“木兰是(一个)客人”中充当谓语。“一个”的存在与否并不影响句子的合法性。因此，我们可以假设名词短语“一个客人”的类型具有模糊性：既可以为e也可以为$e \to t$，与英语的不定冠词a\an类似，“一个”也具有模糊性：“一个”用来构建一个艾普斯龙项，并从集合中挑出某一个体；或将某一名词构建为一个谓词项(参见Cann et al. 2005：369)。(23a)中“来了一个客人”中“一个客人”是整句的主语，“一个”则被分析为投射出变量约束算子，如下图用兰姆达约束类型为cn的变量P，即“客人”。图9展示了

后加接计算规则：①

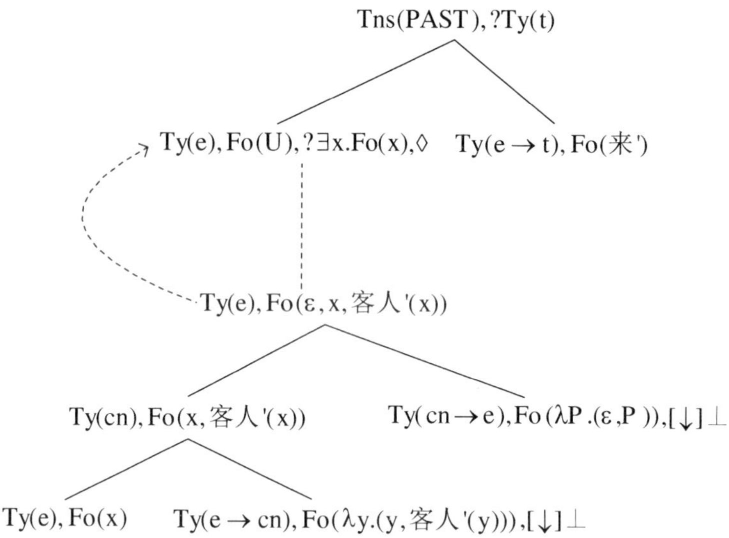

图 9　解析“来了一个客人”

5. 动态分析

解析汉语系动词结构的核心在于如何动态解析“是”这一系动词语素。我们在第三节中已经指出，汉语的系动词在内容上具有不明确性。也就是说，其解读强烈依赖语言语境，尤其是系动词前后出现的语言表达式。当一个表述性成分出现在系动词后的时候，我们获得谓词性解读，如例（1）；当一个动词短语出现在系动词后的时候，我们获得强调性解读，如例（2）；当系动词词素后没有任何成分时，我们就获得省略性解读，如例（3）。从这个角度说，系动词语素的解读依赖于与其相联系的表达式。

如前所述，系动词“是”的表现如同谓语替代形式。在动态句法

---

① $Fo(\varepsilon, x$ 客人$'(x))$ 使用于表示客人'集合中的任一个体的艾普斯龙项（参见 Kempson et al. 2001; Cann et al. 2005）。

理论体系中，代词投射出一个语义类型为 e、语义内容具有不明确性的元变量 U。元变量也可以为任何类型。① 因此，系动词“是”可以被解析为需要充实的语义占位成分。这种过程指其后面直接出现的成分对不明确内容进行充实，如例(2)；或通过语用替代获得解读，如例(3)。所以，我们假定“是”投射出一个为“SHI”的元变量，并伴有确认其谓词结构的需求，其词项可以展示如下：

(24) IF　　$?Ty(e \to t)$
THEN put($Ty(e \to t)$, $Fo(SHI)$, $?\exists x.Fo(x)$) ;
ELSE　abort

代词投射的元变量通过一个名为语用替代的过程，获得前面语境提供的具体语义内容。如例(1—3)所示，听话人需要在语境中获得元变量“SHI”的潜在替代者。元变量“SHI”的语义值需要通过解析其后出现的语串或之前语境中出现的语言单位来实现。为了能够解释此扩展过程，我们需要加接和后加接这两个计算规则。

5.1　述谓结构

首先，我们从动态解析的视角对例(1)所示的述谓结构进行刻画。为方便起见，重复如下：

(25) 木兰是一个演员。

此例中的前两个词语“木兰”和“是”首先被解析，并占据主语节点和谓词节点：

---

① 根据语境，替代表达式可以投射出类型不同的元变量。英语中 it 可以在“I like it, your book”中投射出类型为 e 的元变量。同时，也可以在“it is likely that your new book will become a bestseller”投射出类型为 t 的元变量(参见 Cann et al. 2005：194—198)。

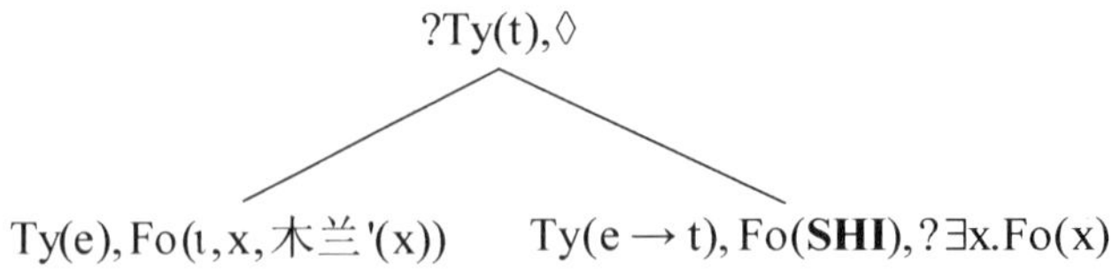

图 10 解析“木兰是”

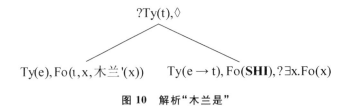

此时,语义树还未得到完全构建,因为谓词节点上的需求还未得到满足。指针必须移回到未完成的谓词节点,并允许后加接规则构建一个类型为?$Ty(e\to t)$的待定节点。此规则允许解析任何一个一价谓词,如“一个演员”。名词短语“一个演员”既可以分析为语义类型 e,也可以分析为语义类型 $e\to t$。“一个”可以被解析为从集合中挑出某一个个体的艾普斯龙项。例(25)中,“一个”被分析为通过兰姆达算子约束集合中变量的算子。兰姆达算子在解析名词性表达式时得以构建,并保证其受到主语约束。① 无定名词短

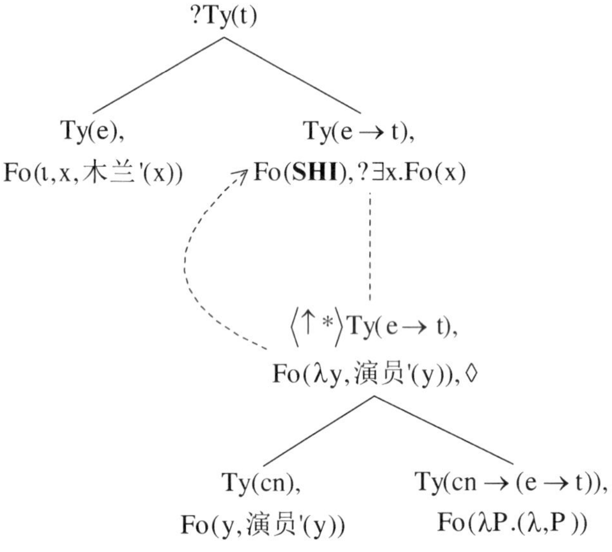

图 11 解析“木兰是一个演员”

① 详细的分析可参阅 Cann et al.(2005: 370—371)以及 Cann(2006,2007)。

语投射出的待定节点与“是”投射出的具有固定位置的谓词节点融合在一起，满足了两个节点相互的需求，即待定节点需要一个固定的树节点，而元变量需要一个具体的语义值。解析完毕，我们最终获得一个完整的命题表达式 Fo(演员'(ι, x,木兰'(x)))。

将“是”解析为谓语的替代形式为汉语口语中可以省略系动词的结构提供了直接的解释，尤其是当系动词语素后为形容词短语时。如果(25)中省略“是”，其结果依然是一个合法的句子，如“木兰十足一个傻瓜”和“木兰堂堂正正一个女人”。如同人称代词一样，系动词只是占据一个句法位置，并可以通过具体语义内容获得解读。“是”的虚词特性使得其没有底部限制。因为无定名词表达式能够为谓词节点提供所需的语义值，所以省略“是”不会影响句子的合法性。

5.2 强调结构

现在，我们来解析类似于例(2)的强调句型。我们需要考虑三种不同类型的强调结构：一是动词短语作为焦点，如例(2)，现重复为(26)；二是主语为焦点，如(4b)，现重复为(27)，系动词语素出现在句首位置；三是时间表达式作为焦点，如(4c)，现重复为(28)：

(26) 木兰是喜欢法国菜。
(27) 是王五昨天见了李四。
(28) 王五是昨天见了李四。

(26)一句的解析过程与(25)的解析过程大致相同。首先，我们通过引入规则和预测规则投射出了主语论元节点和谓词节点；然后，后加接规则允许“是”后的语言成分得以解析。由于突显的语音特征，动词短语“喜欢法国菜”被确认为焦点。图 12 展示了待定节点与系动词“是”投射的固定节点的融合过程：

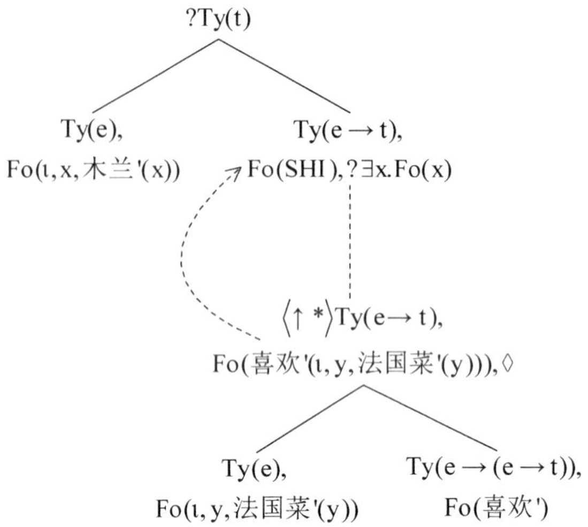

图 12　解析“木兰喜欢法国菜”

语义树构建完毕后,我们可以得到一个完整的命题表达式 *Fo*(喜欢'(*ι*, *y*,法国菜'(*y*))(*ι*, *x*,木兰'(*x*)))。此表达式与拥有正常语序的句子“木兰喜欢法国菜”的命题表达式完全一致。

(27)中的系动词“是”出现在了句首位置,因而其解析过程与(26)不同,但“是”在两例中的语义特征完全一致。按照实时处理原则,占据句首位置的“是”对听话人来说是个意外。因此,可以将其解析为投射出一个待定节点。此待定节点需要与树中某个固定的节点融合:①

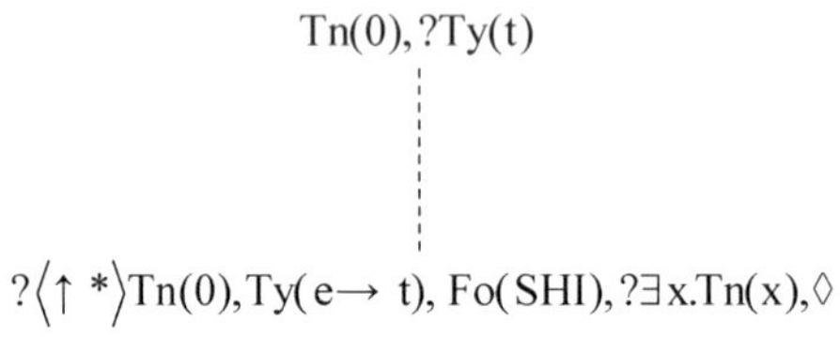

Tn(0),?Ty(t)
?⟨↑ *⟩Tn(0),Ty(e→ t), Fo(SHI),?∃x.Tn(x),◊

图 13　解析“是”

---

① 需要注意的一个问题是:(22)中的系动词语素是否可以投射出?*Ty*(*t*)的节点。汉语的系动词“是”与英语的“be”句法表现基本相似。卡恩等(Cann et al. 2005)和卡恩(Cann 2006,2007)详细分析了“be”的解析过程,并将其分析为了替代性谓词。将“是”分析为投射出谓词节点 *Ty*(*e*→*t*)的方法,能够为分析汉语系动词提供统一的理论框架。

“是”解析完后，指针移动到根节点位置。在引入规则和预测规则的允许下，根节点扩展为两个儿女节点：$?Ty(e)$ 和 $?Ty(e \rightarrow t)$。随后出现的“王五”得以解析，并占据了主语论元节点。然后，指针移动到谓词节点。在此，“是”投射的待定节点与此谓词节点融合在一起，如图 14 所示：

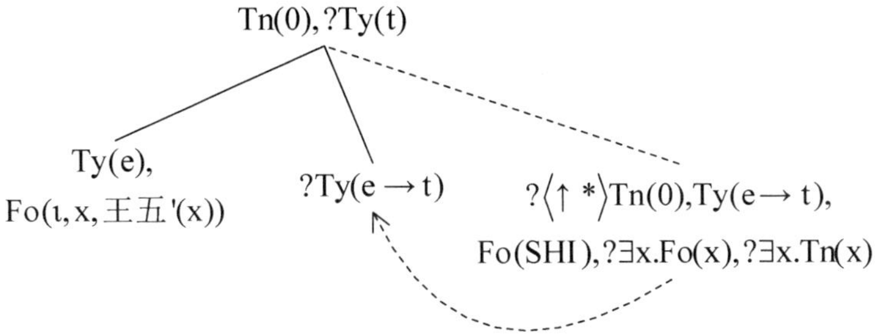

图 14 解析(27)中的“是王五”

名词短语“王五”后面出现的是句子附加语“昨天”。句子附加语引发投射出一个位置向上的新根节点 $?Ty(t)$ 和一个新的功能节点 $?Ty(t \rightarrow t)$，其语义内容占据此功能节点。解析完“昨天”之后，指针移回到由 $Fo(SHI)$ 修饰的谓词节点。后加接规则允许解析“昨天”后面出现的语串，即动词短语“见了李四”。及物动词“见”首先得到解析，投射出了二价谓词节点和一个内部论元节点；而后，名词短语“李四”得到解析，占据“见”的内部论元节点；最后，此待定节点与“是”投射出的谓词节点融合，系动词的语义内容也由此得到实现。语义树构建完毕，我们最终获得一个完整的命题表达式，如图 15 所示。此表达式与正常语序的“王五昨天见了李四”的命题表达式的真值条件完全一致。

至于焦点是附加语的句子，如(28)“王五是昨天见了李四”，其解析过程要稍加简单些。首先，引入规则和预测规则允许构建两个儿女节点，并分别由 $Fo(\iota, x, 王五'(x))$ 和 $Fo(SHI)$ 占据。然后指针移位到根节点，并允许句子附加语“昨天”投射

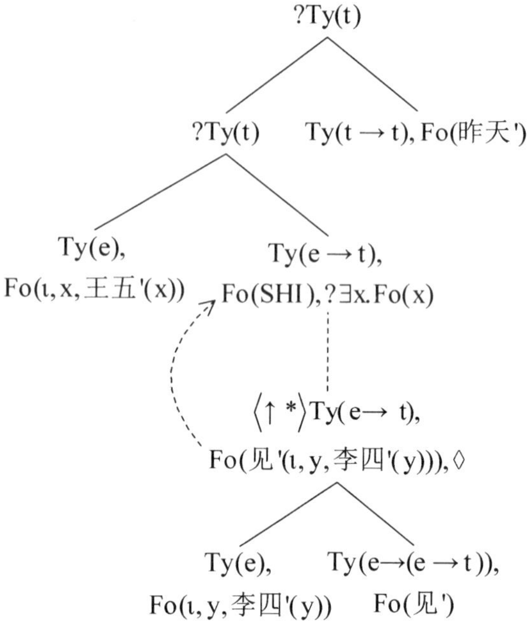

图 15　解析(27)中的"是王五昨天见了李四"

并构建一个新的$?Ty(t)$和功能节点$?Ty(t \to t)$。随后，指针重新回到$Fo(SHI)$占据的谓词节点。在后加接规则的允许下，动词短语"见了李四"得以解析。最终，完成解析的语义树获得与(27)相同的命题表达式：Fo(昨天'(见')(ι, y, 李四'(y)(ι, x, 王五'(x))))。[①]

我们在第三节中提到，强调结构具有确认某种推测的功能。作为

---

① 相同的解析过程同样适用于类似于(4d)的句子，现重复为(ⅰ)，具有以下词序：主语+附加语 1+是+附加语 2+动词短语(第一个附加语"昨天"可以出现在句首位置)。

(ⅰ) 王五昨天是在酒吧见了李四。

"王五"首先得到解析，其语义内容 Fo(ι, x, 王五'(x))占据主语论元节点位置。句子附加语"昨天"投射并构建一个新的$?Ty(t)$和功能节点$?Ty(t \to t)$。系动词"是"而后得到解析，并占据谓词节点。随后，后加接规则允许解析而后出现的语串，即附加语 2+动词短语。局部附加语投射出新的功能节点 $Ty((e \to t) \to (e \to t))$和另一个功能词节点 $Ty(e \to t)$。$Ty(e \to t)$将由动词短语"见了李四"的语义内容占据。

谓语的替代形式，系动词语素一旦被用在谓词之前，就会让听话人对即将表述的事件或行为产生好奇。“是”后面出现的小句满足了听话人的好奇，并实现了确认功能。可以说，确认功能是在动态地解读强调结构的过程中得以体现的：“是”先投射出语义内容不明确的谓词结构，接着通过随后构建的逻辑表达式得以确认。“是”的后指用法充分证明，类似于例(2)的强调句型本质上是一个语用增强过程。

5.3 省略结构

最后，我们将解析包含“是”的省略结构。例(3)重复如下：

(29) 木兰喜欢法国菜，王五也是。

众所周知，省略结构指句中缺省的成分可以在语境中得以恢复。例(29)中，后面小句中缺省的成分可以从先行小句中推知，即动词短语“喜欢法国菜”。但是，如果只是缺省宾语，则更加容易从语境中获知：

(30) 木兰喜欢法国菜，王五也喜欢。

在动态句法理论框架中，省略被认为是内容复制的解析过程，即重新使用某一名项或构建适合的语境(参见 Cann et al. 2005, 2007)。(29)这个省略结构的核心在于系动词语素的回指特征。这一特征使得听话人能够将“是”和先行小句中动词短语的内容表征建立起语义上的关联。换个角度说，由于系动词具有与指代词相同的回指功能，听话人能够确认先行小句中的动词短语是系动词语素的先行语。因此，解读类似于(29)的省略结构也是一个语用替代过程，采用语境中合适的表达式替代系动词投射的元变量。

首先，我们先解析第一个小句。下图的左侧展示了第一个小句的完整解析过程：

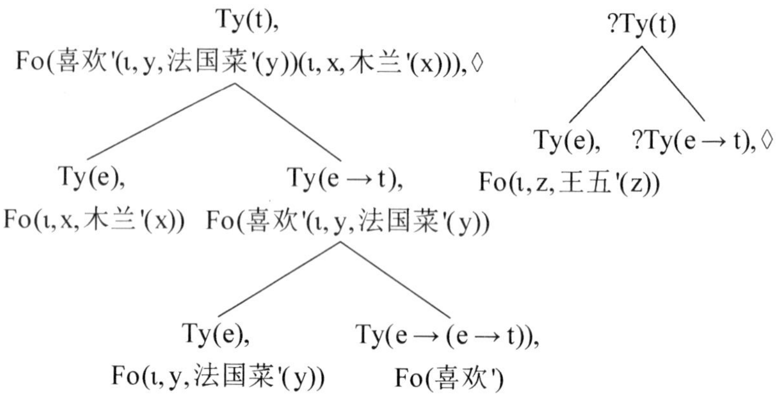

图 16　解析“木兰喜欢法国菜，王五”

如图 16 所示，我们成功解析完“王五”后，指针移动到谓词节点的位置。然后，谓词附加语“也”得到解析，并投射出语义类型为 $Ty((e\rightarrow t)\rightarrow(e\rightarrow t))$ 的节点。① 在解析完谓词修饰语后，指针移动到一价谓词节点，允许解析系动词语素“是”。在此，两个小句中的所有词语都得到了解析，但是语义树的解析尚未完成。“是”占据的谓词节点依然有一个需求没有得到满足，即它投射的元变量 SHI 必须获得具体的语义值。在(29)的语境中，唯一能够提供语义值的是第一个小句中的动词短语投射的内容表征：*Fo*(喜欢'(*ι*, *y*,法国菜'(*y*)))。“是”投射的元变量得到赋值后，我们最终获得省略句的命题表达式：*Fo*(也'(喜欢'(*ι*, *y*,法国菜'(*y*))(*ι*, *z*,王五'(*z*))))，如下图所示：

---

① 审稿人 A 询问副词“也”是否可以处理为句子的附加语。他提出，如果副词可以出现在系动词“是”或其他动词后面，或许不可以将其处理为谓词附加语。虽然汉语副词“也”在(29)和(30)中翻译为了“too”，但“也”不能像其他附加语一样出现在动词的后面或出现在句首。也就是说，与“上星期”等不同，“也”不是句子附加语（“上星期”可以出现在主语和动词之间，但不能出现的动词后）：

(a) 上星期木兰去了上海。
(b) 木兰上星期去了上海。
(c) *木兰去了上海上星期。

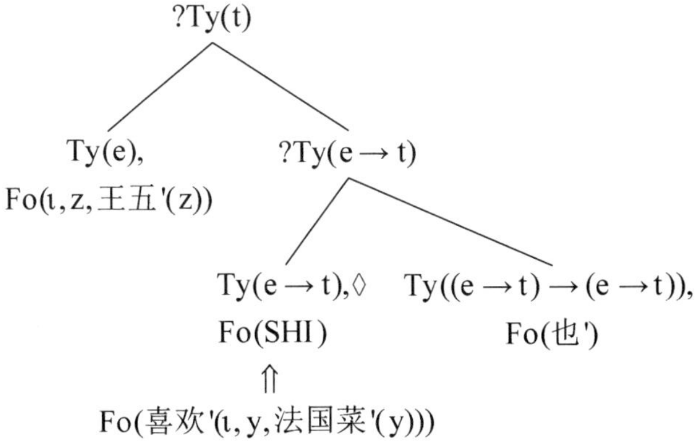

图 17　解析“王五也是”

将系动词“是”分析为谓语的替代形式，也能够较好地解释类似英语的省略结构如（32），而非（31）：

（31）*木兰喜欢法国菜。英国菜也是。
（32）木兰昨天做饭了。上星期也是。

如上所述，当宾语位置上的名词短语成为缺省成分时，语串往往是不合法的。但是如果前面加上句子附加语，则被认为是合法的。（31）的不合法性可以由我们的解析过程得以解释：作为谓语的替代形式，系动词语素一旦被解析，其不明确的语义内容需要从之前解析的动词短语“喜欢法国菜”获得充实。也就是说，名词短语“英国菜”不可能在语义树中找到一个可以获得省略形式的位置。即使它可以首先获得解析并投射出一个待定节点，如同左错位结构，①依然不能够融合到宾语位置上。因此，解析将会失败，如下图所示。主语论元

---

① 在下面例子中，名词短语可以采用省略形式：

（a）木兰喜欢法国菜。英国菜也喜欢。

上例中，第二个小句中的主语在语境中脱落了。“英国菜”是左错位宾语，因而可分析为投射一个待定节点，并在之后与“喜欢”投射出的内部论元节点融合。

节点由前句中提供的内容表征 *Fo*(ι, *x*,木兰'(*x*))占据。①

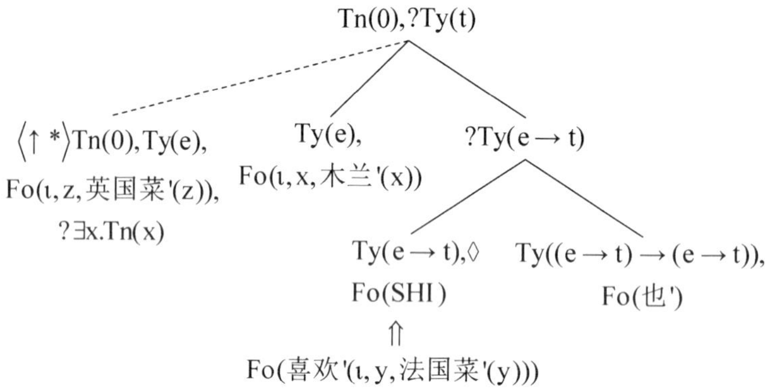

图 18 解析(31)中的"英国菜也是"

尽管如此,将系动词"是"分析为谓语的替代形式,不能排除句子附加语(如"上星期")出现在省略结构中。下图展示了例(32)的解析过程。在此过程中,句子附加语投射出语义类型为 $Ty(t \to t)$ 的节点,修饰了处于最高位置的功能词节点:

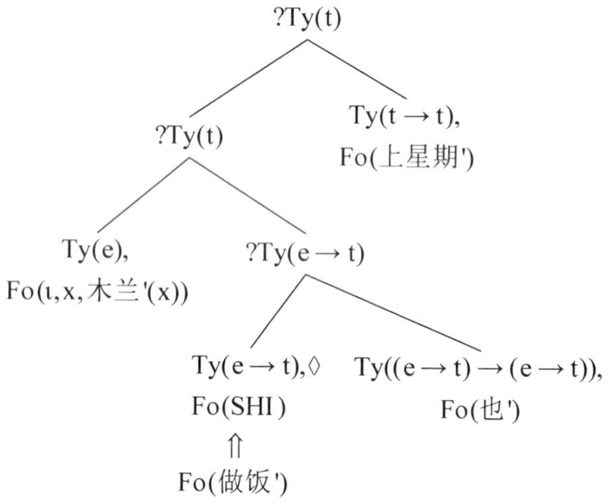

图 19 解析(32)中的"上星期也是"

① 在此,我们省略了用 *Fo*(ι, *x* 木兰'(*x*))替代元变量的语用过程,详见 4.2 节。

最终，我们获得例(27)的命题表达式：*Fo*(上星期'(也'(做饭'(ι, x,木兰'(x))))))。

6. 结语

本文为汉语系动词“是”构成的一系列语法结构提供了统一的解释。在古代汉语里，系动词语素可用作指示代词(相当于“这”)，而在现代汉语里，其功能上则相当于谓语的指代词，在语义上具有不明确性的特征。在动态句法学的理论框架下，出现在不同结构里的系动词可统一分析为原变量，即占位词，其实际意义在语境里通过相关的谓语部分得到实现，这实质上是一种语用充实过程。句法和语用的互动决定了系动词结构的不同解读。

本文提出的动态分析不仅为不同的系动词结构提供了直接的形式刻画，也能够解释功能语言学家们所看重的交际功能。例如，强调结构的确认功能就是通过系动词“是”的指代特征获得阐释的(严格地说是后指)：“是”的首先出现产生了延时效应，吸引听话人注意后面即将发生的事件或行为，而随后出现的表达式则满足了听话人的期望。从技术上说，系动词投射出具有不明确性特征的元变量，并通过紧跟其后的语串的语义内容得以充实。

值得注意的是，与将“是”分析为焦点标记相比，本文的动态解析(特别是对强调结构的动态解析)能够更好地解释相关的焦点现象。由于动态句法将语义内容和语用环境的表征都动态地结构化了，强调结构中的焦点效应通过对“是”不明确的语义内容进行更新得到体现。对于例(3)这类省略结构中的“是”，其语义值需要从先行句的语境中获取。与此相比，解读例(2)这种强调结构中的“是”，则需要听话人付出额外的努力。其原因在于，作为谓语的替代形式，系动词“是”这个语素一旦被用在谓词之前，就会让听话人对即将表述的事件或行为产生好奇。“是”后面出现的小句满足了听话人的好奇，并实现了这种句子的确认功能。可以说，确认功能是在动态地解读强调结构的过程中得以体现的："是"先投射出语义内容不明确的谓词节点，其语义值通过解析随后出现的语串得以确认。这种结构表达的强调或确认功能与真值条件并无关系。

参考文献

吕叔湘　1980　《现代汉语八百词》，北京：商务印书馆。

王力　1958　《汉语史稿》，北京：中华书局。

王力　1989　《汉语语法史》，北京商务印书馆。

中国社科院语言研究所词典编辑室　2005　《现代汉语词典》（第5版），北京：商务印书馆。

Cann, R. 2006 Semantic underspecification and the pragmatic interpretation of be. In von Heusinger, K., Turner, K. (eds.), *Where Semantics Meets Pragmatics*. Elsevier. Pp.307 – 335.

Cann, R. 2007 Towards a dynamic account of be in English. In I. Comorowski, I., von Heusinger, K. (eds.), *Existence: Semantics and Syntax*. Kluwer, Dordrecht. Pp.13 – 48.

Cann, R., Kempson, R., Marten, L. 2005 *The Dynamics of Language*. Oxford: Elsevier.

Cann, R., Kempson, R., Purver, M. 2007 Context and well-formedness: the dynamics of ellipsis. *Research on Language and Computation* 5: 333 – 358.

Chao, Y. R. 1968 *A Grammar of Spoken Chinese*. Berkeley: University of California Press.

Cheng, L.-S.L. 2008 Deconstructing the shi... de construction. *The Linguistics Review* 25: 235 – 266.

Chomsky, N. 1995 *The Minimalist Program*.Cambridge, Mass: MIT Press.

Hashimoto, A. 1969 The verb ‘to be’ in modern Chinese. *Foundations of Language Supplementary Series* 9(4): 72 – 111.

Huang, C.-T.J. 1982 *Logical relations in Chinese and the theory of grammar*. Ph. D. dissertation, MIT.

Huang, C.-T.J., Li, Y.-H.A., Li, Y. 2009 The Syntax of Chinese. Cambridge: Cambridge University Press.

Huddleston, R., Pullum, G.K. 2002 *The Cambridge Grammar of the English Language*. Cambridge: Cambridge University Press.

Jespersen, O. 1931 *A Modern English Grammar on Historical Principles, vol. 4*. London: George Allen & Unwin.

Kempson, R., Meyer-Viol, W., Gabbay, D. 2001 *Dynamic Syntax: The Flow of Language Understanding*. Oxford: Blackwell.

Ladd, D.R. 1980 *The Structure of Intonational Meaning: Evidence from English*. Bloomington: Indiana University Press.

Li, C., Thompson, S. 1981 *Mandarin Chinese: A Functional Reference Grammar*. Berkeley: University of California Press.

Quirk, R., Greenbaum, S., Leech, G., Svartvik, J. 1985 *A Comprehensive Grammar of the English Language*. London: Longman.

Shi, D.X. 1994 The nature of Chinese emphatic sentences. *Journal of East Asian Linguistics* 3: 81 – 100.

Sperber, D., Wilson, D. 1995 *Relevance: Communication and Cognition*. 2nd edition. Oxford: Blackwell.

Stowell, T. 1983 Subjects across categories. *The Linguistic Review* 2: 285 – 312.

Teng, S.H. 1979 Remarks on clefts sentences in Chinese. *Journal of Chinese Linguistics* 7: 101 – 113.

Wu, Z. 2001 *Grammaticalization and Language Change in Chinese:*

A Formal View. London：Rouledge.

Wu, Y. 2005 *The dynamic syntax of left and right dislocation*. Ph.D. dissertation, University of Edinburgh.

Xu, L. J. 2003 Remarks on VP-ellipsis in disguise. *Linguistic Inquiry* 34(1)：163 – 171.

汉语句法结构的逻辑*

李朝　著　美国纽约城市大学
庞玲　译　天津科技大学附属柳林小学
尹玉霞　校　天津师范大学外国语学院

1. 引言

汉语句法结构不仅有 SVO 类型语言的特征，同时兼有 SOV 和 VSO 类型语言的特征。汉语基本的 SVO 语序说明了它是一种典型的 SVO 类型语言。但是动词修饰语往往出现在动词之前，这一现象表明汉语也显示出了 SOV 类型语言特征〔根据格林伯格（Greenberg 1966）的普遍原则 7①〕。而且从动词在前来看，汉语也表现出所谓 VSO 类型语言的特征〔根据格林伯格（Greenberg 1966）的普遍原则 3②〕。以往文献中，学者们试图用统一简洁的方式来解释了汉语这种混合的句法结构。在诸多的解释当中，黄正德（1998/1982）和李艳慧（1990，2008）是在管辖约束理论框架下阐述汉语句法结构的两个代表性研究。

---

* 原文题目为 The Logic of Chinese Syntactic Structure，刊于 *Journal of Chinese Linguistics*，2013，41(2)：273－291。文章经作者、刊物及出版社授权翻译。——译者注

感谢《中国语言学报》，特别是在 2010 年 6 月香港城市大学举办的第 16 届现代汉语语法学术研讨会上，戴浩一对本篇论文提出了细心的评述和建设性的意见。同时，感谢此次研讨会的参与者，特别是胡建华和邓思颖，他们提供了颇有裨益的评价。

① 普遍原则 7：如果一种语言的主导语序是 SOV，那么就没有其他的基本语序或者只有另一种 OSV 语序，所有的副词性修饰短语应该出现在动词之前（Greenberg 1966：80）。

② 普遍原则 3：主导语序是 VSO 的语言，动词总是在前（Greenberg 1966：78）。

本文的目的是回顾黄正德和李艳慧的汉语句法结构研究,并指出其中的问题所在,然后从结构和功能两个方面来考察汉语句法结构,尝试给出另一种分析。本文认为,如果从三种语序来分析汉语的句法结构,即中心语与名词补足语或句子补足语的顺序、中心词与介词补足语的顺序、中心词与附加语的顺序,可以对汉语的句法结构有一个比较工整、自然的描述和解释。当补足语是名词短语或小句时,中心词在前,补足语在后;当补足语是介词短语时,一般情况下是补足语在前,中心词在后,但介词补足语也可以在后,只要这样的语序是与事件的展开相一致的;关于中心词和附加语的顺序,本文认为汉语是附加语在前,中心词在后,除非附加语是对程度、结果、质或量方面信息的评述。

本文组织如下:第二部分回顾黄正德和李艳慧对汉语短语结构的阐述,第三部分作另一种解释。第四部分指出本文提出的分析能够解释汉语一些特殊或非典型的句法结构,例如把字句结构和被字句结构。第五部分总结并讨论本研究的理论意义和方法论意义。

2. 黄正德和李艳慧的解释[①]

2.1 黄正德的解释

黄正德(1998/1982)提出汉语的 $\overline{X}$ 结构如(1)所示。根据他的观点,(1a)只能在短语扩展的最低一层操作。该观点预测中心词和补足语的顺序如下:只要中心词不是名词,那么汉语句法结构就是中心词在前。并且(1)也预测在其他情况下,汉语句法结构是中心词在后。

---

① 黄正德和李艳慧并没有在近期和李亚非合作的书(Huang et al. 2009)中提及汉语的混合语序。本文的讨论主要集中在他们早期的著作中。

(1) 汉语 $\overline{X}$ 结构(Huang 1998/1982: 7,27)

a. [x^{n} X^{n-1} YP^{*}①] 当且仅当 n=1 和 X≠N 时

b. [x^{n} YP^{*} X^{n-1}] 其他情况

尽管黄正德的公式简洁明了地对汉语的句法结构进行了全面描写,但是仍然有以下不足。第一,(1a)虽然抓住了这种事实,即在介词短语和动词短语中,中心词在前;而在名词短语中,中心词在后〔参考例(2),画线部分表示中心词〕,但是(1a)却也错误地预测形容词短语总是中心词在前,补足语在后。从下面的例子中可以看到,尽管有一些形容词短语,如在例(3a)"满意自己的工作"中,中心词出现在补足语之前,但也有一些形容词短语,其中心词出现在补足语之后,如例(3b)和(4)所示。②

(2) a. 在中国　(介词短语)

b. 他们在[看电视]。　(动词短语)

c. 对敌人的进攻　(名词短语)

(3) a. 他很满意自己的工作。

b. 他对自己的工作很满意。

(4) 我真为他自豪。

第二个问题是在(1b)中,黄正德的 $\overline{X}$ 结构错误地排除了例(5)这样的句子。在例(5)中,"三次"不能是"见"的补足语;"两个小时"也不能成为"等"的补足语。(1b)错误地预测例(5)表示频率的短语和表示时间的短语应该出现在动词中心词之前。

---

① YP^{*} 表示允许出现不止一个 YP 短语。

② 黄正德(1998/1982)和李艳慧(1990)把像"高兴""满意"这样的词看成形容词,尽管朱德熙(1982: 55)认为形容词不能携带宾语,否则就成为了动词而非形容词。但是,假设它们真是动词,那像"高兴""满意"这样的词,黄正德的解释仍然会有问题。这是因为(1)预测了汉语总是中心词在前。在(3b)中,"满意"的补足语出现在中心词之前,这说明了黄正德的预测并不准确。

(5) a. 我见过他三次。

b. 张三等了我两个小时。

第三,黄正德的 $\overline{X}$ 结构也错误地排除了例(6)这样的句子。“给李四”和“在桌子上”属于补足语次范畴。根据(1a)这些介词短语应该出现在动词之后,而不是在动词之前。由于例(6)中这些介词短语出现在动词中心词之前,黄正德的 $\overline{X}$ 结构错误地预测这些句子在汉语中是不符合语法规则的。黄正德可能反驳例(6)中的介词短语并不是 V 的姊妹项,而是 V′的姊妹项。根据(1b),这些介词短语应该出现在动词之前。但是如果这样的话,黄正德可能无法解释像例(7)这样的句子。在例(7)中,“给李四”出现在句末。如果介词短语被认为是 V′的姊妹项,根据(1b)它就不应该出现在“寄了一本书”之后,因而类似例(7)这样的句子就无法得到合理解释。

(6) a. 张三给李四寄了一本书。

b. 张三在桌子上放了一本书。

(7) 张三寄了一本书给李四。

最后,黄正德提出汉语句法结构的公式,在一些情况下使他不得不主观定义什么成分可以作为中心词。例如,黄正德(1998/1982:34)宣称(8)的动词复制结构有(9)这样的结构。(9)中关键的成分是 V″和它的两个子节点,都用 V′标记。为了满足(1)中的 $\overline{X}$ 结构,黄正德(1998/1982:34)规定右边的 V′是 V″的中心词。但是他并没有对此说法提供合理证据。①

(8) 我骑马骑得很累。

---

① 关于动词复制结构的动因,戴浩一(1995:98,111,115)认为该结构不受黄正德提出的有关短语结构的条件(1)的制约,他认为动词复制结构“主要由于语义和语用因素的激发的”。

(9)

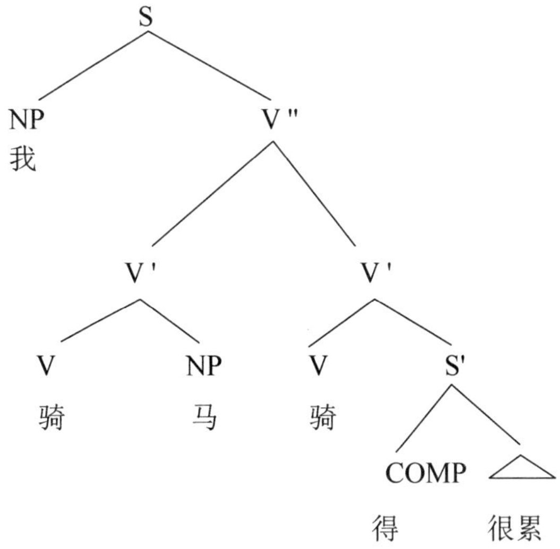

2.2 李艳慧的解释

本小节回顾有关汉语句法结构另一个重要的解释，即李艳慧（1990，2008）的格解释。根据李艳慧的解释，汉语句法结构有两层，底层结构是中心词在后。她认为汉语中显性的名词短语要被指派格位，并且格指派的方向是从左到右，这两个要求导致介词短语和动词短语在表层结构上是中心词在前。对于名词短语，无论是在底层结构还是在表层结构都是中心词在后，因为名词自身不指派格位。①

这样，汉语的句法结构有了比较工整而自然的描述和解释，但是李艳慧的分析还存在一些反例无法得到合理解释，并且语言特

① 在此方面，戴浩一（1973）可能是第一个尝试对汉语混合语序给出清晰解释的学者，并提出汉语的底层语序是 SOV。他采用了名词短语和动词的倒置（即相关的名词短语被移位到动词的右边）这一规则，而不是用格来解释表层出现的 SOV 语序。虽然李艳慧仍然坚持她的格理论解释，但是最近这些年，戴浩一在他的著作中（1984、1985、1989、1993、1999、2002）多次指出生成句法解释汉语的不充分性，他认为应从认知和功能角度解释汉语语序。

有的假设也有悖于生成语法标准假设。首先,李艳慧(1990)把动词之后表时间和频率的短语都当作名词短语。为了解释这些短语出现在不及物动词之后的现象〔例(10)〕,她声称所有的汉语不及物动词都可以指派格位,但这并不是生成语法的标准假设。

(10) 张三来过两次。

其次,李艳慧对汉语句法结构的格指派解释错误地排除了(11)这样的句子,因为有三个出现在动词之后的名词短语需要得到格位,但是却只有一个格指派角色,即动词“请教”。李艳慧可能会通过合并操作解释这个问题。① 根据该方法,动词和前两个名词短语组成一个复合动词,并指派格给表频率的短语,但是她却没有提供足够的证据来支持合并操作。而且这种机制也缺乏独立的动因。另外,她认为动词与它的次范畴直接宾语、间接宾语构成一个复合动词指派格位给一个非次范畴化的表述是有些牵强的。

(11) 我请教过他这个问题两次。(Huang 1992: 254)

另外,李艳慧的分析也不能解释像(12)这样的句子。李艳慧(1990)把表时间和频率的短语当作了名词短语。她认为在表层结构中这些短语必须出现在动词短语之后,以满足指派格的要求。但是,如例(12)所示,与她提出的限制因素的预测相反,表时间和频率的短语也可能出现在动词的前面。然而李艳慧(1990)没有讨论这些反例,由于她认为汉语中的格位是从左到右指派的,因此

① 李艳慧(1990)使用名词短语合并解释了与她分析符合的汉语句法的反例。根据她的观点,(ⅰ)中“坐”和“在”形成了一个复杂或复合动词,一起赋格给宾语名词短语“椅子上”。同理,(ⅱ)和(ⅲ)中的动词〔(ⅱ)中的“送”〕和它后面紧随的名词短语形成一个复杂的动词赋格给(ⅱ)中的第二个名词短语和(ⅲ)中第二个名词短语后面的小句。在此方面,李艳慧(1990)认为小句也需要格,尽管在她2008年的论文中主张应该区别出不同类型的小句,并不是所有的小句都需要格。

例(12)中的表频率的短语是如何在表层结构被指派格位的也无法得到合理解释。

(12) 我两次来访你都不在。

最后,黄衍(Huang 1992)指出,当有两个名词短语出现在动词之前,比如例(13)的双名物结构,并不清楚是如何指派格位的。由于李艳慧没有讨论双名物结构中的话题短语是否需要格以及如何指派格,因此在她的分析中例(13)这样的结构就出现了问题。

(13) 中国历史悠久。

3. 另一种解释

从以上讨论可以看出,黄正德(1998/1982)和李艳慧(1990,2008)对于汉语句法结构的解释并不十分准确,因而会出现一些无法解释的反例或者导致一些错误的预测。本节会提出对汉语句法结构的另一种解释。我们对汉语句法结构特征的概括如下:

(14) 汉语句法结构

a. 当补足语是名词短语或句子时,中心词在前,补足语在后。

b. 当补足语是介词短语时,一般情况下补足语在前,中心词在后,但介词补足语也可以在后,只要这样的语序是与事件的展开顺序相一致的。

c. 有关中心词和附加语的顺序,附加语在前,中心词在后,除非附加语是用来提供诸如程度、结果、对质或量方面的新信息的。

从(14)中可以看出,前两点是关于中心词与补足语的顺序的,最后一点是关于中心词与附加语的顺序的。下文会依次讨论这两种语序。

3.1 中心词与补足语的顺序

在中心词和名词短语补足语或句子补足语的顺序方面,例(14a)预测汉语是中心词在前。例(15—17)证实了此预测,其中画线部分是补足语。在例(15—17)中,每组的第一个例子都是名词短语补足语,第二个例子是小句补足语。从这些例子中可以看出,尽管有不同的中心词〔例(15)是形容词中心词,例(16)是动词中心词,(17)是介词中心词〕,这些结构都是中心词在前。①

(15) a. 他很满意自己的工作。

b. 我很高兴你能找到自己的幸福。

(16) a. 他很相信我的话。

b. 我知道他是一个好人。

(17) a. 从北京到香港

b. 至于他来不来

(14a)关注的是当补足语是名词短语或小句时,中心词和补足语的顺序;(14b)关注的是当补足语是介词时,中心词和介词补足语的顺序。从这两点可以推断出所有的介词短语都可以出现在中心词之前。例(18—20)中划线的介词补足语证实了这个推断。在这些例子中,例(18)是名词中心词,例(19)是形容词中心词,例(20)

① 如果同意朱德熙(1982)的标准,即形容词后面不能带宾语,(15a)中的"满意"和(15b)中的"高兴"应该被当作动词,并且与像(16)中的"相信"这样的动词属于一类。但是,不管"满意"和"高兴"被当作形容词还是动词,它们的特征都符合(14)中的汉语句法结构特点。这不仅适用于例(15),也适用于下面的例(19)。

是动词中心词。

(18) a. 对敌人的进攻

b. 对他的评价

(19) a. 他对自己的工作很满意。

b. 我真为他自豪。

(20) a. 张三给李四寄了一本书。

b. 张三在桌子上放了一本书。

(14b)也预测了介词补足语可以出现在中心词之后,只要这样的语序是与事件的展开顺序相一致。例(21)证实了这个预测。[1] 试比较例(21)和例(22),在例(21a)中,目标论元"给李四"出现在动词"寄"之后,这是符合事件的展开顺序的。因此,例(21a)是符合语法的。但是例(22),如果两个事件有时序的话,他所作的应该放在我的感觉之前,因此介词短语放在了中心词之后违背了时序。因此例(22)被证实是不符合汉语语法的。

(21) a. 张三寄了一本书给李四。

b. 张三放了一本书在桌子上。

(22) *我很自豪为他。

3.2 中心词和附加语的顺序

在中心词和补足语的顺序方面,(14c)预测了在汉语中大部分

① (20a)有一个不同的解释,意为"张三为(替)李四寄了一本书"。有趣的是,在这样的解释下,"给"字短语不是表示目标,不能出现在动词之后并同时获得受益者角色的解释。这支持了我们的观点,即只要这样的语序是与事件的展开相一致的,介词短语次范畴可以出现在动词之后。

的附加语出现在中心词之前，如例(23)所示。在例(23)中，画线部分标出了所有相关的附加语。在(23a)中，附加语修饰名词中心词。在(23b)中，附加语修饰动词中心词。在(23c)中，附加语修饰形容词中心词。在(23d)中，附加语修饰副词中心语。在所有这些例子中，附加语都出现在了中心词之前。例如，在例(23a)中，附加语出现在名词中心词“生活”之前。

(23) a. 我们都喜欢过[幸福的生活]。(名词短语)
b. 张三[快速地向我跑过来]。(动词短语)
c. 他不喜欢穿[太贵]的衣服。(形容词短语)
d. 风在[极其猛烈]地吹着。(副词短语)

同时，(14c)也预示了如果附加语提供了诸如程度、结果、对质或量方面的新信息，汉语的附加语应该出现在中心词之后。下面(24)中的例句证实了这个预测。在这些例句中，(24a)包含跑这一事件的程度或结果的小句。(24b)附加语是对质量的评价。(24c—d)的附加语都是提供数量方面的新信息：(24c)是表示时间的，(24d)是表示频率的。特别强调的是，在所有这些例子中附加语或小句都是出现在中心词之后的。

(24) a. 张三跑得腿都软了。(程度/结果)
b. 张三的普通话说得很好。(评价;质量)
c. 我等了他三个小时。(数量;时间)
d. 我叫了他三次。(评价;频率)

4. 特殊的句法结构

上文对汉语句法结构进行了重新解释。我们的解释比黄正德

(1998/1982)和李艳慧(1990,2008)的阐述更准确、更全面、更自然。本节将会进一步说明我们的解释同样能够分析汉语的一些特殊句法结构,例如把字句和被字句。

首先来考虑把字结构,如例(25)所示。在(25a)中,把字句名词短语"书"在语义方面是"还"的论元,但是在句法层面却是一个由"把"引出的介词短语的补足语,黄正德(1998/1982)、李讷和汤普森(Li & Thompson 1974)都认为"把"是介词。因此,(25a)中"把书"出现在动词之前的现象并不能认为是我们在(14)中提到的汉语句法结构特征的反例。实际上,这恰是符合(14b)的预测的。在(25b)中,把字句名词短语"门"并不是结果动词复合短语"踢出"的论元,尽管在语义上它的确是"踢"的论元。从整体来说,例(25b)中的"把门"功能上是一个附加语,因而出现在动词之前。

(25) a. 他已经把书还了。

b. 张三把门踢出了一个洞。

其次来考虑例(26)中的被字句。众所周知,一些汉语的被字结构允许成分出现在动词之后,如例(26b)所示。本文认为,如果被字句中无动词后的成分,如(26a),那么肯定会有一个空范畴与主语同指。也就是说,名词短语"张三的车"是句子的主语,但是与主语同指的空范畴充当了"撞"的补足语,因此符合(14a)的概括。(26)的被字句中,被字结构在句法层面是附加语,就像英语的 by 短语一样〔参考(26)中的英文翻译〕。由于被字结构并不提供有关程度、结果、质或量方面的评述信息,因此通常出现在动词之前,符合(14c)的概括。

(26) a. [张三的车]$_i$ 被人撞了 Φ_i。

Zhangsan's car was hit by someone.

b. 他被警察没收了驾照。

His driver's license was confiscated by the police.

再来看例(27)的动词复制结构。黄正德(1998/1982: 34)提出,在动词复制结构中,第一个动词词组充当副词成分,因而应该被分析成附加语。并且,此附加语并不提供有关程度、结果、质或量方面的评述信息。因此,在(27)中出现在主动词“看”之前的第一个动词短语“看书”符合(14c)的概括。

(27) 张三看书看得很累。

接着考虑的结构是例(28)的比较结构。值得注意的是,“比”短语在比较结构中是附加语,而不是补足语次范畴。并且此附加语并不提供有关程度、结果、质或量方面的评述信息。因此,出现在形容词或动词〔如(28)中的“高”〕之前的“比”短语〔如(28)中的“比他哥哥”〕符合(14c)的概括。

(28) 张三比他哥哥高。

最后是话题句。关于(29)的话题句,我们认为尽管没有移位,但却有一个空范畴充当动词的补足语,并且与句首的名词短语互指。根据此分析的,话题句也符合(14a)的预测,因为作为动词补足语的空范畴出现在动词之后。

(29) [那本书]$_i$我看过 Φ_i。

总而言之,我们在(14)中对汉语句法结构的概括不仅可以解释汉语常规的句法结构,而且还可以解释像把字句、被字句、动词复制结构、比较结构和话题句这样的特殊结构。

5. 结论和意义

本文回顾了黄正德(1998/1982)和李艳慧(1990、2008)对汉语句法结构的阐述,并提供了另一种解释。从以上讨论中可以看出,如果从中心词与名词或小句补足语、中心词与介词短语补足语、中心词与附加语的相对顺序来进行考察,我们对汉语句法结构就可以有一个比较工整而自然的描述和解释。

从以上讨论中也可以看出,对汉语句法的特征进行成功的描述,不能仅仅依靠纯句法信息,还应该考虑不同句法成分在描写事件的过程中所承担的功能。在中心词和介词补足语的顺序、中心词和附加语的顺序这个问题上,需要记住的是:除了一些附加语和介词补足语之外,汉语句法结构的常规情况是中心词在前。而且更重要的是,这并不是一种偶然随机现象。前面讨论中已经指出只有当语序与事件的展开顺序相一致时,介词补足语才可以出现在中心词之后。附加语只有在对诸如程度、结果、质或量的评述提供新信息的情况下才出现在中心词之后。也就是说,附加语和介词补足语出现在中心词之后的现象受两个因素的制约,即象似性和信息安排顺序从旧到新。[1] 更具体地说,也就是表达程度、范围、时间、频率或结果的附加语出现在动词之后可以用信息安排和象似性因素来解释。这两个因素规定了句法成分的顺序应反映在特定事件中它们承担的功能(Tai 1985、1993、2002)。只有当事件发生或者持续了一段时间之后,人们才可能讨论它的程度、范围、时间、频率或结果,因此这种谓语修饰成分只有被作为新信息呈现时,才出现在谓语之后。当语序与事件的展开顺序相一致时,介词短语出现在中心词之后的现象也是出于象似性因素的限制。

---

① 关于此方面,请参见李讷和汤普森(Li & Thompson 1975)和徐烈炯(1995)对限定性和汉语词序关系的讨论。

最后谈两点理论和方法上的意义来结束本文。第一,从功能角度出发可以更好地解释汉语句法结构的某些特征。这也不是什么突发奇想的角度,因为语言的元功能之一就是"经验的"或者"思想的",如描述经验模式(Halliday 1994、2004)。第二,从本文第二、三小节和我们对两个纯句法解释的评述中可以看出,采用结构-功能结合的方法,汉语的句法结构就能得到更好的解释。

参考文献

朱德熙 1982 《语法讲义》,北京:商务印书馆。

Greenberg, Joseph H. 1966 Some universals of grammar with particular reference to the order of meaningful elements. In Joseph H. Greenberg (ed.), *Universals of language* (2nd *edition*). Cambridge, MA: MIT Press. Pp.73 – 113.

Halliday, M.A.K. 1994 *An Introduction to Functional Grammar*(2nd *edition*). London: Arnold.

Halliday, M.A.K. 2004 *An Introduction to Functional Grammar*(3rd *edition*). Rev. by Christian M. I. M. Matthiessen. London: Arnold.

Huang, C.-T. James(黄正德) 1998/1982 *Logical Relations in Chinese and the Theory of Grammar*. New York and London: Garland.

Huang, C.-T. James(黄正德), Y.-H. Audrey Li(李艳慧), and Yafei Li(李亚非) 2009 *The Syntax of Chinese*. Cambridge: Cambridge University Press.

Huang, Yan 1992 Review of *Order and Constituency in Mandarin Chinese* by Yen-hui Audrey Li. *Journal of Linguistics*, 28: 251 – 256.

Li, Charles N., and Sandra A.Thompson 1974 Co-verbs in Mandarin

Chinese: Verbs or Prepositions?. *Journal of Chinese Linguistics*, 2(3): 257 – 278.

Li, Charles N., and Sandra A. Thompson 1975 The semantic function of word order: A case study in Mandarin. In Charles N. Li (ed.), *Word Order and Word Order Change*. Austin, TX: University of Texas Press. Pp.164 – 195.

Li, Yen-hui Audrey (李艳慧) 1990 *Order and Constituency in Mandarin Chinese*. Dordrecht: Kluwer.

Li, Yen-hui Audrey (李艳慧) 2008 Case, 20 years later. In Marjorie K.M Chan and Hana Kang (eds.), *Proceeding of the 20th North American Conference on Chinese Linguistics*, *Vol.1*. Columbus, OH: The Ohio State University. Pp.41 – 68.

Tai, James H-Y (戴浩一) 1973 Chinese as a SOV language. In Claudia Corum, T. Cedric Smith-Stark, and Ann Weiser (eds.), *Papers from the Ninth Regional Meeting of the Chicago Linguistic Society* (*CLS*9). Chicago, IL: Chicago Linguistic Society. Pp.659 – 671.

Tai, James H-Y (戴浩一) 1984 Word order in Chinese and the $\overline{X}$ theory. *Journal of the Chinese Language Teachers Association*, 19(2): 23 – 35.

Tai, James H-Y (戴浩一) 1985 Temporal sequence and Chinese word order. In John Haiman (ed.), *Iconicity in Syntax*. Amsterdam and Philadelphia: John Benjamins. Pp.49 – 72.

Tai, James H-Y (戴浩一) 1989 Toward a cognition-based functional grammar of Chinese. In James H-Y. Tai and Frank F.S. Hsueh (eds.), *Functionalism and Chinese Grammar*. South Orange, NJ: Chinese Language Teacher Association. Pp.187 – 226.

Tai, James H-Y (戴浩一) 1993 Iconicity: Motivations in Chinese Grammar. In Mushira Eid and Gregory Iverson (eds.),

Principles and Prediction: The Analysis of Natural Language. Amsterdam and Philadelphia：John Benjamins. Pp.153－173.

Tai, James H-Y（戴浩一）1999 Verb-copying in Chinese revisited. *Chinese Languages and Linguistics*, 5：97－119.

Tai, James H-Y（戴浩一）2002 Temporal sequence in Chinese：A rejoinder. In Lily I-wen Su, Chinfa Lien, and Kawai Chui (eds.), *Form and Function: Linguistic Studies in Honor of Shuanfan Huang*. Taipei：Crane Publishing Co. Pp. 331－351.

Xu.Liejiong（徐烈炯）1995 Definiteness effects on Chinese word order. *Cahiers de Linguistigue-Asie Orientale*, 24(1)：29－48.

论话语标记*

布鲁斯·弗雷泽(Bruce Fraser)　著　美国波士顿大学教育学院

宋晖[1,2]　张晟韬[1]　译

[1]北京第二外国语学院国际传播学院

[2]华中师范大学语言与语言教育研究中心

1. 引言

话语标记是指下列语句中用粗体标出的语言单位。

(1) a. A: I like him. B: **So**, you think you'll ask him out then.

A: 我喜欢他。B: **那么**,你可以考虑考虑约他出来。

b. John can't go. **And** Mary can't go either.

约翰去不了。**而且**玛丽也去不了。

c. Will you go? **Furthermore**, will you represent the class there?

你会去吗? **还有**,你会代表班级吗?

d. Sue left very late. **But** she arrived on time.

苏很晚才离开。**但是**她准时到达了。

e. I think it will fly. **After all**, we built it right.

我觉得它能飞起来,**毕竟**,我们组装得很合适。

* 原文题目为 What Are Discourse Markers? 刊于 *Journal of Pragmatics*, 1999 (31): 931-952。感谢作者授权翻译。——译者注

在过去的10年中,话语标记的研究在语言学领域发展迅速,每年都有数十篇文章发表。但是,关于这个术语,不同研究者的理解却不尽相同。我们发现“话语标记”被冠以不同的标签,有提示性短语(Knott & Dale 1994)、话语连接词(Blakemore 1987, 1992)、话语算子(Redeker 1990,1991)、话语小品词(Schorup 1985)、话语指示装置(Polanyi & Scha 1983)、寒暄联系语(Bazanella 1990)、语用联系语(van Dijk 1979; Stubbs 1983)、语用表达单位(Erman 1992)、语用形式(Fraser 1987)、语用标记(Fraser 1988, 1990; Schiffrin 1987)、语用操作语(Ariel 1994)、语用小品词(Ostm man 1995)、语义连接词(Quirk et al. 1985)、句间连接词(Halliday & Hasan 1976)。①

在梳理这些研究和我本人近期研究的基础上,我将会在这篇文章中对话语标记提出一个明确且富有成效的见解。首先,我会评述关于话语标记理论的文章,以便整理其中提出的主要观点。然后,描述话语标记的特点,并具体描写其在话语中的作用。最后,指出话语标记问题有待于进一步研究的领域。

2. 前人研究

早期把话语标记作为一个语言单位的文章是由拉波夫和范谢尔(Labov & Fanshel 1977: 156)所著的,这篇文章旨在讨论由罗达(Rhoda)提出的 well 的问题,他们认为:“作为话语标记,‘well’回指话语参与者已知的一些话题。当‘well’作为对话或话题中的第一个要素时,这种回指对于后句未被言说的话题关联是必要的。”过去的研究对于这个话题所涉不多。列文森(Stephen Levinson)于1983年在其所著的《语用学》(*Pragmatics*)一书中,并未给话语标记一个正式名称,但他仍将话语标记视为一类有其独特价值的

① 更为完整的引用,请详见庞斯(Pons 1997)。

研究。他认为:“……英语和大部分语言中都存在许多词和短语,这些词和短语可以标示出话语前后间的关系。比如说,在话语初始时所使用的‘but’、‘therefore’、‘in conclusion’、‘to the contrary’、‘still’、‘however’、‘anyway’、‘well’、‘besides’、‘actually’、‘all in all’、‘so’、‘after all’,等等。人们通常认为,这些词的意义至少对于真值条件不产生作用……它们的作用,就像对于前述话语的回应,或连贯,似乎是在以一种复杂的方式指示着什么。”(Levinson 1983: 87—88)

列文森也仅仅是对话语标记做了简要评论,并未继续研究。

兹威基(Arnold Zwicky)对话语标记是否是单独类别这一问题很感兴趣,他认为:

> 在众多被标记为“小品词”的语言单位中,我们发现英语和其他许多语言里,至少有一类在语法上值得特别关注的单位。这些单位有许多名称,比如“话语小品词”和“感叹词”;在这里,我称之为“话语标记”……从分布、韵律和意义上来看,话语标记都可以成为一个独立的分类。但是如同“小品词”一样,(话语标记)是独立的词语,而非附着词。(Zwicky 1985: 303)

关于话语标记成为一个单独分类的说法,兹威基并没有给出相关的证据加以支撑,但是他确实强调了话语标记必须从其他功能词中分离出来。话语标记频繁地出现在句首用来接续对话,它们在韵律上是独立的,有时需要重读,有时则通过上下文之间的停顿、语调的扬抑显出它们韵律上的独立性。他补充话语标记通常是单语素的,但也许在词法层面上很复杂,在句法层面上很独立,因为它们似乎与相邻的词语绝缘。他认为话语标记全都拥有后置的语用功能(例如将当前所表达的内容与更大的话语相联系),而不仅仅是狭义语义上的作用(即标示句类)(Zwicky 1985: 303—304)。

在过去的十几年中，学者们对于话语标记的理论地位问题越发感兴趣了，主要集中在话语标记的本质、话语标记的意义、话语标记所显示的功能和类似于 but、so 这样的具体问题上。在此，我将同时关注四方面的研究成果，整合现有研究，抓住围绕话语标记问题的本质。每项研究工作都起始于 20 世纪 80 年代中期，显然在话语标记研究的起始阶段，研究者并未关注到其他方面的研究。

第一篇也是最为详尽的相关论文是由西弗林（Schiffrin 1987）完成的。她的文章中涉及“话语中的顺序依赖单位”标记。她将之命名为“话语标记”，对非结构化的口语对话中出现的 and、because、but、I mean、now、oh、or、so、then、well 和 y'know 进行了细致的分析[①]。

西弗林指出，话语标记的语言学归类并不容易。事实上，她甚至认为副语言成分和非言语交际手段都可能属于话语标记。她这样写道：“（我们应当）试图找到上述成分的共同特征，这样才能在语言学上将上述表达界定为（话语）标记。但这个尝试不仅仅需要给差异如此巨大的表达找出共同的特点，在英语中，还需要分析大量的不同类型语言以便发现标记在其他语言资源中的使用情况。”（Schiffrin 1987：328）

然而，关于标记的构成，她提出了一个和兹威基类似的尝试性的建议，包括：

1）句法上，话语标记一定是可从句中拆分出来的；

2）话语标记通常出现在话语交际的起始位置；

3）话语标记应有韵律曲拱；

4）话语标记应该在话语的局部或整体起到相应作用；

---

① 西弗林对于话语标记的定义过于宽泛，根据笔者本文的标准，now、I mean 和 y'know 不能算作话语标记。

5）话语标记应该能在话语不同层面上操作。

她主张“除了‘oh’和‘well’之外……，所有我描写的话语标记都是有意义的”（Zwicky 1987：314）。尽管她并未详细说明，但仍多次指出，每个话语标记都有一个“核心意义”。在审视这11个短语之后，她意识到，她的关注点可能过于狭窄，所以她又罗列了一些其他情况，并将它们也视为话语标记，包括感官动词，例如see、look和listen；指示词，例如here和there；感叹词，例如gosh和boy；口头语，例如this is the point和what I mean is；量化短语，例如anyway、anyhow和whatever。

西弗林对话语标记是怎样实现“话语连贯性”功能这个问题非常感兴趣（Schiffrin 1987：326）。她认为，连贯性是“通过话语中相邻单位的关系建构的”（Schiffrin 1987：24）。并声称，有五个特征不同、彼此独立的连贯性平面（Schiffrin 1987：24—25，节录）。它们是：

交换结构，指那些反映了对话的互换机制（民族方法学），并展示了参与者话轮转换结果和这些交替是如何互相联系起来的结构；

动作结构，指那些反映了话语中言语行为顺序的结构；

概念结构，指那些反映了话语中包含的概念（主题）之间关系的结构，这些关系包括衔接关系、话题关系和功能关系；

参与框架，反映对话双方的关系以及话语表达的定位；

信息状态，反映在话语变化过程中的知识和元知识的即时组织与管理。

之后，她提出，话语标记通过以下典型方式为话语提供语境坐标：（1）在话语模型（前文所概括）的一个或多个谈话平面上定位话语；（2）为听话者、说话者或双方提供话语指示；（3）为已发生或即将发生的话语提供指示。她认为话语标记在话语中具有整合的功能,因此有助于话语保持连贯性。

西弗林指出,一部分话语标记仅将两句中语义现实(事实)互相联系起来。但是包括 so 在内的一些话语标记,或许可以将两句在逻辑(经验)层面或者是言语行为(语用)层面联系起来,她(Schiffrin 1987)写道:

一个基于事实的因果联系,包含着意义单位,更准确地说是事件、状态等。一个基于知识的因果联系,包含着说话者用一些信息为凭证的推断(听话人的推断)。一个基于动作的因果联系包含着说话者通过说话提出一个被执行动作的动机——既可以是说话者本人的动作也可以是对话者的动作。①

雷德克(Redeker 1991, 1990)发表了关于西弗林(Schiffrin 1987)的评论文章,提出了一些重要修改。她对于话语标记(她称之为话语操纵语)②的核心意义的概念表示赞同,并且认为:核心意义应该明确标记对于语义表达的本质,这将有助于限制话语的语境解释(Redeker 1991: 1164)。她认为话语标记的定义还没有被充分地讨论,"当前,我们需要更为明确地定义话语连贯成分,这是一个更为宽泛的体系,包含所有连接词短语,不仅仅限制于(作者)主观选定的那一部分"(Redeker 1991: 1167)。她进一步认为,"话语操纵语"是"……一个词或短语……使用它的主要功能是唤起听者的注意,一种为后续话语提供即时语境的特殊联系。在这个定义里话语通常是语调和结构上受限制的子句单位"

① 在话语平面内的因果连词指示了所发生话语的因果解释;在认知平面内的因果连词标记了一种意见或结论的原因;在内容(语义)平面内的因果连词标记了一个事件的"真实"因果联系。

② "在一段令人不解的评论中,她这样写道'因为命题联系是一个更为广泛、常用的分类,话语操纵语的说法比偏向语用概念的话语标记更为适合……'"(Redeker 1990: 1169)

(Redeker 1991：1168)。

她随后又举出了一些不属于话语标记的例子：话语结构的从句指示词(例如，let me tell you a story、as I said before、since this is so)，没有照应使用的指示短语(例如，now、here、today)，回指代词和名词短语，以及任何表达范围不明晰的短语(Redeker 1991：1168)。

雷德克的其他论述则更具批判性。她将西弗林的十一个话语标记放置到五个层面之中，并据此得出结论：西弗林所提出的信息结构和参与框架(见上文)并不是独立于其他三个层面的，因此应该将它们放在一起。她写道："认知与态度是个人话语的两个组成部分，构建另外三个层面则是基于关系性概念。说话人的信息地位和态度，应该被视为是通过促进说话人在语用层面的选择而间接地提升连贯性，通过说话人的认知和态度改变，具有指示和预测价值的动作或者交换结构的标记功能。"(Redeker 1991：1169)

其结论是建立了一个经过修订的基于三个组成部分的话语连贯模型，分别是：概念结构、修辞结构(大致分别相当于西弗林提出的概念结构和动作结构)和顺序结构(大致相当于西弗林提出的交换结构的扩充版本)。她强调(与西弗林的态度大致相同)，"任何话语中的表达，都要参与到这三个组成部分中，但是总有一个部分主导，其本身与话语环境有更为相关的联系"(Redeker 1991：1170)。

雷德克进一步探讨了话语连贯的定义，这个讨论是独立于话语标记的，"(应)考虑到隐含的连贯关系和语义与语用连贯的同时实现，不考虑被话语标记标示出的情况"(Redeker 1991：1168)。其观点与桑德斯等人(Sanders et al. 1992)相似，桑德斯等人认为，"连贯关系是两个或更多的语句的意义范畴，在描写时不能孤立地看待句意"，她提出了关于话语连贯的模型，涉及两个话语单位：

(a) 在概念上,如果语境要求说话人对话语所描述的关系做出承诺。例如,时间序列、论述、动机、原因和结果(Redeker 1991: 1168);

(b) 在修辞上,如果最强的关系不处于两个单位表达的命题之间,而处于所传达的言外之意之间。例如,对照、让步、证据、辩解和结论(Redeker 1991: 1168);

(c) 在序列上,如果在松散联系的语段(或者间接联系的语段)中存在并列(话题或主题之间的过渡)或主从(引入、引出评论、修改、释义、旁白、离题或中断句子)关系(Redeker 1991: 1168)。当两个相邻的话语单位没有明显的概念或修辞的关系时……他们的关系就被称为序列关系(Redeker 1990: 369)。

笔者对话语标记的研究主要是从句法语用视角进一步深入的。笔者(Fraser 1987)曾写到过一组本人称之为"语用形式"的短语(现在称"语用标记",见 Fraser 1996a)。这些语用标记通常是具有词汇性质的短语,对于句子的命题内容不产生意义,但提示不同类型的信息。我的第三类语用形式,在 1987 年的论文《评论性语用标记》中提出,其中就包括现在的话语标记。在之后的著作中(Fraser 1988,1990,1993),我关注的是"什么是话语标记"和它们的语法地位。值得一提的是,我定义了话语标记作为语言学表达的充分条件(与西弗林所提出的观点不同,她承认非言语的话语标记):(ⅰ)拥有可以被语境丰富的核心意义;(ⅱ)在前面的和话语标记所引导的表达之间,体现说话者意图(而不是像西弗林所认为的只用于说明关系)。在这些论文中,我认为根据标记关系的种类,有四五种自然发生的话语标记类别,文章中还介绍了这些类别的一些细节。

布莱克默提供了第三种理论视角(Blakemore 1987,1992),她的论述是在关联理论框架内的(见 Sperber & Wilson

1986)。她将话语标记视为一种格莱斯式的传统含义,但是并没有接受格莱斯对于更高层次言语行为的分析(Grice 1989: 362; Blakemore 1992: 148),布莱克默关注话语标记加强含义限制的原因。她提出,话语标记没有像词汇性短语(比如 *boy* 和 *hypothesis*)一样的代表性意义,只拥有程序性的意义,这种程序性的意义引导人们怎样处理概念性话语表征(Blakemore 1987, 1992, 1995)。

布莱克默认为在语言学上话语标记应该从语境的特定限制方面加以分析,并且认为,通过相关的表达传递信息至少有四种途径(Blakemore 1992: 138—141):

> 语境含义的推导(例如 *so*、*therefore*、*too*、*also*);通过提供新证据加强现有假设(例如 *after all*、*moreover*、*furthermore*);推翻现有假设(例如 *however*、*still*、*nevertheless*、*but*);特指话语中表达的角色(例如 *anyway*、*incidentally*、*by the way*、*finally*)。

这四种分类与笔者(Fraser 1990)的观点大致相当。

对于话语标记研究的第四次推进来自话语连贯性领域的学者。首先,曼和汤普森提出了修辞结构理论(Mann & Thompson 1987, 1988),霍布斯(Hobbs 1985)、桑德斯等(Sanders et al. 1992)、诺特和戴尔(Knott & Dale 1994)、霍维(Hovy 1994)等人也有贡献。他们强调文本中句间关系的本质,例如"一句话的内容可能为另一句话的内容提供论述、语境或者解释"(Knott & Dale 1994: 35)[①]。这些论述为话语连贯性研究提供了诸多论点,有些话语关系明显地可以由话语标记表示出来的(他们将其称之为提示性短语)。这种为了话语分析需要将话语关系作为研究工具的

① 句中"文本"一词应当包括书面语和口语两种情况。

方法,在某种意义上,是与其他三种方法相对的。在前三种研究中,话语标记作为一个语言实体,是首要的研究对象,话语标记对于话语的解释是次要的。

这四种研究视角,都关注了话语关系的数量和分类的依据。一种方法是确定和证实一套“标准的”关系,这需要依靠话语标记本身,对照话语标记的不同意义,得出连贯关系的分类;另一种方法明确了这些关系是人们在对话时的心理构建。这是诺特和戴尔(Knott & Dale 1994)做出的一次有趣的尝试,他们试图将两种方法结合起来,用“关系短语”代替“提示性短语”。他们对文本中的关系短语做了详细分析,在替换的基础上做了检测,在标记话语关系的不同功能的基础上,构建了一个关系短语的分层分类。

3. 什么是话语标记

要回答这个问题,笔者首先要强调几个子问题:话语标记与什么相关?什么不是话语标记?话语标记的语法地位是什么?话语标记的主要分类有哪些?暂时不涉及话语标记在建立话语联系时所扮演的角色,因为这并不是讨论话语标记本身时的重要概念。

3.1 话语标记与什么相关

话语联系语、话语操纵语或者提示性短语,不管它们是否被称为话语标记,把这些短语放在一起讨论,是因为它们拥有一个共同的属性:它们加强了自身所属的话语片段(我们称之为 S2)和前面的话语片段(我们称之为 S1)之间的关系。换言之,它们发挥着双方联系的功能,这种功能一部分在于它们所引导的话语片段,另一部分在于前面的话语片段。笔者将这种典型模式归纳为“S1.

DM+S2"[1]。

但是,仍有一些问题不能不提。第一,话语标记所关联的片段不一定与之相邻,我们看一下以下例子:

(2) a. He drove the truck through the parking lot and into the street. Then he almost cut me off. After that, he ran a red light. **However**, these weren't his worst offenses.

他驾车穿过停车场,来到街上。然后,他几乎把我撞成两截,还闯了红灯。**但是**,这些并不是最糟糕的事情。

b. A: I don't want to go very much. B: John said he would be there. A: **However**, I do have some sort of obligation to be there.

A: 我不是很想去那儿。B: 约翰说他会去的。A: **但是**,我确实有义务到场。

c. [on entering the room and finding the computer missing.] **So**, where'd you put it?

(进屋时发现电脑不见了)**那么**,你把电脑放哪儿了?

d. You want to know how my garden grew this summer. **Essentially**, the tomatoes grew well. The broccoli was fair as were the peppers. The eggplant and carrots were terrible.

你想知道我的菜园今夏收成怎么样。**这么说吧**,西红柿长得很好,西蓝花和辣椒也都还可以。茄子和胡萝卜就糟透了。

在(2a)中,however 所引导的片段 these weren't his worst

---

① 除非特殊说明,我将用"话语碎片"来统一指称"命题""句子""话语"和"信息"。

offenses,它所关联的并不是最近的片段 ran a red light,而是前面的几个片段,包括离它最近的这个片段。在(2b)中,however 关联的并不是紧接着的话语,而是说话人的上一段话语。在(2c)中,so 并没有紧接任何的语言文本(参见 Blakemore 1995; Rouchota 1996),而在(2d)中,essentially 关联的并不只是后面的一个片段,而是接下来的几个片段。因此,尽管典型的话语标记通常是把它所在的话段与直接出现在前面的话段联系起来,但不总是如此。

第二,话语标记不须严格地引导 S2,也可以在句中或句尾处出现,如(3)所示[①]。

(3) a. Harry is old enough to drink. **However**, he can't because he has hepatitis.

哈利已经到了可以饮酒的年龄了。**但是**,他因患有肝炎而不能喝酒。

b. It is freezing outside. I will, **in spite of this**, not wear a coat.

外面很冷,**尽管如此**,我也不会穿外套。

c. We don't have to go. I will go, **nevertheless**.

我们不必必须去。**尽管如此**,我还是会去。

第三个问题涉及话语片段的语法地位,我们必须要考虑四个小问题,第一点在(4)中有所展示,在这些例子里,话语标记关联的是独立句: S1 和 S2(前文已经提及的典型案例)。

(4) a. We left late. **However**, we arrived home on time.

① 几乎所有话语标记都出现在句首位置(though 是个例外),有少量出现在句中,更少量出现在句尾。

我们离开晚了。**但是**,我们准点到家了。

b. The picnic is ruined. The mayonnaise has turned rancid. There are ants in the chicken. **Furthermore**, the beer is warm.

野餐被毁了。蛋黄酱坏了。鸡肉上也爬了蚂蚁。**此外**,啤酒不凉了。

c. The bank has been closed all day. **Thus**, we couldn't make a withdrawal.

银行一整天没开门。**因此**,我们没法取钱。

d. This dinner looks delicious. **Incidentally**, where do you shop?

晚餐看起来很可口。**顺便说一句**,你在哪儿买的这些东西?

第二点如(5)中所示,由一个并列连词连接的两个独立分句,这里用的是 and。因此,由话语标记所关联的典型模式可以归纳为"S1. DM + S2",如例(5a);或者"S1, DM + S2",如例(5b)。[①]

(5) a. Jack played tennis. **And** Mary read a book.

杰克打了网球。**而**玛丽看了书。

b. Jack played tennis, **and** Mary read a book.

杰克打了网球,**而**玛丽看了书。

---

① 存在着一些似乎不应合并为一个句子的序列,如(i—iii):

(i) The clock struck the hour. **And** Martha was nowhere to be found.
时钟在整点响了起来。**然而**玛莎还没出现。

(ii) I tried to get there. I failed. **And** I tried to call you but no one answered.
我想赶到那里,但是没成功。**然后**,我给你打电话,但是无人接听。

(iii) It is awfully big. **And** how am I going to carry it home?
这个东西也太大了。**这**我可怎么把它带回家呀?

(4)中所示的话语标记,因引导独立从句而出现。与之相反,(5)中所举的例子,表明 and(也可以是 but、or 或 so)可以以替代的方式关联 S2 和 S1。这就引出了一个问题,and(but、or)在省略句中出现时是否作为话语标记,例如"Jack and Mary rode horses(杰克和玛丽骑马)"。笔者认为答案是否定的。话语标记根据命题内容引导独立信息,而 and,在类似的省略句中,单纯地发挥连词的功能。下面将对话语标记的语法地位做出说明。

涉及话语标记的第三点如(6):

(6) as a result (of that)、because of this/that、besides、despite this/that、for this/that reason、in addition (to this/that)、in comparison (to/with this/that)、in spite of this/that、in this /that case、instead (of this /that)、on this / that condition

这些可以出现在典型公式"S1.DM+S2"中,如(7a);也可以分别出现在两种补充的公式中,如(7b)和(7c)中。

(7) a. There was considerable flooding. **As a result (of that)**, farmers went bankrupt.

这是一场大洪水。**因此**,农民们破产了。

b. **As a result of** considerable flooding, farmers went bankrupt.

由于一场大洪水,农民们破产了。

c. Farmers went bankrupt **as a result of** considerable flooding.

农民们破产**是由于**一场大洪水。

在这里,只有(7a)中的介词短语"as a result"从其功能上可以视为话语标记。在(7b)和(7c)中,短语"as a result of"仅作为 S1 主语介词的名物化,同前面的省略句一样,它并没有引导独立的信息。因此,其功能不同于话语标记。

第四点涉及诸如 since、because、while 和 unless 等词语。它们不适用典型公式,只适用于"S1,DM+S2"和"DM+S2,S1",见(8)。

(8) a. Mary is angry with you **because** you ran over her cat with your car.

玛丽生你的气了,**因为**你开车轧死了她的猫。[①]

b. Harry will not go, **unless** he is paid an appearance fee.

除非有出场费,否则哈利是不会去的。

c. **While** she is pregnant, Martha will not take a plane.

玛莎怀孕期间,她不会坐飞机的。

从句法结构上讲,话语标记是从属连词,它不能引导独立句,而是需要前面出现独立的分句。

(9) a. B: **Unless** he is paid an appearance fee.

B:除非有出场费。

b. B: Harry will not go. **Unless** he is paid an appearance fee.

B:哈利不会去的,除非有出场费。

c. **A**: Harry will not go. B: **Unless** he is paid an appearance fee.

A:哈利不会去的。B:除非有出场费。

---

① because 至少还存在着一种用法,例如:

Harry rode his bike today. (I say this) **Because** his car is in front of his house.
"哈利今天骑自行车。(我这样讲)因为他的汽车还停在他房前。"

由例(9)可见,B 的任何说法,都需要由"Harry will not go"在前引导,这句话可以是 B 说的,如(9b);也可以是 A 说的,如(9c)①。

笔者(Fraser 1990,1993)认为只有可以引导独立句子的短语才是话语标记,据此标准,我们排除了一些短语,包括 since、because 和 although。现在,笔者得出了新的结论,所有(10)中标记出的短语都应被认为是话语标记。原因是,第一,笔者无法找到区分它们的原则性条件;第二,这些短语全都关联着两个独立的信息,而笔者认为这是成为话语标记的必要条件。②

(10) a. He didn't go. **However**, he wasn't sorry.
他没去。**但是**,他一点也不感到遗憾。
b. Jack played. **And** Mary read.
杰克玩了。**而**玛丽读了。
c. Jack played, **and** Mary read.
杰克玩了,**而**玛丽读了。
d. He didn't go. **In spite of that**, he wasn't sorry.
他没去。**尽管如此**,他一点儿也不感到遗憾。
e. He didn't go, **since** he wasn't prepared.
他没去,**因为**他没准备好。

---

① 如果从属连词由 and、so 或者 but 引导,那么它们将同大多数话语标记一样,可以出现在两个从句之间,如下列例子所示:

(ⅰ) Harry felt sick. **And what is more**, acted that way.
哈利感觉不舒服。**更重要的是**,这种不适已经表现出来了。
(ⅱ) I won't go in since we are late, **and besides**, I hear it's a lousy play.
因为我们迟到了,所以我是不会进场的,**而且**,我听到里面的声音实在太糟了。
(ⅲ) Mary, **but more to the point** Jane, read for four hours.
玛丽,**但更重要的是**,珍妮读了四个小时书。
(ⅳ) George is fairly heavy, **so in comparison**, Nancy is relatively light.
乔治实在太重了,**所以相比之下**,南希就很轻了。

② 补语成分标记同样不是话语标记,因为它并没有连接两段独立信息,S2 中的信息被嵌入到 S1 中,所以只存在一段信息。

话语标记的研究者们并没有明确地强调过这个问题，但是他们的举例和评论表明，在这个问题上并不存在分歧。

第四，话语片段 S2 和 S1 的解释，不仅仅要从语义上解读，还一定要与所使用的特定的话语标记兼容，才能保证序列的连贯性。下列例子就展示了在解释时方方面面都是必须要注意的。

(11) a. Murdock bought WNAC-TV in Boston. **Therefore**, he couldn't buy *The Globe*.
默多克买下了波士顿的 WNAC-TV。**因此**，他无法买下《环球报》。
b. I just love Boston drivers. **However**, I seldom yell at them.
我太"爱"波士顿的司机了。**但是**，我很少冲他们大喊大叫。
c. I will help you. **Similarly**, I will take care of Martha.
我会帮助你。**同样地**，我会帮助玛莎。
d. We started late. **Nevertheless**, we arrived on time.
我们出发晚了。**然而**，我们准时到达。
e. A: How did Harry drown? B: We put a flotation device on him. **Nevertheless**, it slipped off.
A：哈利怎么溺水的？B：我们在他身上放了个漂浮装置。然而，那玩意滑下去了。
f. The U.S. policy is crazy. **Furthermore**, I love you anyway.
美国的政策太疯狂了。**此外**，无论如何我都爱你。

在(11a)中，*The Globe* 可以指《环球报》也可以指整家公司，只有消除这种模棱两可才能使句子变得连贯。而在(11b)中，S1 只有在解释为反讽意味的时候，句子才是通顺的。在(11c)中，片段 S2 必须要解释为一个承诺,或者至少不是一个威胁才可以成立。如果把 similarly 替换为 furthermore,就不需要这样的解释。(11d)中,需要把 S2 片段中明确的信息与 S1 片段中暗示的信息("我们迟到了")进行对比。对我来说(11e)并不连贯,但如果对话是关于某人溺水,正在采取措施营救他,句子就变得合理了。同样,我认为(11f)也不通顺,可能只是我的想象力很差。但是,如果我们用话语标记 however 替换 furthermore,句子就会变得通顺。总的来说,在任何关于连贯性的判读中,都一定要考虑到说话者意图(说话者想要通过话语传达的信息)。[①]

以上所举的大多数例子里,话语标记都是使 S2 中与 S1 相关的施事主语更为明确,如(12)所示。

(12) a. Jim is ready for the exam. **In contrast**, Jack is quite unprepared.

吉姆准备好考试了。**相比之下**,杰克还一点儿都没准备。

b. We are late. **So** that means I can't go.

我们来晚了。**所以**,我走不了了。

c. He is poor. **Moreover** he is uneducated.

他很穷。**此外**,他还没受过教育。

现在,我们考虑(13)中的情况:

(13) a. We left late. **In spite of that**, we arrived on time.

我们离开晚了。**尽管如此**,我们准时到达了。

b. [Boss to assistant] A: Box up my entire office. B:

① 我所指的是明确的基本信息,即句子的命题内容就是信息内容。补充的明确信息由评论标记标示,例如 frankly、certainly 和 stupidly 就增加了复杂程度。详见弗雷泽(Fraser 1996c)。

So, he fired you too.

(老板对助手说)A：把我办公室里的东西全部打包装好。B：**所以**，他把你也开除了。

c. A：I realize that Jack is sick. **But** you know Jack is not sick.

A：我意识到杰克病了。**但是**你知道杰克并没有病。

d. A：Here is a triangle. B：**But** it has four sides.

A：这是一个三角形。B：**但是**它明明有四条边。

e. John has been absent lately, hasn't he? **Before I forget**, when are you leaving?

约翰最近总是缺勤，对吧？**在我忘记之前**，你什么时候走？

在这些例子里，话语标记将明确解释的 S2 和非明确解释的 S1 相关联。在(13a—b)中，由一个暗示的命题联系 S1，由 in spite of that 和 so 提及 S1。在(13c)中，这是一个预设的命题；在(13d)中，这是一个蕴含命题。在(13e)中，关联的并不是命题，而是 S2 和 S1 的话题。这种带话语标记现象必要性的存在程度还有待进一步研究。

通过这个讨论，我们可以清楚地认识到，话语标记并不像西弗林所描述的那样，"显示"关系，即显示主体与客体之间的关系。而像布莱克默(Blakemore 1992)和笔者(Fraser 1990)所认为的那样，话语标记为 S2 规定出一个解释范围。S1 的解释和话语标记的意义会在随后讨论的话题中涉及。

3.2 哪些不是话语标记

依据话语标记的特性描述，许多位于片段起始位置的短语被排除了。例如(14)：

(14) a. A：Harry is old enough to drink. B：**Frankly**, I don't think he should.

A：哈利已经到了可以喝酒的年龄了。B：**坦白地讲**，我认为他不应该喝酒。

b. I want a drink tonight. **Obviously**, I'm old enough.

今晚我想喝酒。**显然**，我已经到了合法喝酒的年龄了。

c. A：We should leave fairly soon now. B：**Stupidly**, I lost the key so we can't.

A：我们应该早点离开。B：**太蠢了**，我弄丢了钥匙，所以我们走不了。

在(14a—c)中，Frankly、Obviously 和 Stupidly 并没有标记出两个相邻话语片段间的双向关系，而是通过标记一段评论、一个单独的信息，联系随后的片段。这些属于评论性语用标记（参见 Fraser 1996b）。以同样原因排除的还有焦点小品词，比如 even、only、just，如(15a—b)；还有停顿标记，如 hum...、well...、oh...、ahh...，如(15c—d)：

(15) a. The exam was easy. **Even** John passed.

这考试太简单了。**连**约翰都通过了。

b. They are fairly restrictive there. **Only** poor Republicans are allowed in.

他们在这里是受限制的。**只有**可怜的共和党人被准许进入。

c. What am I going to do now? **Well** ... I really don't know.

我现在该怎么办？**呃**……我真的不知道。

d. A：Do you know the answer? B：**Ah** ..., I will have to

think about it.

A：你知道答案吗？B：**啊**……我得想想。

语气词不在英语中出现〔但是存在 He did **indeed** do that yesterday（他昨天确实那么做了）〕，但是在德语中存在语气词，例如"Wer wird **denn** auch ebenso etwasprobieren?"（谁不想尝试一下呢？），然而，语气词也不是话语标记。

（16）中的呼语，也被排除在外。因为它们虽然标记了句子所要传递的基本信息，但是并没有标记片段间的关系。像 Oh！〔西弗林（Schiffrin 1987）认为属于话语标记〕、Wow！、Shucks！等感叹词也因为同样的原因被排除在外。

（16） a. A：We shall arrive on time. B：**Sir**, I fear you are sadly mistaken.

A：我们会准时到达的。B：**先生**，恐怕你想错了。

b. A：Are there any questions? B：**Mr. President**, what do you think of Mr. Dole?

A：有问题吗？B：**总统先生**，你认为都乐先生怎么样？

c. Who knows the answer. **Anyone**?

有谁知道答案吗？**任何人**？

（17） a. A：The Chicago Bulls won again tonight. B：**Oh**!

A：芝加哥公牛队今晚又赢了。B：**哦**！

b. **Wow**! Look at that shot!

哇！看那个投篮！

c. A：You have to go to bed now. B. **Shucks**! I really wanted to see that movie.

A：你现在必须去睡觉。B：**哎**！我真的很想看那个电影。

它们必须被视为构成完整或者独立信息的语用熟语①。

3.3 话语标记的语法地位

第一,从语法上讲,话语标记不构成单独的语法分类似乎是很明确的。话语标记主要由三部分组成:连词、副词和介词短语,其中包括少量熟语,比如 still and all 和 all things considered。并列连词 and、but 与 or 的主要功能是成为话语标记,但并不仅限于此②。从属连词 so、since、because 和 while 也可以用作话语标记,但是它们也具有其他的语法功能,如(18)所示。

(18) a. **Since** Christmas, we have had snow every day.
圣诞节以来,我们每天都下雪。
b. The book was so good **that** I read it a second time.
这本书太好了,以致我又读了一遍。
c. You should read **while** doing that.
你应该在读书同时做那件事。

第二,存在着被征用为话语标记的状语,有可能如同(19a—b)中只用作话语标记,也有可能如(19c—f)中的连词存在着其他

① oh 在语法中至少扮演着三种不同的角色

(i) 感叹词,如:Oh! I wasn't aware of that. Thank.(哦!我都没意识到,谢谢。)
(ii) 詹姆士(James 1972)所称的 oh_2,如:There were ... oh ... perhaps 20 or so lying there uncovered.(大概还有,哦,20 多个没被发现。)
(iii) 情绪/停顿标记,如:Oh, Harry, why don't you just shut up.(哦,哈利,你还是闭嘴吧。)

同其他感叹词一样,Oh! 通过语调轮廓传达诸如失望、愤怒、如释重负等语气,给简单的 Oh! 增添了额外的意义。

② 例如,我们已经知道许多 and〔如 Oil **and** water don't mix(水**和**油不能相溶)〕和 but〔如 He called all **but** one(**除了**一个,剩下的他全都叫过了)〕不能被认为是话语标记的用法。

功能。

(19) a. Sue won't eat. **Consequently**, she will lose weight.
苏不吃东西。**因此**，她会减肥。
b. Bill likes to walk. **Conversely**, Sam likes to ride.
比尔喜欢走路。**相反地**，山姆喜欢骑车。
c. I believe in fairness. **Equally**, I believe in practicality.
我相信公平。**同样地**，我相信实践。
d. I treat everyone **equally**.
我对待所有人都一视同仁。
e. A：I can't see the buoy. B：**Then** don't leave.
A：我看不到浮标。B：**那**你就别走了。
f. Will he be able to leave **then**?
然后他就能走了吗？

第三，有的介词短语专用于话语标记，如(20a—b)；有的还有其他用法，如(20c—f)。

(20) a. Harry shut his eyes. **As a consequence**, he missed the bird.
哈利闭上了眼睛。**结果**，他没看到那只鸟。
b. You shouldn't do that. **In particular**, you shouldn't touch that brown wire.
你不应该那么做。**特别是**，你千万别碰那根棕色的电线。
c. We should have ice cream for dessert. **After all**, it's my birthday.
甜点我们应该吃冰激凌。**毕竟**，今天是我的生日。
d. He didn't go **after all**.

他**压根**儿就没去。

e. He didn't want to go. **On the other hand**, he didn't want to stay.

他不想去。**另一方面**,他也不想待在那里。

f. One hand was unadorned. He had a colorful tattoo **on the other hand**.

一只手臂上什么也没有。而他的**另一只手臂**上文有彩色的文身。

想要把一部分连词、副词和介词短语聚集成为一个语法分类是很难的,特别是因为它们自身的句法模式与它们各自的句法性质一致:一个连词的功能结构就如同其他连词一样,副词和介词短语也是这样。此外,据我所知,一个短语以本来意义出现时的句法环境与它作为话语标记时的句法环境是不同的。所以,它们不同功能出现的句法环境是互补分布的。

从语义上讲,当一个短语作为话语标记出现时,它的意义有几个方面。第一,话语标记关联两个话语片段,但是对两个片段的命题意义不会产生影响。下面句子中出现的是话语标记:

(21) a. I want to go to the movies tonight. **After all**, it's my birthday.

今晚我想去看电影。**毕竟**,今天是我的生日。

b. John will try to come on time. **All the same**, he is going to be reprimanded.

约翰会尽力准时到达的。**反正都一样**,他还是会被训斥的。

c. **A**: Harry is quite tall. B: **In contrast**, George is quite short.

A:哈利个子相当高。B:**相比之下**,乔治就相当矮了。

也许删除它们,也不会改变片段的命题内容。但是,如果没有这几个话语标记,听话人无法根据词汇线索推断片段间的关系。当然,since、while、whereas 和 because 作为话语标记时,存在着语法上强制使用的原因。

第二,话语标记的意义是程序上的而非概念上的。带有概念意义的表达式详述的是语义特征的明确集合,比如 21(b)带有假设的例子。带有程序意义的表达式详述了它所引导的片段是如何与前面的片段关联起来的[①]。比如说,话语标记 in contrast,当它出现时,标记了它所引导的片段,如(22)作出对比的,是两句主语的人物和他们的相对体重。

(22) John is fat. **In contrast**, Jim is thin.

约翰很胖。相比之下,吉姆就很瘦。

(23a—b)中所示,in contrast 比 but 和 on the other hand,在对比方面规定得更为具体,但是 in contrast 不能出现在带有 nevertheless 的文本中,如(23c—d)[②]:

(23) a. A: Harry is honest. B: **But/ * In contrast** he is NOT honest.

A:哈利很诚实。B:**但是/ * 相比之下**他不诚实。

b. He hasn't been feeling that well. **On the other hand/ * In contrast**, he shouldn't have acted that way.

他从没感觉这么好过。**另一方面/ * 相比之下**,他不应该那样做。

c. I don't care for peas. **In contrast/ * Nevertheless**, I

① 据我所知,首先使用"程序意义"这个术语来区别话语标记和其他词汇表达的是布莱默克(Blakemore 1987)。

② 详见弗雷泽(Fraser 1997)关于英语中对比话语标记的分析。

like carrots.

我不喜欢豌豆。**相比之下**/* **然而**,我喜欢胡萝卜。

d. We started late. **Neverthelessl**/* **In contrast**, we arrived on time.

我们出发晚了。**然而**/* **相比之下**,我们准时到达了。

第三,每个话语标记都有具体的核心意义。例如,话语标记 so 就标示某一片段在前一话语片段之后作为结论出现。在下面的一些例子里,so 承担了更复杂的意义,但是仔细观察后我们发现,这个观点应该归因于语言学的和非语言学的话语环境①:

(24) a. Susan is married. **So**, she is no longer available I guess.

苏珊已婚了。**所以**,我觉得不能追她了。

b. John was tired. **So**, he left early.

约翰很累。**所以**,他提前离开了。

c. Attorney: And how long were you part of the crew?

Witness: Five years.

Attorney: **So**, you were employed by G for roughly 5 years, right?

律师:你在那个团队待了多长时间了?

证人:五年。

律师:**所以**,你受雇于 G 大约五年时间了,对吧?

d. Teenage son: The Celtics have a game today. Father: **So**?

① 如果从一个祖母的口中说出,如 So, tell me about the young man you are seeing(那么,来跟我说说跟你约会的那个年轻人吧)。这里 so 是一个平行语用标记而不是一个推理话语标记。详见弗雷泽(Fraser 即将出版)关于 so 的讨论。

十几岁的儿子：今天有凯尔特人队的比赛。父亲：**所以**呢？

e. Son：My clothes are still wet. Mother：**So** put the drier on for 30 minutes more.

儿子：我的衣服还湿着呢。母亲：**那么**，你就把衣服放到烘干机里再烘 30 分钟。

再比如下列含有 but 的句子：

(25) a. She's good looking. **But** he's ugly as sin.

她长得很漂亮。**但是**他长得奇丑无比。

b. He's good looking. **But** that isn't going to get him a job in this market.

他长得很好看。**但是**这也无法为他换来一份工作。

c. A：He's late. B：**But** he's not late at all.

A：他来晚了。B：**但是**他还没迟到。

d. You say that Mary is coming. **But** we weren't talking about Mary at all.

你说玛丽在路上了。**但是**我们根本就没提到玛丽。

e. A：James is not in his office. B：**But** I just saw him there.

A：詹姆斯没在他的办公室。B：**但是**我刚才还看见他在呢。

这五个例子中的 but 都是话语标记吗？笔者认为答案是否定的。在文本中，简单对比的核心意义应表达出 but 的概念和补充的解释。当然，这种推论应该是推导出来的而不仅仅是话语标记的意义编码。话语标记与话语标记槽之间存在着互动：一方面，话语标记通过它所标记的意义，使片段 S2 和 S1 之间产生了关系；

另一方面,语言的和非语言的语境丰富和充实了这种基于细节的关系。

我的结论是,(把少数几个熟语的例子包括在内)话语标记是从连词、副词和介词短语的句法分类中抽取出来的短语。它们拥有各自不同的句法特征,拥有程序意义,话语标记与它们的概念意义呈互补分布。对于那些有概念意义的短语,如 however、equally、since 和 then,甚至像 and 这样不同意义的很小的词,在用作语法标记时,词汇条目一定是模糊的。没有概念意义的介词短语,如 as a consequence 和 in particular,与拥有概念意义的介词短语,如 after all 和 on the other hand,其意义是根据短语所关联、规定的,因为它们的意义不是复合的。笔者认为应将话语标记视为一种语用分类,如此分类的原因在于,它们的功能在于话语的解释而不是命题内容。在此,笔者再次说明,这个定义能否被确定下来还有待进一步研究。

3.4 话语标记的主要分类有哪些

笔者发现了话语标记的两大分类:

(26) ① 关联信息的话语标记

a. 对比性标记

b. 附属标记

c. 推理标记

d. ……

② 关联话题的话语标记

第一类指关联由话语片段 S2 和 S1 传达的信息方面的话语标记。在有些语料中,话语间的关系涉及(命题)内容范围,如(27a);还有一些语料涉及认知范围(说话者的想法),如(27b);第三种语料则涉及言语行为范围,如(27c)。

(27) a. Since John wasn't there, we decided to leave a not for him.
因为约翰不在,我们决定给他留个纸条。
b. Since John isn't here, he has (evidently) gone home.
因为约翰不在这儿,(显然)他回家了。
c. Since we're on the subject, when was George Washington born?
既然提到了,乔治·华盛顿是什么时候出生的?

在此不作细节讨论[①]。

在第一个分类下面,有三个主要次级分类和一些非常小的子类。在(28)中,展示了第一个相对稳定的次级分类。

(28) a. John weighs 150 pounds. In **comparison**, Jim weighs 155.
约翰重 150 磅。**相比之下**,吉姆重 155 磅。
b. We left late. **Nevertheless**, we got there on time.
我们走晚了。**然而**,我们准时到了达目的地。
c. A: Chris is a happy bachelor. B: **But** Chris is female.
A: 克丽丝是个快乐的单身汉。B: **但是**克丽丝是个女性啊。

这些例子中,话语标记对比 S1 的意义,明确标示出 S2 的意义。例如(28a)中,in comparison 沿着连续的重量维度,对比 S1,明确标示出 S2 的内容。在(28b)中,nevertheless 标示了 S2 中明确的信息与未预料到的、隐含的 S1 信息间的对比。在(28c)中,是

① 这些区别首先由西弗林(Schiffrin 1987)和斯威彻尔(Sweetser 1990)提出。

S2 中明确信息与 S1 蕴含的对比。

笔者将此类话语标记称为对比性标记。包括：

(29) (al)though、but、contrary to this/it/that、conversely、despite (doing) this/that、however、in comparison (with/to this/that)、in contrast (with/to this/that)、in spite of (doing) this/that, instead〔of (doing) this/that〕、nevertheless、nonetheless、on the contrary、on the other hand、rather〔than (do) this/that〕、still、though、whereas、yet

这个次级分类，用意义加以区分，可以被分为：

(30) a. but①

b. however、(al)though

c. in contrast (with/to this/that)、whereas

d. in comparison (with/to this/that)

e. on the contrary、contrary to this/that

f. conversely

g. instead〔of (doing) this/that〕、rather〔than (doing) this/that〕

i. despite (doing) this/that、in spite of (doing) this/that、nevertheless、nonetheless、still

第二个关联 S2 和 S1 信息方面的话语标记，如下：

---

① 进一步区分次级分类的原因是它们还具有其他的区别。有趣的是，but 这个典型的对比话语标记可以和其余任意一个对比话语标记共同出现〔如 He didn't go. **But instead**, he worked through the night.（他没去。**反而**工作了一整夜。）〕。类似的现象同样出现在 and 和 so 在它们各自分类的用法中。详见弗雷泽（Fraser 1997）关于对比话语标记的分析。

（31） a. The picnic is ruined. The mayonnaise has turned rancid. The beer is warm. **Furthermore**, it's raining.
野餐被毁了。蛋黄酱坏了。啤酒不凉了。**此外**，还下起雨来了。
b. You should always be polite. **Above all**, you shouldn't belch at the table.
你应该时刻保持礼貌。**首先**，你不应该在餐桌上打嗝。
c. They didn't want to upset the meeting by too much talking. **Similarly**, we didn't want to upset the meeting by too much drinking.
他们不希望因为说太多话而打乱会议。**同样地**，我们不希望喝太多酒而打乱会议。

在这些例子里，话语标记表示了 S2 和 S1 之间的准平衡关系。在（31a）中，furthermore 标示了 S2 的内容将加在前文所列出的内容之中（不仅仅是 S1），而在（31b）中，above all 标示了 S2 中的内容是 S1（或 S1 及之前的话语）所表达概念的首要内容。在（31c）中，similarly 标示了 S2 和 S1 内容中一些未明确维度的相似性。在所有这些例子中，话语标记都暗示了 S2 中的信息与 S1 中信息是平行、增强或择取的关系。

笔者将此类话语标记称为附属标记。包括：

（32） above all、also、analogously、and、besides、better yet、by the same token、correspondingly、equally、for another thing、further（more）、in addition、in any event、in particular、I mean、likewise、more to the point、moreover、namely、on top of it all、or、otherwise、similarly、to cap it all off、too、well、what is more

更细致的区分包括：

(33) a. and

b. above all、also、besides、better yet、for another thing、furthermore、in addition、moreover、more to the point、on top of it all、too、to cap it all off、what is more

c. I mean、in particular、namely、parenthetically、that is (to say)

d. analogously、by the same token、correspondingly、equally、likewise、similarly

e. be that as it may、or、otherwise、that said、well

第三个次级分类如下：

(34) a. The bank has been closed all day. **Thus**, we couldn't make a withdrawal.

银行一整天没开门。**因此**，我们没法取钱。

b. It's raining. **Under those conditions**, we should ride our bikes.

下雨了。**这种情况下**，我们没法骑自行车了。

c. There's a fearful storm brewing. **So** don't go out.

有个可怕的风暴正在积聚。**所以**不要出去了。

在这些例子中，话语标记标示出 S2 是基于 S1 的结论。在(34a)中，thus 标示了 S1 为后面片段释因(或许还有前面的其他片段)。在(34b)中，under those conditions 标示出如果 S1 中的情况持续，S2 应被解释为结论。在(34c)中，so 标示出根据 S1 给出的建议。

笔者将此类话语标记称为推理标记。包括：

(35) accordingly、all things considered、as a (logical) consequence/conclusion、as a result、because of this/that、consequently、hence、in any case、in this/that case、it can be concluded that、of course、on that condition、so、then、therefore、thus

根据 S2 中结论的不同，这些标记可以被细分为：

(36) a. so

b. of course

c. accordingly、as a consequence、as a logical conclusion、as a result、because of this/that、consequently、for this/that reason、hence、it can be concluded that、therefore、thus

d. in this/that case、under these/those conditions、then

e. all things considered

最后补充的是一个数量较小的类别①。如下：

(37) a. I want to go to the movies. **After all**, it's my birthday.

我想去看电影。**毕竟**，今天是我生日。

b. I'm not going to live with you anymore, **since** I can't stand your cooking.

我不想和你一起生活了，**因为**我忍受不了你做的饭。

---

① 还存在着一些其他的分类，例如 after、before 和 while，它们详述了 S2 与 S1 的时间关系；复合标记，如 although ... yet 和 if ... then，在此不做讨论。

c. Take a bath right away, **because** we have to get going.
快洗澡吧,**因为**我们要走了。

推理标记关联了跟随在 S1 之后(S1 为得出结论提供证据)的 S2 的结论。这一组话语标记,是 S2 为 S1 所说内容提供原因,有的是陈述句;如(37a—b),有的是祈使句,如(37c)。

这一组包括:

(38) after all, because, for this/that reason, since

第一类话语标记,涉及明确的 S2 片段信息和明确/非明确的 S1 片段信息方面的关系。第二类话语标记,关联话题的话语标记涉及话语管理方面(西弗林的交换结构,雷德克的序列层面)。如下。

(39) a. This dinner looks delicious. Incidentally where do you shop?
a. 晚餐看起来很可口。**顺便问一句**你在哪买的?
b. I am glad that is finished. To return to my point, I'd like to discuss your paper.
b. 很高兴那件事儿终于结束了。**话说回来**,我很愿意聊一聊你的论文。

在(39a)中,incidentally 标示出根据 S1 的话题,S2 应被解释为离题。在(39b)中,to return to my point 标示出前文话语话题的再次引入。对于 S1 起作用的是前文话题,而不是信息本身。笔者将这一类话语标记称为话题交换标记,包括:

(40) back to my original point、before I forget、by the way、incidentally、just to update you、on a different note、

speaking of X、that reminds me、to change to topic、to return to my point、while I think of it、with regards to

如果对于这两类话语标记的分析是正确的，那么，西弗林和雷德克关于话语标记在概念层面、修辞层面和顺序层面，包括未被提及的话题层面的潜在作用就值得重新考虑。

4. 结论

总而言之，笔者将话语标记定义为语用类，从连词、副词和介词短语的句法分类中抽取的词汇性短语，也还包括一些例外，但它们都标示出它们所引导的话语片段 S2 和先前话语片段 S1 之间的关系。它们有程序上的而非概念上的核心意义，它们更为准确的解释都来自语言的或概念上的语境协调。有两大类话语标记：一种是将 S2 传达的明确信息方面与 S1 直接或间接地联系的信息方面关联起来；另一种关联 S2 和 S1 的话题。

尽管在这个问题上，我们取得了一些进步，但还有一些问题难以解释。什么样的话语标记可以共现？例如"And so, what are we to do now?"（那么然后，我们该干什么？）是否可以接受？但是"And however, ……"和"So and, ……"则不能成立。话语标记与其他语用标记怎样相互作用？例如，"However, frankly, you didn't do very well"（然而，坦白地讲，你做得不够好），似乎是可以接受的，而"Frankly, however, you didn't do very well"（坦白地讲，然而，你做得不够好），就完全不能接受。这种共现是由规则支配的，还是由原则支配的，或者只是一个特例？

将话语标记分为目前诸子类的结论能否经得起进一步研究的推敲？或者关于话语标记是否还需要重新分类？核心程序意义的本质到底是什么？除了话语标记以外，是否还有其他短语拥有核心程序意义？诸如 nevertheless、despite that 和 still 是真正的相同吗？进一步的研究有没有可能揭露出它们之间微妙或许又不是那么微妙的不同？例如 despite that 经常用于一般性的讲话，而 not with standing 则用于正式的书写材料。

话语标记在连贯方面的作用是什么？如果我们认为话语标记标示出了关系（正如笔者所认为的），这些关系仅限于斯威彻尔提出的三种关系吗？还是在话语中还允许出现其他的关系？存不存在不需要明显标记就体现出的关系？如果存在，这些句子有一定的规律吗？

最后，如何进行话语标记的跨语言对比？一些初步的数据表明，例如弗雷泽和马拉努德-莫考斯基（Fraser & Malarnud-Mokowski 1996）、珀姆皮库尔（Permkpikul 1997）、苏（Su 1997）的研究显示标记间存在大致的对应性，但一定不存在精确的映射。如果事实如此，它们之间的异同能达到什么程度？例如，话语标记能作为黏着语素出现吗？在习得第二语言的过程中，哪些话语标记是最先习得的？这种习得顺序是否与母语的影响有关？

在话语标记领域还有许多类似的问题有待研究。

参考文献

Abraham, W. 1991 Modal particle research: The state of the art. *Multilingua*, 10(1/2): 9 – 15.

Ariel, M. 1994 Pragmatic operators. *The Encyclopedia of Language and Linguistics*. Oxford: Pergamon Press. Pp. 3250 – 3253.

Bazanella, C. 1990 Phatic connectives as intonational cues in contemporary spoken Italian. *Journal of Pragmatics*, 14(4): 629 – 647.

Blakemore, D. 1987 *Semantic constraints on relevance*. Oxford: Blackwell.

Blakemore, D. 1992 *Understanding utterances*. Oxford: Blackwell.

Blakemore, D. 1995 *On so-called ' discourse connectives '*. Unpublished lecture.

Erman, B. 1987 *Pragmatic expressions in English: A study of you know, you see, and I mean in face-to-face conversation*. Stockholm: Almqvist and Wiksell.

Fraser, B. 1987 Pragmatic formatives. In J. Verschueren, M. Bertuccelli-Papi. *The pragmatic perspective*. Amsterdam: Benjamins. Pp.179 – 194.

Fraser, B. 1988 Types of English discourse markers. *Acta Linguistics Hungarica*, 38(14): 19 – 33.

Fraser, B. 1990 An approach to discourse markers. *Journal of Pragmatics*, 14: 383 – 395.

Fraser, B. 1993 Discourse markers across language.In L. Bouton, Y Kachm (ed.) , *Pragmatics and language learning*. Urbana-Champaign: IL: University of Illinois Press. Pp.1 – 16.

Fraser, B. 1996a Pragmatic markers. *Pragmatics*, 6(2).

Fraser, B. 1996b *Inferential discourse markers in English*. Boston University.

Fraser, B. 1997 Contrastive discourse markers in English.In Y. Ziv, A. Jucker(eds.) ,*Pragmatics and beyond: Discourse markers*. Amsterdam: Benjamins.

Fraser, B. to appear The particle *so* in English. *RASK International Journal of Language and Linguistics*, *Vol.9 – 10*.

Fraser, B. forthcoming *The discourse relations of contrastive discourse markers in English*.

Fraser, B. and M. Malamud-Mokowski 1996 *Language Sciences*, 18 (3 – 4): 863 – 881.

Fuentes Rodriguez, C. 1985 Sobre oraciones consecutivas en el habla urbana de Sevilla (nivel culto).*Sociolingiiistica Andaluza*, 3:

87 – 103.

Grice, P. 1989 *Studies in the ways with words*. Cambridge, MA: Harvard University Press.

Halliday, M. and R. Hasan 1976 *Cohesion in English*. London: Longman.

Hobbs, J. 1985 On the coherence and structure of discourse. *Technical report CSLI – 85 – 37*, Center for the Study of Language and Information, Stanford University.

Hovy, E. 1990 Parsimonious and profligate approaches to the question of discourse structure relations. *Proceedings of the 5th International Workshop on Natural Language Generation*. Pp. 128 – 134.

Hovy, E. 1995 The multifunctionality of DMs. *Paper presented at workshop on discourse markers*. Egmond am Zee, The Netherlands.

James, D. 1972 Some aspects of the syntax and semantics of interjection. *Proc. of 8th Regional Meeting of CLS*. Pp.162 – 172.

Knott, A. and R. Dale 1994 Using linguistic phenomena to motivate a set of coherence relations. *Discourse Processes*, 18 (1): 35 – 62.

Labov, W. and D. Fanshel 1977 *Therapeutic discourse*. New York: Academic Press.

Levinson, S.C. 1983 *Pragmatics*. Cambridge: Cambridge University Press.

Mann, W. and S. Thompson 1987 Rhetorical structure theory: A theory of text organization. *Technical Report RR /87 /190*, Information Sciences Institute, Marina del Rey, CA.

Mann, W. and S. Thompson 1988 Rhetorical structure theory: Toward a functional theory of text organization. *Text*, 8:

243 – 281.

Ostman, J.-O. 1995 Pragmatic particles twenty years after. In B. Wawik et al (eds.), *Organization in discourse: Proceedings from the Turku Conference*. Anglicana Turkuensia, 14: 95 – 108.

Permpikul, M. 1997 *Contrastive discourse markers in Thai*. Unpublished manuscript, Boston University.

Polanyi, L. and R. Scha 1983 The syntax of discourse. *Text*, 3: 261 – 270.

Pons, S. 1997 *A protoptype approach to the concept of connective*. Unpublished manuscript, University of Valencia.

Quirk, R., S. Greenbaum, G. Leech and J. Svartvik 1985 *A comprehensive grammar of the English language*. London: Longman.

Redeker, G. 1990 Ideational and pragmatic markers of discourse structure. *Journal of Pragmatics*, 14(3): 367 – 381.

Redeker, G. 1991 Review article: Linguistic markers of discourse structure. *Linguistics*, 29(6): 1139 – 1172.

Rouchota, V. 1996 Discourse markers: what do they link. In John Harris and Philip Black (eds.), *UCL Working Papers in Linguistics* 8: 199 – 214.

Sanders, T., W. Spooren and L. Noordman 1992 Towards a taxonomy of coherence relations. *Discourse Processes*, 15: 1 – 35.

Sanders, T., W. Spooren and L. Noordman 1993 Coherence relations in a cognitive theory of discourse representation. *Cognitive Linguistics*, 4: 93 – 133.

Schiffrin, D. 1987 *Discourse markers*. Cambridge: Cambridge University Press.

Schorup 1985 *Common discourse particle in English conversation: Like, well, y'know*. New York: Garland.

Sperber, D. and D. Wilson 1986 *Relevance*. Cambridge: Cambridge University Press.

Stubbs, M. 1983 *Discourse analysis*. Chicago, IL: The University of Chicago Press.

Su, J-C. 1997 *Contrastive discourse markers in Mandarin*. Unpublished manuscript, Boston University.

Sweetser, E. 1990 *From etymology to pragmatics*. Cambridge: Cambridge University Press.

Wilson, D. and D. Sperber 1993 Linguistic form and relevance. *Lingua*, 90: 1 – 25.

Zwicky, A. 1985 Clitics and particles. *Language*, 61: 283 – 305.

汉语两类间接宾语标记的类型学意义及发展*

钱志安　著　香港城市大学
谷峰　译　南开大学文学院

1. 引言

本文拟从语言类型学的角度分析汉语方言的间接宾语标记。甲骨刻辞以及近现代汉语方言的资料显示,汉语从古至今一直存在两种间接宾语标记:趋向型间接宾语标记和给予型间接宾语标记。趋向型间接宾语标记最早见于甲骨刻辞,在近代汉语方言中也有留存,此类宾语标记由趋向动词(directional verb)充当。给予型间接宾语标记在现代汉语方言中有比较广泛的分布,此类标记由给予义动词充当。

趋向动词和给予义动词都能够语法化为间接宾语标记,但"鱼与熊掌不可得兼",同时拥有这两种间接宾语标记的语言/方言并不多见。我们考察发现,趋向型标记产生在前,给予型标记产生在后,古今汉语及汉语方言演变的总体倾向是给予型标记取代趋向型标记,而 19 世纪的粤语文献和从化方言的田野语料恰好展示了"给予型"取代"趋向型"的动态过程。本文要做的工作是:1) 从

* 这篇文章是笔者在美国华盛顿大学完成的博士学位论文的一部分,初稿曾在 IACL - 17 年会(巴黎,2009 年 7 月 2—4 日)上报告。笔者在写作中得到余蔼芹教授的启迪和指导,谨致谢忱。——作者注

句法、语义的角度解释给予型标记取代趋向型标记的原因;2) 将汉语方言和东南亚语区的语言相互参证,讨论这两类宾语标记在区域语言学上的意义。

2. 双宾语句

间接宾语标记出现于双宾语句,所以本小节先分析双宾语句,这有助于我们认识间接宾语标记的性质。先看两个例句:

(1) I gave a book to Mary.

(2) 我给小张送了一本书。

例(1)是英语的双宾语句,例(2)是现代汉语的双宾语句。从这两个例句看,give 和"给"这样的动词在句中要关联三个 NP,这三个 NP 分别担任主语、直接宾语、间接宾语。主语的语义角色是给予者,直接宾语的语义角色是给予物,间接宾语的语义角色是接受者。[①] 汉语中像"给"这样能带两个宾语的动词有:"送""卖""借""还""递""付""赏""嫁" "交""让""教""分""赔""退""输""补""拨""赠""献""赐""传""找钱""租""传染""退还""介绍"等。[②]

3. 什么是间接宾语标记

双宾语句是汉语语法研究的热门话题,不过以往的研究者大都把注意力放在双宾句的句子结构、直接宾语和间接宾语的排序

---

① 谓词的语义特征决定论元的数量和论元的语义角色,这在句法学上叫次语类制约(sub-categorization constraint)。

② 本文对双宾动词的界定参考了朱德熙(1979)。包含"送""卖""赠"等动词的句子,表示物品由主语一方转移至间接宾语一方,这种句子叫作给予型双宾句。其实,双宾结构还有一种类型,表示物品由间接宾语一方转移至主语一方,如"我偷了他钱包",这种句子叫取得型双宾句。因为取得型双宾句不包含间接宾语标记,所以本文暂不讨论。

等问题上(朱德熙 1979;Yue-Hashimoto 1993;邓思颖 1998,2003;Takashima & Yue 2000;刘丹青 2001)。一般认为,汉语南北方言语法差异的一个重要表现就是直接宾语和间接宾语位序互为颠倒(黄伯荣 1959;赵元任 1968;张洪年 1972/2007;高华年 1980;黄家教,詹伯慧 1983;袁家骅 1980/2001;Yue-Hashimoto 1993,2003;Matthews & Yip 1994;邓思颖 2003)。直接宾语和间接宾语的位序固然引人眼球,但我们所观察到的现象也很有趣:在例(1)(2)中,give 和“给”都置于间接宾语之前。而对于例(2),现代汉语有两种不同的表达模式,这两种句法模式所传达的意思是一样的:

(3) 我送给了小张一本书。

(4) 我送了一本书给小张。

观察例(3)(4)可以发现两个重要的现象:

(a) 位于间接宾语之前的总是语素“给”而不能是双宾动词“送、递、交”;

(b) 无论间接宾语的位置在句中如何游移,“给”总是紧贴在它前面。

因为语素“给”和间接宾语唇齿相依,所以我们认为给予型双宾语句中“给”的功能是引入间接宾语。因此可以称之为“间接宾语标记”。①

3.1 从类型学的角度看双宾语句的宾语标注方式

上文说过,汉语双宾语句中间接宾语前有标记词,②而主语、直接宾语周围没有标记词。也就是说,间接宾语和直接宾语有着

① “我送他一本书”也是合法的句子,只是“一本书”前没有“给”引导。朱德熙(1979)认为“我送他一本书”是“我送给他一本书”省略“给”而形成的。

② 如无特别说明,本文所说的“双宾语句”都是特指给予型双宾语句。

不同的标注模式。对不同类型的宾语采用不同的标注策略,这在人类语言中具有普遍性。哈斯普马特(Haspelmath 2005)对109种语言中双宾语句的论元标注方式作了调查,请看表1:

表1 双宾语句的论元标注方式

标注方式	特征	语言数
间接宾语型	P=T≠R	58
中和型	P=T=R	45
次要宾语型	P=R≠T	6

哈斯普马特(Haspelmath 2005)发现:世界语言的双宾语句有三种论元标注模式。[①] 1) 间接宾语型。单及物动词句的受事(P)和双宾语句的给予物(T)采用相同的标注方式,而双宾语句的接受者(R)采用另一种标注方式。2) 中和型。P、T、R三种论元的标注方式完全一样。[②] 3) 受事与接受者使用同样的标记,给予物使用另一种标记。由表1可知,在所有哈斯普马特调查的语言样本中,受事与给予物采用同样标注方式的语言有103种,占绝大多数,而受事与给予物采用不同标注方式的语言仅有6种。由例(3)(4)可知,汉语中给予物(直接宾语)和受事有相同的标注方式,都不加显性标记,而接受者之前加"给"。这从类型学上也足以证实汉语有间接宾语标记。

3.2 汉语的两种间接宾语标记

3.2.1 给予型间接宾语标记

现代汉语的间接宾语标记与给予义双宾动词同形,都是"给"。下面的双宾语句来自汉语方言。

① 论元标注包括三种情形:使用格标记、前置词或后置词。

② 这当然也包括P、T、R全都不加标记的情形,不加标记也是一种标注方式。

梅县客家话(李如龙,张双庆 1992:451):

(5) 分 一 本 书 分 倨

pun^{44} it^{1} pun^{31} su^{44} pun^{44} ŋai^{11}

(给我一本书)

闽语雷州话(林伦伦 2006:232):

(6) 我 乞 本 书 乞 伊

ba^{52} k'i^{55} pui^{52} tsu^{213} k'i^{55} i^{213}

(我给他一本书)

长沙话(李永明 1991:533):

(7) 你 不 把 半 个 工 钱 把 我

li^{42} pu^{24} pa^{42} põ^{55} ko^{55} kən^{33} tɕiẽ^{13} pa^{42} ŋo^{42}

(你不给我一半工钱)

上海话(许宝华,汤珍珠 1998:480):

(8) 拨 张 纸 头 拨 我

pəʔ^{55} tsã^{53} tsɿ^{34} dɤ^{23} pəʔ^{55} ŋu^{53}

(给我一张纸)

上述四种方言的间接宾语标记都和给予义动词同形。给予义动词发展出间接宾语标记,这是一条具有普遍意义的语法化路径(Newman 1996;Heine & Kuteva 2002)。[①] 根据这类宾语标记的性

① 关于普通话、粤方言、闽方言中动词"给"的语法化,参见纽曼(Newman 1993)、钱志安(Chin 2009b)、曹茜蕾(Chappell 2000)。

质、词汇来源,本文称之为“给予型间接宾语标记”。[①]

3.2.2 第二类间接宾语标记

给予型间接宾语标记遍布现代汉语各个方言,不过汉语历史上还曾经存在过另一种类型的间接宾语标记。本小节将分析甲骨刻辞与早期吴语、闽语、粤语文献等汉语历史语料。

3.2.2.1 甲骨刻辞

例(9)—例(12)全部引自张秉权《殷墟文字丙编》。

(9) 燎五牛于河(丙编 312 反=合集 811 反)

(10) 㞢艮于妣庚(丙编 47 正=合集 721 正)

根据本文的分析,“燎”和“㞢”都是双宾动词,和仪式、祭祀等活动有关。高岛(Takashima 2002)把甲骨文中的双宾动词分为两种:仪式动词和祭祀动词。[②] 如果从概念层面进行分析,仪式动词、祭祀动词参与构成的双宾语句中总是包含一个祭告的对象或是献祭的目标。换句话说,双宾语句中总要出现一个祭告或牺牲的接受者,这个接受者是殷商的祖先或神灵。而从句法层面上看,这个接受者实现为间接宾语,前加“于”。[③]

如前文所述,现代汉语方言的间接宾语标记多与双宾动词同形,而甲骨刻辞中的“于”却并非双宾动词。郭锡良(1997:131)指出“于”是位移动词,意为“往”。例如:

(11) 壬寅卜,王于商。(合集 33124)

---

① 除本节所提及的四种方言外,给予型间接宾语标记在其他汉语方言中也有分布,参见钱志安(Chin 2009b:第 2 章)。

② 根据高岛(Takashima 2002),仪式动词包括“钔”“告”“祷”。祭祀动词包括“㞢”“燎”“彡”“𪚰”“刿”“帝”“㞢[illegible]”“禘”“炆”“𢻱”“穷”“咎”“𠱱”“㞢禘”“舞”等。

③ 根据我们对丙编卜辞的调查〔资料全部来自高岛(Takashima 1985)〕,“于”共出现 700 次,其中 422 次用作间接宾语标记,约占丙编卜辞“于”字总数的 60%。

(12) □午卜在商贞今日于亳无灾。(合集 36567)

参考龚煌城对原始汉藏语的构拟,梅祖麟(2004)指出"于"最初是"往"义动词。根据李方桂(1980)的上古音体系,"于"和"往"的拼读形式当为*gwjag 和*gwjangx。据此可知"于"是位移动词,意为"往"。

我们还发现,甲骨刻辞中位移动词为数不少,如"往""入""来""出""至"等,但这些动词都不出现在间接宾语前。由此可见,甲骨文的"于"有引导间接宾语的功能。

3.2.2.2　17 世纪的吴方言

明代文学家冯梦龙编辑整理的《山歌》完成于 1612 年,《山歌》中的作品可以反映 17 世纪吴方言的面貌。石汝杰(2006:180)发现《山歌》中有"来"引导间接宾语的例子。例如:

(13) 就是送个物事来渠也难理会。

(14) 我一发说来你听听。

上述例句中的"送"和"说"都是双宾动词,"渠"和"你"都是间接宾语,前有语素"来"引导。根据郑张尚芳(1995)和石汝杰(2006),"来"在 19 世纪中叶由于促化,读音变为[leʔ]或[lɑ],而现代上海话的"来"读作[lAʔ],记作"辣/拉/垃/勒"(钱乃荣 2003)。值得注意的是,150 年前的上海话中,给予义动词"拨"和"拉"共现,"拉"引导间接宾语。例如:

(15) 我无得铜钱借拨拉伊。

钱乃荣认为上海话间接宾语标记的演变趋势是"拨"取代"拉",而

“拨拉”同现的例子正代表了演变的中间阶段。①

3.2.2.3　16世纪的闽方言

《荔镜记》刊刻于明代嘉靖年间，是用潮州、泉州两地方言写成的戏本（潮泉合腔）。连金发（2002：180）讨论了《荔镜记》的六个语法词，他发现“度”兼有双宾动词和间接宾语标记双重身份。例如：

（16）只个卜度我买酒食。（这是给我买酒喝的。）

（17）入门棍度你。（第一棍给你。）

（18）送去度伊。（送给他。）

例（16）（17）的“度”是双宾动词，例（18）“度”是间接宾语标记。在今天的闽南语晋江话、泉州话中，“度”仍兼有双宾动词、间接宾语标记两种功能（李如龙1996）。晋江话中有一个[t'ɔ^{11}]，董同龢（1959）认为本字是“给”，而我认为本字应该是“度”。以下例句引自董同龢（1959）（翻译是笔者给出的）：

（19）看　见　这　个　学　生　给　他　两
k'uã^{55}　kĩ^{55}　tsit^{5}　ge^{11}　hak^{11}　sŋ^{44}　t'ɔ^{11}　i^{44}　nŋ^{11}
百　两　银
pa^{53}　niu^{35}　gun^{24}
（有人）认为这个学生给他二百两银子。

（20）我　还　能　记　得　一　两　项　说
gua^{55}　ia^{35}　e^{11}　ki^{55}　lit^{55}　tsit^{11}　nŋ^{11}　haŋ^{33}　səʔ^{55}
给　你　听
t'ɔ^{11}　lə^{35}　t'iã^{44}
我还能记得一两件事说给你听。

郭必之（2008）指出，古汉语中“度”和“过”是近义词，二者的中心

---

① 今天的苏州话仍然在使用“拨拉”一类的合璧型间接宾语标记，参见刘丹青（1997）。

义项都是“空间上的移动、跨越”,“度”在今天闽北的邵武话中仍然保存,读音是[xo]或[t'o]。

3.2.2.4　19 世纪的粤方言

高岛和余霭芹(Takashima & Yue 2000)指出早期粤语的间接宾语标记用“过”(“越过”义)而不用“畀”(“给予”义)。例如:①

(21)　佢　畀　信　过　你(他把一封信交给你)
　　　⊆k'u　⊂pi　sun⊃　kwo⊃　⊆ni

(22)　我　畀　个　部　书　过　你　个
　　　⊆ngo　⊂pi　ko⊃　po⊇　⊂chu　kouo⊃　⊆ni　ko⊃
　　　兄弟　(我把书交给你兄弟)
　　　⊂hing tai⊇

《路加福音》有三个粤语译本,分别完成于 1873 年、1931 年和 1997 年。通过仔细比对,我们发现三个译本对同一个英语双宾语句的译法略有差异。具体地说,1997 年的译本用“畀”引导间接宾语,而其他两个译本用“过”。这足以说明“畀”取代“过”成为粤语中新的间接宾语标记,不过这一替换过程在 20 世纪 30 年代尚未发生(见表 2)。

表 2　《路加福音》三个粤语译本的间接宾语标记

出　　处②	1873 年	1931 年	1997 年
第 10 章,第 35 节:(he) took out two pence, and gave them to the host	拧出二钱嚟,交过店主	拧两个银钱出来,交过店主话	第二日拎两个银币,交畀客栈嘅主人
第 13 章,第 32 节:Go ye, and tell that fox	你去话过个只狐狸知	你哋去话过个只狐狸知	你哋去话畀嗰只狐狸知
第 14 章,第 9 节:Give this man place	让位过呢个人喇	让位过呢个人喇	请让座畀呢位啦

① 这两个例句摘自富尔顿(Fultom 1888: 95)和勒布朗(LeBlanc 1910: 175),例句的标音、转写也未做改动。

② 这个例子的英语翻译参考卡罗尔和普里克特(Carroll & Prickett 1997)。

3.2.2.5 汉语的趋向型间接宾语标记

作为间接宾语标记,"于""来""度""过"的共同点是它们都是趋向动词,不是双宾动词。

考虑到这一组标记的词汇来源和它们的性质,本文称之为"趋向型间接宾语标记"。

3.3 两种间接宾语标记的类型学解释

给予义动词、趋向动词和间接宾语标记的语义关联显而易见、有理可循。以下逐一分析。首先是给予义动词,间接宾语标记的作用是引出接受者,而与接受者这一角色相伴随的自然是给予、交付等行为。纽曼(Newman 1996: 212)指出:"在汉语、非洲语、泰语等连动结构发达的语言中,动词性语素经常承担介词的功能,标引动作行为及其论元的关系。给予义动词充当间接宾语标记的现象在这些语言中比较常见。"至于趋向动词,也并不难解释: A 将物品交给 B,即意味着物品从 A 处离开并移动至 B 处。

根据海涅和库特夫(Heine & Kuteva 2002: 330)的归纳,人类语言的与格标记(大致相当于本文所说的间接宾语标记)有三个主要的语法化来源: 方向格标记、受益者标记和给予义动词。方向格标记的作用是标引位移事件的目的地(Crystal 2003: 19)。赖斯和蒲田(Rice & Kabata 2007: 451)调查了 44 种语言,这些语言之间既无亲缘关系,也无地缘关系,44 种语言中 34%的语言的方向格标记兼有引出动作接受者的功能,①例如英语的 to、法语的 à 和日语的に。照此类推,汉语的"于""拉""度""去"等趋向动词用作间接宾语标记,这也符合人类语言的共性。

---

① 根据赖斯和蒲田(Rice & Kabata 2007)的调查,另有 25%的语言用方向格标记听话者,还有 17%的语言用方向格标记受益者。其实,无论是听者还是受益者,都可以算作广义的接受者。

4. 趋向型标记和给予型标记的发展

就汉语而言，我们发现趋向型间接宾语标记产生的时代总是早于给予型间接宾语标记。例如，“于”最早见于甲骨刻辞，但后来被“与”取代，“与”是古代书面文献中最为常用的间接宾语标记（贝罗贝 1986，1988），吴语中“拨”取代“来”，粤语中“畀”取代“过”。看完这些资料，我们不禁会有一个疑问：给予义动词和趋向动词演变为间接宾语标记都是人类语言中再常见不过的现象，既然如此，为什么汉语史上给予型标记后来居上，而趋向型标记湮没无闻？制约此句法变化的因素是什么？

本节将利用早期粤方言书面文献勾勒粤语史上“畀”对“过”的替换，进而概括这一变化背后的句法、语义因素。此外，在今天从化街口方言中，“畀”对“过”的替换尚未完成，因此我们也将利用从化街口方言的田野调查收集的语料与历史文献相互参证，通过两种资料共同检验我们所概括出的演变背后的那些因素是否具有解释力。

4.1 句法因素

粤语中有一种受益者结构，其外观与双宾语句无异，都是 $V_1NP_1V_2NP_2$。①所以这里有必要对受益者结构作一简要说明。以下两例都采自现代粤语，(23)是双宾语句，(24)是受益者结构：

(23) 送 咗 本 书 畀 佢
sʊŋ[35] tsɔ[35] pun[35] sy[55] pei[35] k'øy[13]
(有人把一本书送给他)

① 其实“我同/帮佢买书”也是受益者结构，不过这种句子的表面词序和双宾语句显然有别，所以本文没有讨论它的必要。

(24) 买 咗 本 书 畀 佢
mai[13] tsɔ[35] pun[35] sy[55] pei[35] k'øy[13]
(有人给他买了一本书)

以上两例表面结构并无二致,但为何会有两种解读?其关键因素就在于例(23)的“送”具有[+给予]特征,例(24)的“买”不具有[+给予]特征。换句话说,“送”的词义要求句中必须出现两个宾语,而“买”所在的句子只能出现一个宾语。因此,虽然表面结构都是 $V_1NP_1V_2NP_2$,受益者结构应当分析为连动结构,V_2NP_2是可有可无的附加语(adjunct),①而双宾语结构中 V_2NP_2却包含着一个受主动词指派的核心论元。

现代粤语中受益者标记和间接宾语标记都用“畀”表示。不过,我们考察19世纪的粤语书面文献后发现,当时间接宾语标记用“过”,而受益者标记用“畀”,在一些早期的粤语文献中,“过”和“畀”的分工大体上是明确的(见表3)。

表3 早期粤语文献中“过”与“畀”充当间接宾语标记和受益者标记的情况②

作　者	作品年代	间接宾语标记		受益者标记	
		过	畀	过③	畀
马礼逊(Robert Morrison)	1828	8	4	0	2
邦尼(Samuel William Bonney)	1853	9	0	0	5
不题撰人	1877	3	0	嚟 1	2
波乃耶(Dyer Ball)	1888	8	0	0	5
波乃耶(Dyer Ball)	1894	14	1	过 2	1

① NP_2 的语义角色是受益者。

② 本文调查了1828—1870年的44种早期粤语文献,参见附录1。

③ “来”“嚟”“过”意义接近,都能引导间接宾语,因此本文将它们视作同一类标记。

续　表

作　　者	作品年代	间接宾语标记		受益者标记	
		过	畀	过	畀
尹士嘉(Oscar F. Wisner)	1906	21	3	过 5 嚟 2 俾过 1	11
勒布朗(Charles LeBlanc)	1910	7	1	0	2
波乃耶	1912	13	9	0	7
考尔斯(Roy Cowles)	1920	6	0	俾过 1	8
波乃耶	1924	12	0	0	5
尹士嘉	1927	23	3	过 4 嚟 2	9

在以上 8 位作家的作品中,波乃耶的三部作品最值得关注。

表 4　波乃耶作品中“过”与“畀”充当间接宾语标记和受益者标记的情况

书名①	年代	间接宾语标记		受益者标记	
		过	畀	过	畀
Cantonese Made Easy	1888	8	0	0	5
Readings in Cantonese Colloquial	1894	14	1	2	1
How to Speak Cantonese	1912	13	9	0	7

波乃耶的 *Cantonese Made Easy*(《粤语速成》)写于 1888 年,

① 波乃耶的 *Cantonese Made Easy* 有两个版本:1888 年版和 1924 年版。我们调查时只选前一种,因为 1924 年版在性质上属于重印,书中两类间接宾语标记的分布情况与 1888 年版相比无明显不同。

这部作品中“过”和“畀”泾渭分明，前者只引导间接宾语，后者只引导受益者，而 1894 年的 *Readings in Cantonese Colloquial*（《粤语口语读本》）中，“畀”也有引导间接宾语的用法，不过仅 1 例，在 1912 年的 *How to Speak Cantonese* 中间接宾语标记“畀”的比例有显著提升，但此时受益者标记“畀”的用例仍然很多。

本文认为粤方言间接宾语标记从“过”改为“畀”的历时替换是由于受到了受益者结构的类推影响所致。图示如下：

受益者结构　　　　　　　　双宾语句

NP_1+V[－给予]+NP_2+畀+NP_3　　NP_1+V[+给予]+NP_2+过+NP_3

NP_1+V[+给予/－给予]+NP_2+畀+NP_3

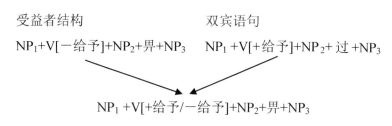

图 1　粤方言间接宾语标记从“过”到“畀”的历时替换

我们给出以上论断后，一个新的问题随之产生：既然双宾语句和受益者结构在表面上并无二致，那么类推影响就未必是单向的，双宾语句也可能感染到受益者结构，那么为什么受益者标记没有发生从“畀”到“过”的历时替换？解释这一问题需要分析两类间接宾语标记的词汇源头（即给予义动词和趋向动词）的语义特征。

4.2　语义因素

一般认为，“畀”和“过”的语义略有差异。“过”表示物品从源点转移至目的地，而“畀”除了表示物品的所在地从给予者移动至接受者以外，还表示物品的所有权从施予者转移至接受者。

正因为受益者结构的核心动词不具有[+给予]特征，所以该结构中必须出现一个显性标记来引导受益者，而双宾动词具有[+给予]特征，这类动词本身就蕴含着“所有权转移”这层意思，因此，不具有[+给予]特征的趋向型标记也能够出现在双宾语句中引导接受者，不会造成语义表达的缺失。

由于给予型间接宾语标记和趋向型间接宾语存在细微的语义差别，所以我们可以据此作一个假设：如果有些双宾动词不蕴含“转移物品所有权”的意思，那么就应该优先选用趋向型间接宾语标记与这些动词搭配。换句话说，双宾语句中出现不具有[+所有权转移]特征的动词时，句中的间接宾语标记不大会被“畀”所替换。这个假设必须要用正在发生“过→畀”演变的方言来证明。下文将利用粤方言的田野调查收集的语料证实这个假设。

5. 从化街口方言的趋向型间接宾语标记

据报道，今天广东省从化市的街口方言中依然在使用趋向型间接宾语标记。[①] 以下两个双宾语句引自彭小川(2004：327)。[②]

(25) 尔 有 唔 有 笔 啦？ 借 枝 笔 畀
ji jɐu m̩ jɐu pɐt la tsɛ tsi pɐt pei
嚟 等 我 写 下 嘢 先。
lɐi t’ɐŋ ŋɔi sɛ ha jɛ sin
好，枝 笔 畀 返 过 你。
hou tsi pɐt pei fan kuɔ nei
(“你有笔吗？能不能先借给我一支笔写些东西？”“好，把这支笔还给你。”)

“借枝笔畀嚟等我写下嘢先”中“畀”是间接宾语标记，而“枝笔畀返过你”中“过”是间接宾语标记。我们在前文已说过，粤方言历史上间接宾语标记曾发生过“过→畀”的历时替换，由此可见，街

① 街口方圆21.84平方千米，距离广州市56千米，人口约11万。如果读者想了解更详细的资讯，参见《从化县志》(1994)。

② 转写根据彭小川(2004)。

口方言使用“过”作间接宾语标记，这应该是代表了粤语较早时期的历史层次。近年来，由于受到广州、香港等周边地区方言的影响，街口的年轻一代也逐渐倾向于用“畀”而不用“过”。不过，目前在街口方言中“过”与“畀”同时使用，这说明“过→畀”的历时替换尚未完成。我们调查了老中青三代共四位街口人，他们的个人资料如表 5 所示：

表 5 从化市街口方言发音人的信息

发音人	1 号	2 号	3 号	4 号
性别	男	女	男	男
年龄	70	56	59	28
受教育水平	无	小学	初中	在广州上大学
职业	无	装潢店老板	退休	通信工程

我们的调查程序是：(a) 设计一张包含 140 个句子的问卷；(b) 利用问卷对每位发音合作人进行逐一访谈。具体做法是：每个句子对发音人读 2 次，在使用间接宾语标记的地方 1 次用“过”，1 次用“畀”；(c) 两个句子听完之后，问发音人在他/她的方言中哪一种说法更妥当。我们在设计问卷时预先将双宾语句的动词(共 30 个)分为两组：一组是双宾动词，一组是非双宾动词。

① 双宾动词：借、畀、递、寄、交、租、退、补、奖、输、还、分、送、拨、卖，写、介绍、留、找(钱)、带、派、教、嫁、让、打(电话)

② 非双宾动词：织、冲(茶)、画、炒、刻(图章)

以上每个动词在问卷中都出现了 2 次或 2 次以上(每次出现时搭配的宾语的语义类型各异)。我们发现，当问到某个例句的间接宾语标记该用哪个词时，不同的发音合作人共有三种回答：(a) 只用“畀”;(b)只用“过”;(c)“畀”和“过”皆可。这三种回答恰好折射出间接宾语标记在粤语中的三个演变阶段:回答(a)象征着演变尚处在早期阶段,回答(b)表明演变已进入过渡阶段,回答(c)说表明演变已接近完成(见表6)。

表6 从化街口方言中间接宾语标记的分布比例(%)

发音人	1			2			3			4		
标记	过	过/畀	畀	过	过/畀	畀	过	过/畀	畀	过	过/畀	畀
双宾动词	25	36	39	47	3	50	23	16	61	0	10	90
非双宾动词	0	33	67	36	14	50	0	29	71	0	6	94

由表6可见:1)除2号发音人外,其他三位发音人都不用“过”作受益者标记(搭配非双宾动词);2)作为间接宾语标记,“畀”比“过”更常见;3)4号发音人可以看作一个对照样品(control sample),他从不用“过”作间接宾语标记。4号发音人不把“过”当作间接宾语标记,这与他的社会背景有关:他在广州读了四年大学,毕业后回从化市从事通信行业的工作。据他说,他经常去广州,和广州的朋友来往密切。①

根据田野调查所收集到的语料看,从“过”到“畀”的历时替换与语义有着密不可分的关系。1号发音人说,只有句子中出现“借”“租”等动词时才能使用“过”,因为“借”或是“租”出某件物品,物品的所有权并没有转让给物品的接受者,接受者使用完后还会物归原主,也就是说,在物品借出或租出以后,主人仍然是物品的领有者。而句子中一旦出现“畀”,就意味着物品连同所有权都

① 四位发音人在使用两种间接宾语标记时互有差异,这种变异很大程度取决于句法条件,详见钱志安(Chin 2009a)。

被转让给接受者了,所以"租""借"等动词更倾向于和"过"搭配(参见表7)。

表7 动词"租""借"与间接宾语标记的搭配

	1			2			3			4		
标记	过	过/畀	畀	过	过/畀	畀	过	过/畀	畀	过	过/畀	畀
借	8	0	1	3	7	0	3	1	6	0	0	10
租	5	0	0	4	1	1	1	1	4	0	0	6

由表7可知,1号发音人基本上只用"过";2号发音人虽然主要用"过"与"租""借"搭配,但有些例子她认为"过"和"畀"均可,只不过"畀"不占主流而已;3号发音人提供的语料有明显的不同,在他口中"畀"比"过"出现的次数多,这大概是因为他在广州住过两年,他的方言深受广州话影响;4号发音人只用"畀"。

两种间接宾语标记在从化方言中共存,这为我们观察"过→畀"的动态变化过程提供了很好的素材。而田野调查收集到的语料进一步帮助我们提炼出"过→畀"这一历时替换背后的句法语义动因。

6. 从区域语言学的角度看两种间接宾语标记

上文讨论了汉语方言中的情况。其实,给予型间接宾语标记在东南亚地区的语言中也有广泛的分布,有人甚至认为给予型间接宾语标记是东南亚语言区的一个区域特点。[①] 相比之下,趋向型间接宾语标记在东南亚语言区中极少见到。[②] 不过,老挝语、泰语中趋向型标记却并不少见。

① 参见马提索夫(Matisoff 1991)对拉祜语、越南语、泰语和苗瑶语的研究。汉、泰两种语言的给予义动词有多种用法,特坎雅那和上原(Thepkanjana & Uehara 2008)有详细的对比,亦可参考。

② 关于东南亚语言区,详见恩菲尔德(Enfield 2005)。

6.1 泰语中的趋向型间接宾语标记

据科萨库尔和大濠(Kessakul & Ohori 1998：100)泰语动词[thɯ̌ŋ]“到”可用作间接宾语标记。例(26)中的[thɯ̌ŋ]是方向动词,而例(27)的[thɯ̌ŋ]是间接宾语标记。

(26) pingu　troŋ paj rɯ̂ɯwayrɯ̂ɯway　naj thîisùt kɔʔ　thɯ̌ŋ
　　Pingu　一直走　到最后 连接　到
　　bâan　khun　pâa
　　房子　敬语　姑姑
　　“Pingu 一直向前走,最后走到他姑姑的房子”

(27) fàak　khwaam　khítthɯ̌ŋ　thɯ̌ŋ　khun　pâa　dûaj
　　交付　主格　礼物　到　敬语　姑姑　也
　　“请把问候也带给你姑姑”

泰语的双宾动词[haj]语法化成为间接宾语标记,而[haj]是泰语中主要的间接宾语标记。不过,例(27)说明方向动词同样可以用来引入间接宾语。我们在前文曾提及趋向型标记和给予型标记在意义上的区别,结合前文的分析,仔细观察例(27)可知,“问候”不是具体有形的物品,所以例(27)并不是物品所有权的转让,所以要用趋向型标记。

6.2 老挝语中的趋向型间接宾语标记

对比下面两个例句(Enfield 2007：233,371),我们同样可以体会到趋向型标记和给予型标记在意义上的差别。

(28) song1　saan3　pajØ　haa3　sii3hoo3
　　送　信　方向.　夺格　主语.
　　“捎口信给 Siho”

（29） khòòj5　siØ　song1　lot1－cak2　haj5　phòò1
　　1单　非现实　送　摩托车　给　爸爸
　　"我准备把这辆摩托车送给爸爸"

例（28）和（29）的主要动词都是［song］"送"，例（28）的间接宾语标记用［pajØ］，据恩菲尔德（Enfield 2007：232），［pajØ］的前身是动词［paj3］"去"，而例（29）的间接宾语标记用［haj］，它与给予义动词同形。以上两个例句的差别在于，例（28）的直接宾语"口信"是抽象名词，而例（29）的"摩托车"是具体名词。也就是说，例（29）表示物品所有权的转让，而例（28）不蕴含这种意思。这组例句再一次说明我们对两种间接宾语标记的语义差别的分析是有道理的。

7. 结语

本文从类型学角度研究汉语方言的间接宾语标记。汉语方言中存在两种间接宾语标记：趋向型标记和给予型标记。这两种标记在世界语言中普遍存在，不过世界上多数语言都只拥有二者之一，而汉语比较特殊，趋向型和给予型两种标记俱全。汉语历史文献（甲骨刻辞、早期方言文献）显示，趋向型标记总是产生在前，给予型标记总是后起的。随后，我们利用粤方言的文献和田野调查的语料概括出"过→畀"历时替换背后蕴含的句法语义因素。趋向型标记和给予型标记在意义上有区别，其中一个表现就是给予型标记排斥那些不表示物品所有权转让的双宾动词，这种区别在今天的从化街口方言中依然存在。我们相信，从区域语言学角度研究间接宾语标记也能够发掘出有价值的语言事实，不过这方面的研究目前还很少，有待加强。

附录　早期粤语文献目录

Anonymous 1873 路加传福音书（*Gospel of Luke*）.上海：美华书馆.

Anonymous 1877 散语四十章（*Forty chapters of colloquial sentences*）. Hong Kong：St. Paul's College.

Ball, Dyer 1888 *Cantonese Made Easy*. 2nd ed. Hong Kong：China Mail Office.

Ball, Dyer 1894 *Readings in Cantonese Colloquial*. Hong Kong：Kelly & Walsh Limited.

Ball, Dyer 1912 *How to Speak Cantonese*. 4th ed. Hong Kong：Kelly & Walsh Limited.

Ball, Dyer 1924 *Cantonese Made Easy*. 4th ed. Hong Kong：Kelly & Walsh Limited.

Belt, Walter, and Hoh, Fuk Tze 1936 *The Revised and Enlarged Edition of a Pocket Guide to Cantonese*. Guangzhou：Lingnan University.

Bonney, Samuel William 1853 *Phrases in the Canton Colloquial Dialect*. Canton.

Bridgman, Elijah Coleman 1841 *Chinese Chrestomathy in the Canton Dialect*. Macao：S. Wells Williams.

Brouner, Walter Brook, and Fung, Yuet-mow 1935 *Chinese Made Easy*. Leiden：E.J. Brill.

Bruce, Robert 1954 *Cantonese Lessons for Malayan Students*. Kuala Lumpur：Charles & Son Ltd.

Bunyan, John 1871 *The Pilgrim's Progress: From this World to that which is to Come*（天路历程）. G. Piercy, Trans. Canton：South China Religious Tract Society.

Caysac, Georges 1926 *Introduction a l'etude du Dialecte Cantonais*. Hong Kong：Imprimerie de Nazareth.

Chan, Yeung Kwong 1955 *Everybody's Cantonese*. Hong Kong：The Man Sang Printers.

Chao, Yuen-Ren 1947 *Cantonese Primer*. New York：Greenwood

Press.

Chapman, Tim 1973 *A Practical Guide to Cantonese Conversation*. Hong Kong: Hong Kong.

Chiang, Ker-chiu 1949 *Cantonese for Beginners*, *Book 2* (粤语易解卷二). Singapore: The Chin Fen Book Store.

Chiang, Ker-chiu 1951 *Cantonese for Beginners*, *Book 3*(粤语易解卷三). Singapore: Chin Fen Book Store.

Cowles, Roy 1920 *Inductive Course in Cantonese*. 2nd edition. Hong Kong: Kelly & Walsh Limited.

Dennys, Nicholas Belfield 1874 *A Handbook of the Canton Vernacular Chinese Language*. London: Trubner & Co.

Devan, Thomas 1847 *The Beginner's First Book in the Chinese Language Canton Vernacular*. Hong Kong: China Mail Office.

Fulton, Albert Andrew 1888 *Progressive and Idiomatic Sentences in Cantonese Colloquial*. Hong Kong: Kelly & Walsh Limited.

"Gosepl of Luke" 1931 广东话新旧约全书 (*New and Old Testaments in Cantonese*). Hong Kong: Hong Kong Bible Society.

"Gosepl of Luke" 1997 *The Holy Bible – New Cantonese Bible* (圣经-新广东话). Hong Kong: Hong Kong Bible Society.

Happer, Little 1874 *That Sweet Story of Old* (悦耳真言). Canton: Xiguan tongde dajie fuyintang.

Hobson, Benjamin 1850 *Hobson's Canton Dialogues: Language, Culture, and Society in 19th Century Canton*.

Lau, Sidney 1972a *Elementary Cantonese: Volumes I and II*. Hong Kong: Government Training Division.

Lau, Sidney 1972b *Intermediate Cantonese: Volumes I and II*. Hong Kong: Government Training Division.

Leblanc, Charles 1910 *Cours de Langue Chinoise Parlee Dialecte*

Cantonnais. Honoi-Haiphong：Imprimerie d' Extreme-Orient.

Mai, Shizhi(麦仕治) 1893a 广州俗话诗经解义 (*An Annotation of the Book of Odes in Colloquial Guangzhou Dialect*).

Mai, Shizhi(麦仕治) 1893b 广州俗话诗经解义 (*An Annotation of the Book of Documents in Colloquial Guangzhou Dialect*).

Morrison, Robert 2001 *Vocabulary of the Canton Dialect* (*reprint of the 1828 edition*). London：Ganesha.

O'Melia, Thomas 1941 *First Year Cantonese*. Hong Kong：Maryknoll House.

Oakley, R.H. 1953 *Rules for Speaking Cantonese*. Kuala Lumpur：Charles Grenier & Son Ltd.

Stedman, Thomas Lathrop, and Lee, K. P. 1888 *A Chinese and English Phrase Book in the Canton Dialect*. New York：William R. Jenkins.

Wells, Herbert Richmond 1931 *Commercial Conversations in Cantonese and English* (英粤商业杂话). Hong Kong：Kae Shean Printing Co.

Wells, Herbert Richmond 1941 *Cantonese for Everyone*. Hong Kong：International Commercial Printing Press.

Whitaker, Katherine Po-Kan 1954 *Cantonese Sentence Series*. London：Arthur Probsthain.

Whitaker, Katherine Po-Kan 1959 *Structure Drill in Cantonese*. London：Percy Lund, Humphries.

Wisner, O.F. 1906a *Cantonese Romanized 1*.

Wisner, O.F. 1906b *Cantonese Romanized 2*.

Wisner, O.F. 1927 *Beginning Cantonese* (教话指南). Canton.

Wu T.C. 1960 *Daily Cantonese* (日用粤语). Hong Kong：Too Hung Engraving & Printing Co.

Yuen Ying Choi(袁英才) 1960 *A Guide to Cantonese*. Hong Kong：

Caslon Printers Limited.

参考文献

从化县地方志编纂委员会 1994《从化县志》,广州:广东人民出版社。

贝罗贝　1986　《双宾语结构:从汉代至唐代的历史发展》,《中国语文》第3期:204—216。

邓思颖　2003　《汉语方言语法的参数理论》,北京:北京大学出版社。

董同龢　1959　《四个闽南方言》,《史语所集刊》59(2):729—1042。

高华年　1980　《广州方言研究》,香港:商务印书馆。

郭必之　2008　《邵武话动态助词"度"的来源——兼论邵武话和闽语的关系》,《中国语文》第2期:140—146。

郭沫若　1977—1983　《甲骨文合集》,上海:中华书局。

郭锡良　1997　《介词"于"的起源和发展》,《中国语文》第2期:131—138。

黄伯荣　1959　《广州话补语宾语的词序》,《中国语文》第6期:275—276。

黄家教　詹伯慧　1983　《广州方言中的特殊语序现象》,《语言研究》第2期:121—126。

李方桂　1980　《上古音研究》,北京:商务印书馆。

李如龙　1996　《泉州方言"给予"义的动词》,载李如龙编《方言与音韵论集》,香港:香港中文大学吴多泰中国语文研究中心。

李如龙　张双庆　1992　《客赣方言调查报告》,厦门:厦门大学出版社。

李永明　1991　《长沙方言》,长沙:湖南出版社。

林伦伦　2006　《粤西闽语雷州话研究》，北京：中华书局。

刘丹青　1997　《苏州方言的动词谓语句》，载李如龙，张双庆编《动词谓语句》，广州：暨南大学出版社。

刘丹青　2001　《汉语给予类双及物结构的类型学考察》，《中国语文》第5期：387—398。

梅祖麟　2004　《介词"于"在甲骨文和汉藏语里的起源》，《中国语文》第4期：323—332。

彭小川　2004　《粤语论稿》，广州：暨南大学出版社。

钱乃荣　2003　《上海语言发展史》，上海：上海人民出版社。

石汝杰　2006　《〈山歌〉的语音和语法问题》，载石汝杰编《明清吴语和现代方言研究》，上海：上海辞书出版社。

许宝华，汤珍珠　1988　《上海市区方言志》，上海：上海教育出版社。

袁家骅　1980　《汉语方言概要》，北京：语文出版社。

张洪年　2007　《香港粤语语法研究》，香港：香港中文大学出版社。

郑张尚芳　1995　《方言中舒声促化现象》，《中国语言学报》第5期：172—183。

志村良治　1984　《'與''饋''給'—中世より近世への漢語の授與動詞の史的變遷の検討と'給'kei 214 の來源》，载《中國中世語法史研究》，东京：Santosha。

朱德熙　1979　《与动词"给"相关的句法问题》，《方言》第2期：81—87。

Carroll, Robert, and Prickett, Stephen 1997 *The Bible: Authorized King James Version*. Oxford: Oxford University Press.

Chao, Yuen-Ren 1968 *A Grammar of Spoken Chinese*. Berkeley: University of California Press.

Chappell, Hilary 2000 Dialect grammar in two early modern Southern Min texts. *Journal of Chinese Linguistics* 28 (2):

247 – 302.

Chin, Andy 2009a The go-type and the give-type indirect object markers in the Conghua dialect. In S. Coblin and A. Yue (eds.), *Studies in Honor of Jerry Norman*. Hong Kong: The Ng Tor-Tai Chinese Language Research Center, Institute of Chinese Studies, The Chinese University of Hong Kong.

Chin, Andy 2009b *The Verb GIVE and the Double-object Construction in Cantonese in Synchronic, Diachronic and Typological Perspectives*. Doctoral dissertation. University of Washington.

Crystal, David 2003 *A Dictionary of Linguistics and Phonetics* (*5th ed.*). Malden: Blackwell.

Enfield, Nick 2005 Areal linguistics and mainland Southeast Asia. *The Annual Review of Anthropology* 34: 181 – 206.

Enfield, Nick 2007 *A Grammar of Lao*. Berline: Mouton de Gruyter.

Haspelmath, Martin 2005 Argument marking in ditransitive alignment types. *Linguistic Discovery* 3(1): 1 – 21.

Heine, Bernd, and Kuteva, Tania 2002 *World Lexicon of Grammaticalization*. Cambridge: Cambridge University Press.

Kessakul, Ruetaiva, and Ohori, Toshio 1998 Grammaticalization of deverbal markers: Toward a cross-linguistic study in the semantic extension of motion verbs. In M. Alves, P. Sidwell, & D. Gil (eds.), *SELAS VIII: Papers from the 8th Annual Meeting of the Southeast Asian Linguistics Society*. Canberra: Australian National University.

Lien, Chin-fat. 2002. Grammatical function words 乞,度,共,甲,將 and 力 in Li Jing Ji (荔镜记) and their development in Southern Min. In Dah-an Ho (ed.), *Dialect Variations in Chinese*. Taipei: Institute of Linguistics, "Academia Sinica".

Pp.179 – 216.

Matisoff, James 1991 Areal and universal dimensions of grammatization in Lahu. In: E. C. Traugott, & B. Heine (eds.), *Approaches to Grammaticalization*, *Volume 2*. Amsterdam: John Benjamins. Pp.383 – 453.

Matthews, Stephen, and Yip, Virginia 1994 *Cantonese: A Comprehensive Grammar*. London: Routledge.

Newman, John 1993 The semantics of giving in Mandarin. In R. Geiger, & B. Rudzka-Ostyn (eds.), *Conceptualizations and Mental Processing in Language*. Berlin: Mouton de Gruyter. Pp.433 – 486.

Newman, John 1996 *Give: A Cognitive Linguistic Study*. Berlin: Mouton de Gruyter.

Peyraube, Alain 1988 *Syntaxe Diachronique du Chinois: Evolution des Constructions Datives: Du XIV Siecle Av. J.-C. au XVIII Siecle*. Paris: College de France, Institut des Hautes Etudes Chinoises.

Rice, Sally, and Kabata, Kaori 2007 Crosslinguistic grammaticalization patterns of the ALLATIVE. *Linguistic Typology* 11: 451 – 514.

Serruys, Paul, and Takashima, Ken-ichi to be published. *Translations of Fascicle Three of Inscriptions from the Yin Ruins Vol.1*. Taipei: Institute of History and Philology, "Academia Sinica".

Takashima, Ken-ichi 1985 *A Concordance to Fascicle Three of Inscriptions from the Yin Ruins*. Taipei: "Academia Sinica".

Takashima, Ken-ichi 2002 Some ritual verbs in Shang texts. *Journal of Chinese Linguistics* 30(1): 97 – 141.

Takashima, Ken-ichi to be published *Commentaries to Fascicle Three of Inscriptions from the Yin Ruins: Palaeographical and*

Philological Studies Vol. 2. Taipei: Institute of History and Philology, "Academia Sinica".

Takashima, Ken-ichi and Yue, Anne 2000 Evidence of possible dialect mixture in oracle-bone inscriptions. In A. Yue, & P. Ting (eds.), *Memory of Li Fang-Kuei: Essays on Linguistic Change and the Chinese Dialects*. Seattle & Taipei: University of Washington & Institute of Linguistics, "Academia Sinica". Pp.1 – 52.

Tang, Sze-wing 1998 On the 'inverted' double object construction. In: S. Matthews (ed.), *Studies in Cantonese Linguistics*. Hong Kong: Linguistic Society of Hong Kong. Pp.35 – 52.

Thepkanjana, Kingkarn, and Uehara, Satoshi 2008 The verb of giving in Thai and Mandarin Chinese as a case of polysemy: A comparative study. *Language Sciences* 30: 621 – 651.

Yue-Hashimoto, A. 2003 Grammar of Chinese dialects. In G. Thurgood, & R. LaPolla (eds.), *The Sino-Tibetan Languages*. London: Routledge. Pp.84 – 125.

Yue-Hashimoto, A. 1993 *Comparative Chinese Dialectal Grammar: Handbook for Investigators*. Paris: EHESS-CRLAO.

地道口语：以法语和西班牙语为第二语言的高级水平使用者学习中任务变量对语块的作用*

范妮·福斯贝里(Fanny Forsberg)
拉斯·凡特(Lars Fant)　著　瑞典斯德哥尔摩大学
张文贤　译　北京大学对外汉语教育学院

1. 引言

1.1 第二语言使用中的语块

语块一般指多词结构，这种结构带有约定俗成的“整体”意义，在任何条件下不能由它所属语言的语法成分产出(也就是说，语块被认为是“非能产性的”。参见 Erman & Warren 2000，Wray 2002)。在第二语言获得①研究中，学者们从各种角度讨论具有整

*　本研究是“高级水平第二语言使用中的语块与交流熟练能力(作为第二语言的法语、西班牙语与英语)”项目的一部分，该项目是“第二语言使用的高水平语言能力”项目的一部分，受到瑞典国家银行的资助。作者也向瑞典国际高等教育与研究基金会(STINT)表示感谢，在基金会的帮助下，通过授权智利天主教大学与斯德哥尔摩大学，我们收集到了智利语的语料。

此文选自 *Perspectives on Formulaic Language: Acquisition and Communication* (Edited by David Wood, 2010, Continuum)一书的第三章(47—70 页)。本译文得到“北京高等学校青年英才计划项目”(Beijing Higher Education Young Elite Teacher Project，项目编号为 YETP0035)以及国家社科基金重大项目“基于中国语言与方言的语言接触类型和演化建模研究”(批准号为 14ZBD102)的支持。

①　又译“第二语言习得”。——译者注

体和非能产性特点的多词结构，比如早期学习者的交际策略（Krashen & Scarcella 1978），创造性规则发展的基础（Wong-Fillmore 1976；Myles et al. 1998；Myles et al. 1999），或者习用语研究（Yorio 1989；Wray 2002；Ellis 2002a，2002b；Schmitt et al. 2004；Forsberg 2008）。

各种研究方法自然会使不同研究者开始关注不同种类的序列，根据所研究的学习者的水平以及话语序列具体功能的不同，研究者所研究的对象也不同。比如，一个第二语言的初学者可能把"my name is"（我叫）或者"I like"（我喜欢）这样的序列作为非能产性语块来学习，分析者认为这些语块是程式化的；克拉申和斯卡塞拉（Krashen & Scarcella 1978）就是采用这样的视角。其他研究者，比如施密特（Schmitt et al. 2004）、刘易斯（Lewis 2008）、巴尔多维-哈利格（Bardovi-Harlig 2008）对整个言语社区通用的表达更感兴趣，比如"as a matter of fact"（事实上）或者"you're welcome"（不用谢）。

一种涵盖范围很广的观点将程式化的语言看作是这样一种概念：它包含了从个体经常且暂时的使用到集体稳定使用的整体、非能产性的策略。然而，只有由第二语言学习者使用的语块才承载真正的地道性，与整个言语社团所偏爱的类型一致。这种语块，即程式化序列是本研究的焦点，它们反映了母语者的选择喜好（Pawley & Syder 1983）。本研究的一个基本假设是：第二语言学习者对语块的使用是测量语言作为整体产出是否地道的有效标尺。

1.2 什么是"高级水平"的第二语言使用

有这样一个普遍共识：语块可能是第二语言学习者的绊脚石，但是研究者很少调查高级水平的第二语言使用者究竟用何种方式处理这些语块。另外一个问题是大多数研究中的学习者被认为具有"高级"水平，但实际上似乎还没有达到与目标社团融合得非常好的水平，更不用说已经达到接近母语者的熟练程度了。这些论文的研究对象经常是在教室中（如 Nesselhauf 2005）或者国外（如 Schmitt et al. 2004）学习语言的高水平学生。结论似乎是这样：与其他语言现象比起来，语块要求更多地在目标语言中沉浸与融合（Dornyei et al. 2004）。考虑到与该话题相关的大多数研究对象的实际交际水平，研究结论是：不论是在口语还是书面语中，母语者与非母语者对语块的运用非常不同。研究者得出这样的结论不足为奇。

在本研究中，非母语者的身份被定位为第二语言使用者（参见 Cook 2002），而不是第二语言学习者。而且，所研究的第二语言使用者在目标社团已经居住了很多年，一直使用第二语言作为他们的优先交际编码。实际上，福斯贝里（Forsberg 2008）观察到法语第二语言学习者的类型后，认为法语第二语言使用者和法语母语者在语块产出的量或者范畴分布甚至类型频率方面根本没有重要的不同。然而，她的结果所依凭的数据，来源于数量有限的参加者与半结构化的自我展现式的面谈。这样的任务可能被认为相对容易，我们所提出的问题是在更困难的任务中是否仍然有同样的倾向，所以本研究是基于任务变量的。

1.3 活动类型与任务变量

设计任务时可预见的困难是学习者个体对活动类型的熟悉程度。既然语块出现并依赖于语境（MacWhinney 2001），我们认为可能所有的语言使用者，不管是母语者还是非母语者，在“共同的”环境中掌握语块，比在不熟悉的环境更好〔参见 Tavakoli & Skehan（2005）中关于“熟悉度”的概念〕。据此，为了更清楚地描述高级水平的第二语言使用者与母语者之间可能存在的差异，“熟悉”的活动必须要与“非熟悉”的活动对比。

任务之间不同表现的重要性已经得到认可，并已经被支持“以任务为中心的语言教学法”的学者充分讨论了十多年了。做这方面研究的大多数学者对任务变量如何影响复杂度、准确度、流利度（complexity, accuracy and fluency，即所谓的 CAF 参数）感兴趣。鲁宾逊和吉拉贝尔（Robinson & Gilabert 2007）提出“认知假设”，据此，除了其他方面以外，如果任务在认知上比较复杂，学习者的语言输出就会更复杂。斯凯恩（Skehan 1998）的观点与此不同，其“有限的注意力模型”发现学习者在同时参加所有的三个 CAF 特征的测试时出现困难，因此在一个因素上增加注意力将会使对另外两个因素的注意力减少。这也意味着一些任务更适合测量复杂度或者准确度，而另外一些任务更适合测量流利度。

福斯特（Foster 2001）的研究将语块与完成任务联系起来，据我们所知，这是这方面的唯一一项研究。作者发现，时间不影响学习者（中级水平）对语块的使用，与母语者形成对照的是，当给他们的准备时间不足的时候，母语者使用的语块更多。福斯特的发现说明的首要问题是中级水平的语块量不是很大，所以准备时间不太重要。然而，更重要的是，该研究表明，在时间受限的情况下，母语者不得不依赖于自动化，这时他们倾向于使用更多的语块。接下来的问题是在什么程度上高级水平的使用者在这个方面表现得像母语者。

需要补充的是，正如泰恩（Tyne 2005）指出的那样，甚至是水平不到高级的学习者在不同任务之间也变换选择他们的语言表达。在任何情况下都是这样，不用考虑他们是母语者还是第二语言学习者或者是高级水平的第二语言使用者。

1.4 研究目标与问题

本研究的第一个目标是任务性质的作用，与母语者的使用比起来，任务特点可能对高级水平的第二语言使用者的语块语言有作用。对于这种作用，我们设计了两个不同的交际任务：一个是对话，代表基于共同生活经验的活动类型；另一个是独白，代表不太自然的活动类型。① 本研究的第二个目标与第二语言的选择有关，到目前为止，大多数关于语块的第二语言获得研究集中于英语。② 除了比较不同语言语块性的程度与本质之外，还要考虑几种不同的语言是否能够更清楚而且更具有一般性地描述第二语言的使用与获得。在本研究中，涉及两种第二语言：法语和西班牙语——它们都是罗曼语。③ 共有四组参与者：高级水平的法语第二语言使用者、高级水平的智利西班牙语第二语言使用者、法语母语者和智利西班牙语母语者。

我们认为本文的贡献是首创了一个研究非常高级的非母语者对语块使用的方法。现将研究问题简述如下：第一个也是最综合的问题是，非母语与母语者使用语块是否有显著的不同。考虑到在其他语言学行为研究领域中发现了极其熟练者（类母语者）与母语者有差异（Abrahamsson & Hyltenstam 2009），我们期待着本研究也会发现一些差异。

如果答案是肯定的，那么接下来的一个问题是，非母语者使用语块在多大程度上能被看作受到交际任务的影响。对该问题的合理回答可能是，非母语者对于定位于日常生活情景的互动任务得心应手，所以产生了比涉及非高频词汇的非互动任务比例更高的语块。另外一个可能的回答是，即使是高级水平的非母语者也没有获得母语者所具有的语用能力，所以产生的语块比母语者少。

本研究的第三个问题是，能否分别找出瑞典的非法语母语者与瑞典的非西班牙语母语者掌握语块和使用语块的偏好有没有不

① 在第二语言使用与获得年龄的研究中，亚伯拉罕松和希尔腾斯塔姆（Abrahamsson & Hyltenstam 2009）使用25个不同的测试度量被调查者的类母语水平。当前研究所选择的这两个测试是为了尽可能地表现语体的不同。

② 加尔科夫斯基和马谢奇克（Galkowski & Masiejczyk 2007）试图比较波兰语与英语的语块性，认为波兰语在本质上不如英语的语块性强。似乎存在某种公认的看法：英语是程式化特别强的语言。因此，研究英语之外的其他语言非常重要，并且最好是使用同一种方法进行研究，以便比较。

③ 目前斯德哥尔摩大学在进行此类研究，已经收集并分析了英语、法语、西班牙语第一语言与第二语言语料库。当前研究是该项目的第一个先行研究，描写了两种类型相近的语言的比较结果。

同。假设以居住时间和教育背景为条件给出两组非母语者的相似性,并且给出两种语言的类型接近度,将不会找到大的差异。然而,两个相关目标社团之间的文化差异可能在另一方向起作用,因为非母语者已经在目标社团居住了很长一段时间,所以可能在更大程度上适应他们所面对的第二语言的模式。

2. 第二语言获得研究中的语块研究方法

2.1 语块研究的心理语言学视角

根据雷(Wray 2002),人类处理语言有两种不同模式:分析模式和整体模式。在第一语言获得中使用整体加工,偏爱的选择是"需求分析"①,第二语言获得使用的主要模式为分析加工。这主要是因为文字和写作的影响:第二语言学习者——特别是成人——实际上总是会读或写,他们主要或者相当程度是在书写的形式中面对新的语言。所以学习者倾向于以书写中用过的那种方式呈现言语片段,以"最小的"书写词汇为基本单位。所以,当产生写或者说的语言时,他们不得不思考与哪些词一起用,这种努力第一语言使用者不必做,因为他们已经在记忆中储存了词语组合。

雷相信非母语者获得像母语者一样统领语块的仅有的可能性是:在目标社团居住以及交际更长的一段时间(Wray 2002:199—213)。她还认为孩子和成人对流利度和地道性遵循不同的路径。在第一语言中,从开始的时候就通过组块获得流利度,而第二语言学习者需要通过自动化阶段,如果可能,我们可以比较流利度的程度。

雷(Wray 2002)把语块定义为整体储存和检索之后,研究者们

① 需求分析意味着说话人不管什么原因,只有必要时,说话人才会做在线解析并组成结构,默认模式是整体解释与检索。需要强调的是,这种观点与生成范式相矛盾,后者强调说话人的创造能力。

开始用各种各样的实验检验这一观点在心理语言学上的有效性。两个相关的问题是：整体序列比“分析”序列加工得更快吗？如果是这样，母语者和非母语者从同样的加工作用中获得的好处是一样的吗？康克林和施密特（Conklin & Schmitt 2008）在一个基于自我速度的阅读任务研究中表明，母语者和非母语者加工语块比加工非语块更快，并且母语者比非母语者快得多。然而，应该记住，他们所研究的语块不包括固定习语，也不是透明结构。同时，施密特等（Schmitt et al. 2004）已经发现，不是所有语块都可以作为整体来加工。加工成效好像在从完全固定形式到更加开放的组合之间的连续统上递减。

埃利斯（Ellis 2002a，2002b）提出的观点与雷（Wray 2002）部分吻合，也为雷提供了实验支持。埃利斯对语块的看法是他对语言处理中频率作用的一般解释模型的一部分。根据这一观点，获得的自然顺序来自语块（非分析单元），经由低范围模式到真正的“可创造性”结构，通过语块提取出有规律出现的模式发展出可创造能力。但是，语块必须分解并进化成可创造性规则吗？埃利斯坚持认为，虽然在保持语块过程中有巨大的加工处理的好处，但是“语块能分解”（Ellis 2002b）。那么，问题就来了：为了加工的便利，努力保持尽可能多的语块程式化序列的学习能被看作语块的学习过程和从中提取规则的过程吗？为了回答这一问题，埃利斯认为，为了在心理词库中变得自动化与地位稳固，程式化序列需要逐渐加强。这就意味着初始语块学习从长期看来并不充分，用他自己的话来说，就是“说得像母语者一样地道，需要大量地了解哪些词在一起出现”（Ellis 2002a：157）。

从这个角度来说，在第二语言学习中，语块被看作通过两个独立的过程获得：语块整体化和增量自动化。福斯贝里（Forsberg 2008：262—265）认为语块整体化在早期二语学习中占主导，而增量自动化在语言获得的后期更为典型。由于缺乏增量学习而造成的低自动化也能解释母语者和高级水平的非母语使用者之间的差异。

2.2 高级水平的第二语言熟练使用者的语块

虽然迄今为止没有关于在自然环境中高级水平的二语学习者使用语块的研究[①]，但是在一些相关研究中，大学生在更宽泛的意义上被认为是"高级"水平学生〔可操作性的定义请见 Bartning（1997）〕。在这类材料中，语块的使用主要是由心理语言学实验中关于书面语的产出、接收与表现来检验的。

当转到口语产出时，几乎没有把语块的作用作为流利度手段来研究的。劳帕赫（Raupach 1984）发现，德国的法语第二语言学习者在法国待过一段时间后过度使用一定的语块，研究对象用语块作为产出策略，或者作为"依赖岛"。汉考克（Hancock 2000）在研究瑞典的法语二语学习者时得出相似结论。伍德（Wood 2006）已经充分调查了语块的流利度，他得出的结论是语块的使用为第二语言流利度作出非常大的贡献。

然而，应该记住，学者们谈到语块时不总是指同一现象。研究对象的类型（早期学习者/晚期学习者/母语者）影响到所关注的语块的类型。在流利度的研究中，倾向于处理话语标记，而研究书面产出时经常涉及搭配。我们知道的仅有的与口语语篇相关研究是福斯贝里（Forsberg 2008）以及伯尔斯等（Boers et al. 2006），这些研究把语块与地道性联系起来，得出的结论是：学习者的熟练水平似乎与他们对语块掌握的程度一致。

至于写作，有大量的语块研究，至少英语作为第二语言的相关研究很多。一些高级学习者写作产出中的语块特征好像被普遍认识到了，比如系统地过度使用，或者过少使用某些具体的语块类型

---

① 关于高级水平的研究之一是埃克贝里（Ekberg 2003），他调查了在瑞典的多语环境下的瑞典语接近母语的说话人，认为类母语者比单一语言瑞典人更少使用习用词汇与语法句型。虽然这些结果对当前研究有启发，但研究对象——在多语环境中的青少年类母语者——非常不同。

（参见 Granger 1998；Jaglinska 2006； Bolly 2008）。格兰杰（Granger 1998）、内塞尔豪夫（Nesselhauf 2005）和刘易斯（Lewis 2008）都认为在第二语言写作中跨语言影响是一个重要的因素，而霍瓦特（Howarth 1998）、内塞尔豪夫（Nesselhauf 2005）和博利（Bolly 2008）都认为限制或者固定的程度影响学习者对语块的掌握。

巴尔多维-哈利格（Bardovi-Harlig 2008）研究的主要问题是：英语作为第二语言时是否缺少语用语块是一个接收或者产出的问题，虽然学习者好像能够识别语块，但他们没有在话语完成试验中产出语块。亚伯拉罕松和希尔滕斯塔姆（Abrahamsson & Hyltenstam 2009）也做了同样的观察，在一个习语完形填空中包括一组为接近瑞典母语者设计的实验。这个任务是全组实验中最难的，是以初学年龄为决定因素的。

我们没有将上述研究与当前的研究相比较，因为这些研究的参加者的类型与任务不同。据我们所知，之前的研究没有针对长期居住在外的第二语言使用者的口语语块产出的实验，多任务设计方面的研究就更没有了。然而，现有研究能够对我们的数据做出一些预测。埃克贝里（Ekberg 2003）与亚伯拉罕松和希尔滕斯塔姆（Abrahamsson & Hyltenstam 2009）都发现，母语者和非母语者对于一定类型的语块使用有差异，在我们的研究中，这种差异也肯定会存在。正如康克林和施密特（Conklin & Schmitt 2008）指出的，这种差异至少可能导致部分加工受限。语言迁移所引起的差异可能表现为过多或者过少使用某些语块，除此之外，本研究中第二语言使用者受到语言与文化的浸润，构成一个经过调查也很难确定的类型，难以做出清晰的预测。

3. 数据和方法

3.1　研究对象

参加者被分为两个实验组和两个控制组。实验组中的一组居住在巴黎，是法语第二语言的"沉浸式"使用者，能相当熟练地使用法语；另一组以西班牙语作为第二语言，住在智利圣地亚哥。每个国家选择 10 人。控制组与实验组人数一样多，由法语母语者（native speaker，简写为 NS）和智利西班牙语母语者组成，与非母语者住在同样的城市。根据两个标准选择瑞典语为第一语言的非母语者（non-native speaker，简写为 NNS）：他们在目标语言国家至少居住了 5 年，并且他们应该至少完成了高中阶段的学习。事实上，大多数人有大学经历，所有的人都受过目标语言的一段时间的正规教育，尽管他们的教育程度不甚相同。所受教育的不同不会导致语块使用的不同，这一点证实了福斯贝里（Forsberg 2008）的早期发现，即正式的学习不会提高语块的使用。法语非母语组比其他组更同质：这一组仅仅包括女性，都是 30 岁左右，并且有相似的教育背景。她们中的大多数从 20 岁出头就住在法国，最初都是来学习的，现在已参加工作。法国母语控制组也与非母语者在年龄方面相当匹配，教育背景也相关，但性别不相关：控制组包括 6 名女性和 4 名男性。

表 1　参加者的社会参数（SD=标准差）

分组/参数	法语（NNS）（巴黎）= 10	法语（NS）（巴黎）= 10	西班牙语（NNS）（圣地亚哥）= 10	西班牙语（NS）（圣地亚哥）= 10
平均年龄	29 岁（年龄区间 25—33 岁，标准差 2.9）	27.3 岁（年龄区间 23—34 岁，标准差3.5）	39.8 岁（年龄区间 27—59 岁，标准差 10.6）	38.8 岁（年龄区间 22—71 岁，标准差 14.4）
平均居留时间（年）（NNS）	10.3 年（区间 5—14 岁，标准差 9.2）	—	9.9 年（区间 4—16 岁，标准差 6.4）	—
不同性别人数	10 女	6 女，4 男	6 女，4 男	4 女，6 男

西班牙语非母语者比法语非母语者更为多样。在年龄方面，他们约年长 10 岁，年龄跨度范围更大，分散程度更高。在教育背景和专业活动方面，两个非母语组都相当相似。母语为西班牙语的控制组与非母语者在年龄与教育背景上相当匹配。母语组和非母语组都是混合性别：非母语组是 4 名女性和 6 名男性，母语控制组是 6 名女性和 4 名男性。

3.2 任务

本研究基于诱导获取但自发生成的口语数据。本研究包括两个不同的任务①，分别为“老板”(Boss)和“查理”(Charlie)。

第一个任务(“老板”)是角色扮演，要求参加者给他/她的经理打电话请两天假(接电话的经理是为该实验招募的母语者)。情况很复杂，因为其中一天一个重要的商业会议要召开，而请假人本来要在那个会议上承担重要的工作。

第二个任务(“查理”)要求参加者在线复述一个 14.5 分钟的片段，这个片段来自查理·卓别林的电影《摩登时代》，不给参加者准备的时间，要求他们对不能看到该片的人讲述银屏上发生了什么事情，讲述的时候尽可能地抓住一些细节。

表 2　交际任务特点〔根据 Tavakoli & Skehan(2005)〕

任务/任务特点	信息熟悉性	对话-独白	结构程度	固化程度	具体-抽象	成分数量
“老板”	高	对话	低	高	具体	低
“查理”	低	独白	高	低	具体	高

① 这两个任务是更大的测验组合的一部分，测验组合包括其他语用与叙述任务，以及面试中的自我介绍。此研究是调查任务变量影响的第一个子研究。

正如表2所显示的,这两个任务本质非常不同。"老板"任务是一个对话任务,代表着参加者所熟悉的一个活动。这个活动与田口(Taguchi 2007)所采用的一个活动相似,在田口的活动中,一个团体比另一个拥有更多的权利,二者的等级差别相当大,权利少的团体提出的要求强人所难(高 PDR 值,见 Brown & Levinson 1987: 74—83)。接下来的"查理"任务是独白,不代表任何能让参加者想到类似主题的活动(运动评论家的角色与之最接近,但是参加者都没有这样的经历)。

我们之所以选择这两个同等难度的任务[①],是因为以下因素:一个用来挑战语用;另一个是一般意义上更复杂的任务,因为它是真实生活过程中的要求,涉及更多的因素与相对来说不常用的词汇。表2根据塔瓦科利和斯凯恩(Tavakoli & Skehan 2005)的标准,列出了两个任务的特点,另外添加了"固化程度"(degree of routine),这个因素可能影响语块使用的程度。

3.3 数据中语块的确定

本研究数据中确定语块的依据是厄尔曼和沃伦(Erman & Warren 2000)的定义,他们使用的是"prefabs"这个词,换一种说法就是,母语者所偏爱的最少两个词的组合本来没有习语性,优先于等效的可替换的其他组合(Erman & Warren 2000: 31—32)。除了有一个好的定义外,实证数据中语块的确定还需要应用试探程序。最近几年,语料库语言学已经开始运用定量方法(假设是客观的),比如自动提取多词序列的频率,比如德·科克(De Cock 2004),还有施密特等(Schmitt et al. 2004)。比如,斯娅诺娃和施

---

① 塔瓦科利和斯凯恩(Tavakoli & Skehan 2005)认为,定义参加者的任务难度是一件非常复杂的工作——在本研究中,高度熟练的参加者甚至可能比以任务为基础的学习范式中的参加者的任务难度更不好定义。叙述任务常常被认为是很困难的(见 Tavakoli & Skehan 2005),在这种情况下,任务隐含着大量成分的编码与时空关系。说话人没有选择词汇的自由,从这种意义上来说,这些任务也被认为更有制约性。

密特(Siyanova & Schmitt 2008)使用了一种测量多词组合成分之间的关联强度的统计工具,用来计算 MI(共同信息)分值。

然而,使得上述做法或者其他语料库语言学方法有意义的一个基本条件是有相当多的语料的存在。考虑到我们的语料库不大(94 000 字),而且提取语料中的所有语块应该客观,我们倾向于使用人工程序。把真正的语块从非语块的多词组合中挑选出来的主要标准是与研究人员的直觉结合起来的限制互换(restricted exchangeability)原则(Erman & Warren 2000：31—32)。[①] 在不能确定的情况下,可以使用数据库(特别是 Google)搜索,作为一种辅助手段,以便确定已知多词表达的语块的地位。而且,为了加强可靠性,当前语块数据经过了每个作者的独立手动检测及统计,所得结果随后与交互主观性相匹配。

3.4 语块范畴

确定下来的语块根据两个层面分类,一个与非母语者的第一语言瑞典语和目标语言法语或者西班牙语之间的可转化性有关,另一个与它们的语言功能有关。关于后一层面,主要的区分在于词汇与非词汇表达,次要区分是词组和小句表达。非词汇项目可以更进一步分为语法与话语范畴。

3.5 可转化 vs 不可转化

本研究只考虑从非母语者的第一语言到第二语言不可转化的语块。该做法基于这样的假设：第一语言(可能以前也获

① 在很多语块的早期研究中,比如巴恩斯等(Bahns et al. 1986),研究者自己的直觉一直被作为唯一或者主要的鉴定工具。再比如彼得斯(Peters 1983)和希基(Hickey 1993)关于第一语言获得研究的方法,迈尔斯等(Myles et al. 1998)或者巴尔多维-哈利格(Bardovi-Harlig 2002)关于第二语言获得的研究。

得了其他第二语言)在一门新语言的获得中起重要作用,在这个意义上,学习者会更容易找到认同性并掌握结构和语义上与母语(或者早些时候获得的第二语言)一致的语块。实际上,比例相当大的语块可以跨语言转化,比如"find a solution",与法语的"trouver une solution"、西班牙语的"encontrar una solucion"、瑞典语的"hitta en losning"相当。如果第二语言中不可转化的语块比可转化的语块对学习者来说更具有挑战性,它们也会形成一个有趣的分析对象。这些假设与已有的发现相一致,比如切斯利卡(Cieslicka 2006),也会引起更多的人注意类目标语的习语。

选择这种逻辑方法的结果是,不仅非母语者语料中可转化的语块被排除,所有母语者语料中类似的语块也会被排除,因为它们可以转化到非母语者的第一语言之中。所有的例子,比如"encontrar una solucion"("find a solution"参见上文),都因此而被抛弃,不管它们是由西班牙的母语者还是非母语者产出的。

然而,问题在于,排除可转化语块将使母语与非母语的语块整体产出比例倾斜。为了调查可能存在的影响,我们随机分组抽取出覆盖由四个组产出的整个单词量的近10%的样本(非法语和西班牙语母语组 vs 法语和西班牙语母语组),计算每组可转化的语块的比例。发现其差异相当小,母语者(法语母语者25.1%,西班牙语母语者23.1%)比非母语者(非法语母语者27.8%,非西班牙语母语者29.3%)的比例更低。这意味着抛弃可转化语块的结果就是非母语者产出的语块在统计中被低估了10%—11%。

3.6 词汇 vs 非词汇

这一对概念的区别与语义和词汇学上的差异相同(尽管术语

可能不同)，将“实义词”与“功能词”区分开。[①] 假如语块作为一个词项被理解，作为一个整体储存于说话人的心理词库，单个词还是多词词项就没有差别。因此可以认为词汇语块是有内涵意义的表达，比如法语“faire du sport”(practice a sport)或者西班牙语“pedir permiso”(ask for a leave)；或者有内涵和语用意义，比如法语“merci bien”或者西班牙语“muchas gracias”。非词汇成分不带有任何自己的内涵意义，但是对词汇、短语、小句具有算子功能，并由此对句子(语用)意义有贡献，可以作为词项来理解。

3.7 词汇短语 vs 词汇-小句

词汇语块可以再分为短语结构(NPs、VPs、AdjPs、AdvPs、PrepPs)和小句结构。除了此范畴代表不同层级的句法单位之外，还可以用另外一个重要特征来区分它们。短语语块必须有句法处理，比如从词汇储备到实际话语使用时有屈折、限定，按照词汇顺序插入或者语态转换，而小句语块可以直接被插入或者差不多变成一个结构体。因此，像西班牙语“horario laboral”(work hours)这样的语块会以单数或者复数的形式出现，带或者不带有定限制词或者无定限制词，像法语“mettre NP-PERS au courant”(keep someone informed)这样的短语表达可能出现时态、模态、数、人称的变化，并且在主动、中动、被动中出现。像法语“je vous remercie de votre compréhension”(thanks for being so understanding)或者西班牙语“me queda absolutamente claro”(it is perfectly clear to me)

① 这一区分有争议。相关的一个问题是“指示”(denotative)和“指称”(referential)的概念。代词、代名词性的语块，应该是指称性的，而不是指示性的。在本研究中，代名词性的语块被算作语法性的(等于非词汇性的)，虽然它们不作为算子对其他单元进行操作。然而，指示的或者假指示的表达，像英语的 in a different way、somewhere else 或者 last week，虽然它们或多或少地等同于代名词性短语，但是已经被确定为词汇(短语)语块。

这样的小句表达已经存在,可直接在话语中使用。虽然是小句,但上面提到的西班牙语的"muchas gracias"和法语的"merci bien"(thanks a lot)里没有动词。

3.8 非词汇语块:语法 vs 话语

非词汇语块被认为是功能词的同义词,它们有程序意义而没有指称义或者内涵义。它们是对词、短语或小句这样的句法单位的非词汇语块算子,依据它们是否对整个话语进行操作,它们可以分别划分为语法和话语范畴。实际上,话语语块是多词话语标记。语法语块一个明确的例子是法语的"un peu"/西班牙语的"un poco"(a bit),或者法语的"pas du tout" /西班牙语的"para nada"(not at all),而同样没有歧义的话语语块的例子是法语的"c'est vrai que S"/西班牙语的"la verdad es que S"(as a matter of fact S),或者法语的"par contre"/西班牙语的"por el contrario"(on the other hand)。从最后的两对例子推断,"词组/小句"的区分也与话语语块相关,但是在本文数据分析中没有采用这一次类。

语法/话语的区分隐含着一个模糊区域,比如连词也可以作为一个对整个话语或者话段的语用操作成分。在这种情况下,西班牙语的"a no ser que S"或者法语的"a moins que S"(unless)都算是语法语块。

4. 结果

4.1 词汇产出

为了对语块进行有意义的比较,需要检查每项任务中每组所产生的词汇数量。表 3.3 呈现了词汇数量与说话速度(每分钟多少词)。在"查理"任务中,持续时间是常数(14.5 分钟),每组的平均速度是可以直接计算的。考虑到"老板"任务中个人的通话时间是一个变量,为了获得说话速度的相应数据,不得不给出每组谈话的平均持续时间。需要承认的是,比较法语和西班牙语之间的词汇产出不是没有问题,因为一种语言的使用者不一定用同样数量的词汇来表达一致的概念内容。然而,我们得出的结论是,语言之间的类型相似不会产生重要的不同①。

表 3 词汇产出、持续时间与语速(每组的均值)

分组/任务	"老板",词汇	"老板",分钟	"老板",词汇/分钟	"查理",词汇	"查理",词汇/分钟
法语(NNS)	568	7.67	74.1	2 130	146.9
法语(NS)	611	6.79	90.0	2 120	146.2
西班牙语(NNS)	518	6.22	83.3	1 419	97.9
西班牙语(NS)	475	5.02	94.6	1 525	105.2

表 3 表明,在某些方面差异较大,而在其他方面却较小。除去"老板"任务中的言语速度这一行,法语说话人(母语或者非母语)比西班牙语说话人的数字较高,这一差异在统计上有显著性,在"查理"任务中是 0.005 的水平。非母语说话人也倾向于与相应的母语说话人情况相似,而不是他们内部彼此相似。而且,在任何一组母语/非母语的对比对中都不存在显著差异,这一结果排除了把语块产出的差异归因于字数的可能性。

① 说话速率的常用表示方法是每个时间单位的音节,但是由于不同语言有语音差异,这一方法对于以跨语言为目标的研究来说不太合适。由于有比较简单的音节结构,西班牙语在每个时间单位系统地放弃的音节比法语多。而两种语言结构类型相似将保证在每种语言中数量大致相等的单词表达"同样的"概念-结构内容。差异确实存在,但似乎不影响可比性。法语中主语代词必须出现使得单词数量增加,与之相对的是,法语元音省略的减少作用将很大程度上补偿西班牙语的主语脱落(像 j'ai、c'est 或者 m'a 中有省略成分,在单词计数时算作一个词)。

表3的结果引出大量有趣的问题。为什么法语说话人的词汇产出数量(母语和非母语)在“查理”任务中而不是“老板”任务中比西班牙语说话人高出很多?为什么当词汇产出不高的时候,在“老板”任务中母语说话人的说话速度比非母语说话人更高?为什么在“老板”任务中而不是“查理”任务中母语者比非母语者的说话速度更高?应该记得,与“老板”相关的是对话任务,在任务中另一方而不是研究对象(即“老板”)主导对话,主导的程度倾向于在冗长度和语速方面影响研究对象的表现。

4.2 语块化的程度

表4给出了四组语块使用的大概情况,数据表明每100词语块的产出量。表4表明,关于“老板”任务,法语和西班牙语母语者都比非母语者明显产生更多的语块,而“查理”任务不是这样。这说明“老板”这个对话和语用任务似乎比“查理”这个独白叙述任务能够引起母语者和非母语者更大的差异。本文开始的假设是:对于测试对象来说,比起不太熟悉的任务,非母语者在日常生活的任务中会表现得像母语者一样使用语块,现在这个结果与之相反。表4也表明,相较于“查理”任务,所有的参加组在“老板”任务中倾向于使用更多的语块(虽然统计上不明显)。

表4 程式化程度(语块/每百词)

分组/任务	“老板”,每百词中语块比例	“查理”,每百词中语块比例
法语(NNS)	9.0 SD1.4	9.3 SD1.3
法语(NS)	11.2*(非配对t检验中 $p<0.02$) SD1.8	8.9(不显著) SD1.3

续　表

分组/任务	“老板”,每百词中语块比例	“查理”,每百词中语块比例
西班牙语（NNS）	8.1 SD2.0	6.8 SD2.0
西班牙语（NS）	11.6*（Mann-Whitney U 检验中 $p<0.002$） SD1.2	8.0(不显著) SD1.0

4.3　范畴分布

范畴分布的定义跟之前四个组提供的一样。表 5 描述了这种分布,在图 1 与图 2 中也能看出来。

表 5　“老板”任务和“查理”任务中语块范畴的分布

	词汇小句	词汇短语	语法	话语	全部语块
“老板”分组/任务					
法语（NNS）	0.2 SD0.42	2.4 SD0.7	2.1 SD1.3	4.3 SD1.1	9.0 SD1.4
法语（NS）	1.4 SD1.27	3.2 SD1.4	2.2 SD0.7	4.4 SD1.1	11.2 SD1.8
西班牙语（NNS）	0.7 SD0.82	3.0 SD0.8	1.2 SD1.0	3.2 SD0.8	8.1 SD2.0
西班牙语（NS）	1.5 SD0.7	5.4 SD1.6	1.1 SD0.6	3.6 SD0.7	11.6 SD1.2
“查理”分组/任务					
法语（NNS）	0.2	3.8 SD1.3	3.6 SD0.8	1.7 SD0.9	9.3 SD1.25

续　表

	词汇小句	词汇短语	语法	话语	全部语块
法语（NS）	0.3	5.3 SD1.2	2.5 SD0.7	0.8 SD0.4	8.9 SD1.28
西班牙语（NNS）	0.1	4 SD0.9	1.9 SD0.6	0.8 SD0.9	6.8 SD2.0
西班牙语（NS）	0.1	5.6 SD0.7	1.9 SD0.6	0.4 SD0.3	8.0 SD1.0

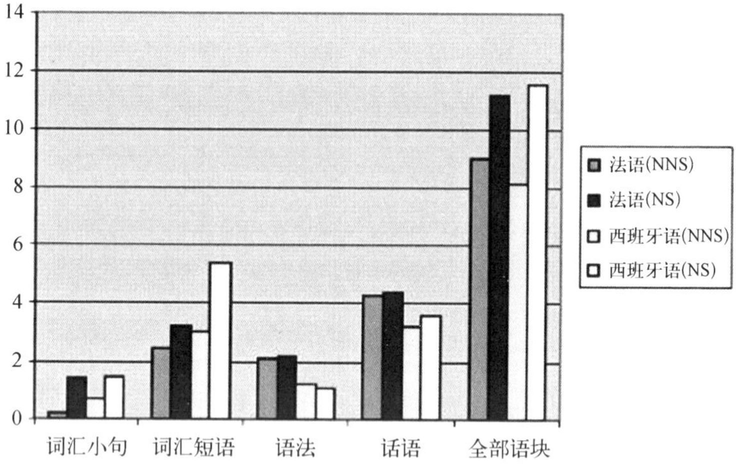

图1　“老板”任务中语块范畴的分布

在这两种语言和两个任务中，母语者明显比非母语者产出的词汇-短语语块多。“老板”任务中的词汇-小句语块也是如此，而“查理”任务中，没有哪一个组产生的小句语块的量足以使得比较有意义。而且，当比较任务时，我们可以看到在所有的组中，“查理”任务比“老板”任务的词汇成分多，尤其是词汇-短语成分特别多。鉴于在之前的任务中，更大数量的内涵-指称词汇可被激活，上述结果与预期一致。

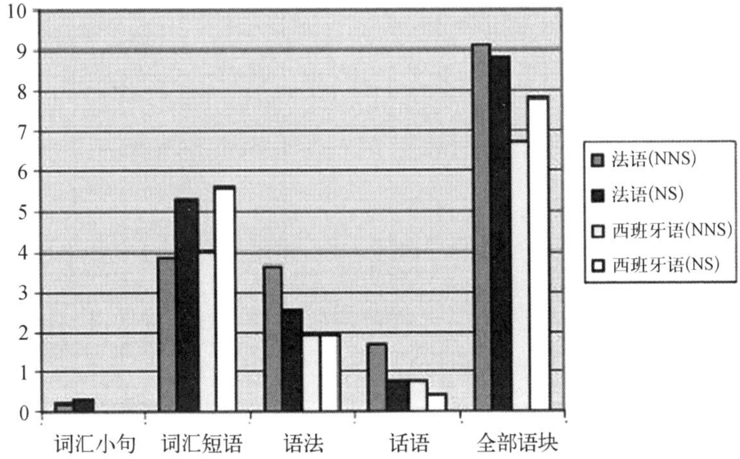

图 2 “查理”任务中语块范畴的分布

与非母语者比起来，母语者是词汇语块的更好产出者，这一点与福斯贝里（Forsberg 2008）一致，但有一个重要的例外：在那个研究中，最高级组的语言熟练水平可以与本文数据中说法语的非母语者相比，产出的词汇语块的比例与母语控制组相等。本文非母语研究对象在数据中表现不好的原因，最有可能是与相关任务的难度有关。在福斯贝里（Forsberg 2008）的研究中，研究对象在自我展现的面试中作答，这样的任务比“老板”任务和“查理”任务的挑战性都小。

数据表明语法和话语范畴引出大量问题。就语法语块而言，“查理”任务一直比“老板”任务频率高，而话语语块相反。这种不一致可能是因为“老板”任务的议论性通常要求使用更多的话语标记，这种情况的发生可能是使用语法语块所致，虽然我们对此尚无明确的答案。

从跨语言的比较可以看出，在两种非词汇范畴上，法语组比西班牙语组的数据更高，这可能是因为语言之间的结构不同。在这个意义上，语法和话语标记常与法语的多词表达一致，与西班牙语的单个词表达一致，这一点需要进一步研究。

最后，关于母语/非母语，在“老板”任务中几乎在任何一个非词汇范畴上都没有任何不同。而在“查理”任务中，说法语的非母语者比母语者使用更多的非词汇语块①，这是一种产出策略，可以加强流利度（Raupach 1984）。

5. 结语

毫无疑问，本文发现了母语者与非母语者在语块使用方面有很多不同的表现，一些数据在统计学上显著，一些不显著。两个非母语组在几个参数上都一致。“老板”任务中，非母语组比母语组产生的词汇少，语速慢，语块整体量少，特别是词汇语块少，而在“查理”任务中，只是词汇语块（像“老板”任务中，非母语组更少）发现相应的分歧。不同语言第二语言使用者之间高度的一致性，实际上说明了不考虑目标语言的话，高级水平的第二语言使用者表现类似。

任务和活动的特点在各个方面影响研究对象语块的产出。“老板”任务跟“查理”任务相比，除了说法语的非母语者外，其他组在整体上产出了更多的语块。而且，所有组中，“查理”任务更偏爱产出语法语块，“老板”任务偏爱话语语块。跟福斯贝里（Forsberg 2008）使用的自我展现面试比起来，在这两个任务中，与词汇语块相关的结果不太接近母语者。一个有趣的细节是，“查理”任务中（“老板”任务中不是这样），非母语话语语块的数据比母语者高，可能是因为对非母语者来说，这项任务更具有挑战性，这些语块可能是产出策略和语境强调标记。

最后，不考虑说话人是母语者还是非母语者的话，我们发现不同语言之间普遍存在一些不一致，说智利西班牙语的人比说法语

① 虽然在统计意义上程度不显著，西班牙语非母语者比“查理”任务中的母语者产出更多的话语（但是不是更多语法的）语块。

的人在两个任务中产生的词都更少，这可以从文化偏好的角度予以解释。在法语中，“查理”任务的语速也比西班牙语组更高，虽然在“老板”任务不是这样，对这一结果尚无明确的解释。说法语的组也产生了比西班牙说话人比例高得多的非词汇（语法加话语）语块，这一点可能是语言之间的结构差异所致。

当然，本文的研究仍有待深入。首先，可用于比较的数据非常小，其原因很简单：迄今为止，在第二语言获得的研究对象中，高级水平者和沉浸式第二语言学习者相当少，结果也是初步的，因为数据不仅需要定量手段的检验，比如“地道程度”与“分布范畴”，而且还需要更为精细的分析。关于“老板”任务，语用方面需要借助论证分析进行更为细致的检验；如果将语块与基于言语行为的分析结合起来，可能会揭示出母语者与非母语者之间更大的差异。关于“查理”任务，如果能调查个人使用的语块类型，那就更理想了。即使地道程度肯定没有显著不同，母语和非母语者在产出的词汇语块的数量上也不同。词汇语块范畴的重要方面，比如非常见词汇的使用，也需要进一步的比较。

我们希望，本研究不仅对一般意义上的语块研究有所贡献，而且对母语者和非母语者之间差异有更为精细的描写，甚至对很高层次的第二语言熟练能力方面的研究也有所贡献。

参考文献

Abrahamsson, N. & Hyltenstam, K. 2009 Age of acquisition and native likeness in a second language: Listener perception versus linguistic scrutiny. *Language Learning*, 59: 249 – 306.

Bahns, J., Burmeister, H. & Vogel T. 1986 The pragmatics of formulas in L2 learner speech: use and development. *Journal of Pragmatics*, 10: 693 – 723.

Bardovi-Harlig, K. 2008 Recognition and production of formulas in

L2 pragmatics. In Z. H. Han (Ed.), *Understanding second language process*. Clevedon: Multilingual Matters.

Bartning, I. 1997 L'apprenant dit avancé et son acquisition d'une langue étrangère. *AILE*, 9: 9 – 50.

Boers, F., Eyckmans, J., Kappel, J., Stengers, H. & Demecheleer, M. 2006 Formulaic sequences and perceived oral proficiency: Putting a lexical approach to the test. *Language Teaching Research*, 10(3): 245 – 261.

Brown, P. & Levinson, S. C. 1987 *Politeness: some universals in language use*. Cambridge: Cambridge University Press.

Bolly, C. 2008 *Les unites phraséologiques: un phénomène linguistique complexe? Séquences (semi-)figées avec les verbes prendre et donner en français écrit L1 et L2. Approche descriptive et acquisitionnelle*. Doctoral dissertation. Universite Catholique de Louvain.

Cieslicka, A. 2006 On building castles on the sand or exploring the issue of transfer in the interpretation and production of L2 fixed expressions. In J. Arabski (Ed.), *Cross linguistic influences in the second language lexicon*. Clevedon: Multilingual Matters. Pp. 226 – 245.

Conklin, K. & Schmitt, N. 2008 Formulaic sequences: are the processed more quickly than non-formulaic language by native and nonnative speakers? *Applied Linguistics*, 29(1): 72 – 89.

Cook, V. 2002 Background to the L2 user. In *Portraits of the L2 user*. Clevedon: Multilingual Matters.

De Cock, S. 2004 Preferred sequences of words in NS and NNS speech. *Belgian Journal of English Language and Literatures*, New Series 2. Gent: Academia Press.

Dornyei, Z, Durow, V. & Khawla, Z. 2004 Individual differences and their effects on formulaic sequence acquisition. In N. Schmitt (Ed.), *Formulaic sequences*. Amsterdam: John Benjamins. Pp. 87 – 106.

Ekberg, L. 2003 Grammatik och lexikon i svenska som andraspråk på nästan infädd niva. In K. Hyltenstam & I. Lindberg (Eds.), *Svenska som andraspråk: i forskning, undervisning och samhälle*. Lund: Studentlitteratur. Pp. 259 – 276.

Ellis, N. C. 2002a Frequency effects in language processing: a review with implications for theories of implicit and explicit language acquisition. *Studies in Second Language Acquisition*, 24(2): 143 – 88.

Ellis, N. C. 2002b Reflections on frequency effects in language processing. *Studies in Second Language Acquisition*, 24(2): 297 – 339.

Erman, B., & Warren, B. 2000 The idiom principle and the open choice principle. *Text*, 20(1): 29 – 62.

Forsberg, F. 2008 *Le langage préfabriqué-formes, fonctions et fréquences en français parlé L2 et L1*. Bern: Peter Lang.

Foster, P. 2001. Rules and routines: A consideration of their role in the task-based language production of native and non-native speakers. In M. Bygate, P. Skehan & M. Swain (Eds.), *Researching pedagogic tasks: second language learning, teaching and testing*. London/New York: Longman. Pp. 75 – 94.

Gałkowski, B. & Masiejczyk, A. 2007 When two become one (or three): reconsidering the dual-mode models of linguistic processing. Paper presented at the *25th UWM Linguistics Symposium*, University of Wisconsin-Milwaukee, 18 – 21 April 2007.

Granger, S. 1998 Prefabricated patterns in advanced EFL writings:

Collocations and formulae. In A. P. Cowie (Ed.), *Phraseology: Theory, analysis and applications*. Oxford: Clarendon Press. Pp. 145 - 160.

Hancock, V. 2000 *Quelques connecteurs et modalisateurs dans le français parlé d'apprenants universitaires. Cahiers de la recherche 16*. Doctoral dissertation. Department of French and Italian. Stockholm University.

Hickey, T. 1993 Identifying formulas in first language acquisition. *Journal of Child Language*, 20: 27 - 41.

Howarth, P. 1998 Phraseology and second language proficiency. *Applied Linguistics*, 19 (1): 24 - 44.

Jaglinska, A. 2006 *Idiomaticity in learner language: a study of the use of prefabs in the writing of Polish advanced EFL learners*. Unpublished doctoral thesis. Marie Curie-Skodowska University, Lublin.

Krashen, S. D. & Scarcella, R. 1978 On routines and patterns in language acquisition and performance. *Language Learning*, 28: 283 - 300.

Lewis, M. 2008 *The Idiom Principle in L2 English*. Doctoral dissertation. English Department. Stockholm University.

MacWhinney, B. 2001 Emergentist approaches to language. In J. Bybee & P. Hopper (Eds.), *Frequency and the emergence of linguistic structure*. Amsterdam: John Benjamins. Pp. 449 - 469.

Myles, F., Mitchell, R.& Hooper, J. 1998 Rote or rule? Exploring the role of formulaic language in classroom foreign language learning. *Language Learning*, 48(3): 323 - 363.

Myles, F., Mitchell, R. & Hooper, J. 1999 Interrogative chunks in French L2. A basis for creative construction? *Studies in Second Language Acquisition*, 21: 49 - 80.

Nesselhauf, N. 2005 *Collocations in a learner corpus*. Amsterdam: John Benjamins.

Pawley, A. & F. Syder 1983 Two puzzles for linguistic theory: Native like selection and native like fluency. In J. C. Richards & R. W. Schmidt (Eds.), *Language and communication*. London: Longman. Pp. 191–226.

Peters, A. M. 1983 *The units of language acquisition*. New York: Cambridge University Press .

Raupach, M. 1984 Formulae in second language speech production. In H. W. Dechert, D. Mohle & M. Raupach (Eds.), *Second language production*. Tubingen: Gunter Narr. Pp. 114–37.

Robinson, P. & Gilabert, R. 2007 Task complexity, the cognition hypothesis and second language learning and performance. *IRAL*, *45* (*3*): 161–177.

Schmitt, N., Dornyei, Z., Adolphs, S. & Durow, V. 2004 Knowledge and acquisition of formulaic sequences: a longitudinal study. In N. Schmitt (Ed.), *Formulaic sequences: acquisition, processing and use*. Amsterdam: John Benjamins. Pp. 55–86.

Schmitt, N., Grandage, S. & Adolphs, S. 2004 Are corpus-derived recurrent clusters psycholinguistically valid? In N. Schmitt (Ed.), *Formulaic sequences: Acquisition, processing and use*. Amsterdam: John Benjamins.

Siyanova, A. & Schmitt, N. 2008 L2 learner production and processing of collocation: a multi-study perspective. *Canadian Modern Language Review*, 64(3): 429–458.

Skehan, P. 1998 *A cognitive approach to learning language*. Oxford: Oxford University Press.

Taguchi, N. 2007 Task difficulty in oral speech act production.

Applied Linguistics, 28(1): 113 - 135.

Tavakoli, P. & Skehan, P. 2005 Strategic planning, task structure and performance testing. In R. Ellis (Ed.), *Planning and task performance in a second language*. Amsterdam: John Benjamins. Pp. 239 - 275.

Tyne, H. 2005 *La maîtrise du style en français langue seconde*. Unpublished doctoral thesis. Universite de Paris X Nanterre/ University of Surrey.

Wong-Fillmore, L. M. 1976 *The second time around: Cognitive and social strategies in second language acquisition*. Unpublished doctoral thesis. Stanford University.

Wood, D. 2006 Uses and functions of formulaic sequences in second language speech: An exploration of the foundations of fluency. *Canadian Modern Language Review*, 63(1): 13 - 33.

Wray, A. 2002 *Formulaic language and the lexicon*. Cambridge: Cambridge University Press.

Yorio, C. 1989 Idiomaticity as an indicator of second language proficiency. In K. Hyltenstam & L. Obler (Eds.), *Bilingualism across the lifespan*. Cambridge: Cambridge University Press. Pp. 55 - 72.

认知与语用学的对接*

坂原茂　著　日本东京大学大学院综合文化研究科
段银萍　袁月　译　南开大学汉语言文化学院

“安倍了”(日语：アべする)这一短语的语义，若不了解日本前任首相安倍唐突辞职的闹剧，一般是无法理解的。本文基于空间理论，对这种表达形式背后潜在的背景知识的作用、认知操作的建构进行解释说明。

1. 前言

据媒体报道，前任首相安倍突然辞职以来，“安倍了”这一说法不胫而走。这种奇妙表达通常使用如下：

(1) 作家：(截稿日期已过，希望延长交稿日期)再有一周，一定会完稿，请宽限几天。
编辑：知道了。可是，您千万别安倍(了)啊。

只有了解前首相安倍突然辞职的风波，才能理解“安倍了”一词的真正含义。安倍辞职风波，是指前首相安倍虽然在参议院选举中失败，但并未辞职，还改组内阁，并在国会发表了首相入职演

---

* 原文《認知と語用論のインターフェイス》载于《月刊言語》(Vol.36.No.12.2007年)，文章经作者、刊物及出版社授权翻译。

讲。但在这之后接受各政党提问前夕突然宣布辞职，入住庆应医院。“安倍了”这一说法本身并无特别意义，但是，若将该事件相关的知识及事件引出的抽象图式（即指不负责任地丢弃自身义务之图式）应用到其他类似事件的具体认知中，意义便会产生。

由此看来，在自然语言中发话与理解并不仅仅依靠语言、语法知识，还要动员背景知识、语用推理等人们具备的多种认知能力。能用的都用上，呈现出一种认知能力总会战的态势。在这一过程中，语言、语法知识和语用理论各自承担着怎样的作用，这种作用在语言理论中如何定位，这些都是语言理论中的重要问题。对此，我们将做如下探讨。

2. 格赖斯与会话理论

语言实际所表达的意义常超越其自身直接表达的意义，这是我们过去就清楚的。例如，我们常说阅读老手能够读出“字里行间”的意义。实际上行与行之间只是空白，并没有什么可读的。这告诉我们只理解明明白白写出来的字面意义不能算作充分理解，若要了解作者的真意，则要考虑到作者的言外之意。

在语言学研究中，最早在一定程度上对“言外之意”提出系统性理论的是格赖斯（Grice 1975）。格赖斯认为，会话是为了交换信息，要达成这一目标会话双方须协调行动。基于这一想法，格赖斯提出了会话中的合作原则〔见（2）〕，以及将合作原则具体化的四个下位准则〔见（3）〕。

（2）合作原则：谈话双方为达成谈话的目的，要全力提供谈话所需信息。

（3）a（量的准则）：提供会话所需要的必要且充分的信息。

b（质的准则）：提供真实信息。

c（关系准则）：提供相关信息。

d(方式准则):表达要准确。

格赖斯认为“言外之意”的认定大致如下:

(4) 说话人 S 说了 P。只按 P 字面意义理解,会感觉说话理由不充分。P 包含语用意义 Q。S 知道听话人 H 可以从 P 引出含义 Q。S 没有阻止 H 推导出含义 Q。可见,说话人 S 通过 P 意图表达 Q。

所谓“P 包含语用意义 Q”,是指根据上下文语境,从 P 中推导出 Q。因此,由 P 推导出 Q 要依赖上下文语境,如同逻辑推理,若脱离语境,由 P 是推导不出 Q 的。

例如,有人一进房间说:

(5) 这房间真冷啊。

我们可以明白,其实说话人并非只关注屋子冷本身。若因开着窗屋子冷,说话人意在“关上窗户吧”;若因没开暖气屋里冷,说话人意在“打开暖气吧”。语用的推理多依赖于上下文语境,这句话还可有其他多种解释。

格赖斯理论从语言运用的语用学角度进行确切分析,受到语言学界的广泛认同。在语言学领域,一般认为格赖斯的理论区分了字面含义与言外之意,使语义研究变得更加简单。例如,在记述一种语言形式时,若将其实际用法全部认为是某语言形式的意义,那有时意义表述是极不自然的。以日语中的“タ形”过去式为例,“タ形”通常不与现在时时间副词(如“这会儿、现在”等)连用,如例(6)。但例(7)中的“タ形”却与现在时的时间副词连用。

(6) *山田さんは、現在は、東京の大学にいた。(山田现在在东京的大学了。)

(7) 山田さんは、現在は、東京の大学に移りました。(山田现在转到东京的大学了。)

语言学者绝不会满足于这种说法:"'タ形'过去式有时可与时间副词连用,有时不可。"这该如何解释? 通常"タ形"过去式不与时间副词连用,如例(6),例(7)会让人认为是某种特例。某人已换大学,若不移动的话,一般会以为"现在"仍在那所大学。也就是说可通过过去的行为了解到"现在"的状态。例(7)中时间副词"现在"表面上与过去式"タ形"连用,实际上暗含这样的意思。所以,在日本语中"タ形"通常不与表示现在意义的时间副词连用,只是"如果能从句中读出有关现在事态的结论时,这种限制会发生松动"。

格赖斯的理论及其相关的语用研究,促进了语用学的发展,对语义研究简单化作出了重大贡献。

3. 语义学与语用学的定位

格赖斯的理论及一般语用学研究普遍认为,对语言的理解首先要从语义上进行解释,其次通过语用操作使解释进一步细化。但是,正如例(7)所示,语用解释的结果有时取决于表达形式自身。按语义学通常的解释,例(7)中"タ形"过去式与表示现在的时间副词连用是不妥的。但从语用学看则不然。并非要全面否定这种理论的可能性,不用说语言学家,即便作为一般日本人凭直觉也会认为语用学不是坐等语义学来解释,而是与语义学解释同步进行的。更极端点说,语义学要发挥作用,离不开语用学支撑,因此有人说先有语用学,然后才有语义学,这种说法也并不为过。

英语中先行词与代词一致,可作为语用操作的成果反映在语言形式上的例证。一般认为代词直接反映语法知识。英语中的第三人称代词如(8),它要求与先行词保持一致。例(9)中代词 he

符合(8)的规则,被视为正确。

(8) 代词一致性规则:代词要与先行词保持一致。

(9) Mr. Jones lives in the same apartment as me. He works at a bank in Osaka.

但也发现违背(8)的句子:从语义上看"Plato"的词语信息为男性、单数。但是,例(10)中,代词用男性、单数代词 he 并不合适,中性、单数的 it 更合适。

(10) Plato is on the top shelf. (It/* He) is bound in leather.

原因在于例(10)中的"Plato"并非指 Plato 本人,而是指他写的书(Fauconnier 1985)。例(10)第一句子解释中未提到书,从第二句子可理解"Plato"为"Plato 写的书"。由此看来,语义先行,其次才有语用,这种说法也并非不成立。

但是,在例(11)中,语用学解释与之涉及的代词出现在同一个句子中。如果按语义解读后才能进行语用加工的观点来看,关系代词就应该用"who",但是,实际上用"which"最合适。换喻是极其少见的、边缘的语言现象。目前,语义学研究中有学者认为忽略对换喻的研究也无妨。但是,从前述实例来看,这种主张忽略对代词这一核心语言现象的研究,其结果只能造成这种不完整的理论。

(11) Plato, (which /* who) is on the top shelf, is bound in leather.

4. 心理空间理论

心理空间理论认为,自然语言依据字面意义只能传达有限的一部分含义,其他更多的解释要通过一般性认知操作来进行。福康涅(Fauconnier 1997)认为:“实际上相对于我们头脑中思考的、口中表述的语言意义而言，字面上可见的只是冰山一角。”因此，在已经表述出的语言形式中蕴含怎样的言外之意,需要我们关注。

在心理空间理论当中,对于句子的处理被称作心理空间。心理空间创造出语言表现形式与最终意义之间的认知平面。语言表现形式向心理空间导入要素，并平衡各要素之间的关系。例如,“太郎喜欢花子”,这句话的处理过程是将与“太郎”与“花子”分别相对应的要素“a”和“b”,导入心理空间,创造出“a 喜欢 b”的关系。由句子处理所创造的心理空间局部认知领域中,此时只包含句子处理所必需的信息。虽说如此,心理空间可以根据需要,补充外部知识,接受各种信息。所有句子的处理中都有底层空间,它们多数情况表示说话人的信念。心理空间不限于一个,根据需要会有多个心理空间被导入。导入心理空间的表达被称为“空间导入表达”。例如,副词短语“在学校”,表示命题态度的短语“太郎认为……”,假设句“如果……那么……”等。新导入的空间从属于原有的基础空间,并与基础空间进行各种结合。伴随着我们的思考和表达,会产生出各种与句意、上下文、背景知识等相对应的空间,结构逐渐细化,并与空间进行融合。心理空间理论中会话被表达成空间网络。

语言表达的意义是对心理空间的指令，但因语言表达只能决定部分空间,因而意义的解释便会有多种可能,有时也会产生与真值条件相异的解释。福康涅(Fauconnier 1997)有个有趣的反事实的例子:

(12) Dad (watching wrestling on TV): When I was in my prime, I could've pinned Hulk Hogan in a matter of seconds!
Son (to mother): Is that true, Mom?
Mom: Probably.

Mom (next and last frame in the strip): Of course, when your Dad was in his prime, Hulk Hogan was in kindergarten.

在这段话中,父亲说他年轻时若和胡克·霍根(Hulk Hogan)较量的话,完全可以打败他。他所说的霍根是职业摔跤冠军。这显然是在吹牛,说他年轻时具备与霍根相当的实力。而母亲说,父亲年轻时,霍根还在上幼儿园,父亲当然能赢,这有什么好吹嘘的。这两种解释都是基于父亲能打败霍根,而结论却截然相反。

上例中并没有出现明确的表示假设的 if 短语,而是由时间短语"when I was in my prime"悄然导入假设。通常在反事实的条件句的理论中,所谓反事实条件句的解释,与反事实的假设(例句中父亲与霍根的比赛)不矛盾:探索与现实世界最接近的可能,由此判定后续命题的真伪。但是,如上例所示,"最接近现实的反事实空间"(假设其存在)不可能仅仅由语言表达的字面意义来决定。也就是说,在该例句中,没有正面否定父亲说的话的真伪。无论哪种情况,都可理解为父亲能战胜霍根。但是,语言表达没有围绕父亲的胜利细致展开。因此,会产生反映说话人、听话人的不同意图的、迥然不同的解释。就结论而言,可以说在自然谈话中相对句子字面所表达的有限的意义来讲,语用学层面的意义建构,作用十分重大。

5. 结语

心理空间理论将心理空间这一认知、语义、语用三者进行对接的构想,为解释更多过去无法很好解释的语义现象提供了可能。针对以隐喻、换喻、指示的(不)透明度、前提投射、条件句等为代表的诸多语言现象,都可采用同一方法进行解释。心理空间理论中使用的解释概念也都是一般性的,即使乍看较为新奇,细观这些概念,其实都是语义研究所必需的。同时,在以往的一般性语义研究中,并未涉及这些语言现象,即便涉及了,也因技术原因对不同现象的解释方法进行了调整,因而较难捕捉到语言现象之间深层的共性。因此,可以说对于语义研究,心理空间理论这种普遍而灵活的理论颇具独到的优势。

参考文献

Fauconnier, Gilles 1985 *Mental Space: Aspect of meaning construction in natural language*. MIT Press.

Fauconnier, Gilles 1997 *Mappings in Thought and Language*. Cambridge Univercity Press.

Grice, H. P. 1975 Logic and conversation. In Cole et al. (eds), *Syntax and Semantics 3*. Academic Press. Pp.41 – 58.

评介文章

《质疑音节的共性：来自日语的证据》评介*

尹玉霞　天津师范大学外国语学院

《质疑音节的共性：来自日语的证据》一文作者为劳伦斯·拉布吕纳(Laurence Labrune)，她现执教于法国波尔多大学(University of Bordeaux)，主要研究领域为理论音系学和日语音系。该文对东京标准日语中的韵素(mora)、音步(foot)和音节问题进行了重新审视，指出韵素和音步是非常活跃的，许多音系和形态分析必须参照这两个基本韵律层级单位。在标准日语中，它们的地位是没有争议的，但是没有显著证据支持音节的存在。以往研究中，与音节相关的音系现象都可以用非音节的分析方法得到更好的或至少相同的解释，东京日语中不使用音节。与麦考利(McCawley 1968：134)"日语为韵素计数的音节性语言"(mora-counting syllable language)的观点相反，作者认为日语为韵素计数的韵素性语言(mora-counting mora language)。根据日语的语言事实，作者进一步指出，音节或其他韵律层级单位并不是语言必需的、共有的。

该文共包括六部分，除了第一部分的介绍和第六部分的结论之外，主体包括四部分。第二、三部分分别阐述韵素和音步在日语

---

* 《质疑音节的共性：来自日语的证据》的英文题目为 Questioning the Universality of the Syllable: Evidence from Japanese，刊载于 *Phonology*, 29(2012)：113－152。

音系中的重要作用。第四部分重新检验以往研究用来支持音节存在的语料,对音节在日语音系中的作用进行重新评估。第五部分指出日语中基本的韵律单位为莫拉,它是音步的直接下位组成成分(subconstituent)。

下面依次介绍该文的主要内容及观点,最后对其进行简要评述。

1. 韵素

韵素是日语的基本韵律单位,有很多证据,是没有任何争议的。日本传统音系理论很早就认为韵素是唯一相关的韵律单位,并且区分常规和特殊两种类型的韵素。常规韵素有 CV、CyV、V 三种类型,特殊韵素有韵素性的鼻音(通常用/N/表示)、长元音的第二部分(通常用/R/表示)、非首音位置的 i、长塞音(obstruent germinate)的第一部分(通常用/Q/表示)四种类型。此外,还有一些证明韵素存在的主要语言现象,比如,韵素是日文歌曲和诗歌中的节律单位(metric unit);在一些语言游戏中韵素为主要的韵律单位(prosodic unit);在假名书写系统中,韵素被赋予了书写地位;韵素是日语中的载调单位(tone-bearing unit)等等。

除了上述一些主要语言现象之外,相当数量的心理语言学研究已经证明,韵素是日语语言加工(processing)、产出(production)和感知(perception)的基本单位。比如,日语受试识别刺激词(stimulus word)monka 和 monaka 中的单位 mo 的速度相同,表明这两个词的词首为相同的韵律单位,也就是说受试根据韵素切分音段,monka 被切分成 mo.n.ka,monaka 被切分成 mo.na.ka,如果根据音节切分音段,monka 被切分成 mon.ka,monaka 被切分成 mo.na.ka,那么这两个词词首的韵律单位不同。相同的实验任务,音节语言的受试反应与日语的受试完全不同,表明日语中基本韵律单位为韵素。

另外，语言错误也能证明韵素是一个独立的成分单位，已有研究表明 CVV 或 CVC 序列经常被 CVCV 序列而不是 CV 替代，这说明重音节音系上等同于两个短音节，音节核后的 C 或 V 成分，与 CV 一样，为一个韵律单位。

2. 音步

音步在日语中地位也是没有争议的。波泽（Poser 1990）的 *Evidence for foot stracture in Japanese* 提供了大量的与音步有关的音系现象，是一部非常优秀的研究成果，该研究阐述了双莫拉音步在日语中的重要性。本部分作者具体讨论了二个与音步有关的语言现象。第一个为 Nyooboo Kotoba（日语：女房言葉）派生词（Nyooboo Kotoba 最初是宫女之间的秘密语言，现在仍然具有能产性），其构成规则是把原词词基（base）删减成音步，然后再加上前缀 o-，如（1）所示，删减完的词基需为两个轻音节或一个重音节。虽然这里为了表述方便，作者使用了音节的概念，但是作者指出因为其他的双音节组合，比如*重-轻、*轻-重、*重-重，是非法的，所以音步的组成成分是韵素而不是音节。

（1）Nyooboo Kotoba

词基（base）	派生形式（o-+μμ）	
satsuma-imo° ①	o-**sa**tsu	红薯
juubako°	o-**juu**	可折叠的盒子
dengaku°	o-**den**	关东煮
neshoo**ben**	o-**ne**sho	尿床

---

① 符号°表示非重读词，粗体表示重读，例如 sakura°为非重读词，**ha**na 第一个韵素为重读。

第二个例子为借词复合词的缩减式，该形式的 80% 的构成方式为：从构成复合词的两个成分中各自截取第一个双莫拉音步，然后组合在一起，成为一个双音步的派生形式，如(2)。

(2) 复合词缩减式

词基	缩减形式	
puro**fe**sshonaru **re**suringu	puro-resu°	职业摔跤
roriita konpu**re**kkusu	rori-kon°	洛丽塔情结
enjin bu**re**eki	en-bure°	火车刹车
patorooru **ka**a	pato-**ka**a	巡逻警车

3. 音节

相对于韵素和音步无可争议的地位而言，标准日语中音节的地位非常值得怀疑，主要表现在三个方面：首先，没有明显的证据支持日语中音节或音节成分的存在；其次，以往宣称音节存在的研究，其提供的证据要么存在问题，要么说服力不强；最后，以往文献提出的日语音节模式存在不规范和矛盾之处。作者就这三个方面进行了详细的阐述。

关于第一个方面，作者从以下五点进行了论述：① 没有心理语言学证据支持日语音节的认知现实性。② 言语错误时，一个重音节通常被两个轻音节替代，这表明言语错误的操作层级是韵素而不是音节。③ 日语中没有语音线索支持像韵(rhyme)一样的成分，反而有相当多的证据表明日语中不存在韵成分。比如 CVC 这样的闭音节(closed syllable)中的元音并不比 CV 开音节(open syllable)中的元音短，而是与之相反，闭音节中的元音反而更长。日语中的这种现象与英语这样存在音节的语言形成了鲜明的对立，表明日语中没有像韵一样的成分。另外，日语中的元音前的辅音与元音的关系更近，两者组合受很多限制，而元音和它后面的辅音却不受限制。④ 日语不遵守首音最优化原则（oneset optimisation）。VNV 永远都不会被音节划分为 V.NV（两个韵素），而是被划分为 V.N.V（三个韵素），这违反了首音最优化原则，因为“普遍观察到的语言事实表明：一个闭音节后面可以跟随一个元音起首的音节的语言是不存在的”（Golston & Van der Huls 1999：159）。⑤ 音步与音节不同界，日语中韵素组成的音步，与音节的界限不同，这种不匹配违反严格层级假设（SLH，strict layer hypothesis），作者指出可能的解释就是日语中根本就没有音节层级。

关于第二个方面，作者针对以往研究中用来支持音节存在的八类语言现象进行了说明。它们分别是首音低化（initial lowering）、韵素成分/N Q R i/的非重读、/N R i/重读的特例、借词的重读（loanword accentuation）、借词删减（loanword truncation）、黏附成分 no 前面的名词重读、第二个成分为-taroo 的表示名称的复合词及三韵素音节受限现象。

首音低化指日语中重读短语的首音如果没有承载词汇重音的话，那么这个短语以 LH 音高序列起始，但是这个规则不适用于以 CV+特殊韵素[①]开始的短语，它们以 HH 音高序列起始。以往采用音节的分析方法对这一现象的描述为：首音低化在以重读音节起始的词中不适用。作者指出这种参照音节的解释是任意的，也可以换一种方法，把该现象描述成：首音低化在特殊韵素之前不适用。音节的分析方法并没有比韵素的方法解释力更强。另外，作者还指出首音低化存在众多例外，实际情况比较复杂。韵素成分/N Q R i/非重读和借词的重读这两类现象，被用来作为支持日语音系中音节存在的证据。作者重新分析了这两类语料，指出用韵素来分析，同样能够解释，而且音节分析方法存在弊端，不能解释为什么日语中重读音节的尾音（coda）的音高从来都不与音节首

① 所谓特殊韵素，即韵素性的鼻音 N、长元音的第二部分 R、长辅音第一部分的 Q、非首音的 i。

音和音节核的音高相同。/N R i/被重读的特殊情况，悖于音节分析方法的基本假设，即只有重音节的第一部分重读。这是音节分析方法的反例。日语中的借词删减现象，作者通过统计数据指出，以往参照音节的分析方法所采用的语料并没有囊括所有事实，而且可以用非音节的方法得到解释。黏附成分 no 前面的名词重读这类现象存在很多例外，是有争议的，须更详尽地调查语料。第二个成分为-taroo 的表示名称的复合词，同样也可以用其他的非音节的方法分析，作者指出这类词的重读规则很可能是词汇上的而不是音系上的原因。最后一类现象为日语在借用过程中，避免产生三个韵素的音节，作者指出不用参照音节而用参照音步的方法，一样可以描述这一事实，即日语中的音步最好为双韵素(bimoraic)。

第三个方面，作者从以往研究中日语音节模式存在的分歧进行论述。下面是以往研究中关于日语音节结构的四种模式。

(3)
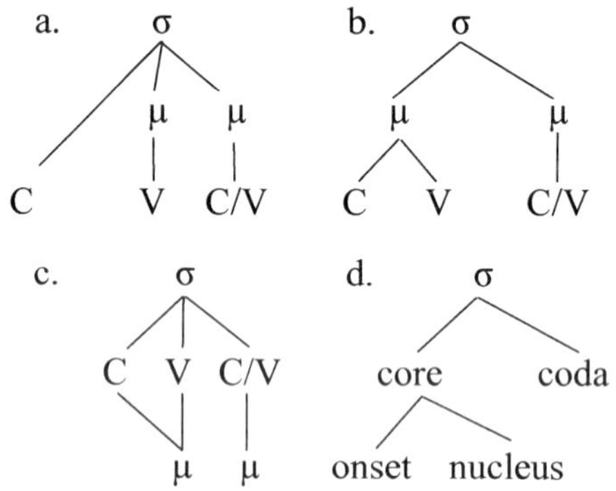

从(3a—d)可以看出，关于日语的音节结构，观点不一。(3a)比较接近正统的观点；(3b)认为音节首与音节核不是与音节，而是与同一个韵素直接相连；(3c)把音节和韵素分离，它们各自与音段直接相连；(3d)认为音节分为腹部和尾部，腹部又分为音节首和音节核。但是，不难发现这四种音节模式有一个共同的特点：它们都没有韵成分(rhyme constituent)，有悖于现在通行的已被普遍接受的音节组构观点。日语音系研究的顶尖专家们在日语音节概念和表征上的非正统的观点，一定程度上反映了日语的独特性。同时也反映了日语韵律层级结构中的韵素、音节和音步表征存在问题。

日语中没有明显的证据支持音节可以作为一个独立的韵律单位，以往研究所认为的与音节相关的所有语料都可以用韵素或音步得到解释，而与韵素和音步相关的音系现象，却不能用音节得到解释。作者指出韵素、音节和音步在日语中具有不同等的地位，韵素和音步是日语中必不可少的单位，而音节没有显著的地位，日语中没有音节。

4. 日语为韵素计数的韵素性语言

基于日语语言事实，拉布吕纳提出了自己的观点：日语为数韵素的韵素性语言。韵素为日语的基本韵律单位。韵素有两种类型，一种是非标记性的、常规的、典型的韵素，其基本结构包括两个位置：位置 1 为音节首（理想的实现形式为辅音 C），位置 2 为音节核（理想的实现形式为元音 V）。另一种是弱化的、非足量（deficient）的韵素，包含四种类型：① 只有一个核心元音的韵素；② 传统日语语言学中的特殊韵素/N Q R/；③ 包含不发音的元音的韵素；④ 包含插入元音的韵素。这类韵素有一个共同的特点，即有一个位置，或者是 C 或者是 V，是空位，通常情况下弱化韵素不承载重音。由于弱化韵素不承载重音在日语中不是绝对原则，除了/Q/之外，其他的弱化韵素在特定的条件可以承载重音。所以作者认为，日语的常规和弱化韵素不是简单的、绝对的二分。日语的韵素根据声学凸显度，分成不同等级。日语的一般韵素等级如(4)所示。

(4) CV>·V>C·(·代表空位)

(4)中的三类韵素可以再细分成如下等级(5)。

(5) $$\mathrm{Ca}>\mathrm{Co},\ \mathrm{Ce}>\mathrm{Cu},\ \mathrm{Ci}>\cdot \mathrm{a}>\cdot \mathrm{o},\ \cdot \mathrm{e}>\left\{\begin{array}{l}\cdot \mathrm{i}\\ \cdot \mathrm{u}\\ \mathrm{CV}_{\mathrm{devoiced}}\\ \mathrm{CV}_{\mathrm{epenthetic}}\end{array}\right\}>\mathrm{R}>\mathrm{N}>\mathrm{Q}$$

响度最高的、最稳定的韵素 Ca、Co 和 Ce 占据层级的顶端，特殊韵素位于末端。

日语中的音步有(C)VCV、(C)VV 或(C)VC 三种形式。因作者认为日语韵律层级中没有音节，所以音步直接由韵素构成，结构如下：

(6)

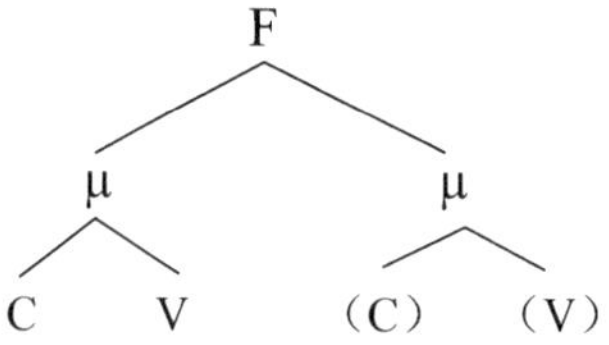

如果第二个为弱化韵素，那么第二个 C 或 V 可以空缺。所谓的重音节 CVC 或 CVV，在日语中可以解释成第二个位置为弱化韵素的音步。

5. 结论与简评

该文对目前普遍接受的观点，即音节是跨语言共有的韵律层级单位，提出了质疑。作者认为日语是没有音节的语言，韵素和音步足以分析日语音系，用韵素和音步代替音节，并不会影响对日语现象描述的充分性。作者所持的观点，与当今音系学主流观点：音节不是人类语言中一个可有可无的单位，而是语言共有的成分，形成了鲜明对立。

音节在生成音系学中的地位几经沉浮。生成音系学早期不承认音节的地位，SPE 框架中没有音节（Chomsky & Halle 1968）。20 世纪 70 年代，由于非线性音系学的产生和对韵律现象研究的热衷，音节重新回到了理论框架中。音节相关语言的语言现象得到了跨语言的、广泛的证实。参照音节的语言现象有：节律和诗歌模式、语言游戏、言语错误、删音、音系变体过程、音系配列限制、心理语言学实验证据、正字法和书写系统等等。现今流行的观点认为音节是语言韵律层级结构的核心构建单位，韵素和音步的定义的组构都要依靠音节。在标准方法中，韵素被看成是音节的下位组成成分，没有音节韵素不能单独存在，而音步通常被定义为有两个音节组成的单位。

该文虽然讨论的是日语内部的韵素、音节及音步问题，但是作者的观点必会对普通语言学理论产生一定的影响。首先，从韵素性质来看，韵素不一定是音节的下位成分，也无须音节允准。作者认为韵素可以是一个独立的、层级最低的韵律单位。其次，从音节的共性来看，作者认为日语没有音节，必然会让人重新考量现代音系学理论中音节的地位及普遍性问题，进而审视韵律音系学理论中的韵律层级单位的共性问题。韵律音系学（参见 Nespor & Vogel 1986/2007）认为，自然话语可切分为一组有限的、有层级结构的韵律单位，从低到高依次为：韵素（mora）→音节（syllable）→音步（foot）→韵律词（phonological word）→黏附组（clitic group）→音系短语（phonological phrase）→语调短语（intonational phrase）→音系话语（phonological utterance），如果承认日语或其他某种语言没有音节，必然结果就是韵律层级中的其他单位也可能不是语言共性的，关于这一点，已经有一些相关的研究，如伊藤和美斯特（Ito & Mester 2003）也认为韵律层级应该解释成是语言共性的可选清单，而不是一个绝对共性。最后，从语言韵律类型来看，该文研究成果重新审视了不同语言的韵律类型。一些语言可能既存在音节也存在韵素，如法语；一些语言没有音节，只有韵素，比如日语。一些语言可能没有音步。

参考文献

Chomsky Noam and Morris Halle 1968 *The sound pattern of English*. New York: Harper & Row.

Ito, Junko & Armin Mester 2003 Weak Layer and word binarity. In Takeru Honma, Masao Okazake, Toshiyuki Tabata & Sgub'ucgu Tabaja (eds.), *A new century of phonology and phonological Theory: a Festschrift for Professor Shosuke Haraguchi on the occasion of his sixtieth Birthday*. Tokyo: Kaitakusha. Pp.26 – 65.

Poser, William J. 1990 Evidence for foot structure in Japanese. *Language* 66: 78 – 105.

McCawley, James D. 1968 *The Phonological component of a grammar of Japanese*. The Hague & Paris: Mouton.

《底层表达》介绍

汪朋　陈雪梅　湖南大学

底层表达是音系理论中的核心概念，底层表达的提出及围绕底层表达进行的一系列理论研究，是现当代音系学中具有里程碑意义的理论成就之一。从19世纪末到20世纪50年代，音系学研究的焦点是音位或音段的底层表达。自经典生成音系学（SPE）开始，随着音位和音位层面的消失，语素的底层表达占据了音系理论研究的中心位置。SPE之后的探讨和诸多理论发展，如底层抽象性问题、词库音系学、不充分赋值理论及特征几何理论，乃至优选论和基于使用和概率的音系学，底层表达研究一直贯穿其中，是各派音系理论的基础研究课题。挪威特罗姆瑟大学语言及语言学系副教授马丁·克雷默（Martin Krämer）所著的《底层表达》（*Underlying Representations*）一书2012年由剑桥大学出版社出版，本书是“音系学重点课题”（Key Topics in Phonology）系列丛书之一。本书梳理了底层表达这一概念近百年的发展历程，尤其注重不同理论框架下的证据和争议。以下对该书做简要介绍。

1. 第一章　源起

本章介绍了本书的研究范围并澄清了相关概念。作者首先指出底层表达（underlying representation）和词汇表达（lexical representation)在不同理论中有不同含义,但在本书中都指存在于词库中、未经音系规则作用的词汇的音系表达。设立底层表达的主要理论动因是记忆空间有限性和词汇经济性(lexical economy)假设。不管从哪个层面(特征、音位、音位配列、词和词形变化等)来看,词汇经济性都要求排除词汇表达中冗余的、可预测的语音信息,实现信息最简化。与词汇经济性相关的两个问题是：1)词汇信息到底能经济到什么程度？2)如果词汇表达由特征构成,特征的性质是什么？数量有多少？如何定义特征？以下各章围绕不同音系理论对上述问题的回答展开。

2. 第二章　任意性和对立

现代语言学的创始人索绪尔(Ferdinand de Saussure)区别了语言的所指和能指,并指出二者的关系是任意的,两个系统中每个成员的属性由它与系统中其他成员的差异来定义。要定义能指(语音符号)系统中的对立关系,应去掉冗余信息。布拉格学派的核心人物特鲁别茨科伊(Nikolay Trubetzkoy)发展了索绪尔的对立思想。首先,特鲁别茨科伊初步归纳出一套发现音位的方法,如辨别对立、变异、互补分布以及非邻接原则等;然后,通过音位间的对立关系找出起最小对立作用的区别特征。其次,特鲁别茨科伊从对立与音位系统、对立成员关系两个角度对音位对立进行了详细的分类和描述。最后,特鲁别茨科伊首次提出了大音位和标记性等对后续研究有重要价值的概念和工具。另一个布拉格学派的核心成员雅各布森(Roman Jakobson)明确提出音位由特征束构成,区别特征是最小的语言结构单位。雅各布森及其合作者发展和完善了区别特征系统,他们从声学角度详细定义了区别特征,并将特征系统简化为12对偶值特征。简化的特征系统使音位的表征更加抽象。SPE继承了音位即特征束的思想,但摒弃了音位概念和音位层面。此外,还改造了雅各布森的特征系统,并从发音角度重新定义了特征,但依然坚持特征的偶值性。

3. 第三章　推导和抽象性

生成音系学假设有序运行的规则将语素底层表达推导成表层表达。推导过程和底层表达的抽象性直接相关。首先,规则的交互作用使底层表达抽象。其次,规则运行是自动的,很多规则的例外现象依赖抽象的底层表达来解释。为保证规则系统最大限度概括语素交替,SPE 把在表层没有交替变化的成分设立为抽象底层,并采用绝对中和规则推导出表层表达。极端抽象的底层表达和绝对中和规则因缺乏心理现实性而引发了关于底层抽象性的讨论。形成的共识是底层可以是抽象的,但需要制约,如绝对中和规则仅限于推导环境中使用,设立抽象的底层必须从语素交替中获得一定证据。为进一步排除底层表达中的冗余信息,规则系统还引入了填充冗余信息的冗余规则和语素结构规则/制约,但也带来了三元值(ternary value)和不充分赋值存在任意性等问题。不仅如此,音系规则的“共谋”(conspiracy)现象,语法中功能一致的规则和制约共存所导致的“重复问题”(duplication problem)也都是由推导和抽象性引发的新问题。

4. 第四章　重回不充分赋值

自 1967 年史丹利(Stanley)对底层不充分赋值提出批评后该领域的研究逐渐淡出视野,但自 20 世纪 70 年代中后期,随着非线性音系学的兴起及新的证据的提出,不充分赋值研究重回音系理论研究的中心,并逐渐发展出三种子理论,即激进不充分赋值论(radical underspecification, RU)、对立不充分赋值论(contrastive underspecification, CU)和对立层级论(contrastive hierarchy, CH)。RU 提出凡能通过规则赋予的信息(包括普遍的和特定语言的非对立特征、对立特征的缺省值等)都需从底层表达中排除;CU 则保留所有在底层中起对立作用的信息,只排除普遍的共现规则及特定语言的中和规则赋予的信息;CH 则重在结合音系过程推演底层音段系统中对立特征的层级排列。三种理论对儿童语法初始态及如何构建底层表达也提出了不同假设。然而,很多语言中语素变体的不规则变化表明语素底层信息并非越少越好,相反,很多信息(包括非对立特征,甚至是音节结构)在特定语素底层需要提前赋值。

5. 第五章 “魔鬼”就在细节中:基于使用的音系学

简约的语素底层表达是生成音系学的理论需要,但基于使用的音系学则假设非常丰富的语素表达,这其中既有语言信息,也包括非语言信息(如性别、年龄、教育程度、情绪等)。范例理论(exemplar theory)认为语言经验是语素表达的重要来源。特定语素的所有范例及相关情景信息存储于个体大脑中,典型范例叠加增强,非典型范例淡化消失,语素的表达可从典型范例构成的信息区抽象或涌现出来。有些版本的范例理论只承认语素表层表达;有些虽承认底层和表层表达但认为二者信息同样丰富;还有一些则认为存在抽象的底层表达,但抽象表达是语法的产物还是基于经验的归纳则有不同看法。还有些理论则尝试在音系语法中结合范畴化的表达解释语素的变异和概率优化,如随机优选论与和谐语法等等。不可否认,基于使用的音系学在解释语素的变异、频率的作用、语言变化等方面有优势,但也因融语法和行为于一体而难以将语法与噪音、行为与能力区分开来。

6. 第六章 心理语言学和神经语言学证据

大量的心理语言学和神经语言学研究证明抽象的表达具有心

理现实性。拉希里和马斯林-威尔森（Lahiri & Marslen-Wilson 1991）让英语和孟加拉语受试根据听觉刺激“CV __”（辅音+口元音）和“CV __”（辅音+鼻化元音）列举所有对应类型的单音节词。[鼻音性]在英语元音中为非对立特征，而在孟加拉语元音中为对立特征。结果显示两种语言的受试对“CV __”型刺激的回应中有很高比例的 CVC 型词，这说明受试在处理鼻元音刺激时[鼻音性]并未赋值。又如，尤利茨和拉希里（Eulitz & Lahiri 2004）采用脑电研究中的 Oddball 范式比较不同元音序列诱发的 MMN（失匹配负波）效应。结果显示，无标记—有标记序列（[e][o]和[O][o]）MMN 效应显著，而有标记—无标记序列（[o][e]和[o][O]）不显著。据此，作者认为无标记部位特征[舌冠性]和有标记部位特征[唇部性]表征不同，前者不赋值，后者赋值。上述研究为抽象表达的可及性提供了证据，但要证明抽象的表达处于哪个层面（底层、表层、语音层），乃至验证不充分赋值理论的不同算法则需更多实验研究。

7. 第七章　对立特征的形式与内容

区别特征不但起着静态的区分和归类作用，如定义对立音段和自然类、区分词汇底层表达等，还起着动态的发音信息传达作用，它既是说话人发音时的神经指令，也是听话人辨识和提取心理词汇的工具。特征可以从发音、声学和感知等角度定义，也可以看成是不具有任何内容的纯符号。然而，不论从什么角度定义特征，都需要解释离散的语法符号如何转化为连续的语音符号这一问题。本章除简单介绍了分别从声学、发音两个角度定义特征的元素理论（element theory）和发音音系学（articulatory phonology）外，还重点介绍了一种更为抽象的特征理论。该理论认为具有普遍意义的音系特征应中立于信息通道（或模态）的特点而存在，因此，定义特征时不应直接诉诸发音器官或姿势，而应从发音器官或姿势中抽象出更为基本的成分。

8. 第八章 优选论中的底层表达

底层表达不是优选论的研究重点，但基础丰富性假设(richness of the base，RotB)和词库优化假设(lexicon optimization，LO)都会影响底层表达的表征与选择。RotB 假设词库不受任何制约，但 LO 要求选择最低限度违反制约条件层级的输入项作为底层表达。据此，语素的底层表达往往和表层表达一致且充分赋值，这与心理学及神经语言学的研究结论是矛盾的。如何在优选论允许的范围内排除词库中的冗余信息呢？对应理论(correspondence theory)中的各种忠实类制约条件(如 MAX-IO、DEP-IO、IDENT(F)等)并不能帮助实现上述目标，但比较标记理论中的 OM 和 NM 标记类制约条件，可一定程度上帮助建立抽象的底层表达。此外，在不改变 OT 评估机制的前提条件下，将评估对象由“底层→表层映射”改为“表层→底层映射”也可能得到不完全赋值的底层表达是最优“输出项”的结论。

9. 第九章 初步结论

底层表达的研究至少牵涉到音系理论研究中的三个重大课题：1）抽象表达问题，2）特征理论，3）推导机制。如前面各章显示的那样，目前对上述问题的研究依然争议纷呈，甚至问题越来越多，越来越复杂，但这也是我们认识人类音系知识的必经之路。

综合起来，我们认为本书有两点重要的启示：1）合理看待研究问题在新老理论嬗变中的地位和价值。底层表达的研究不应该，事实上也并没有随着优选论和基于使用的音系学等新理论的兴起而丧失活力。底层表达是生成音系学(包括 SPE 和非线性音系学阶段)具有全局性意义的理论课题。不可否认，新理论带来新的研究热点,以前未解决的老问题可能会被搁置甚至淡忘,但从这些老问题中得出的洞见应该得到继承。在这点上,本书以及本书所属的系列丛书的出版具有非常积极的意义。此外,2011 年出版的五卷本《Blackwell 音系学指南》将“底层表达”列在首卷首章也同样彰显了编者们对此具有的共识。2) 鼓励研究手段的多样化和证据的多元化。传统意义上生成音系学的主要证据是以语素交替为代表的内部证据,但外部证据(如语言游戏、诗歌押韵和语言实验)的使用有助于加深对问题的认识。本书专辟一章列举大量心理语言学和神经语言学的证据证明抽象(底层)表达的心理现实性,这无疑是对内部证据的有效补充,对论证底层表达假设具有重要意义。

近百年的音系研究得出的一个基本共识是,人类大脑中存储或处理的词汇表达比我们听到或说出的语音事实要抽象,《底层表达》一书全面展示了底层表达研究所涉及的理论和方法问题。本书结构合理,内容详实,信息量大,但语言稍显晦涩,所使用的句子过长,这也给读者的理解带来一定困难。

《美国英语中的跨代元音变化》评介*

庄会彬　山东大学

近年来,元音音变现象已成为社会语音学(sociophonetics)的核心话题。英语作为世界上应用范围最广的语言,它所涉及的演变因素也就更为复杂,无疑成为众多社会语言学家青睐的对象。已有的著名研究如 *The Canadian shift in Montreal* (Boberg 2005)、*Vowel change in Australian English* (Cox 1999)、*Principles of linguistic change I: Internal factors* (Labov 1994)、*Atlas of North American English* (Labov, Ash & Boberg)、*A quantitative study of sound change in progress* (Labov, Yaeger & Steiner 1972)、*Internal and external motivation in phonetic change: Dialect levelling outcomes for an English vowel shift* (Torgersen & Kerswill 2004)、*New-dialect formation: The inevitability of colonial English* (Trudgill 2004)、*Acoustic evidence for vowel change in New Zealand English* (Watson, Maclagan & Harrington)、*Phonetic parallels between the close-mid vowels of Tyneside English: Are they internally of externally motivated?*

---

* 《美国英语中的跨代元音变化》的英文题目为 Cross-generational Vowel Change in American English,刊于 *Language Variation and Change*, 23(2011): 1－42。2012 年 6 月该文的作者之一约瑟夫・萨蒙斯(Joseph Salmons)教授到山东大学外国语学院讲学,笔者有幸聆听萨蒙斯教授的讲座,相关问题也得到了萨蒙斯教授的当面指点,在此深表感谢。当然,由于笔者水平有限,在阅读、评述过程中难免还有理解上的偏差,由此导致的所有讹误,概由笔者负责。

(Watt 2000)、*Cross-generational vowel change in American English* (Jacewicz, Fox & Salmons 2011)等。其中 *Cross-generational vowel change in American English*(《美国英语中的跨代元音变化》)一文对美国俄亥俄州中部、威斯康星州东南部以及北卡罗来纳州西部的元音演变进行了详细考察。此文采用了大样本检验的方案,对其无可辩驳的数据加以论证,在学界一时间引起了较大的反响。

与历史音系学主要研究发音位置的变化(通常包括高化、低化、前化、后化)不同,此文所主要关注的还是元音动力学传承的问题。元音动力学,又称元音内在频谱变化(Nearey & Assmann 1986;Morrison & Assmann 2013),即在考察元音位置变化的同时,还将一个音的双元音化或单元音化的程度一并考虑进来,借此研究某一方言特有的双音化程度是否也会在代际间传承。在这一问题上,作者试图回答元音变化的实质是什么:它仅仅是元音分辨图上位置的变化抑或动力学特征的变化?作者通过研究最终表明,跨代元音变化二者兼具。

此文所采纳的理论框架是拉波夫的"传承与增值模型"(model of transmission and incrementation)(Labov 2001:415—518;Labov 2007)。他们考察每一个方言区的元音,在老一代向年轻一代的传递中,发音位置和动力方面如何变化。作者认为,这些发音位置的细微变化会在儿童的语言习得中固定下来,并延续到成人,之后再在这一基础上向下一代传递。

该文的研究主要是通过一个大型的调查实验完成的,具体实验如下。

1. 受试

作者的调查是在三代之间进行的。研究的对象是 239 名受试。从地域上来看,其中 78 名来自俄亥俄州中部,79 名来自威斯康星州东南部,82 名来自北卡罗来纳州西部。根据年龄,作者将他们分为三组:祖辈(66—91 岁)、父辈(35—51 岁)、子辈(8—12

岁)。详情如下表:

表 1　参与者的年龄、性别分布

方言区	年龄组	人数及性别	年龄跨度(岁)	平均年龄(岁)
俄亥俄州	子辈	16 男,16 女	8—12	10.6(1.6)
	父辈	12 男,16 女	35—51	42.0(4.6)
	祖辈	9 男,9 女	68—87	70.2(2.3)
威斯康星州	子辈	15 男,16 女	8—12	9.5(1.1)
	父辈	14 男,16 女	36—50	44.1(4.5)
	祖辈	9 男,9 女	68—90	76.8(6.2)
北卡罗来纳州	子辈	16 男,16 女	8—12	10.5(1.2)
	父辈	16 男,16 女	35—51	43.2(4.9)
	祖辈	9 男,9 女	66—91	73.1(7.1)

作者除了对调查地域进行严格限制之外,在受试的选择上,也只选择那些在他们所调查地区出生、长大,并且大部分时间都在本地活动,很少外出的人。录音时,他们只录制了相邻的三四个县,所有参与者都是在本地长大,在当地上学,参与当地宗教或者社会组织的活动。

2. 实验过程

作者要研究的是基本元音系统,为了做到对几代人之间的元音进行对比,他们对实验进行了严格的设计:使用同样的发音材料、同样的实验环境获取样本,以此来最大限度地减小元音前后辅音、韵律变化以及重音的影响。如受试要阅读一系列 hVd-结构的单词,由 *heed*、*hid*、*heyd*、*head*、*had*、*hod*、*hawed*、*hoed*、*who'd*、*hood*、*hoyd*、*hide*、*howed* 引导。这些音就包括了该研究所需要的

13个元音，即/i、ɪ、e、ɛ、æ、ɑ、ɔ、o、u、ʊ、oɪ、aɪ、aʊ/。这些词在电脑上随机显示，每次显示1个。对于每位受试每个词都要读3次。受试的读音会直接录入电脑。

3. 数据处理

在进行声学分析之前，作者先对采样进行了数字过滤（digitally filter）和降低采样（down-sampled）（11.025 kHz）。为获取共振峰的动态变化，作者又分别在20%、35%、50%、65%、80%等5个时间点采样。作者手动对元音的起点和终点进行了定位，并以此为基础计算元音的延续时间以及共振峰频率。第一共振峰（F1）和第二共振峰（F2）的值是通过一个写在MATLAB上的程序自动抽取的（当然，作者还会通过商业软件TF32对这些自动抽取的共振峰进行检测，一旦发现异常就会采取措施予以解决，必要时甚至可能会手动纠正）。

为计算元音共振峰的变化程度，作者对20%到80%之间的四段（即20%—35%、35%—50%、50%—65%、65%—80%）一一进行相轨线长度（trajectory length）计算，其公式如下：

$$TL = \sum_{n=1}^{4} VSL_n$$

其中 VSL_n 的计算方式如下：

$$VSL_n = \sqrt{(F1_n - F1_{n+1})^2 + (F2_n - F2_{n+1})^2}$$

另外，为了比较元音的共振峰，作者对其进行正态化处理，即消除声道长短所带来的差异，同时还要保持地域和年龄的差异。该文使用了洛巴诺夫（Lobanov 1971）的程序完成，据阿丹克、施密茨和范霍特（Adank、Smits & van Hout 2004），这是最为有效的程序之一。然而，该程序所转成的数据与赫兹值之间的差异较大，难以做出诠释，为此，作者又使用托马斯和肯戴尔（Thomas & Kendall 2007）的方法将其转换成赫兹值。

4. 结果

作者通过研究发现，元音扩散类型具有明显的地域特征，而且在3种方言中都表现出跨代变化。文章指出，他们所研究的3个地区的元音演变，既非“北方城市链变”（North cities shift），也非“南方链变”（South shift）；而是表现出一种全新的逆时针走向。而其中/ɪ、ɛ、æ/3个元音则呈现进一步单元音化的趋势，/ɑ/的共振峰动力学则接近于/ɔ/。

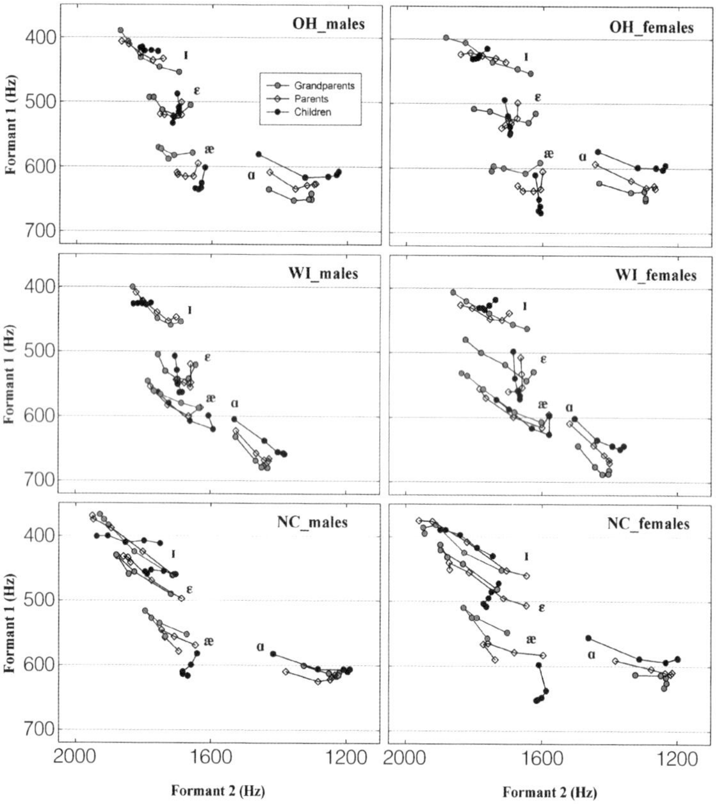

很明显，在 3 种方言中，都是/æ/不断低化、后化，/ɑ/不断高化，而/ɪ、ɛ/的变化则呈现多样性，因方言而异。

对于元音的跨代演变问题，作者还对/ɪ、ɛ、æ、ɑ/做了针对性的研究。作者以元音的中点位置取样，得出了三代的连续变异图。另外，作者还将男女的跨代变异做了分别展示，如下：

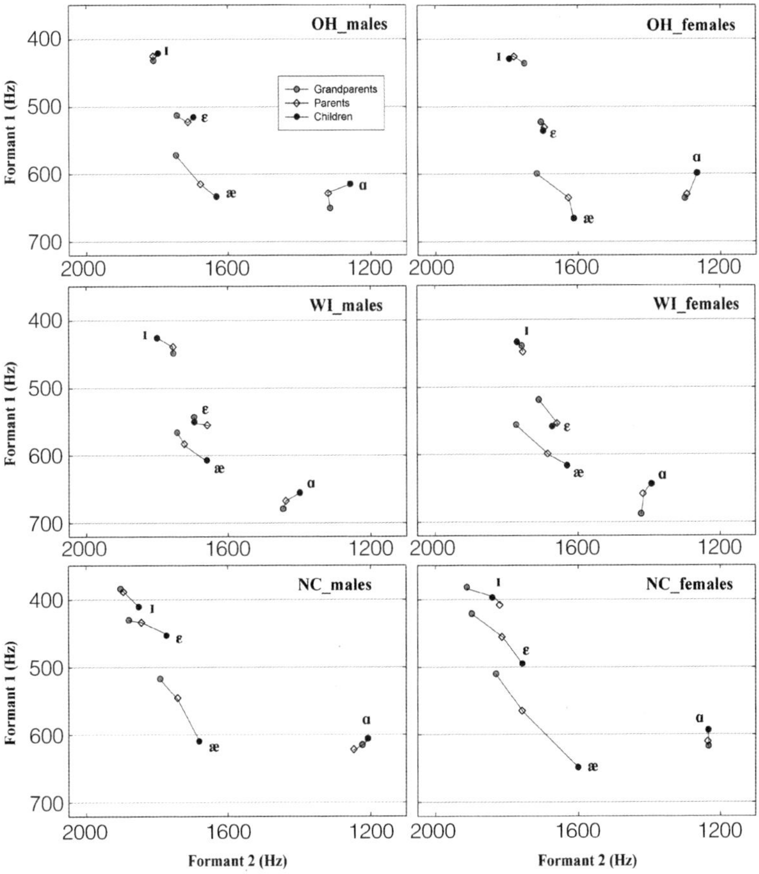

显然，跨代元音呈逆时针方向变化。另外，作者还对"女性引领语音变化的观点"做了适当的讨论。

5. 评价

这篇文章的意义重大而深远,主要表现在几个方面:

从小的方面来说,第一,作者发现了"北美城市链变"现象,这在英语方言研究方面有着重要的意义。在此之前,学者们虽然探讨了"北方城市链变""南方链变",但都无法完全覆盖这一元音转移现象。这一新的转移现象的发现,加深了人们对北美英语变化的认识,在语言变体研究方面有着重要的意义。第二,作者采取了元音动力学视角研究方言元音变化,这是一种有益的探索和崭新的尝试。

从大的方面来说,作者似乎找到了语言变化的根本原因。语音是变化的,且其变化是有规律的,如有名的元音大转移。然而,语音为什么变化,却是长久以来让人们困惑不已的问题。为解决这一问题,拉波夫(Labov 2007:346)提出了从下而变,然而这一变化具体又是如何发生的?本文作者给出了详尽而贴切的解释,那就是跨代演变①。这一现象的发现,对历史语言学中的语音变化问题来说是一个完美的答案。代际的演变,看似细微,却是积少成多,最终导致了语音史上的巨大变化。

当然,此文虽然精彩,但也不无局限性:

第一,如作者所言,该文仅仅关注了结构因素,而未对社会因素、教育因素以及性别因素加以关注。事实上,拉波夫(Labov 2001:463)已经指出,"这种转移和增值必定受到社会因素的影响"。但作者认为这些因素对文章的结论应该影响不大。

第二,正如作者所言,此文的研究所依据的是正式的发音,事实上他们的研究还需非正式发音的支持,这或许是我们将来研究

---

① 具体说来,则是通过语言习得完成的。这一观点来自萨蒙斯先生 2012 年 6 月在山东大学的讲座。

的一个方向。

参考文献

Adank, Patti, Smits, Roel, & van Hout, Roeland 2004 A comparison of vowel normalization procedures for language variation research. *Journal of the Acoustical Society of America* 116：3099 – 3107.

Boberg, Charles 2005 The Canadian shift in Montreal. *Language Variation and Change* 17：133 – 154.

Cox, Felicity 1999 Vowel change in Australian English. *Phonetica* 56：1 – 27.

Jacewicz, Ewa, Fox, Robert Allen & Salmons, Joseph 2011 Cross-generational vowel change in American English. *Language Variation and Change* 23：1 – 42

Labov, William 1994 *Principles of linguistic change I: Internal factors*. Oxford：Blackwell.

Labov, William 2001 *Principles of linguistic change II: Social factors*. Oxford：Blackwell.

Labov, William 2007 Transmission and diffusion. *Language* 83：344 – 387.

Labov, William, Yaeger, Malcah & Steiner, Richard 1972 *A quantitative study of sound change in progress*. Philadelphia：U. S. Regional Survey.

Labov, William, Ash, Sharon & Boberg, Charles 2006 *Atlas of North American English*. Berlin：Mouton de Gruyter.

Lobanov, Boris 1971 Classification of Russian vowels spoken by different speakers. *Journal of the Acoustical Society of America* 49：606 – 608.

Morrison, Geoffrey Stewart & Assmann, Peter F. 2013 *Vowel Inherent Spectral Change*. Heidelberg: Springer-Verlag.

Nearey, Terrance & Assmann, Peter 1986 Modeling the role of inherent spectral change in vowel identification. *Journal of the Acoustical Society of America* 80: 1297 – 1308.

Salmons, Joseph 2012 Transmission and Sound Change. Lectures at Shandong, June, 2012.

Thomas, Erik & Kendall, Tyler 2007 *NORM: The vowel normalization and plotting suite*. Available at: http://ncslaap.lib.ncsu.edu/tools/norm/.

Torgersen, Eivind & Kerswill, Paul 2004 Internal and external motivation in phonetic change: Dialect levelling outcomes for an English vowel shift. *Journal of Sociolinguistics* 8: 23 – 53.

Trudgill, Peter 2004 *New-dialect formation: The inevitability of colonial Englishes*. Edinburgh: Edinburgh University Press.

Watson, Catherine I., Maclagan, Margaret & Harrington, Jonathan 2000 Acoustic evidence for vowel change in New Zealand English. *Language Variation and Change* 12: 51 – 68.

Watt, Dominic 2000 Phonetic parallels between the close-mid vowels of Tyneside English: Are they internally or externally motivated? *Language Variation and Change* 12: 69 – 101.

《语言学研究的统计学入门》述评

崔婷　日本东京外国语大学

1. 引言

《语言学研究的统计学入门》由石川慎一郎、前田忠彦、山崎诚编著,是专门用于语言学研究的统计学入门书籍。该书作者之一的石川慎一郎就职于日本神户大学国际交流中心。他长期致力于针对学习日语和英语的各国学生的偏误语料库建设。这本书也是他基于《关于语料库研究的定量统计和数据处理法》(コーパス言語研究における量的データ処理のための統計手法の概観)、《用于语料库分析的数据统计处理手法的探讨》(言語コーパス分析における数理データの統計的処理手法の検討)等研究成果,与前田忠彦(日本早稻田大学)、山崎诚(日本国立国语研究所)合作编著的统计学入门书籍。该书在介绍统计学用于语料库数据处理的同时,还引用了大量的研究实例,并指出了它们的优缺点及其改进的方法。

2. 缘起

石川慎一郎曾在一篇文章中写道:"要把藏在语言事实背后的倾向可视化。"比如:表示颜色的"红"与什么词语共现次数最多?

“やはり”和“やっぱり”（两者义项均为“确实”，但拼写不同）到底哪一个更为标准？但是语料库的研究不能止于从语料库获得数据，还要加工数据，从而达到语言事实的“可视化”。不过，这种“可视化”只能视为一种过程或佐证，并不是真相或结论。

随着语料库建设的加快，应如何正确对待以及利用通过语料库获得的数据，成为棘手的问题。而对于没有学过统计学知识的研究者，面对大量的数据和晦涩难懂的统计学术语和公式，难免会对统计方法产生抵触。基于这样一些问题，这本书面向不具备统计学基础知识的研究者，展示了统计学的一些基本手法，以及可以应用于各领域语言研究的具体方法。

3. 章节介绍

全书共十一章。第一章为绪论，介绍了有关英语和日语的语料库。关于英语的语料库，主要介绍了世界上最早开发的美国布朗大学在 1964 年公开的语料库，以及 British National Corpus 和 Bank of English 等语料库。关于日语的语料库，主要介绍了现代日语书面语语料库（BCCWJ）和青空文库（文学作品语料库）。第二章是语言统计学的基础，诸如数据分布的描写和推论统计学的基础知识，尤其是对推导统计学的典型方法统计假设检验（statistical hypothesis testing）的基本思路做了介绍。第三章具体介绍了假说检定的操作和具体应用。统计假设检验，主要是判断数据之间是否存在统计显著性（statistical significance），主要应用于词语或词组等语言单位的使用频率的比较。第四章介绍了相关（correlation）分析。相关分析，指的是观察一个数据的变化会不会导致另一个数据的变化，以及两者之间的关联性强度的统计方法。主要用于从词频观察到的词和词之间的相互关系，以及第二语言习得中学生掌握语言的熟练度和学生在作文当中体现的语言特征。第五章介绍了回归（regression）分析。回归分析是分析原因变量和结果变量关系的统计方法。具体应用于根据学生作文中出现的特定词汇或词性的频率,制定学生作文的评分体系。第六章是判别(discriminant)分析。判别分析指判定每一个具体的数据属于哪一个类别的统计方法,即寻找数据分类的规则。具体应用于判定某作品是否是某一作家的作品,还有作品的风格等。第七章是聚类(cluster)分析。聚类分析指根据数据的特点,如距离的远近,把数据归于一个集群的统计方法。具体应用于词汇、词性、作品风格的分类。第八章是主成分(principal component)分析。主成分分析指在存在很多变量的情况下,压缩其信息的统计方法。通过压缩数据信息可提取最具代表性的数值,具体应用于词频信息的整合、篇章分类。第九章是因子(factor)分析。因子分析指在很多再以提取的数值观察变数和其他数据之间的关系。变量之间推导出它们之间的共同点和个性。比如,在看起来毫无关系的语句群中找出其共同的倾向,再以这种共同的倾向为基础进行分类。具体应用于同义词研究和作品风格的比较研究中。第十章是对应(correspondence)分析。具体应用于词语分类、词性分类、语料库分类、作家分类。第十一章是展望。对目前的日语和英语研究中的语料库和利用语料库进行的统计研究进行了定位和展望。

4. 具体评述

该书在介绍统计学知识的同时引用了大量的研究实例,其中不乏参考价值较高的研究实例。这使得本书具有了较强的可读性,通过具体实例的介绍,让陌生和难懂的统计学术语变得通俗易懂。下面介绍几个研究实例并对其进行评述。

第三章的统计假设检验介绍了有关日语复合动词的研究。这个研究比较了两种语料库,即母语者使用的语料库和学习日语的学生使用的作文语料库。通过两者的比较揭示了学习日语的学生对复合动词,尤其是像“差し上げる”和“申し上げる”这样的表示敬语的复合动词使用过少的现象。此研究比较值得借鉴的一点是研究并没有直接比较两种语料库当中的复合动词的使用频率,而是先比较了两种语料库中一般动词的使用情况。在确认了一般动词在使用上没有显著性差异之后,再去比较复合动词的使用频率。如果不做一般动词的比较,直奔主题,那么结论难免会受到质疑。

第三章还有一个关于作家作品的词汇使用特点的研究。此研究是关于夏目漱石的《我是猫》《三四郎》《明暗》三部作品中出现的思考动词"思う"(觉得、想)和"考える"(思考、想)的使用频率变化的研究。这三部作品分别是夏目漱石早、中、晚期的代表作,而两个思考动词分别表示感性思考和逻辑思考。基于这些事实,研究提出了一个基本假设,即随着早、中、晚期这样的时间变化,"思う"的使用减少,而"考える"的使用增加。首先,研究考察了每 10 万词当中两个思考动词的使用频率,结果显示"思う"的使用频率减少,"考える"的使用频率增加,符合原来的假设(如图 1)。但为了使结果更为精确,研究把三部作品做了交叉比较,即《我是猫》和《三四郎》做比较,《三四郎》和《明暗》做比较,《我是猫》和《明暗》做比较。通过观察 P 值(有无显著性差异),发现的结果是只有《我是猫》和《三四郎》之间出现了显著性差异,其他两个比较并没有显示出显著性差异(如表 1)。与上一个研究的准备工作不同,这一研究在基本统计结果的基础上,进行了第二次验证,体现了精确度。

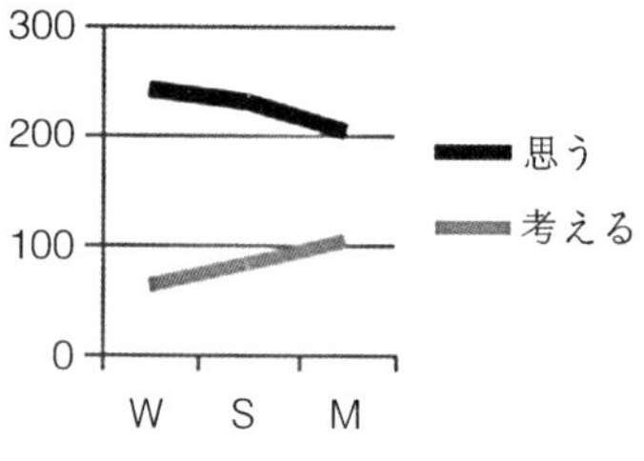

图 1　思考动词的使用频率变化

表 1　卡方检验(chi-square test)统计值和 P 值(p-value)

思考动词	W 和 S		W 和 M		S 和 M	
思う	6.97	.01	0.33	.57	2.43	.12
考える	21.45	<.01	3.94	.05	3.14	.08

注：W 表示《我是猫》,S 表示《三四郎》,M 表示《明暗》

第四章介绍了关于英语里具有连接功能的副词使用的一个研究,在第二语言习得方面也值得借鉴。这个研究的调查对象是英语里具有连接功能的 10 个副词：besides、nevertheless、also、moreover、however、still、otherwise、or else、therefore、so。然后利用三种不同的语料库 CEEAUS(亚洲学生英语作文语料库)、CEEJUS(日本学生英语作文语料库)、CEENAS(英语母语者语料库),考察了副词的使用频率。其结果为 still 在日本学生语料库当中使用频率为零;otherwise 在中国学生语料库当中为零;or else 在三种语料库当中均为零。除了这 3 个为零的副词外,对其他 7 个使用频率进行了相关分析(见表 2)。其结果为,日本学生和英语母语者在具有连接功能的副词的使用上呈现中间程度的正相关,而中国学生和英语母语者却呈现强度较大的正相关,而且相关系数的有意义的差异也只出现在中国学生和英语母语者之间(见表 3)。这个研究对英语教育来说是一个很有意思的现象。同样是亚洲圈的英语学习者,中国学生使用的副词近乎英语母语者,而日本学生与英语母语者则存在较大的差异。

表 2　副词使用频率表

接续副词	日本人	中国人	母语者
besides	21	5	2
nevertheless	3	1	1

续 表

接续副词	日本人	中国人	母语者
also	18	5	8
moreover	68	8	4
however	166	18	33
therefore	87	7	13
so	243	9	5

表 3 相关数值列表

写作者群体	日本人	中国人	母语者
日本人	1.00	.69	.43
中国人	.69	1.00	.89**
母语者	.43	.89**	1.00

最后,再介绍一个第七章关于作家作品分类的研究。这个研究是关于莎士比亚主要作品的分类研究。莎士比亚现存的作品大概有四十多部,这些作品的创作时期共分为四个阶段,从内容上来看又能分成悲剧、喜剧、历史剧等类别。长期以来,这些分类公认为是合理的分类,但是从语言使用的特点来看,是否具有合理性呢?基于这样的疑问,这一研究选了 12 部作品作为变量,再从 12 部作品里抽出 50 个基本词汇,进行变量聚类分析。这个分析一共提出了三个问题:一是作品之间的差异是否会通过基本词汇来体现;二是以往根据内容所作的分类是否合理;三是以往的阶段分类是否合理。结果显示,在阶段上的划分不是以往的四个阶段,而是两个阶段;在内容上的划分,只有历史剧呈现出与其他内容的不同,其他内容并没有呈现出不同。当然,从数值的角度去划分文学

文本的时代和内容,可能并不会被广泛地认同,但是根据统计学的定量分析,则有可能会发现一种新的文学类型的存在。

5. 结语

利用语料库进行语言学的研究,是一种崭新的研究方法。语料库研究本质上应该是一种归纳性的研究方法,它建立在对大量语料的定量或定性分析、统计和总结基础之上。因此,语料的代表性、语料提取及加工方法较为重要。这要求语料库本身在自身定位和辅助搜索窗方面多做一些开发,尽量减少无用功。如本书介绍的日语语料库,包括书面语语料库、文学作品语料库、学习者语料库等,这些类别鲜明的语料库,肯定各有特点,研究者可以各取所需。在语料提取和加工上,要避免只见树木不见森林,比如不能仅凭例句的多少就判断哪些形式使用更多,本书第三章介绍的多重验证法或第六章的判别分析,都提供了操作性较强的方法。

参考文献

陳曦　2007「学習者と母語話者における日本語複合動詞の使用状況の比較：コーパスによるアプローチ」,『日本語科学』,22：79—100。

横川博一(編著)　2006『日本人英語学習者の英単語新密度：文字編』,東京：くろしお出版。

山崎誠　2000「文法研究と用例：実例と作例の割合」,『日本語学』,19(6)：86—95。

石川慎一郎　2008『英語コーパスと言語教育：データとしてのテクスト』,東京：大修館書店。

石川慎一郎(編)『言語コーパス解析における共起語検出のための統計手法の比較研究』,東京：統計数理研究所。

《使用重复答卷法测量阅读理解》评介

龚庆九　天津师范大学

《使用重复答卷法测量阅读理解》[①]一文的作者之一谢文玉(Wenyuh Shieh)是台湾明新科技大学国际商务外语系副教授。她的研究兴趣是词汇知识在外语教学中的作用,特别是在英语作为外语中的阅读理解和听力理解方面。另一合作者马克·R.弗赖尔穆特(Mark R. Freiermuth)是日本群马县立女子大学国际关系系教授,研究兴趣除阅读外,他也致力于以计算机为媒介交际形式的话语分析研究,擅长开发并应用在教室里进行语言模拟学习,其出版物反映了这些研究兴趣。

《使用重复答卷法测量阅读理解》的作者试图探寻使用一种有别于传统方法的创新方法来测量学生的阅读理解水平。文章内容包括研究背景、文献回顾、对两种变量(读者变量和阅读变量)的介绍、研究目的、研究方法和研究步骤、研究结果,并对结果予以讨论,对此研究予以总结,同时指出研究的局限性以及对教学的启示。

1. 研究背景

阅读理解一直以来在二语教学研究中是核心议题,影响阅读

---

① 本文的英文标题为 Using the DASH Method to Measure Reading Comprehension,刊登于 *Tesol Quarterly* Vol.44, No.1: 110－128(2010 年 3 月)。

理解的一个关键因素是词汇知识。词汇知识不仅可以促进母语习得,同时也是把英语作为二语或外语学习的一个有机成分。奥尔德森(Alderson 2000)有关文本可读性的研究表明在众多的阅读因素中理解词汇难度的因素高达80%。克罗(Crow 1986)和约里奥(Yorio 1971)提出假设:学习者词汇知识可能与阅读理解任务的表现相关。安德森和弗里博迪(Anderson & Freebody 1981)的研究也发现在词汇知识和阅读理解之间存在一种因果关系。科迪(Coady 1993)也坚持认为一个人的词汇知识越丰富,他的阅读理解能力就会越强。为了降低因为词汇知识不足对阅读理解能力产生的影响,语言学习者们使用一种补偿策略,即查阅词典。尽管有许多相关研究,但其研究结果不尽相同,究其原因,在于对其影响阅读理解各个变量的控制不同。基于此,作者指出研究的目的在于进一步调查词典使用与阅读理解之间的关系。

2. 文献回顾

2.1 词典使用情况

文章作者对词典使用与阅读理解之间的关系的相关研究做了梳理,指出目前对二者的相关研究结果并不一致。本苏桑、西姆和韦斯(Bensoussan, Sim & Weiss 1984)质疑了使用词典对理解文本所带来的好处。在研究中,他们把英语作为外语的高级学习者分为三组,即使用单语词典组、使用双语词典组和不使用词典组。这三组学习者参加了系列阅读理解测试。研究结果显示词典使用对阅读理解不仅作用不大,而且会降低学习者的阅读速度。依赖词典的应试者是那些低级水平的学生,获得高分的学生在不使用词典时感到很舒适。他们进而得出结论:对于语言学习者而言,特别是那些低级水平的学习者,他们并不善于使用词典;研究同时表明那些低级阅读水平的学习者在参加测试时强烈依赖词典作为补偿,因为他们可能没有能力应用情景猜测策略,或者可能不具备足够的词汇量进行推测。因此,三位研究者认为教师应该为学习者提供更多的机会来改进其策略意识,比如识别文本里的重要词汇以及识别文本中的特定词语(如词类)。

内西和米拉(Nesi & Meara 1991)经研究后也得出了类似的结论:阅读时使用词典无助于文本理解。胡尔斯泰因(Hulstijn 1993)调查了中级外语学习者的词典使用情况及查找行为后得出结论:其阅读理解的表现无质的差异。其发现支持了内西和米拉的结论。秦和普拉斯(Chun & Plass 1996)采用在外语阅读中为个别词汇使用多媒体注释的方法(文本、图片+文本、视频+文本),也得出结论,认为查阅更多词汇的学习者其阅读理解能力并不强,但他们发现词汇知识和阅读理解之间存在适度相关。

然而,对于词典使用作为一种补偿策略也有不同的观点。比如卢佩斯库和戴(Luppescu & Day 1993)指出当学习者不能从上下文推测某一词义时,查阅词典有助于其理解词义。格拉贝和斯托勒(Grabe & Stoller 1997)进行了为期五个月的个案研究,该研究基于一位葡萄牙语学习者在泛读中使用双语词典的数据。他们得出结论:在学习外语时使用词典极其有益。他们认为阅读时查阅词典不仅为学习者提供心理上的安全感,而且还能促进对文本的理解。鲁米臣(Rumizen 1994)同样发现词典使用的优势,对于解读文本尤其有用,在阅读理解时使用双语词典可为词汇理解提供一种有效的工具。冈萨雷斯(Gonzales 1999)在与学生面谈后认为,使用词典可为那些受词汇和语言限制的学习者提供便捷和可靠的支持。

2.2 读者变量和阅读变量

秦和普拉斯(Chun & Plass 1996)研究发现影响阅读理解的因素很多。除了词汇知识因素外,还有很多其他因素影响阅读理解。

奥尔德森(Alderson 2000)把这些变量归类为两种类型：读者变量和文本变量。读者变量包括与读者有关的因素,包括 1) 语言水平;2) 对话题的了解及对世界的常识;3) 对阅读任务的目的及动机;4) 个体阅读差异;5) 阅读时的情感状态;6) 相对稳定特征,如年龄、性格、性别以及社会或教育背景等。文本变量是指文本的体裁和类型,如话题、内容及与语言相关的变量,像词汇难度、句法难度、语义难度及文本结构。其他研究还发现对阅读理解产生深刻影响的因素如阅读环境、文本呈现的媒介,印刷特性也是因素之一,还有阅读时间因素的研究等等。文章作者指出,在众多因素中,阅读时间因素还没有进行有效的研究。许多大学生在课外用外语广泛阅读的情况下,阅读测试时间及文本的总体长度是两个相对重要的方面。因此,理解阅读时间对阅读任务产生的影响非常重要,因为其涉及学习者的阅读能力及对文本的理解。

回顾前人关于词典使用的研究,此文作者发现学习者语言能力和阅读时间两个变量起着非常关键的作用。奈特(Knight 1994)调查了词典使用对阅读理解的影响,在其研究中控制了学习者不同语言能力这个变量。研究结果显示阅读理解获益于词典使用——在阅读中低语言能力组获益于词典使用明显高于高语言能力组,同时使用词典学习者比不使用词典学习者完成测试需要花费更多的时间。卢佩斯库和戴(Luppescu & Day 1993)发现尽管使用词典会带来一些好处,但是学习者的总体阅读速度却降了下来。内西和米拉(Nesi & Meara 1991)也发现词典使用者花费时间更长,因此他们得出结论:尽管词典使用者花费额外时间查阅词典,但是他们的阅读理解能力并不强。

3. 研究目的

目前还没有明确的证据显示支持或反对二语学习者使用词典,因此还需从另外一个角度去分析。具体来说有必要了解经过一段较长时间后词典使用对阅读理解的影响。此文的研究目的就是检验经过一段较长时间后阅读理解定时增长情况来判断借助词典进行阅读是否比不使用词典阅读更有效。由于阅读理解受到众多因素的影响,如学习者语言水平,文本难度,学习者相关的文本背景知识,通过上下文进行推测、预测以及猜测的能力、阅读时间、句法复杂性以及学习者的词汇知识等,本文作者试图减少这些变量对研究结果的影响。作者通过一种被称作重复答卷法的创新研究设计来分析文本阅读理解。这种方法允许研究者测试学生在单位时间内使用词典进行阅读理解的表现,同时还控制了其他变量。重复答卷法控制这些变量的方式将在“研究材料”这一小节中讨论。除了分析阅读理解同步增长外,作者试图回答下列研究问题:

(1) 使用词典会提高阅读理解吗?

(2) 阅读时间对阅读理解的实际效果如何?

(3) 阅读时间对阅读水平差异有何影响?

文章作者指出,如果研究表明使用词典有助于阅读理解,那么词典使用可以作为一种工具推荐给学生,而不是阻止其使用词典。

4. 研究方法

4.1 应试者

本研究应试者来自台湾一所大学同一个系 55 名大二的学生(他们学习外语,选的都是英语)。所有的学生都有至少 7 年的英语学习经历。根据他们大一学期考试成绩来分组,成绩主要基于他们的测验成绩、期中考试成绩和期末考试成绩。应试者被分成水平相似的两组,即使用词典组(Y 组 25 人)和不使用词典组(N 组 30 人)。然后以他们大一时学期考试成绩把这两组再往下分成子组(Y1、Y2、Y3、Y4、Y5 和 N1、N2、N3、N4、N5)。从表 1 可以看出 Y1 和 N1 水平最高，Y5 和 N5 水平最低。

表 1　使用词典组（Y 组）和不使用词典组（N 组）学期分数的平均分

组　别	Y1/N1	Y2/N2	Y3/N3	Y4/N4	Y5/N5
应试人数	(5)/(6)	(5)/(6)	(5)/(6)	(5)/(6)	(5)/(6)
学期分数平均分 Y/N	86.2/85.8	78.1/77.6	71.8/71.3	65.6/66.4	45.0/51.3
标准差 Y/N	5.23/9.1	1.56/2.6	1.48/1.4	2.10/1.4	15.26/14.6

4.2　研究材料

为了调查不同水平的学习者使用词典对阅读的影响，本文作者使用了一套当地测试中心研发的带有多项选择题目的阅读理解测试，每个问题包括一个正确选项和三个干扰项。使用多项选择题形式便于管理且易于分析。设计 50 道题来检测学生在句子层面（连接和句内意义）的阅读理解以及对长篇段落（连接和语篇层面意义）的阅读理解，并以词汇选择、完形填空及一般话题的篇章阅读形式呈现。测试分数用来说明应试者使用词典对其整体阅读理解的影响。使用重复答卷法评定分数，是因为这种方法考虑到在一段时间内分数在不断提高。

4.3　重复答卷法作为调查工具

重复答卷法包括多张同样的答卷，每张可撕下来记录应试者定时提高的分数。应试者的成绩单包括 6 张不同时间作出的答卷，目的是为了在 90 分钟的测试中每隔 15 分钟该时段的所得分数可以收集上来。也就是说，每张撕下并收集上来的答卷体现了应试者在所给测试时间段内所得到的测试分数。由于应试者可以修改前面做过的题目,因此每次测试分数与其他 5 次测试分数是相互独立的。

关于使用重复答卷法的原理,正如文章中提到的,影响阅读理解的因素有很多,除了语言水平之外,还有像句法结构、背景知识、词汇知识深度及阅读时间等。作者使用重复答卷法可以有效地控制这些变量。简言之,文章介绍了使用创新的重复答卷法作为测量工具的好处。

4.4 不包括文本因素/完全是时间因素

文章作者对使用传统测试和使用重复答卷法来测量阅读理解进行了比较。有些变量如文本知识及文本难易度会影响读者的阅读理解。使用传统测试方法调查词典使用对不同水平的学习者的影响会要求研究者对应试者进行 6 次不同的测试(一次要求 15 分钟完成,另一次要求 30 分钟完成,再一次要求 45 分钟,以此类推)。除此之外,即使在努力修改此类测试以期达到这 6 个版本之间测试的相似性,但像文本难度和话题知识等因素很可能会对测试结果产生严重的负面影响。有人认为通过重复使用相同的测试,文本的难度差异可以得到解决。然而,本文作者认为此时研究者会面对由于读者反复接触同样的文本和问题所带来的影响。而且,在话题知识方面由于不同的学习者对背景知识掌握程度不同,因此使用不同的测试文本总会带来问题。通过重复答卷法,通过对每个小组求取平均分的方式,个体文本知识或背景知识会因此达到平衡,使测试分数完全受时间因素影响。

4.5 时间效率和实用性

传统测试方法对学生分别进行 15 分钟、30 分钟、45 分钟、

60分钟、75分钟和90分钟的不同测试，那么完成这项研究总共需要315分钟。文本难度的差异性在所不计，由于连续5个多小时参加测试，应试者的情感状态如疲惫、厌烦等以及环境的稳定性因素影响，测试的信度和效度都会大大降低。本研究采用重复答卷法，仅用一次阅读评估测试即可，因为其他变量可以很容易得到控制，只剩下时间、学习者水平和阅读中使用词典这3个变量。使用此方法不仅能够节约时间，而且也很经济，因为使用的是复写纸。

4.6 研究步骤

在90分钟的测试中应试者得到的是同样的测试材料。测试前，应试者被告知研究目的，并向他们保证测试分数不会用作学业成绩。斋藤、加尔扎和霍维茨(Saito, Garza & Horwitz 1999)认为这样会缓解他们在测试时产生的阅读焦虑。

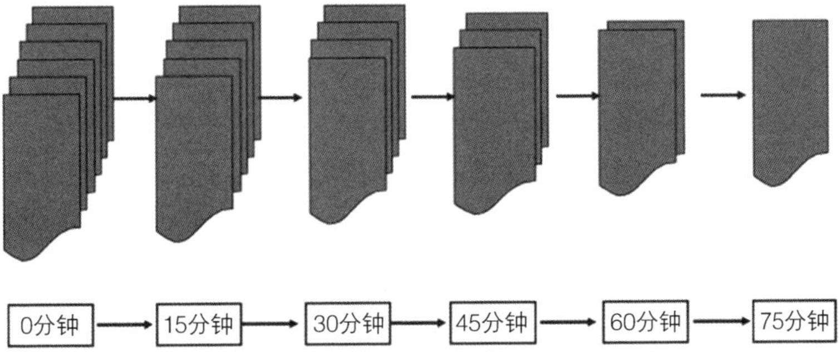

图1 重复答卷法

两组学生在90分钟内使用同一测试，采取重复答卷法作为评分工具。测试各个部分分别在15分钟、30分钟、45分钟、60分钟、75分钟和90分钟时收回答卷。词典使用者可以使用他们熟悉的词典，同时应在答卷上标注他们使用的是哪种词典：单语词典(仅英语释义)和双语词典(英语释义+汉语词义)。鼓励应试者查阅遇到的不熟悉生词以达到研究的目的，要求他们给阅读时所查阅词汇画线。通过研究者的现场观察、对使用词典应试者测试后随访以及在分析试卷上查阅的画线词汇，可以看出词典使用组在整个测试中广泛使用词典来查阅那些他们不熟悉的词汇项。

5. 研究结果

表 2 显示在每个时间段两组学生的平均分。表 2 和图 2 显示使用词典组 Y 组和不使用词典组 N 组与其所对应的测试时间。在图 2 中 X 轴指测试时间，Y 轴指使用词典后所获得的分数。表 2 显示没有使用词典组早期阶段获得分数较高；然而，大约 45 分钟以后其分数趋于平稳；而词典使用组表现较为强劲。从图 2 可以看出其在测试的前 60 分钟分数急剧增长，然而在第 75 分钟即收第 5 次答卷后，其分数缓慢增长，在接近 90 分钟时平均分增长极其缓慢，特别是在 N 组尤为明显。在 N 组，75 分钟时平均分是 47.8，90 分钟时平均分是 48.1，二者平均分无显著性差异。在前 30 分钟，Y 组平均分低于 N 组平均分，然而，图 2 显示使用词典组平均分后来持续增长。图 2 中两线相交的地方表明使用词典开始更加有助于阅读理解。

表 2　使用词典组（Y 组）和不使用词典组（N 组）在测试时间段内的平均分

测试时间（分钟）	15 分钟平均分（标准差）	30 分钟平均分（标准差）	45 分钟平均分（标准差）	60 分钟平均分（标准差）	75 分钟平均分（标准差）	90 分钟平均分（标准差）
Y 组平均分	18.2（6.3）	33.7（11.4）	43.2（12.6）	49.3（13.6）	54.0（14.6）	57.0（14.8）
N 组平均分	21.3（11.3）	36.1（15.0）	42.1（15.5）	46.2（13.4）	47.8（14.1）	48.1（13.8）

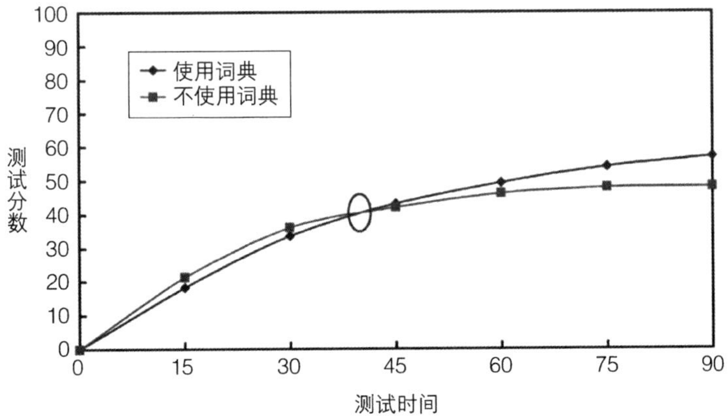

图 2　平均阅读水平

表 3 显示使用词典组（Y1—Y5）和不使用词典组（N1—N5）的平均分。图 3 和图 4 展示各组的平均分分布情况。除了最低水平组 Y5 和 N5 外，不使用词典组 N1—N4 在起初阶段要比使用词典组 Y1—Y4 表现得好。然而在随后几个时间段里，词典使用证明对阅读理解更有效，因为和不使用词典组相比，使用词典组开始得到更高的分数。而且，使用词典组里最低水平子组 Y5 一直比不使用词典组里水平最低子组表现要好（图 5）。

表 3　使用词典组和不使用词典组在各时间段内的平均分

测试时间	15 分钟	30 分钟	45 分钟	60 分钟	75 分钟	90 分钟
平均分 Y1/N1	23.2/32.3	42.0/50.3	53.6/56.3	61.6/60.7	66.8/62.7	70.4/61.3
平均分 Y2/N2	20.0/26.3	38.8/43.3	50.8/47.0	57.2/49.7	63.6/49.3	66.4/50.0
平均分 Y3/N3	18.0/21.3	36.0/38.7	44.4/42.3	49.2/47.0	52.8/48.0	56.0/48.7
平均分 Y4/N4	16.0/17.0	26.0/28.0	36.4/35.0	43.2/40.3	47.2/40.3	50.0/44.3
平均分 Y5/N5	14.0/9.7	25.6/20.0	30.8/26.3	35.2/33.3	39.6/34.7	42.0/35.0
总平均 Y/N	18.2/21.3	33.7/36.1	43.2/42.1	49.3/46.2	54.0/47.8	57.0/48.1

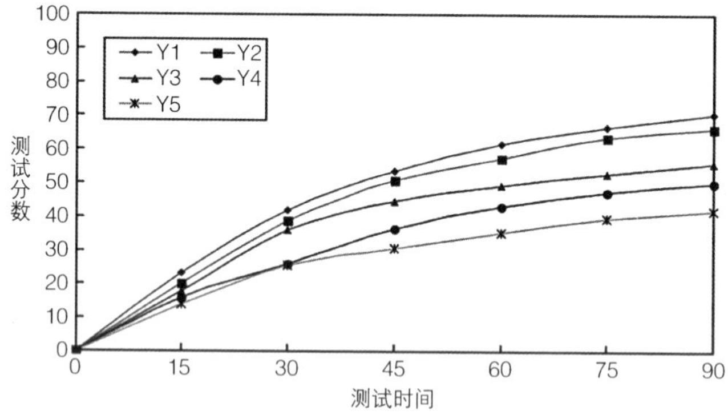

图 3　词典使用组的测试分数

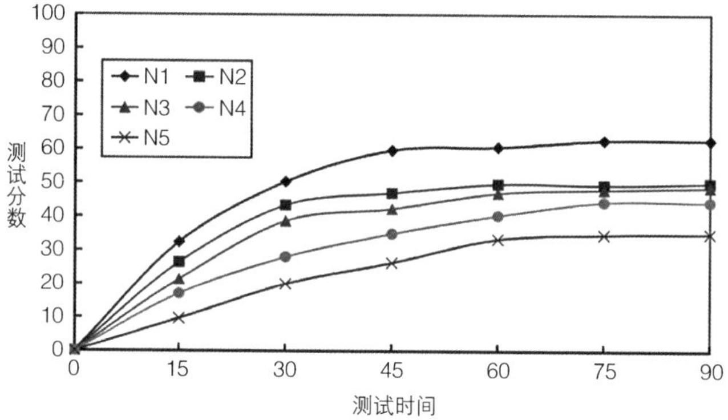

图 4　不使用词典组的测试分数

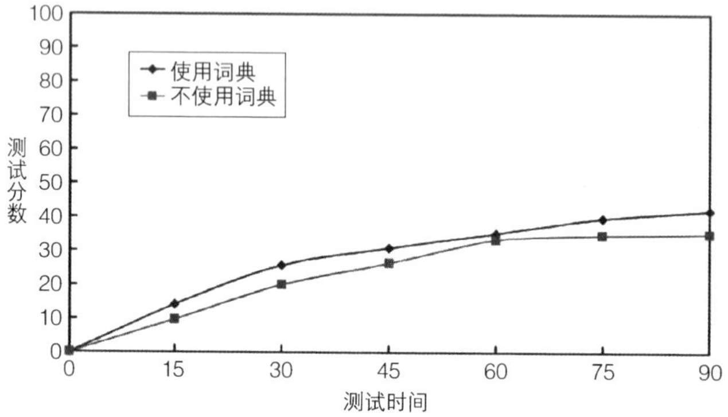

图 5　词典使用组 Y5 和不使用词典组 N5 的测试分数

6. 讨论

在测试初始阶段,除了一组(Y5 和 N5)之外,词典使用组中其余各组均没有不使用词典组其余各组表现好。然而,随着时间的推移,词典使用组的表现开始好起来,这种状态一直持续到测试结束。我们从中可以得出结论:如果提供语言学习者足够多的阅读时间,由词汇知识缺乏而导致的阅读理解问题在某种程度上可以通过查阅词典的方式得到补偿。换句话说,通过降低阅读理解变量的影响,从长期来看,词典使用可能对不同水平的读者是有益的。随着测试的持续,词典使用的价值越来越体现出来。测试结果与卢佩斯库和戴(Luppescu & Day 1993)的结论是一致的,即词典使用对整个文本理解是有益的,但导致了阅读速度的降低。

在短期内不使用词典组表现较好,这表明分数可能与可用时间有关;也就是说,不使用词典学习者没有花费时间去查阅词典,而是忙于使用各种策略去回答问题,如使用寻找上下文线索、识别句法结构或者使用猜测策略,这样可以帮助他们在短时间内回答更多的问题。另一种可能是他们可能已经开始跳读文本,寻找相对容易回答的问题,在测试的起初阶段增加正确回答的可能性。然而,随着时间的进展,对于不使用词典组来说,测试中剩下的问题变得越来越困难,同时,阅读理解也同样变得越来越困难。而词典使用者可能不太对文本进行跳读,他们相信词典会帮助他们理解词义并且最终帮助他们改进文本理解。频繁使用词典无疑会降低阅读速度,短期内导致较低的分数,但对后来遇到更难的词汇项时是有益的。文章作者承认这种观点还需深入研究;然而,他们认为这似乎是对不使用词典组暂时的较好表现是一种合理的解释。

格拉贝和斯托勒(Grabe & Stoller 1997)提到了与词典使用相

关的情感方面。词典使用代表了学习者对某一策略使用的信任度。希梅内斯、加西亚和皮尔森(Jiménez, Garcia & Pearson 1996)认为学习者使用哪种阅读策略取决于他们在多大程度上相信这种策略。卢佩斯库和戴(Luppescu & Day 1993)认为词典使用组所体现的查阅词典和降低速度的行为并无害处。卡姆希-斯坦(Kamhi-Stein 2003)认为这反映了外语学者的信念。大量的外语阅读者在遇到生词时会立刻求助于词典,因为这样会让他们有一种心理安全感。词典总是能够帮助阅读理解,这是一种误解,在外语学习者中很普遍。查阅词典有助于阅读理解,但是由于查阅词典会消耗时间,所以阅读速度也会变慢。

文章研究也表明词典用于阅读理解并非完全有益。每个生词都去查阅词典的话,读者对文本的理解最终不会再提高,如每组的最后分数出现了稳定阶段。谢文玉(Shieh 2002)认为不管再给应试者提供多少额外时间,测试分数都不会持续增加。具体来说,本研究观察到的这种饱和现象验证了科迪(Coady 1993)的观点,即词汇知识影响阅读理解;学习者掌握的词汇越多,其阅读理解能力越强。图6显示阅读时间对词典使用预期的长期影响结果。在90分钟处的这条虚线表明研究的整个实验的时间。简言之,词典使用尽管有助于文本理解,但不能保证成功或完全理解文本。斯瓦法、阿伦斯和伯恩斯(Swaffar, Arens & Byrnes 1991)认为还有可能包括其他因素影响阅读理解,正如图3所显示的每个子组的最终分数是不一样的。

图5显示在本研究中最低水平的两组对比(Y5和N5)结果。从中可以看出,使用词典组90分钟内一直比不使用词典组分数要高。由于这两组应试者都属于语言最低水平者,他们很难从其他阅读策略中获益,比如从上下文中猜测或辨别某一特定的句法结构。相比其他组而言,他们更依赖于词汇知识,这证实了前人研究,如奈特(Knight 1994)的发现,表明在使用词典时低水平的阅读者比其他水平的阅读者获益更多。

本苏桑等(Bensoussan et al. 1984)以及内西和米拉(Nesi & Meara 1991)的研究都认为词典使用无助于阅读理解。奈特(Knight 1994)认为词典使用可以提高阅读理解的分数,特别是对于低水平的学习者。本文研究结果表明如果不给阅读者提供足够的时间,那么词典使用就不会对阅读理解产生影响(参照表2)。然而,如果给阅读者提供足够的时间来阅读短篇或长篇文章,那么词典使用有助于阅读理解。这很重要,因为外语学习者阅读并不是局限在教室或像测试这样严格控制而且定时的情境中。总之,词典使用,特别是在语言学习者有足够的时间用目的语来阅读文本的情况下,不应当从负面的角度来看。实际上,教师应当鼓励学生在这样的情境中使用词典。

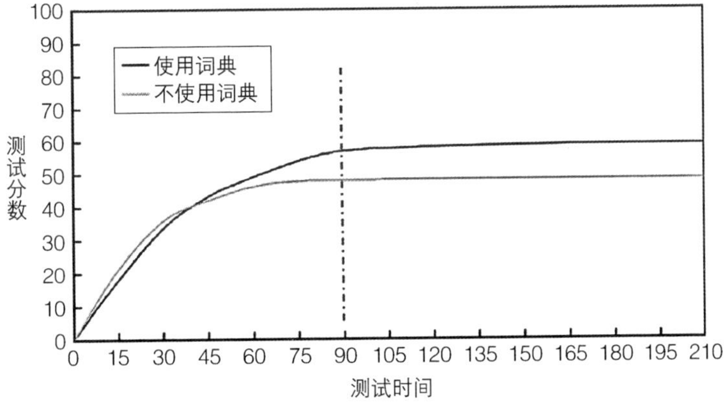

图6　阅读延时预期表现

7. 总结和结论

本文作者同意前人研究认为词汇知识是阅读者对文本理解的最可靠的预测指标之一。因此,为了弥补词汇知识的不足,在阅读中使用词典是一种补偿策略。作者得出如下结论:

阅读时间在阅读理解中是一个重要因素。

测试分数会随着时间的延长而提高。然而,分数会存在饱和效应。

词典使用有益于阅读理解,对于低水平的阅读者尤为如此。然而,阅读时间可以限制在词典使用不会对阅读理解起作用。

当各种语言水平的学习者在做泛读时,他们都可能在使用词典时受益。

在研究外语阅读所开发出来的重复答卷法是一种在定时阅读测试中有效的测量工具,特别是当研究者想要观察阅读时间对阅读理解的影响时。

由于词典使用对阅读理解的有益影响,本文作者认为应当教会学习者如何有效地使用词典。而且,除了词典使用的策略外,也应教会学习者其他阅读策略以提高阅读理解能力。例如查莫特(Chamot 1996)提出的预测、上下文猜测、忽略以及推断等,以培养其阅读流畅性;再如肯内尔(Kennel 2003)认为学习者可以以合适的阅读速度较好地理解篇章。在很多情境中学习者不是很善于使用阅读策略(仅仅由于缺少练习使用策略的机会),这使得教授这些策略尤为重要。正像弗雷泽(Fraser 1999)所指出的,词典使用与其他策略相结合可以促进外语阅读速度以达到阅读效果最大化。

8. 研究局限性

文章作者指出,本研究的局限性之一是仅有 55 名学生参与了测试,在每个子组里仅有 5 人或 6 人。尽管本研究提供了量化证据表明词典使用有益于外语阅读,但是数量更多的参与者可能会提供更加可靠的结果。而且,参加本研究的人员来自母语为汉语的学习者。作者认为以汉语为母语的学习者可能更习惯于依赖词典来成功地处理文本理解中的问题。正因如此,他们成为了有效的词典使用者。本研究中采用的重复答卷法是在纸和笔的教室情境中进行的。作者进一步指出,这种方法也适用于利用电脑处理阅读任务。计算机化的重复答卷法可以在实验期间的任何时间点为数据分析提供更加详细的信息。重复答卷法的显著特点之一是教师易于管理和评分,较适用于在普通的教室进行。

9. 教学启示

冈萨雷斯(Gonzales 1999)研究表明,有些教育者阻止学生在阅读时使用词典。然而,此文研究表明学习者得益于使用词典,重要的是要认识到外语学习者的阅读任务要比他们在测试中遇到的阅读量广泛得多。作为教师,我们应当要求学生阅读篇章、章节或故事,进行全面阅读。因此,在此情境中试图限制词典使用在某种意义上就是试图限制学习者的阅读理解能力的提高。实际上,作为语言教学专业人员,我们有必要严肃考虑教授学生有效地使用词典作为阅读教学的有机组成部分的问题,因为很多学生一旦走出教室,不管教师所使用的教学方法如何,他们都会使用词典。学习者能够使用的策略越多,他们就会越成功。作者指出本研究旨在宣传这种观念,即外语阅读者可能会从词典使用中受益良多。

参考文献

Alderson, C. 2000 *Assessing reading*. Cambridge, England: Cambridge University Press.

Anderson, R., Freebody, P. 1981 Vocabulary knowledge. In J. Guthrie (ed.), *Comprehension and teaching: Research reviews*. Newark, DE: International Reading Association. Pp.77 – 117.

Bensoussan, M., Sim, D. & Weiss, R. 1984 The effect of dictionary usage on EFL test performance compared with student and teacher attitudes and expectations. *Reading in a Foreign Language*, 2: 262 – 275.

Chamot, A. U. 1996 *Accelerating achievement with learning strategies*. Glenview, IL: Scott Foresman Addison Wesley.

Chun, D.M., Plass, J.L. 1996 Effects of multimedia annotations on vocabulary acquisition. *Modern Language Journal*, 80: 183 – 196.

Coady, J. 1993 Research on ESL /EFL vocabulary acquisition: Putting it in context. In T. Huckin, M. Haynes & J. Coady (eds.), *Second language reading and vocabulary learning*. Norwood, NJ: Ablex Publishing. Pp.3 – 23.

Crow, J. T. 1986 Receptive vocabulary acquisition for reading comprehension. *Modern Language Journal*, 70: 242 – 250.

Fraser, A. 1999 The role of consulting a dictionary in reading and vocabulary learning. *The Canadian Journal of Applied Linguistics*, 2: 73 – 89.

Gonzales, R. 1999 Building vocabulary: Dictionary consultation and the ESL student. *Journal of Adolescent & Adult Literacy*, 43: 264 – 270.

Grabe, W., Stoller, F.L. 1997 Reading and vocabulary development in a second language: A case study. In J. Coady, T. Huckin (eds.), *Second language vocabulary acquisition*. Cambridge, England: Cambridge University Press. Pp.98 – 122.

Hulstijn, J. 1993 When do foreign-language readers look up the meaning of unfamiliar words? The influence of task and learner variables. *Modern Language Journal*, 77: 139 – 147.

Jiménez, R., García, G. & Pearson, D. 1996 The reading strategies of bilingual Latina /o students who are successful English readers: Opportunities and obstacles. *Reading Research Quarterly*, 31: 90 – 113.

Kamhi-Stein, L. 2003 Reading in two languages: How attitudes toward home language and beliefs about reading affect the behaviors of "underprepared" L2 college readers. *TESOL Quarterly*, 37: 35 – 71.

Kennel, P. 2003 *What's at the bottom: Improving the reading rate of ESL students*. Paper presented at the TESOL Convention, Baltimore, MD.

Kerr, M. A., Symons, S. E. 2006 Computerized presentation of text: Effects on children's reading of informational material. *Reading and Writing*, 19: 1 – 19.

Knight, S. 1994 Dictionary use while reading: The effects on comprehension and vocabulary acquisition for students of different verbal abilities. *Modern Language Journal*, 78: 285 – 299.

Luppescu, S., Day, R. R. 1993 Reading, dictionaries, and vocabulary learning. *Language Learning*, 43: 263 – 287.

Nesi, H., Meara. P. 1991 How using dictionaries affects performance in multiple-choice EFL tests. *Reading in a Foreign Language*, 8: 631 – 643.

Rumizen, M.C. 1994. *The effect of bilingual dictionary use upon the assessment of second language reading comprehension in Russian*. Doctoral dissertation. Retrieved from ProQuest Digital Dissertations. (AAT 9421564.)

Saito, Y., Garza, T. & Horwitz, E. K. 1999 Foreign language reading anxiety. *Modern Language Journal*, 83: 202 – 218.

Shieh, W. 2002 Test scores do not correlate proportionally with test time. *The China Times* (Taipei), p.8A.

Swaffar, J., Arens, K., Byrnes, H. 1991 *Reading for meaning: An integrated approach to language learning*. Englewood Cliffs, NJ: Prentice Hall.

Yorio, C. 1971 Some sources of reading problems for foreign language learners. *Language Learning*, 21: 107 – 115.